Peter Backé

Wandern mit Öffis

Wiener Hausberge

55 Touren mit Bahn & Bus

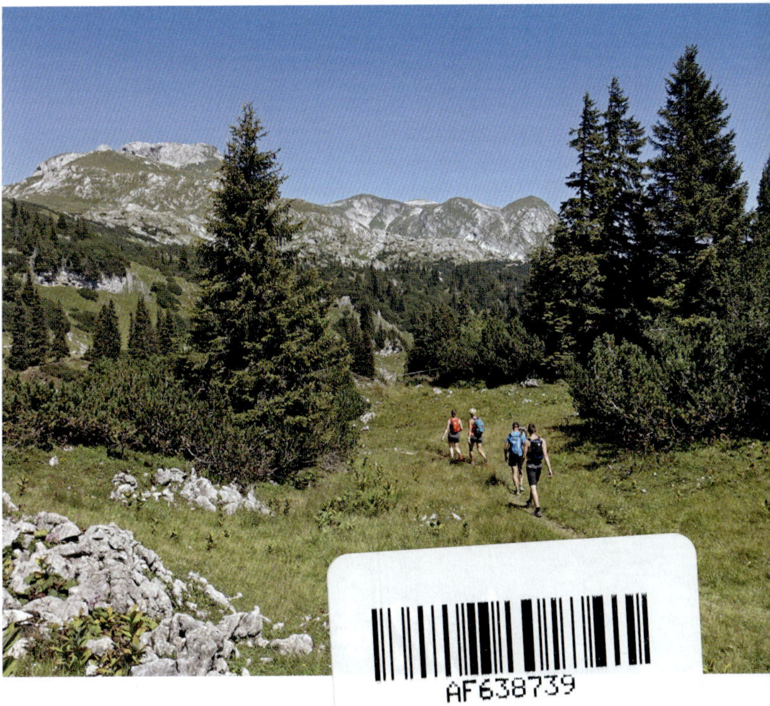

ROTHER BERGVERLAG

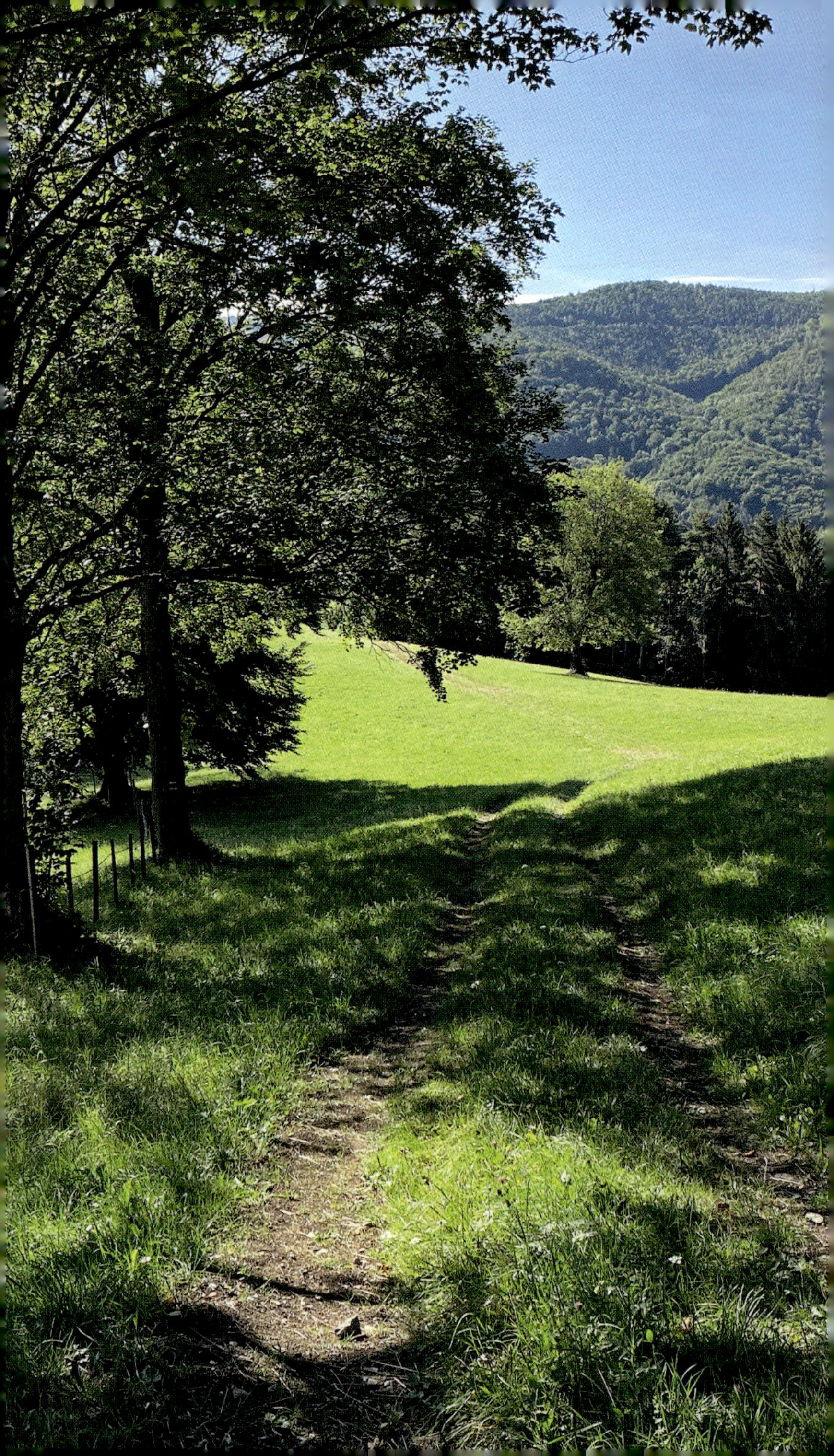

Vorwort

Zügig in die Wiener Hausberge – ganz entspannt und ohne Stau. Zu schön, um wahr zu sein? Zu mühsam und zu unpraktisch?
Nicht, wenn Sie sich von den Tourenvorschlägen in diesem Wanderbuch inspirieren lassen: Hier finden Sie Tipps für 55 abwechslungsreiche Touren in Niederösterreich und in der Obersteiermark, deren Ausgangs- und Endpunkte bequem mit Bahn und Bus erreichbar sind – denn bei der Auswahl wurden nur Touren berücksichtigt, die drei zentrale Kriterien bestmöglich erfüllen:

- Eine möglichst gute Anbindung an das Bahn- und Busnetz.
- Großzügige Zeitfenster zwischen Ankunft und Heimreise, damit Sie Ihre Wanderungen und Bergtouren ohne jeden Zeitdruck angehen können.
- Mehrere Rückfahrtverbindungen, damit Sie auch dann noch entspannt weiterwandern können, wenn eine Ihrer Unternehmungen doch einmal länger dauert als erwartet.

Die vorgestellten Touren reichen von gemütlichen Halbtageswanderungen bis hin zu anspruchsvollen Wochenendtouren und vom Wienerwald bis zu den Gesäusebergen. Bekannte Bergziele werden Sie hier ebenso finden wie den einen oder anderen Geheimtipp – und durch die Bank attraktive und lohnende Routen. Neben dem Faktor Bequemlichkeit hat die Anreise mit Bahn und Bus noch einen unschätzbaren Vorteil: Sie müssen am Ende Ihrer Wanderung nicht an den Ausgangspunkt zurückkehren. Auf Streckenwanderungen und Überschreitungen lernen Sie Gebirgsregionen besonders gut und umfassend kennen. Reisezeiten in Bahn und Bus lassen sich vielseitig nutzen. Ganz egal, ob Sie in die Landschaft hinausschauen, ob Sie ruhen, lesen, mit Ihren Tourenpartnern plaudern, telefonieren oder im Internet surfen, ob Sie auf der Hinfahrt noch Landkarte und Wanderbuch konsultieren, ein erstes oder zweites Frühstück zu sich nehmen oder auf der Heimreise schon die nächste Tour zu planen beginnen, vielleicht sogar im Speisewagen bei einem Snack und einem erfrischenden Getränk ...
Und ist es nicht auch ein gutes Gefühl, umweltverträglich unterwegs zu sein? Was liegt denn näher, als durch nachhaltige Mobilität einen Beitrag zur Schonung jener Natur zu leisten, in der wir so gern unterwegs sind?
Wie sehr Sie mit der Nutzung von Bahn und Bus vertraut sind, spielt dabei überhaupt keine Rolle. Denn dieses Buch gibt Ihnen alle Informationen, die Sie benötigen, um Touren ohne Auto unternehmen zu können – auch solche, bei denen die An- und Abreise kinderleicht ist, weil Sie entweder gar nicht umsteigen müssen oder weil die Ziele im Stundentakt erreichbar sind. Wenn Sie aber schon bisher regelmäßig mit Bahn und Bus zu Ihren Bergwanderungen angereist sind, dann lassen Sie sich von diesem Buch zu neuen Tourenideen inspirieren – vielleicht entdecken Sie sogar ganze Bergregionen für sich, die Sie bisher nicht in Ihre Unternehmungen miteinbezogen haben.
In diesem Sinne wünsche ich Ihnen mit diesem Buch viel Freude, zahlreiche erfüllte Bergtage und stets eine gesunde und sichere Heimkehr!

Wien, im Sommer 2024 — Peter Backé

Inhalt

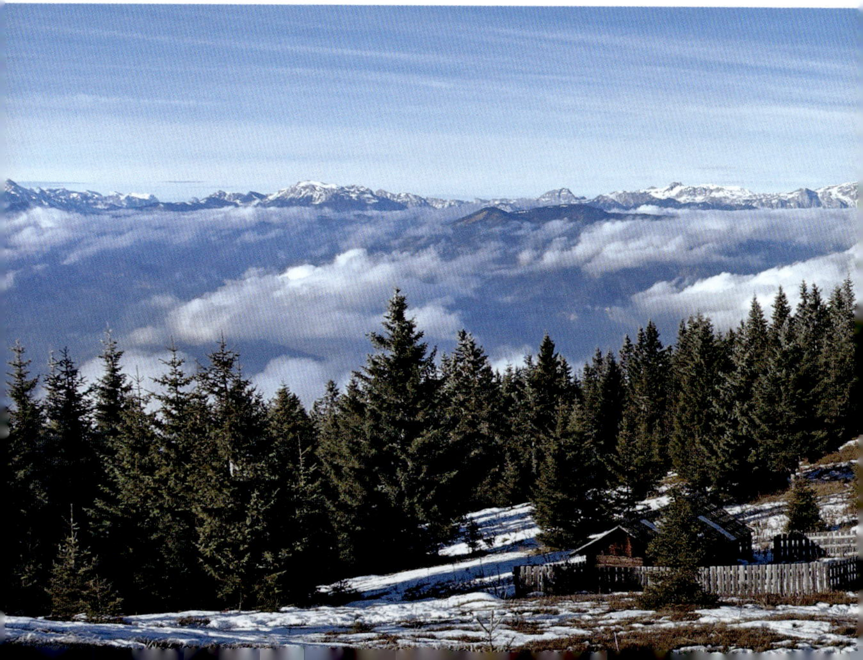

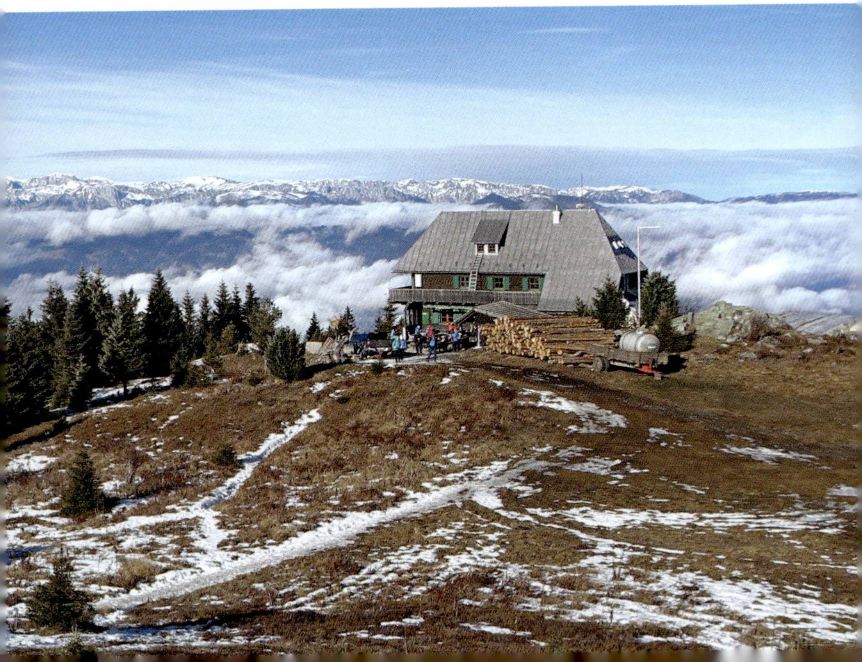

Top-Touren

Myrafälle und Steinwandklamm
Zwei sehr beliebte Ausflugsziele in der Nähe von Wien: Auf Leitern und Stegen geht es kurzweilig durch die Steinwandklamm, weiter oben folgen Durchstiegshöhlen, sodann der klassische Schneeberg-Blick vom Kreuthsattel und als krönender Abschluss die Myrafälle. *(Tour 10, 5.30 Std.)*

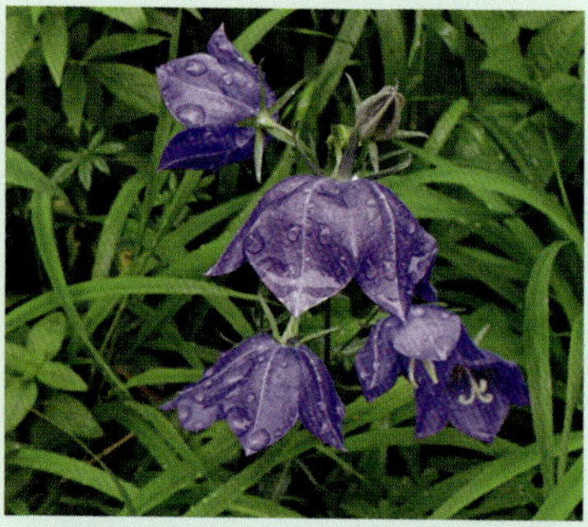

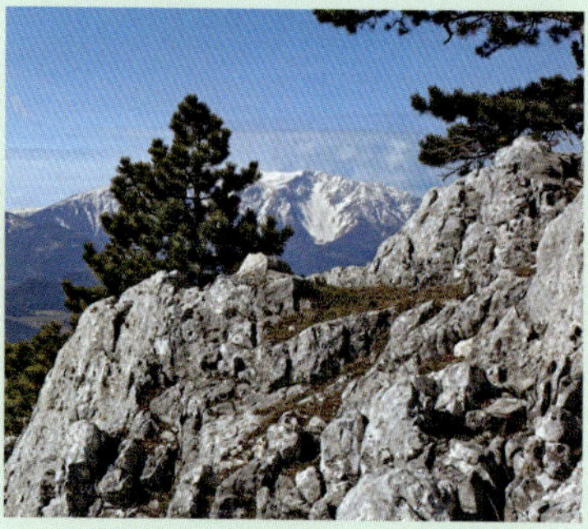

Springlessteig und Wagnersteig
Eine der schönsten Touren auf der Hohen Wand, dem populären Wander- und Klettergebiet unweit von Wiener Neustadt. Auf- und Abstieg über versicherte, aber unschwierige Steige durch die felsbewehrte Sonnenseite des Bergstocks, einladende Hütten am aussichtsreichen Plateaurand. Sehr gute Erreichbarkeit mit der Bahn. *(Tour 14, 4.00 Std.)*

Waxriegel und Kaiserstein, 2061 m
Zwei der zahlreichen Wander- und Kraxelrouten am östlichsten Zweitausender der Alpen – den Oberen Herminensteig und den Fadensteig – verbinden wir zu dieser faszinierenden Bergtour. Zahnradbahn und Sessellift verkürzen bei Bedarf den Auf- und Abstieg. *(Tour 20, 8.00 Std.)*

Heukuppe, 2007 m
Lohnende Bergwanderungen auf die Raxalpe gibt es viele. Sehr abwechslungsreich ist eine Tour vom Preiner Gscheid zur Heukuppe, auf der wir den Reißtaler- und den Altenberger Steig begehen. Umfassende Aussicht – bis zum Dachstein und den Steiner Alpen! Abstieg nach Lust und Laune zum Ausgangspunkt oder nach Altenberg/Rax. *(Tour 28, 6.15 Std.)*

Semmering-Bahnwanderweg
Unterwegs auf einem der schönsten Bahnwanderwege Österreichs, der dem niederösterreichischen Abschnitt des UNESCO-Welterbes Semmeringbahn folgt. Die erste vollspurige Gebirgsbahn der Welt fügt sich harmonisch in die Landschaft ein, die gelungene Symbiose von Natur und Technik begeistert. *(Tour 33, 6.00 Std.)*

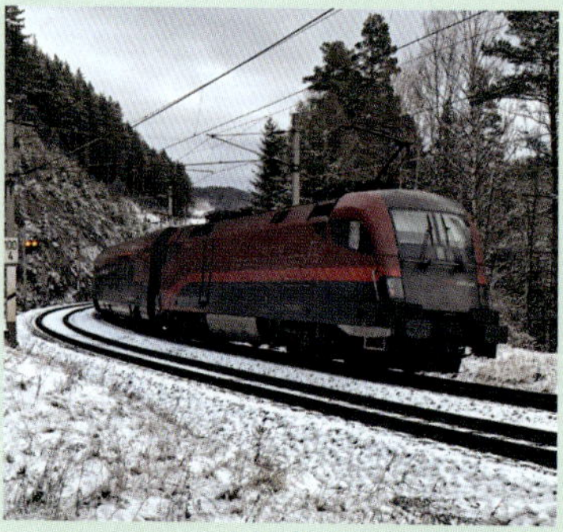

Bärenschützklamm / Hochlantsch, 1720 m
Auf generalsanierter Steiganlage durch die spektakulärste Klamm in Ostösterreich hinauf zum »Guten Hirten« und zum »Steirischen Jockl« und noch weiter auf den für sein umfassendes Panorama bekannten Hochlantsch, den höchsten Gipfel des Grazer Berglandes. Mit der Südbahn sehr gut erreichbar. *(Tour 43, 8.00 Std.)*

Ötscher, 1893 m / Kleiner Ötscher
Attraktive Zweitagestour: Aus den tief eingeschnittenen Ötschergräben mit dem sehenswerten Mirafall, am Geld- und Taubenloch vorbei, schließlich über den felsigen Rauhen Kamm auf den mächtigen Ötscher und seinen kleinen Bruder. Erlebnisreiche Anreise mit der Mariazellerbahn, Abstieg ins heimelige Lackenhof. *(Tour 45, 2 Tage)*

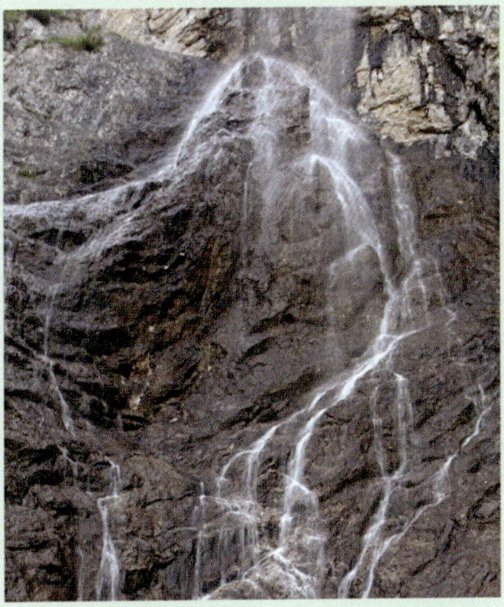

Hochschwab, 2277 m
Großzügige West-Ost-Überquerung des Hochschwabgebirges von Eisenerz-Münichtal nach Seewiesen – zweifellos eine der Königstouren in den östlichen Ostalpen. Etliche gastliche Berg- und Almhütten laden unterwegs zu Speis und Trank sowie zur Nächtigung ein. *(Tour 47, 2 Tage)*

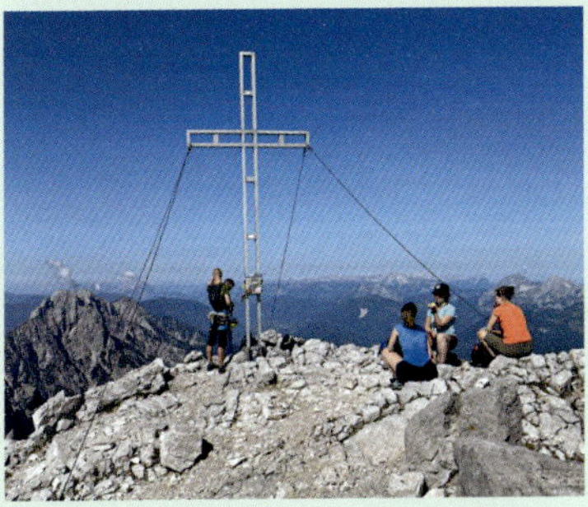

Hochtor, 2370 m, und Planspitze
Anspruchsvolle Bergtour auf zwei prominente Gipfel im Herzen des Nationalparks Gesäuse, mit atemberaubenden Tiefblicken ins Ennstal und einer fesselnden Fernsicht zu großen Teilen der österreichischen Bergwelt. Aufstieg über den spektakulären Wasserfallweg, Nachtquartier in der gut geführten Hesshütte, Endpunkt der Tour im malerischen Johnsbach. *(Tour 50, 2 Tage)*

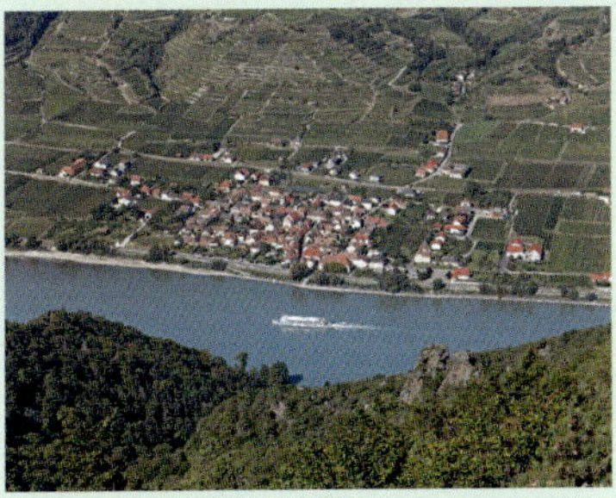

Beidseits der Donau: Seekopf und Dürnstein
Wachau-Tourenschmankerl mit Höhepunkten in Hülle und Fülle: Herrliche Rundblicke von zwei Warten, anregende Mini-Klettersteige an der Hirschwand, Besuch der eindrucksvollen Burgruine Dürnstein, Einkehr in der gemütlichen Fesslhütte, ikonischer Donautal-Blick von der Kanzel, Ausklang am romantischen Vogelbergsteig ... *(Tour 54, 6.30 Std.)*

Allgemeine Hinweise

Tourenauswahl

Dieses Buch stellt eine Auswahl von besonders lohnenden Bergwanderungen vor, deren Ausgangs- und Endpunkte von Wien aus mit öffentlichen Verkehrsmitteln gut erreichbar sind. Das Spektrum der Tourenvorschläge ist breit gefächert. Wanderungen auf breiten, nur mäßig steigenden Wegen sind ebenso vertreten wie Anstiege mit unversicherten Kletterstellen und leichte bis mittelschwere versicherte Klettersteige (bis Schwierigkeitsstufe B bzw. fallweise B/C, letztere können aber immer umgangen werden).

Neben kurzen Touren finden sich Wanderungen mit mittellangen, aber auch mit ausgiebigen Tagesetappen, auch einige Zwei-Tages-Touren. Ähnliches gilt für die Höhenunterschiede, die zu bewältigen sind – hier reicht die Bandbreite von einigen Hundert bis zu über Tausend Höhenmetern.

Etliche der Touren, die in diesem Buch beschrieben sind, können als »Klassiker« gelten – Touren, die jeder Bergwanderer in Ostösterreich zumindest einmal unternommen haben sollte. Andere sind weniger bekannt – oft zu Unrecht – und stellen daher interessante Alternativen zu den viel begangenen, an Schönwetter-Wochenenden oft überlaufenen Routen dar.

Bei der Auswahl der hier vorgestellten Touren wurde besonderes Augenmerk auf eine gute Anbindung der Ausgangs- und Endpunkte an das öffentliche Verkehrsnetz, auf hinreichend große Zeitfenster zwischen Anreise- und Heimfahrtverbindungen, und – soweit möglich – auf das Vorhandensein mehrerer Rückfahrtverbindungen gelegt.

Es gibt in den Wiener Hausbergen aber auch Bergziele, die – vor allem an Wochenenden – kaum oder gar nicht mit öffentlichen Verkehrsmitteln erreichbar sind. Aus diesem Grund konnten einige bekannte Gipfel nicht in dieses Buch aufgenommen werden. Insgesamt gesehen hat sich das Angebot im öffentlichen Verkehr für Bergwanderer in den letzten Jahren etwas verbessert; daher enthält die aktuelle Auflage einige neue Wandervorschläge.

Alle in diesem Buch vorgestellten Touren wurden im Jahr 2023 für die dritte Auflage neuerlich begangen. Bedenken Sie aber bitte, dass sich Wegzustand und Markierungen rasch ändern können. Gleiches gilt für Hüttenöffnungszeiten.

Gehzeiten

Die Gehzeiten weichen von Wanderer zu Wanderer deutlich ab. Die in diesem Buch angeführten Zeiten beruhen auf einem gleichmäßigen, mittleren Gehtempo und beinhalten keine Pausen. Wer regelmäßig wandert oder Ausdauersport betreibt, wird die hier angegebenen Zeiten spürbar unterschreiten können. Größere Gruppen benötigen hingegen in der Regel etwas längere Gehzeiten als kleinere Gruppen oder Einzelpersonen.

Sind Sie mit Kindern unterwegs, veranschlagen Sie deutlich längere Gehzeiten. Rechnen Sie dabei zumindest mit dem Anderthalbfachen der hier angegebenen Zeiten: Kinder lieben Abwechslung, Abstecher, kleine Bouldereinlagen, (Spiel-)Pausen ... Für Kinder besonders geeignete Touren sind in der Kurzinfo mit einem entsprechenden Symbol gekennzeichnet.

Anforderungen

Um die Anforderungen einer Wanderung besser einschätzen zu können, sind die Touren in drei Schwierigkeitsstufen eingeteilt:

■ Leicht

Hier wandern Sie im Allgemeinen auf gut trassierten, zumeist markierten Wegen in talnahen oder mittleren Höhenlagen. Die Touren sind überwiegend kurz bis mittellang, moderate Steigungen im An- und Abstieg überwiegen. Diese Wanderungen können auch von ungeübten oder weniger geübten Personen und bei wechselhaftem Wetter begangen werden und bieten sich mehrheitlich auch in der kälteren Jahreszeit als Tourenoptionen an (außer nach ergiebigen Neuschneefällen).

■ Mittel

Die Wege auf diesen Touren sind stellenweise schmal und können auch steinige oder schottrige Abschnitte aufweisen. Fallweise sind auch kurze felsige oder weglose Passagen bzw. leichte gesicherte Steige oder ungesicherte Kletterstellen zu meistern. Einzelne Wegabschnitte können unmarkiert sein und daher Anforderungen an das Orientierungsvermögen stellen. Sowohl An- als auch Abstieg können längere mittelsteile oder kürzere steile Abschnitte enthalten. Ein gewisses Maß an Trittsicherheit und Schwindelfreiheit sowie gute Kondition sind erforderlich.

■ Schwierig

Diese Touren führen zumeist in hochalpine Regionen. Oft weisen sie Kletterstellen auf, die versichert oder unversichert sein können und teils den Gebrauch der Hände erforderlich machen. Klettersteige bis Schwierigkeitsgrad B (umgehbare Stellen bis B/C, mittelschwer) sowie auch freie Kletterpassagen bis Schwierigkeitsstufe I+ finden sich hier. Die Routen führen durch steiles, ausgesetztes Gelände. Solide Gehtechnik, absolute Trittsicherheit und Schwindelfreiheit sowie Bergerfahrung sind auf diesen Routen unabdingbar. Weglose und unmarkierte Abschnitte, aber auch unübersichtliches Gelände erfordern ein ausgeprägtes Orientierungsvermögen.
Für viele dieser Touren ist zudem eine sehr gute Grundlagenausdauer notwendig; Sie sollten Gehzeiten bis zu ca. 9 Stunden pro Tag ohne große Ermüdungserscheinungen meistern können.

GPS-Tracks und Koordinaten der Ausgangspunkte

Auf **gps.rother.de** stehen zu diesem Wanderbuch GPS-Tracks und die Koordinaten der Ausgangspunkte zum kostenlosen Download bereit. Dieser QR-Code führt direkt zum Download.
3. Auflage, Passwort: **309103zDT**
Die GPS-Tracks können in die **Rother App** importiert werden. In der App kann man unterwegs stets sehen, wo man gerade ist und wo es weitergeht. **Anleitungen dazu: rother.de/gps**
Trotz sorgfältiger Prüfung können wir Fehler und zwischenzeitliche Veränderungen nicht ausschließen. Verlassen Sie sich für die Orientierung niemals einzig und allein auf die GPS-Daten, sondern beurteilen Sie die Verhältnisse vor Ort.

Mit Bahn und Bus unterwegs

Die wichtigsten Linien in die Wiener Hausberge

Die Anreise zu den meisten Bergtouren, die wir von Wien aus unternehmen können, erfolgt über die Südbahn- oder über die Westbahnstrecke ab Wien Hauptbahnhof oder auch ab Bahnhof Wien Meidling. Die Westbahnstrecke wird zudem auch von Wien Westbahnhof über Wien Hütteldorf angefahren. Nebenbahnen und Buslinien leisten in vielen Fällen wichtige lokale Zubringerdienste.

Die **Südbahn** verkehrt von Wien Richtung Graz bzw. Klagenfurt. Ein zentrales Herzstück ist die Semmering-Strecke zwischen Gloggnitz und Mürzzuschlag. Direkt mit der Südbahn erreichbar sind die Tourengebiete im östlichen Wienerwald, im Nahbereich von Payerbach, am Semmering, um Mürzzuschlag sowie im Umfeld von Kapfenberg und Bruck/Mur.

Wichtige Buslinien in den Wienerwald verkehren von Mödling in die Hinterbrühl und von Baden ins Helenental. Baden ist von Wien aus auch mit Bussen und mit der Badner Bahn erreichbar. In Baden selbst verkehren Stadtbusse vom Bahnhof zum Fuß der Wienerwaldberge am westlichen Stadtrand.

Von Leobersdorf bringt uns eine Nebenbahn ins Triestingtal (bis nach Weißenbach-Neuhaus, weiter per Bus nach Kaumberg). Von Wiener Neustadt fahren wir mit der Piestingtal-Bahn bis nach Gutenstein; in Pernitz können wir in Busse nach Muggendorf/Thal sowie nach Schwarzau und Rohr im Gebirge umsteigen. Ebenfalls von Wiener Neustadt fährt die Puchberger Bahn südlich an der Hohen Wand vorbei zum Fuße des

Bahnhof Gstatterboden: Zugsverkehr im Nationalpark Gesäuse nur an Wochenenden und Feiertagen.

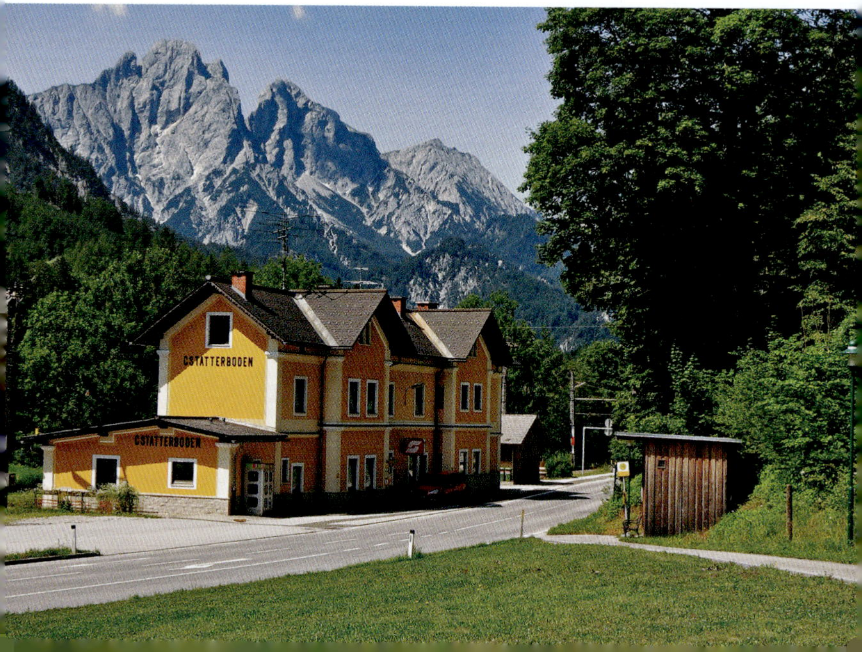

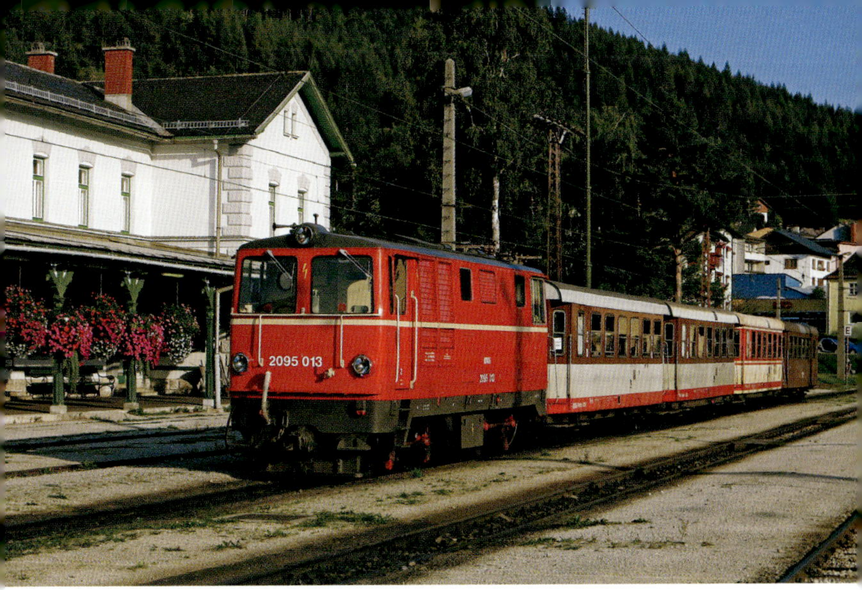

Ob moderner Schnellzug oder Schmalspur-Nostalgie: Breit ist das Spektrum der Bahnanreise in die Wiener Hausberge.

Schneebergs. Von Puchberg verkehrt die Schneebergbahn auf den Hochschneeberg (Zahnradbahn, Sondertarif). Wichtige Busverbindungen sind hier die Linien von Neunkirchen über Puchberg nach Losenheim (für Touren auf den Schneeberg und die Dürre Wand), aber auch die Busse, die uns von Winzendorf und Markt Piesting sowie von Pernitz und Puchberg zu etlichen Talorten der Hohen Wand bringen.

Ins Wechselgebiet reisen Sie von Wiener Neustadt aus mit der Aspangbahn. Linienbusse bringen Sie von Aspang nach Mönichkirchen, Mariensee und St. Corona.

Von Gloggnitz besteht eine Busverbindung auf den Semmering, die auch für Touren rund um Maria Schutz gute Dienste leistet. Weitere Buslinien verkehren von hier in die Bucklige Welt.

Vom Bahnhof Payerbach-Reichenau bringen uns Buslinien ins Höllental (und nach Hinternaßwald) sowie nach Prein an der Rax und aufs Preiner Gscheid. Diese beiden Linien sind zentrale Zubringer für Bergwanderungen auf der Rax, erstere auch für Schneeberg-Touren sowie für Wanderungen in den nordöstlichen Mürzsteger Alpen. Die Höllentalbahn (Museumsbahn von Payerbach nach Hirschwang) versetzt Wanderer und Bergsteiger zurück in eine Zeit, als die Anreise in die Berge noch deutlich länger dauerte als heute.

Spital am Semmering und Steinhaus können wir mit dem Zug, aber auch per Bus von Mürzzuschlag aus anfahren (Stuhleck, Kampalpe). Ebenfalls von Mürzzuschlag verkehren Busse nach Altenberg, Neuberg, Mürzsteg und weiter über das Niederalpl bzw. den Lahnsattel nach Mariazell (Rax, Schneealpe, Veitsch, Tonion).

Von Bruck und Kapfenberg fahren Buslinien über Turnau nach Mariazell. Diese Verbindungen sind sowohl für die Erreichbarkeit des östlichen Hochschwab als auch der westlichen Mürzsteger Alpen (Hochanger, Veitsch) von Bedeutung. Die Linien

Der Umwelt zuliebe …

Auch beim Wandern hinterlassen wir einen ökologischen Fußabdruck, aber im Einklang mit der Natur unterwegs zu sein, ist gar nicht so schwer!

VORBEREITUNG UND ANFAHRT

- Sich vorab informieren, worauf in Bezug auf Natur und Umwelt in der jeweiligen Wanderregion besonders zu achten ist.
- Mit Bahn und Bus anreisen, Wander- und Rufbusse nutzen.
- Bei weiten Anfahrten Mehrtagestouren planen oder von einem Quartier vor Ort aus mehrere Touren absolvieren.

KLEIDUNG UND AUSRÜSTUNG

- Beim Kauf von Outdoor-Kleidung auf umweltfreundliche und faire Herstellung achten und Kleidungsstücke möglichst viele Jahre nutzen.
- Ausrüstung kann man eventuell auch gebraucht kaufen oder ausleihen.
- Reparieren statt neu kaufen.

VERPFLEGUNG

- Beim Einkauf Bio-Ware, regionale und saisonale Erzeugnisse bevorzugen.
- Hütten und Gasthäuser auswählen, die regionale Produkte verwenden.
- Auf Einwegflaschen und Plastikverpackungen verzichten, stattdessen wiederverwendbare Trinkflaschen und Jausenboxen benutzen.

ÜBERNACHTUNG

- Bei lokalen Anbietern buchen, damit Menschen vor Ort profitieren.
- Auf Hütten und in anderen Unterkünften Strom und Wasser sparen.

UNTERWEGS

- Wege benutzen und Abkürzer vermeiden.
- Sperrungen von Wegen und Schutzgebieten respektieren.
- Keine Blumen pflücken und keine Pflanzen entnehmen.
- Waldbrandgefahr beachten.
- Müll wieder mit nach Hause nehmen und dort entsorgen.
- Toilettengänge in freier Natur möglichst vermeiden.
- Lärm vermeiden.
- Hunde an die Leine nehmen.

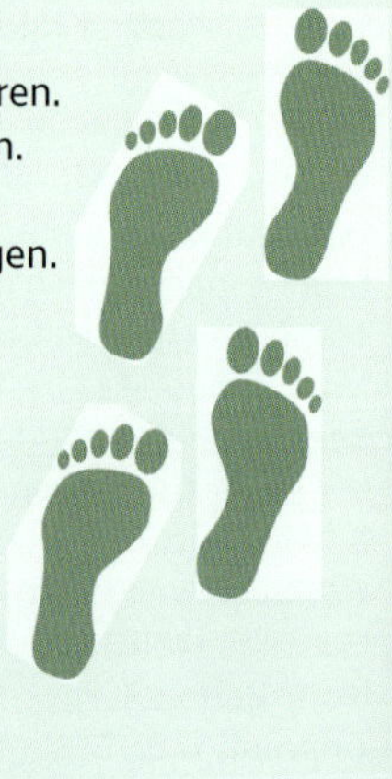

ROTHER
BERGVERLAG

von Kapfenberg nach Frauenberg bzw. von Bruck/Mur über Mixnitz in das Breitenauertal sind für Wanderungen im nördlichen Grazer Bergland von Interesse. An einigen Tagen im Jahr ist auch die Breitenauer Bahn (Museumsbahn) in Betrieb.

Von Leoben nach Eisenerz verkehrt eine Buslinie, mit der wir den westlichen Hochschwab und die südöstlichen Ennstaler Alpen erreichen.

Die **Westbahnstrecke** verbindet Wien und Salzburg. Direkt an der Westbahnstrecke gibt es kaum lohnende Bergziele, wohl aber wichtige Umsteigebahnhöfe wie St. Pölten und Amstetten. Von Eichgraben-Altlengbach fahren Busse nach Hainfeld. Von St. Pölten erreichen Sie mit der Traisen- und Gölsentalbahn Tourenziele im westlichen Wienerwald und in den nordwestlichen Gutensteiner Alpen. Buslinien führen von St. Pölten bzw. von Lilienfeld nach Türnitz bzw. Kernhof und auch aufs Kernhofer Gscheid. Diese Verbindungen sind für die Erreichbarkeit der südwestlichen Gutensteiner Alpen, der Türnitzer Alpen und der nördlichen Mürzsteger Alpen von wesentlicher Bedeutung.

St. Pölten ist auch der Ausgangsbahnhof für die **Mariazellerbahn**, die Sie in die westlichen Türnitzer und die Ybbstaler Alpen (Ötscher, Gemeindealpe) bringt.

Eine weitere Nebenbahn verkehrt zwischen St. Pölten und Krems und fährt Wanderziele rund um Göttweig an.

In Pöchlarn zweigt die nach Scheibbs führende Erlauftalbahn von der Westbahnstrecke ab. Die Weiterfahrt nach Lackenhof am Ötscher bzw. in Richtung Göstling und Waidhofen/Ybbs (Dürrenstein) erfolgt mit den Bussen der Mostviertellinien. In Waidhofen/Ybbs sind die Mostviertel-Busse an die **Rudolfsbahn** angeschlossen, welche zwischen Amstetten und Selzthal verkehrt. Diese Bahnlinie bringt Sie nicht nur ins südwestliche Niederösterreich, sondern auch ins Gesäuse (darum auch Gesäusebahn genannt), allerdings verkehren die meisten Züge nur mehr bis Kleinreifling oder Weißenbach-St. Gallen. Von hier erfolgt die Weiterfahrt per Bus Richtung Ad-

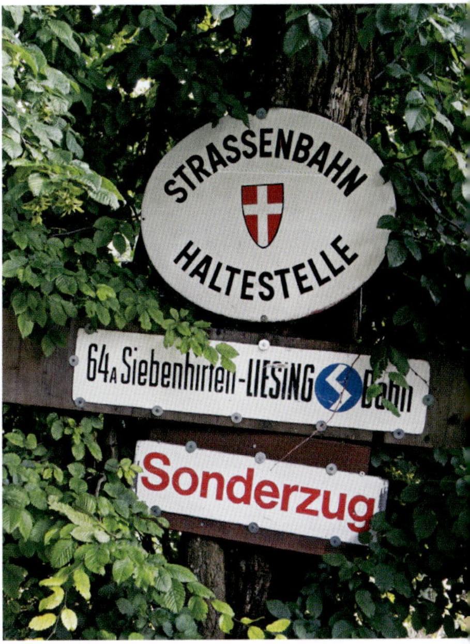

»Straßenbahn-Haltestelle« im Wienerwald.

mont und Liezen, über Hieflau oder über den Buchauer Sattel. Lediglich an Wochenenden und Feiertagen gibt es einen Zugsverkehr durch das Gesäuse. Von Hieflau verkehren Rufbusse nach Eisenerz und ins Radmertal.

Alternativ lässt sich das Gesäuse auch über die **Pyhrnbahn** erreichen, die in Linz von der Westbahn abzweigt und nach Selzthal verläuft

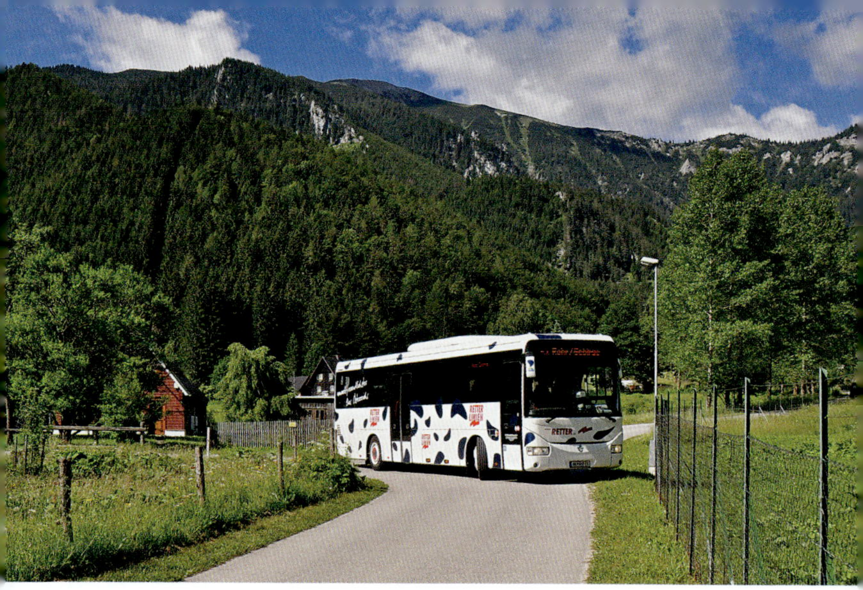

Moderner Linienbus in Hinternaßwald.

(ab Ardning weiter mit Bussen), sowie auf der Südbahnstrecke über Leoben und Liezen, die Weiterfahrt erfolgt mit dem Bus Richtung Admont und von dort mit Anschlussbussen zu den Tourenausgangspunkten.

Neben der West- und der Südbahn ist die **Franz-Josefs-Bahn** zu nennen, die Wien mit Krems verbindet und vor allem für Wanderungen in der Wachau wichtige Zubringerdienste leistet.

Die Nordwestbahn bringt Sie nach Retz, von hier weiter per Bus in den Nationalpark Thayatal.

Mit der Flughafen-S-Bahn, der Bahnlinie von Wien Mitte nach Wolfsthal, aber auch per Bus erreichen Sie die Hainburger Berge.

Zu erwähnen ist außerdem der Bus von Wien nach Mariazell, mit dem Sie in den südlichen Wienerwald, in die nördlichen Gutensteiner Alpen sowie in die Türnitzer und die Ybbstaler Alpen fahren können.

Neben dem Linienverkehr gewinnen in den letzten Jahren bedarfsorientierte Rufbusse und Sammeltaxis an Bedeutung. Besonders relevant für Wanderer im Ostteil Österreichs sind das Postbus-Shuttle im Bezirk Mödling, das Sammeltaxi Trixi im oberen Triestingtal, der RUFbus Semmering-Rax, das Sammeltaxi Oststeiermark (SAM) sowie das Gesäuse-Sammeltaxi, das als eines der ersten derartigen Mikro-ÖV-Systeme in Österreichs Bergwelt zukunftsweisend war und ist.

Aufstiegshilfen

Neben der Schneebergbahn gibt es im Tourengebiet der Wiener Hausberge einige weitere Aufstiegshilfen. Besonders hervorzuheben ist dabei die Raxseilbahn von Hirschwang auf das östliche Raxplateau. Aber auch die Sessellifte von Losenheim zur Edelweißhütte, von Lilienfeld auf den Muckenkogel und von Lackenhof zum Ötscher-Schutzhaus sind hier zu nennen. Auf den Hirschenkogel (Semmering) führt eine Kabinenbahn, auch das Stuhleck ist von Spital am Semmering aus mit Aufstiegshilfen erschlossen.

Verkehrsdienstleister und Fahrpläne

Eine wichtige Rolle in der Koordination des öffentlichen Nahverkehrs in der Wanderregion der Wiener Hausberge spielen der Verkehrsverbund Ostregion (Wien, Niederösterreich, Burgenland) und sein steirisches Pendant, die Verbund Linie. Wichtige Verkehrsunternehmen sind die ÖBB, die Postbus AG sowie andere Unternehmen mit Linienbusbetrieb, weiters die Wiener Linien, die WESTbahn, die Wiener Lokalbahnen (Badner Bahn) und die Niederösterreich Bahnen (vor allem die Mariazellerbahn).

Die Fahrpläne für den öffentlichen Verkehr gelten jeweils für ein Jahr, der Fahrplanwechsel erfolgt in der Regel am zweiten Dezember-Wochenende. Gelegentlich werden Fahrpläne aber auch während des Jahres angepasst. Außerdem gibt es – gerade in den Sommer- und Herbstmonaten – immer wieder zeitlich befristete Fahrplanänderungen, zum Beispiel aufgrund von Baustellen.

Die einzelnen Tourenbeschreibungen enthalten alle Angaben zur Öffi-Anfahrt und -Heimreise, die Sie benötigen, um eine Fahrplanauskunft für Ihren Tourentag einzuholen. Recherchieren Sie die Verbindungen zeitnah auf:

- anachb.vor.at
- fahrplan.oebb.at
- verbundlinie.at (Verbindungen in die Steiermark sind hier umfassender hinterlegt als auf der ÖBB-Homepage)

Natürlich können Sie Fahrplanauskünfte auch telefonisch einholen:

- ÖBB: Tel. +43/5/1717, 6–21 Uhr
- Postbus: Tel. +43/5/1717, 6–21 Uhr
- Hotline für Niederösterreich: Tel. +43/800/22 23 24, Mo–Fr 7–20 Uhr, Sa 7–14 Uhr
- Hotline für die Steiermark: Tel. +43/50/67 89 10, Mo–Fr 7–18 Uhr, Sa 9–13 Uhr

Neben der Online-Fahrplanauskunft gibt es auch die Möglichkeit, Fahrplanbilder – also Übersichtspläne über einzelne Bus- und Bahnlinien – online einzusehen.

- Niederösterreich: vor.at/fahrplan-mobilitaet/fahrplan-bus-bahn/linienfahrplan
- Steiermark: verbundlinie.at/de/fahrplan/fahrplaene/fahrplan-download-pdf
- ÖBB-Linien: oebb.at/de/fahrplanbilder (auch als Heftchen kostenlos an größeren Bahnhöfen erhältlich)
- WESTbahn: westbahn.at/fahrplan
- Mariazellerbahn: mariazellerbahn.at/fahrplan-mzb

Fahrkarten

Fahrkarten für ÖBB-Züge kaufen Sie am Fahrkartenschalter, am Fahrkartenautomaten, telefonisch (+43/5/1717), im Internet (oebb.at) oder mit der ÖBB-App. In Fernverkehrszügen können Sie Fahrkarten gegen einen Aufschlag auch beim Zugbegleiter erwerben. Im Nahverkehr der ÖBB (Schnellbahn, Regionalzug, Regionalexpress/REX, Cityjet Xpress/CJX) ist der Zustieg nur mit gültiger Fahrkarte gestattet (ausgenommen an Nebenbahn-Stationen ohne Schalter oder Automaten: Ticketautomat im Zug). Wer nicht im Besitz eines gültigen Tickets ist, muss bei einer Kontrolle einen Zuschlag von 105 Euro (bzw. 135 Euro) bezahlen! Tickets für die WESTbahn sind online, per App sowie, mit Aufschlag, in zahlreichen Trafiken und direkt im Zug, für die Mariazellerbahn online, im Zug (ohne Aufschlag) und über die ÖBB-Verkaufskanäle erhältlich. Bustickets können

Sie bei den Lenkern erwerben. Auch die Verkehrsverbünde verkaufen Fahrkarten (online, per App und in Vorverkaufsstellen).

Es gibt Einzelfahrscheine, Tagestickets und Zeitkarten. Die Ticketpreise richten sich nach der Länge der Fahrstrecke, wobei in der Steiermark ein Zonensystem gilt (hier gibt es auch eine 10-Zonen-Karte). Besonders attraktiv sind die **KlimaTickets** – es handelt sich dabei um kostengünstige Jahresnetzkarten für ganz Österreich oder für ein Bundesland, in Ostösterreich auch für die Region Wien, Niederösterreich und Burgenland bzw. nur für Niederösterreich und Burgenland.

Wichtig für den Ausflugsverkehr sind Freizeittickets, das sind Tagesnetzkarten, die an Samstagen, Sonntagen und Feiertagen für die Anreise in Niederösterreich und dem Burgenland bzw. in Wien, Niederösterreich und dem Burgenland bzw. in der Steiermark gelten; inkludiert sind Nahverkehrszüge und Linienbusse, nicht hingegen Schnellzüge. Ähnlich konzipiert ist auch das Einfach-Raus-Ticket, eine Gruppentageskarte für zwei bis fünf Personen, die auch für Arbeitstage erhältlich ist. Sie ist in ÖBB-Nahverkehrszügen an Wochenenden und Feiertagen ganztags, unter der Woche ab 9 Uhr gültig.

Zu erwähnen sind weiters Ermäßigungskarten, insbesondere die ÖBB-Vorteilscard, die es in verschiedenen Varianten gibt (45 bzw. 50 % Ermäßigung für Fahrten mit ÖBB-Zügen, für Senioren auch Ermäßigungen auf vielen Buslinien).

Informationen zu Fahrkarten und Ermäßigungen erhalten Sie bei den zuvor genannten Internetadressen und Telefonnummern sowie an den größeren Bahnhöfen, zum KlimaTicket auch auf klimaticket.at bzw. unter der Telefon-Hotline +43/800/24 00 50. Sitzplatzreservierungen in Zügen können am Schalter, telefonisch oder im Internet vorgenommen werden und sind vor allem an verkehrsreichen Wochenenden anzuraten.

Hinweise für Bahn- und Busfahrten

Am Bahnhof zeigen Wagenstandsanzeiger die Waggonfolge von Fernverkehrszügen an. So sehen Sie, in welchem Abschnitt des jeweiligen Bahnsteigs die Wagen der 1. und der 2. Klasse (bzw. auch der Speisewagen) halten werden. Das ist besonders nützlich, wenn Sie eine Sitzplatzreservierung haben.

Sind Sie mit dem Bus unterwegs, drücken Sie rechtzeitig den Haltewunschknopf, damit der Bus auch tatsächlich an der Station stehen bleibt, an der Sie aussteigen wollen.

Im ÖBB-Nahverkehr gibt es auf etlichen Strecken ebenfalls Haltestellen, an denen der Zug nur auf Wunsch stehen bleibt (Bedarfshalt). Im Fahrplan sind diese Stationen mit einem x direkt vor der Ankunfts- bzw. Abfahrtszeit gekennzeichnet. Auch in diesen Fällen drücken Sie bei Bedarf den Haltewunschknopf.

Fahrten mit Rufbussen und Sammeltaxis sind in der Regel spätestens ein bis zwei Stunden vor dem gewünschten Fahrtantritt anzumelden, bei größeren Gruppen bereits am Vortag. Detailinformationen (vor allem die jeweiligen Telefonnummern für die Fahrtbuchungen) finden Sie bei den einzelnen Tourenbeschreibungen. Melden Sie Ihren Fahrtwunsch am besten möglichst frühzeitig an. Das gilt vor allem für Anmeldungen von Heimfahrten, die Sie während Ihrer Wanderung vornehmen. Gerade im alpinen Bereich gibt es nach wie vor etliche Funklöcher.

Tourenplanung

Eine umsichtige Tourenplanung ist das Um und Auf gelungener Bergwanderungen. Unabhängig davon, wie Sie anreisen, umfasst die Vorbereitung einer Bergtour folgende Schritte:

- Informieren Sie sich über die Wetterprognose und die Verhältnisse, die im Tourengebiet herrschen.
- Machen Sie sich anhand der Tourenbeschreibungen und Landkarten mit dem Tourengebiet und dem Wegverlauf, aber auch mit den An- und Abreiseverbindungen vertraut. Prüfen Sie bereits bei der Planung, welche Möglichkeiten es gibt, die Tour vorzeitig abzubrechen oder abzukürzen, falls nötig.
- Stellen Sie die Tourenausrüstung je nach der Länge, den technischen Schwierigkeiten und den zu erwartenden Verhältnissen zusammen.
- Hinterlassen Sie Nachricht bei Ihren Angehörigen, welche Tour Sie unternehmen und wann Sie voraussichtlich wieder nach Hause zurückkehren werden. Dies erleichtert Hilfsmaßnahmen im Notfall.

Wetter und Verhältnisse

Wettervorhersage und Verhältnisse vor Ort spielen bei der Tourenplanung, ja schon bei der Auswahl der jeweiligen Tourenregion eine wesentliche Rolle. Ganz besonders trifft das zu, wenn die Anreise mit öffentlichen Verkehrsmitteln erfolgt. Denn nach Antritt der Bahn- oder Busfahrt in die Berge können Sie Ihr Tourenziel in den meisten Fällen nur mehr sehr begrenzt ändern. Wählen Sie Ihr Tourenziel daher in einer Region, für die stabiles Bergwetter vorhergesagt ist.

Oktoberschnee auf der Terrasse des Buchsteinhauses, 1546 m, im Gesäuse.

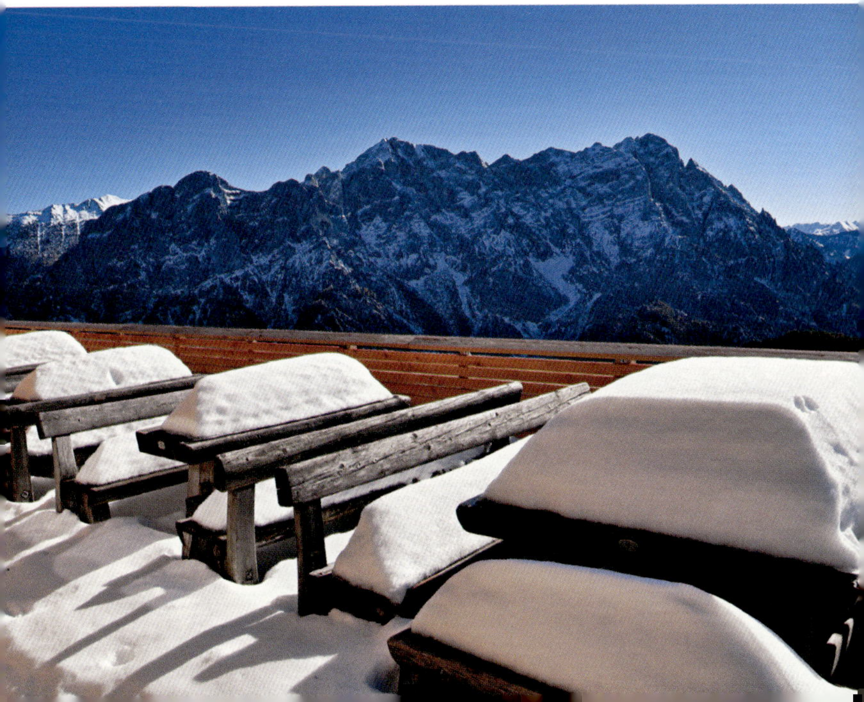

Achten Sie bei der Wetter-Recherche vor allem auf Unwetterwarnungen. Schlechtwettereinbrüche können in höheren Lagen auch im Hochsommer für winterliche Bedingungen sorgen. Die Schwierigkeiten einer Bergtour erhöhen sich bei Temperaturstürzen, starken Niederschlägen, Sturm oder Nebel ganz erheblich. Die Gefahr des Aus- oder Abrutschens steigt bei Nässe deutlich. Bei schlechter Sicht kann die Orientierung auch auf markierten Wegen sehr schwer fallen; Schnee und Eis können Wege unpassierbar machen.

Im Sommer steigt die **Gewittergefahr** oft im Tagesverlauf an. Die bereits erwähnten Unwetterwarnungen sagen Ihnen, ab welcher Uhrzeit Sie mit Gewitterbildung zu rechnen haben. Wählen Sie in solchen Fällen eine Tour, zu der Sie früh anreisen und rechtzeitig wieder im Tal sein können. Achten Sie außerdem auf die zu erwartenden **Temperaturen**: Wählen Sie an heißen Tagen Wanderungen in höheren Lagen bzw. bewaldete oder schattseitige, also nordwest- bis nordostseitig ausgerichtete Anstiege.

Im Herbst sollten Sie prüfen, ob über den Niederungen und dem Hügelland Nebel- und Hochnebeldecken zu erwarten sind und, wenn ja, in welcher Seehöhe die Nebelobergrenze voraussichtlich liegen wird. Oberhalb des Nebels ist es an solchen Tagen oft strahlend sonnig und vor allem in mittleren Höhenlagen zumeist sehr mild (Inversionswetterlage), die Fernsicht in der Regel außerordentlich gut.

Im Frühjahr und Frühsommer stellt sich die Frage, ob auf der geplanten Tour **Altschneefelder** zu erwarten sind. Jahr für Jahr ereignen sich in den Alpen etliche tragische Unfälle bei der Querung solcher Schneefelder. Nord- und ostseitig hält sich der Schnee am längsten, vor allem in Rinnen und Gräben. Die Ausrichtung (Exposition) einer Route ist daher nicht nur im Hochsommer, sondern auch in der Übergangszeit ein wichtiges Kriterium für die Tourenauswahl. Vermeiden Sie Touren, auf denen Altschneefelder zu erwarten sind – oder nehmen Sie die nötige Ausrüstung mit (siehe Seite 22 f.).

Neben Altschneefeldern sind auch Neuschneefälle zu beachten, und zwar nicht nur in den Wintermonaten, sondern auch im Frühjahr und im Herbst. Verfolgen Sie bereits in den Tagen vor einer geplanten Tour die Wetterentwicklung. Achten Sie dabei auf die regionale Intensität der Niederschläge und auf die Schneefallgrenze. Ergiebige Niederschläge oder eine starke Schneeschmelze in den Tagen vor der geplanten Tour haben zur Folge, dass der Boden aufgeweicht und schlammig ist und dass Flüsse und Bäche Hochwasser führen. Auch dies kann die Durchführung von Touren erschweren oder gefährlicher machen.

Wintertouren abseits geräumter Wanderwege sind besonders anspruchsvolle Unternehmungen und müssen daher sehr umsichtig und umfassend geplant werden. Schneelage, Vereisung, Lawinen- und Schneebrettgefahr sind dabei speziell zu beachten. Wanderungen im Tiefschnee oder im Bruchharsch können sehr kraftraubend, Bergtouren in steilerem Gelände generell gefährlich sein. Die Gehzeiten können sich bei derartigen Verhältnissen ohne Weiteres verdoppeln oder verdreifachen. Wer aber einmal an einem strahlend schönen Wintertag im Gebirge unterwegs war, wird die Berge auch in der kälteren Jahreszeit nicht mehr missen wollen.

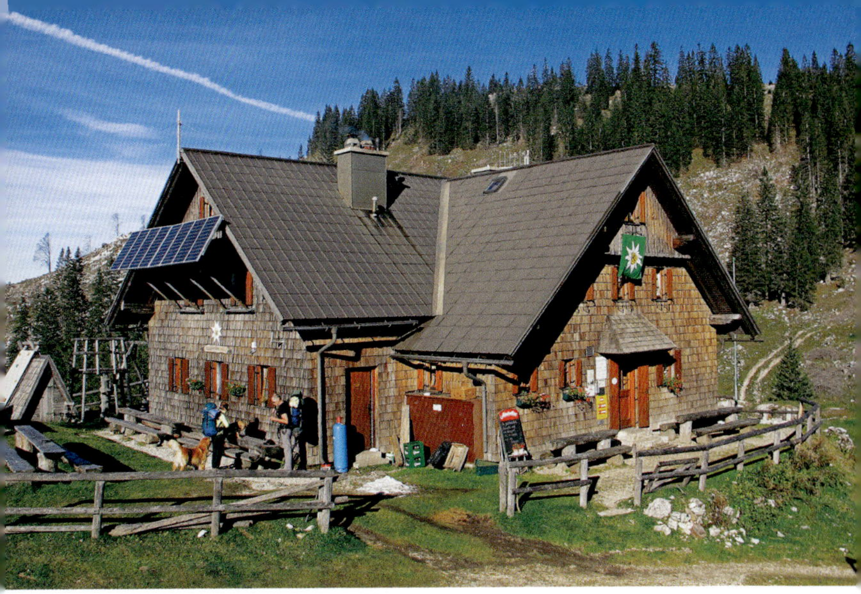

Ybbstaler Hütte – einer von vielen wichtigen alpinen Stützpunkten im Gebiet der Wiener Hausberge.

Die wichtigsten **Wetterdienste** für Bergwanderer in Österreich sind die GeoSphere Austria, vormals Zentralanstalt für Meteorologie und Geodynamik (ZAMG), und die Wetterredaktion des ORF:

- zamg.ac.at
- wetter.orf.at

Beide Webseiten enthalten nicht nur detaillierte Wetterprognosen für das Tourengebiet dieses Buches, sondern auch spezielle Vorhersagen des regionalen Bergwetters. Auf der Homepage der GeoSphere Austria gibt es darüber hinaus Wetterkarten, Satellitenbilder und eine Wetteranimation, die gute Anhaltspunkte über die zu erwartende Entwicklung von Temperatur, Niederschlag und Bewölkung bieten. Auf beiden Webseiten finden sich auch detaillierte Unwetterwarnungen.

Erwähnt sei weiters die Alpenwetterprognose des Österreichischen Alpenvereins, die jeweils am mittleren Nachmittag aktualisiert wird:

- alpenverein.at/portal/wetter

Die Homepage des **österreichischen Lawinenwarndienstes** ist auch für Wanderer und Bergsteiger wichtig.

- lawine.at

Zum einen finden Sie hier im Winter und Frühjahr aktuelle Lawinenlageberichte. Zum anderen gibt es auf dieser Webseite auch im Sommerhalbjahr Wetterkarten, die zum Beispiel die Neuschneemengen der letzten 24 Stunden angeben und sowohl für Niederösterreich als auch für die Steiermark verfügbar sind.

Die Wiener Hausberge weisen mittlerweile eine recht große Dichte an **Webcams** auf, die vor allem für die Recherche der Verhältnisse vor Ort (z. B. Schneelage) von Nutzen sind. Etliche davon sind auf folgenden Portalen gebündelt verfügbar:

- bergfex.at/oesterreich/webcams, feratel.com/webcams/oesterreich.html
- panoramablick.com/wetter-webcams/oesterreich.html.

Weitere Webcams finden Sie über die gängigen Suchmaschinen.

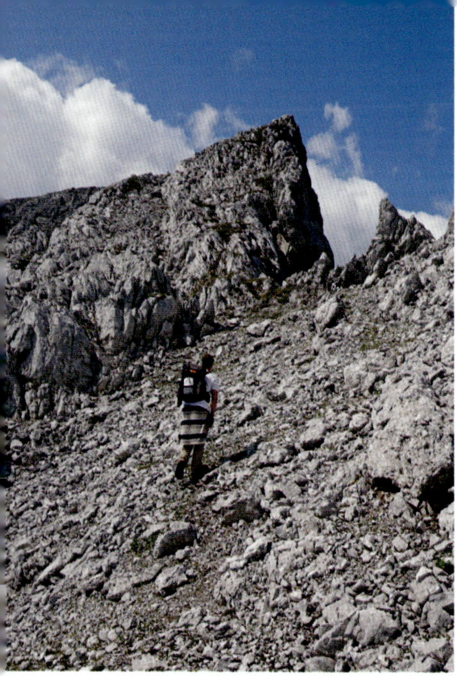

Foto oben: Anspruchsvolles Gehgelände in der Gipfelregion des Hochschwab. Unten: Mehr als 100 Jahre alte gusseiserne Einstiegsleiter des Alpenvereinssteigs im Großen Höllental (Rax).

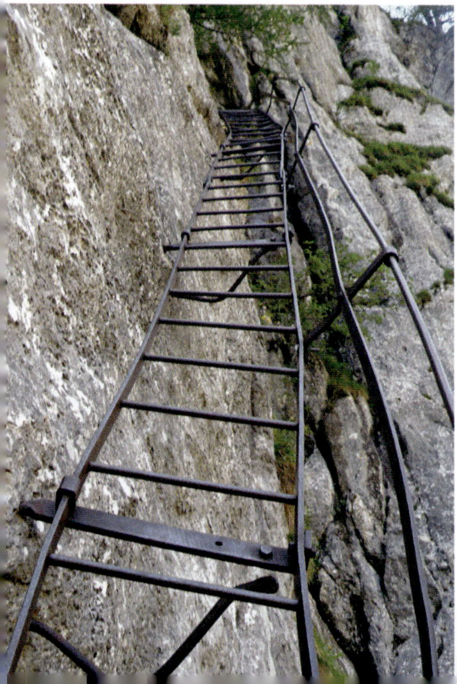

Ausrüstung

Aus der Öffi-Anreise ergeben sich keine wesentlichen Besonderheiten für die Ausrüstung, die wir zum Bergwandern benötigen. Allerdings kann es bei der Zug- und Busanreise besonders nützlich sein, über einen mobilen Internetzugang zu verfügen; z. B. wenn Sie Ihre Tour unterwegs umplanen oder sonstige Informationen einholen wollen. Im ÖBB-Schnellzug Railjet, in den WESTbahn-Zügen, in etlichen Nahverkehrszügen, in mehr und mehr Linienbussen sowie auf größeren Bahnhöfen gibt es mittlerweile WLAN.

Grundsätzlich richtet sich die Ausrüstung danach, wie lang und wie anspruchsvoll die Tour ist, die wir unternehmen wollen. Technische Schwierigkeiten, Höhenlage und Jahreszeit spielen dabei ebenso eine Rolle wie auch die Frage, ob sich (geöffnete) Schutzhütten auf unserer Route befinden oder nicht.

Für mittlere und schwere Touren sind solide **Bergschuhe** mit Profilsohle ein Muss. Hohe Schuhe, die über den Knöchel hinaufreichen, geben zusätzliche Stabilität und verhindern ein Umknicken. Für die **Kleidung** gilt das Zwiebelprinzip: Mehreren dünnen Schichten ist der Vorzug vor wenigen dickeren Schichten zu geben. Kinder kühlen bei niedrigen Temperaturen schneller aus als Erwachsene, nehmen Sie daher für jedes Kind eine zusätzliche Jacke, ein Paar dickere Handschuhe und eine warme Haube mit. Die Kleidung sollte aus Funktionsmaterialien oder aus Wolle bestehen. Bereits in mittleren Höhenlagen sollten Sie Wechselkleidung, Haube und Handschuhe mit dabeihaben (im Frühjahr, Herbst und Winter auch in niedrigeren Lagen), in hochalpinem Gebiet auch Reservehandschuhe und einen Biwaksack.

Teleskopstöcke können auf steilen Abstiegen die Kniegelenke etwas entlasten, uneingeschränkt zu empfehlen sind sie bei Schneelage. Eine dauernde Verwendung kann sich allerdings negativ auf die Trittsicherheit auswirken.

Gutes Kartenmaterial – die Wanderkarten von Freytag & Berndt im Maßstab 1:50.000 decken praktisch das gesamte Tourengebiet ab –, Regenschutz (auch eine Regenhülle für den Rucksack), Sonnencreme, Sonnenkappe oder -hut, ein Erste-Hilfe-Set und eine Stirn- oder Taschenlampe gehören in jeden Rucksack.

Ein möglichst robustes Smartphone, einen Kompass, besser noch einen Höhenmesser mit Kompass, ein Taschenmesser und ein Klebeband (für kleinere Reparaturen) sollten Sie ebenfalls mit dabeihaben. Ein GPS-Gerät kann die Orientierung unterwegs spürbar erleichtern, ersetzt allerdings nicht das Studium von Landkarten und Wegbeschreibungen vor der Tour. Vor allem in tief eingeschnittenen Tälern und Schluchten sind die Messfehler eines GPS-Gerätes erheblich; in diesem Gelände hat die Orientierung in erster Linie anhand einer guten Landkarte zu erfolgen.

Bei der Begehung von Klettersteigen, die über die Schwierigkeitsstufe A hinausgehen, sollten Sie in der Regel ein **Klettersteigset** verwenden. Ein **Helm** empfiehlt sich in jedem Fall, denn Steinschlag droht ganz generell in steilem Gelände (außer auf Graten), aber ebenso auch unterhalb von Steilwänden und steilen Flanken, wie etwa in Klammen, Schluchten und tiefen Gräben.

Bei winterlichen Verhältnissen oder bei der Querung von Altschneefeldern können Steigeisen und Pickel entscheidend zum Gelingen einer Tour beitragen.

Nehmen Sie ausreichend **Proviant** mit, am besten auch eine Notration Nüsse, Rosinen und Schokolade, vor allem wenn es auf Ihrer Route längere Streckenabschnitte ohne Einkehrmöglichkeit gibt. Wie viel Sie zu trinken mitnehmen sollten, richtet sich ganz wesentlich danach, ob Sie Ihre Trinkflaschen unterwegs in Hütten, an Brunnen oder Quellen auffüllen können. Achten Sie besonders auf genügend Getränke, wenn Sie mit Kindern unterwegs sind. In der kälteren Jahreszeit weckt ein Heißgetränk aus der Thermoskanne unterwegs die Lebensgeister.

Wenn Sie auf einer **Berghütte** übernachten, benötigen Sie einen Hüttenschlafsack, den Sie direkt vor Ort, im Sporthandel oder bei den alpinen Vereinen erwerben können.

»Nice to have«-Utensilien bleiben hingegen am besten zu Hause. Denn ein Rucksack, der schwerer ist als nötig, dämpft das Wandervergnügen ganz erheblich. »Reise mit leichtem Gepäck«, diese Lebensregel gilt ganz besonders für das Bergwandern.

An- und Abreise

Die Angaben zu den An- und Abreiseverbindungen entnehmen Sie bitte den Tourenbeschreibungen. Überprüfen Sie die von Ihnen in die engere Wahl gezogenen Verbindungen einige Tage vor der geplanten Tour (siehe »Fahrpläne« auf Seite 17). Züge und Busse verkehren in Österreich recht pünktlich. Dennoch ist es sinnvoll, bereits vorab zu überlegen, wie Sie reagieren können, falls es auf der Anreise zu Verspätungen oder versäumten Anschlussverbindungen kommen sollte. Auch wenn derartige Unannehmlichkeiten eher selten passieren, ist es gut, darauf vorbereitet zu sein, denn damit steigen die Chancen, dass Sie Ihren Tourentag trotz eines solchen Ärgernisses noch »retten« können.

Versäumen Sie eine Anschlussverbindung, stellen Sie zuerst einmal fest, wann die nächstfolgende Verbindung den geplanten Startort Ihrer Tour erreicht. Prüfen Sie nun, ob das infolge der verspäteten Ankunft verkürzte Zeitfenster nach wie vor für die geplante Tour ausreicht oder ob sich das Zeitfenster über eine spätere Rückfahrtverbindung so anpassen lässt, dass die Wanderung trotz der eingetretenen Verspätung ohne Zeitdruck absolviert werden kann. Ist dies nicht der Fall, so wäre es ideal, wenn Sie sich bereits bei der Tourenplanung eine Ersatzoption zurechtgelegt haben.

Anschlusszüge warten übrigens normalerweise für einige Minuten auf geringfügig verspätete Schnellzüge. Informieren Sie gegebenfalls möglichst frühzeitig den Zugbegleiter, dass Sie einen bestimmten Anschlusszug erreichen wollen. Busse hingegen warten nur fallweise auf verspätete Züge; Zugbegleiter und Buschauffeure sind im Osten Österreichs telefonisch in der Regel nicht vernetzt.

Für die Heimfahrt ist es am sichersten, nicht von vornherein die letzte Möglichkeit des Tages anzupeilen, sondern eine frühere Verbindung, so können Sie problemlos umdisponieren. Außerdem sollten Sie für den letzten Wegabschnitt einen Zeitpuffer von 15 bis 30 Minuten einbauen. Etwaige Wartezeiten auf die Rückfahrtverbindung lassen sich mit einer Einkehr in einem örtlichen Gasthaus oder einem kurzen Streifzug durch den Zielort überbrücken.

Schließlich gibt es auf einigen Touren auch die Möglichkeit, sich von einem Taxi abholen und zu einer Haltestelle bringen zu lassen, von der es (noch) eine Verbindung gibt.

Auf Tour

Prüfen Sie während der Tour gelegentlich, ob Sie in etwa im Zeitplan liegen. Lassen Sie sich aber bitte nicht dazu verleiten, laufend auf die Uhr zu schauen. Wenn Sie etwa ein Mal pro Stunde einen kurzen »Zeit-Check« machen, ist dies absolut ausreichend. Sollten Sie länger brauchen als erwartet, disponieren Sie rechtzeitig auf eine spätere Rückfahrtverbindung oder eine kürze Abstiegsvariante um. Nichts ist dem Wandervergnügen und der Erholung abträglicher als Hast und Eile. Zudem steigen auch die Risiken eines Fehltritts oder Ausrutschers, wenn Sie versuchen, einen Bus- oder Zuganschluss auf Biegen und Brechen zu erreichen. Denken Sie auch daran, Ihre Angehörigen von unterwegs aus zu informieren, falls sich Ihre Heimkehr verzögern sollte.

Trinken und essen Sie unterwegs regelmäßig, auch wenn Sie (noch) nicht durstig oder hungrig sind. So bleiben Sie länger leistungsfähig.

Beobachten Sie während der Tour die Wetterentwicklung. Brechen Sie rechtzeitig ab, wenn sich eine deutliche Verschlechterung abzeichnet, oder suchen Sie Zuflucht im nächstgelegenen Schutzhaus. Die gilt ganz besonders, wenn Sie im hochalpinen Gelände unterwegs sind. Schwüle Luft und Quellwolken kündigen oft Gewitter an; dunkle Quellwolken, Donnergrollen und Wetterleuchten sind als Alarmzeichen für den unmittelbar bevorstehenden Ausbruch eines Gewitters zu werten.

Sollten Sie während einer Tour von einem Gewitter überrascht werden, so sind Gipfel, Grate und Hochflächen, vor allem aber versicherte Steiganlagen (Metall!), weiters auch einzeln stehende Bäume, Höhleneingänge und Überhänge zu meiden.

Nehmen Sie eine kauernde Position auf einer isolierenden Unterlage ein, am besten in einer Mulde.
Weitere Gründe, eine Tour abzubrechen, sind gesundheitliche Probleme oder unerwartete technische Schwierigkeiten. Hören Sie dabei auf Ihr Bauchgefühl und nehmen Sie Ihre eigenen Bedenken ernst!
Sollten Sie in Bergnot geraten, verständigen Sie die **Bergrettung** (Rufnummer 140, bzw. Euro-Notruf 112, in Österreich auch ohne SIM-Karte, dazu Handy ausschalten, wieder einschalten und 112 wählen, falls Funkloch: Standort wechseln).
Haben Sie keinen Empfang, machen Sie sich mit dem alpinen Notsignal bemerkbar: sechs akustische oder optische Signale pro Minute, sodann eine Minute Pause, danach weitere sechs Signale usw.; Antwort: drei Signale pro Minute, eine Minute Pause, drei weitere Signale.

Tipps für Neueinsteiger

Haben Sie keine Wandererfahrung, beginnen Sie mit leichten, kurzen Touren. Steigern Sie in der Folge langsam die Dauer und die Schwierigkeit Ihrer Wanderungen. Besonders wichtig ist, dass Sie in der Lage sind, sich im Gelände hinreichend gut zu orientieren. Machen Sie sich daher mit dem Lesen von Karten und der Verwendung eines Kompasses, eventuell auch mit der Funktionsweise eines GPS-Gerätes vertraut.
Ideal ist es, wenn Sie sich einem erfahreneren Bergwanderer oder einer Wandergruppe anschließen können. Alpine Vereine bieten geführte Wanderungen an, in denen Sie Bergerfahrung sammeln und auch besonders leicht gleichgesinnte Tourenpartner kennenlernen können.
Falls Sie bisher noch nicht oder nur selten mit Bahn und Bus zu Bergwanderungen angereist sind, beginnen Sie mit Touren in Gebieten, die Sie bereits kennen. Wenn Sie sich an Touren in einer für Sie noch unbekannten Wanderregion versuchen wollen, tun Sie dies am Anfang am besten mit Rundwanderungen mit identischem Ausgangs- und Endpunkt. Sehr gut als Einsteigertouren eignen sich Unternehmungen, bei denen Sie den Ausgangspunkt ohne Umsteigen erreichen, bzw. bei denen

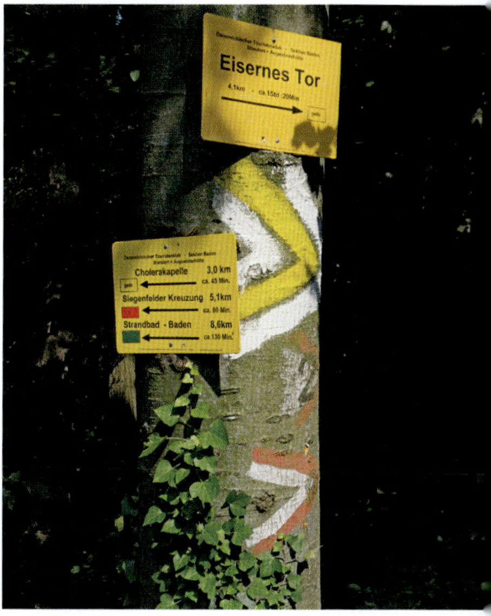

Eine gute Beschilderung erleichtert die Orientierung.

die Anreise nach einem (z.B. stündlichen) Taktfahrplan erfolgt.
Wählen Sie anfangs Wanderungen, bei denen es mehrere Rückfahrtmöglichkeiten gibt, und peilen Sie nicht von vornherein die letzte Rückfahrtverbindung des Tages an. Schließen Sie sich, wenn möglich, einem anderen Bergsteiger oder einer Gruppe an, der/die bereits Erfahrung mit Bahn- und Busanreisen in Wanderregionen hat.

Das Tourengebiet Wiener Hausberge

Das Tourengebiet der Wiener Hausberge ist im vorliegenden Buch weit gefasst und schließt auch die Gebirgszüge im südwestlichen Niederösterreich und in der zentralen und östlichen Obersteiermark mit ein. Diese breite Gebietsabgrenzung folgt z.B. Mokrejs, »Die Wiener Hausberge«, 2003 und eignet sich besonders für einen ÖV-Wanderführer, da bei entsprechend flotten Bahn- und Busverbindungen auch manch entfernteres Tourenziel öffentlich gut erreichbar ist. Selbstverständlich sind alle Berge in erster Linie immer die Hausberge der örtlichen Bevölkerung. Der Begriff »Wiener Hausberge« soll hier zum Ausdruck bringen, dass es sich um Gebirge und Gipfel handelt, die zum Ausflugsgebiet von Bergwanderern aus Wien gezählt werden können.

Folgende Berggruppen und Wandergebiete sind in diesem Buch vertreten: Wienerwald, Gutensteiner Alpen, Türnitzer Alpen, Schneeberg, Rax, Semmeringgebiet, Mürzsteger Alpen, nördliches Grazer Bergland, Ybbstaler Alpen, Hochschwab und Ennstaler Alpen. Die Gliederung der Gebirgsgruppen folgt im Wesentlichen der Alpenvereinseinteilung. Schneeberg und Rax werden der Übersichtlichkeit halber in separaten Abschnitten dargestellt. Weitere Abweichungen von der AV-Einteilung betreffen das Semmering- und das Wechselgebiet sowie das nördliche Grazer Bergland. Einige Wanderungen in außeralpinen Regionen runden die Tourenauswahl ab.

Ein wesentliches Merkmal der Wiener Hausberge ist ihre große Vielfalt – sie resultiert vor allem daraus, dass unsere Tourenregion in sehr unterschiedlichen Erdzeitaltern entstanden ist und daher eine geologische Struktur aufweist, die alles andere als einheitlich ist. Im Nordwesten reicht mit dem Gneis- und Granitgestein der Böhmischen Masse der erdgeschichtlich älteste Teil Österreichs in unser Tourengebiet (Dunkelsteiner Wald, Wachau, Thayatal). Den mittleren Erhebungen nördlich und östlich vorgelagert sind die Molassebecken, die aber in diesem Wanderbuch kaum berührt werden, sowie die vorwiegend aus Sandstein und Ton bestehende Flyschzone, zu der u.a. der nördliche und westliche Wienerwald zählen. Die prägende Gesteinsart der Vor- und Hochalpen in unserem Tourengebiet ist der Kalk, dieser ist hier in allen seinen wesentlichen Spielarten – Wetterstein-, Dolomit- und Dachsteinkalk – vertreten. Südlich der Kalkgebirge schließt sich die Grauwackenzone an, zu der ein großer Teil der Eisenerzer Alpen, das Mürztal, die Fischbacher Alpen, wesentliche Bereiche des Semme-

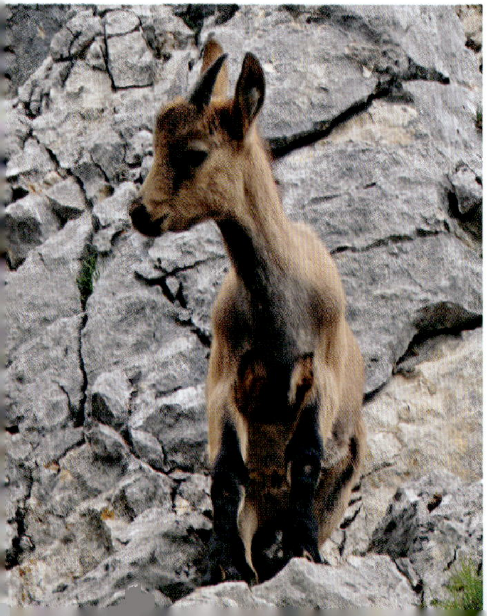

Steinbockkitz auf der Hohen Wand.

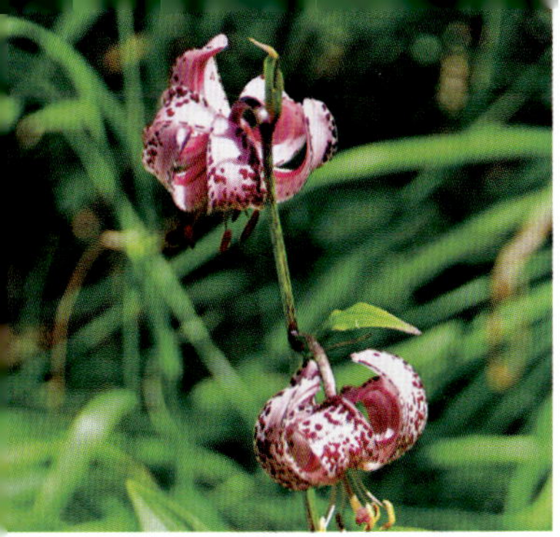

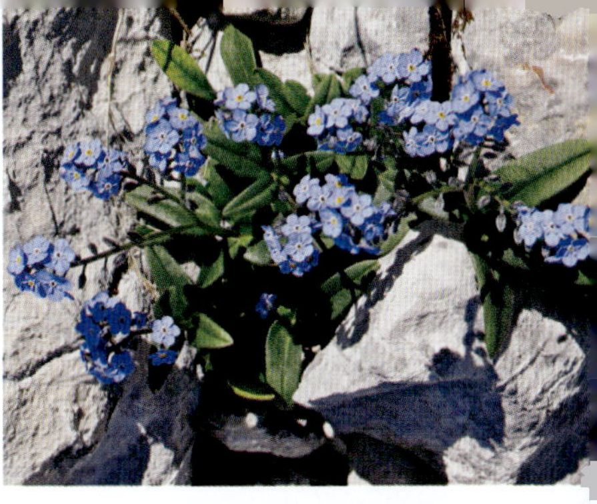

ringgebietes und das südwestliche Wiener Becken gehören. Hier dominieren verschiedene Schiefer- und vulkanische Gesteine sowie die namensgebende Grauwacke, unter der grau(grün)e Sandsteine mit Quarz- und Schiefergesteinseinlagerungen verstanden werden. In etlichen Tourenregionen treten Kalk und kristallines Gestein Seite an Seite oder in Überlagerungen auf.

Diese geologische Vielgestaltigkeit wiederum prägt das mannigfaltige Landschaftsbild, das von Tal- und Flusslandschaften, sanft gewellten Ebenen über Hügelland bis ins Mittel- und Hochgebirge reicht. Ebenso spiegelt sich der Abwechslungsreichtum in der Vegetation wider: Wiesen und Felder, Wälder und Almgelände, Krummholzzonen und hochalpine Matten. Sogar im Ödland und Fels gibt es eine vielfältige Flora zu entdecken. Oft führen uns unsere Wanderungen durch etliche dieser Vegetationsstufen; zumeist sind die Übergänge fließend, bisweilen aber auch abrupt.

In vielen Regionen der Wiener Hausberge ergibt sich der spezielle Charakter der jeweiligen Landschaft durch das Zusammenspiel von Bergen und Flüssen – sei es in der Wachau, im Gebiet der Hainburger Berge, im Höllental, das Rax und Schneeberg trennt, in den Ötschergräben oder im Gesäuse. Reich

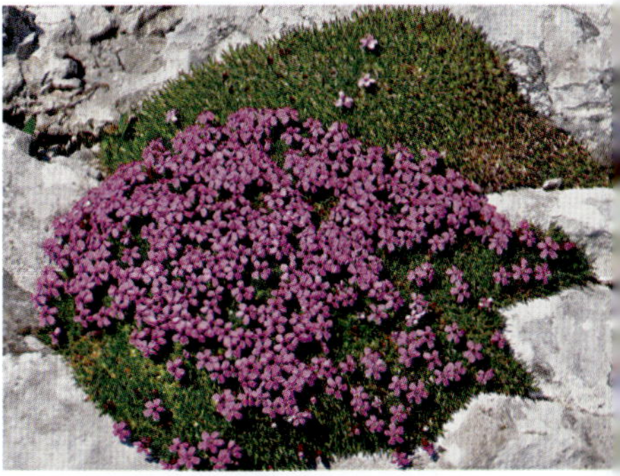

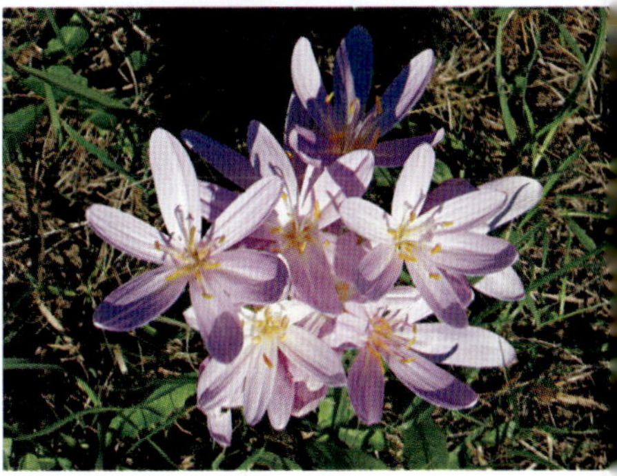

Alpine Blumenvielfalt in den Wiener Hausbergen.

an stehenden Gewässern ist unser Tourengebiet hingegen nicht. Umso mehr fällt die Schönheit jener Seen ins Auge, an denen wir vorbeiwandern – so am Leopoldsteiner See und am Sackwiesensee im Hochschwab –, oder die wir zumindest aus der Distanz sehen, wie etwa den Obersee im Dürrenstein-Massiv.

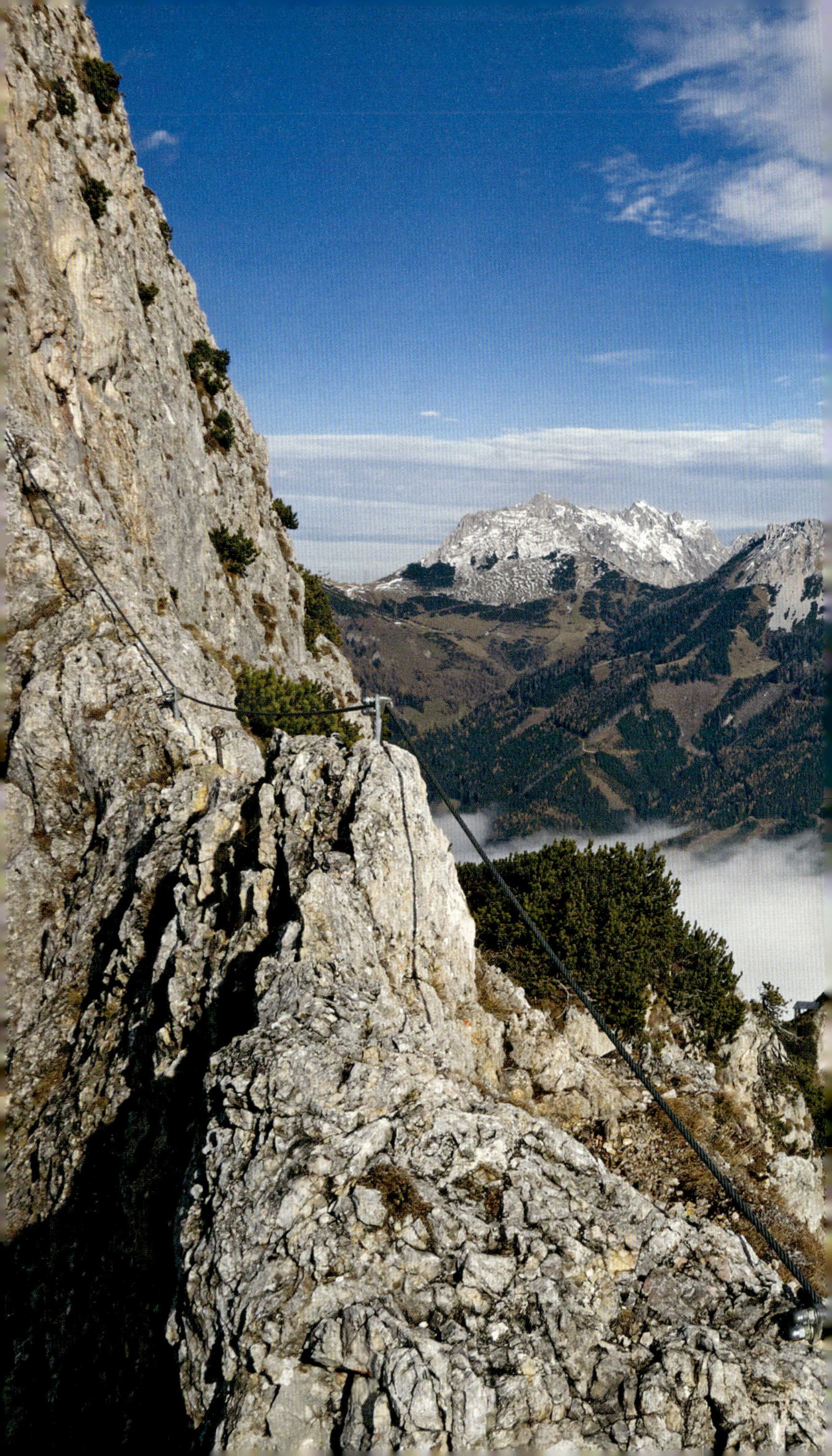

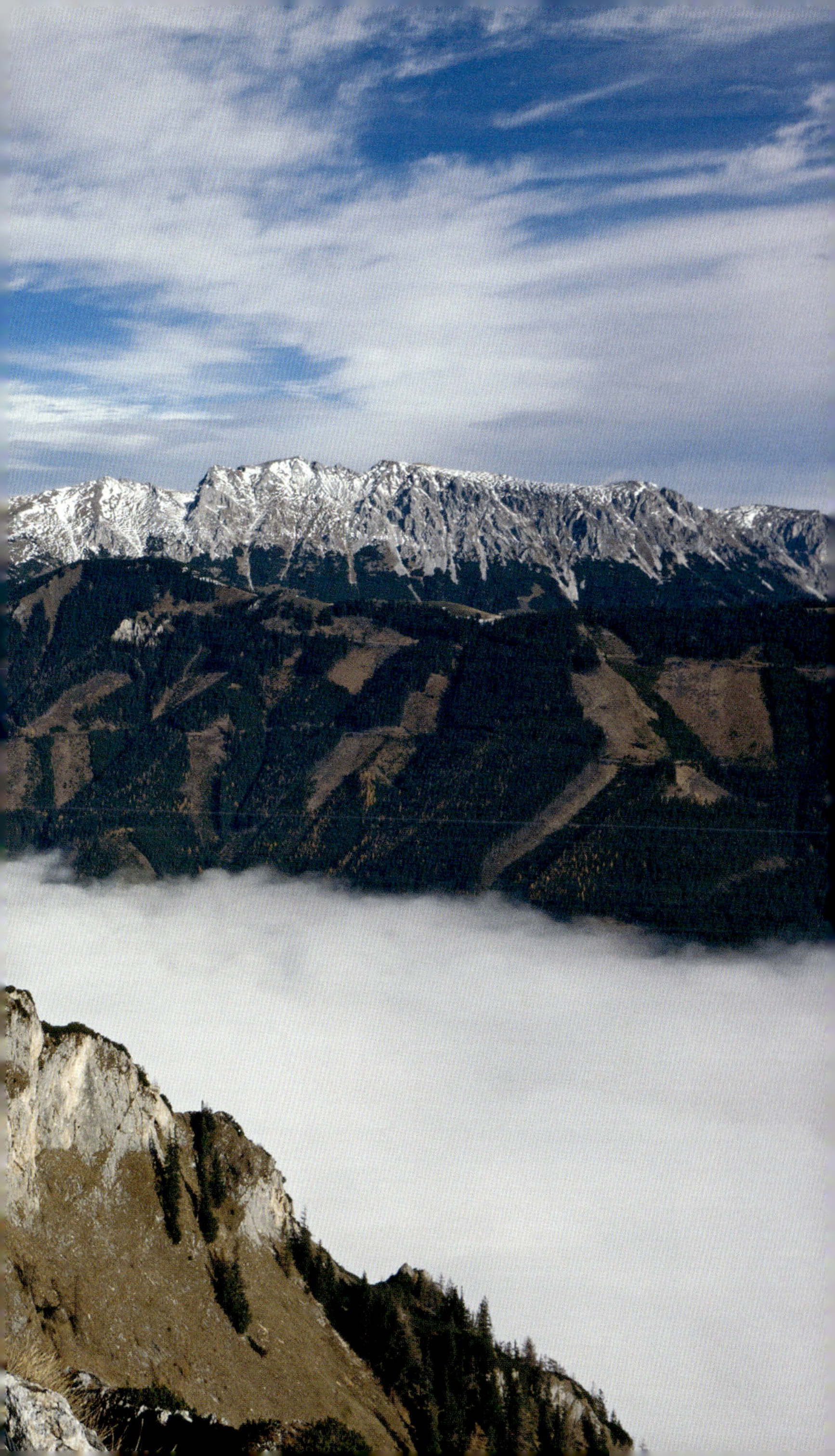

1 Mödlinger Föhrenberge

Von Mödling in die Hinterbrühl

4.15 Std. | 10,9 km | ↗ 570 m | ↘ 510 m

Abwechslungsreiche Wanderung mit (oder ohne) Klettersteigeinlage

Etliche Wege und Steige durchziehen den Naturpark Föhrenberge, der sich von Perchtoldsdorf im Norden bis nach Gumpoldskirchen im Süden erstreckt. Ebenso zahlreich sind die Tourenmöglichkeiten in diesem leicht erreichbaren Gebiet vor den Stadttoren Wiens, das zum Kalkwienerwald gehört. Die hier vorgeschlagene Tour führt durch die besonders interessante Region rund um die Mödlinger Klause und den Kleinen Anninger. Die Felswände und -türmchen der Klause, eines engen Tals zwischen Mödling und der Vorderbrühl, sorgen für einen Hauch alpiner Dramatik in der sonst so lieblichen Natur- und Kulturlandschaft. Im frühen 19. Jh. schuf Fürst Johann I. von Liechtenstein hier einen romantischen Landschaftsgarten. Er ließ die damals kahlen Felshänge mit Schwarzföhren aufforsten und, dem Zeitgeist der Romantik entsprechend, künstliche Ruinen errichten. Drei dieser Ruinen liegen an unserem Weg: die Augengläser – eine Wand mit zwei Spitzbogenfenstern –, der Schwarze Turm und die Burgruine Mödling, die auf den Grundmauern einer mittelalterlichen Burg errichtet wurde. Ein weiteres historisches Gebäude ist der klassizistische Husarentempel, der den Gefallenen der Schlachten von Aspern und Wagram gegen Napoleon im Jahre 1809 gewidmet ist. Der mittelschwere Mödlinger Klettersteig lässt sich wahlweise in diese aussichtsreiche Tour einbauen. Auch Flora und Fauna verdienen Beachtung: In der warmen Jahreszeit gedeihen hier das Karpaten-Felsblümchen und die Mödlinger Federnelke, auf den Felsen tummeln sich grün schimmernde Eidechsen.

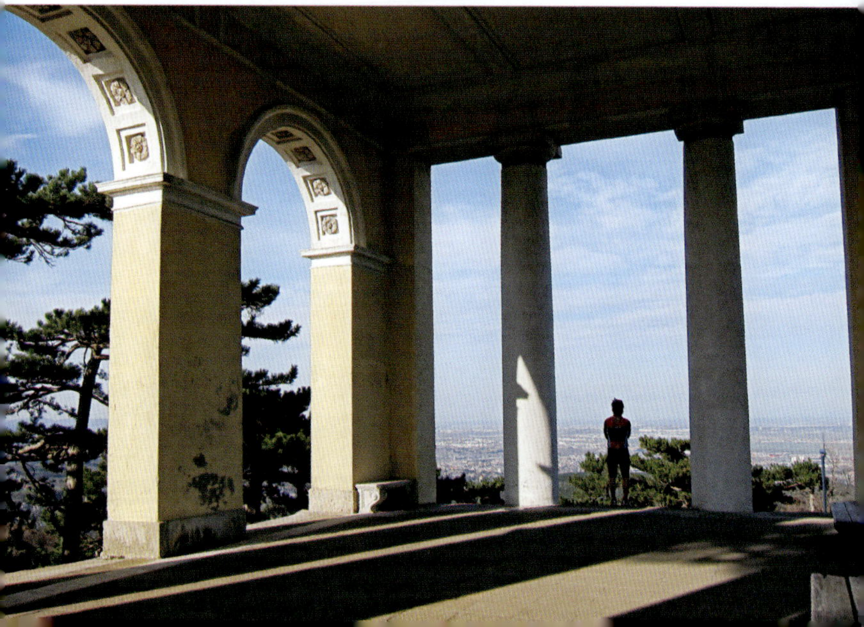

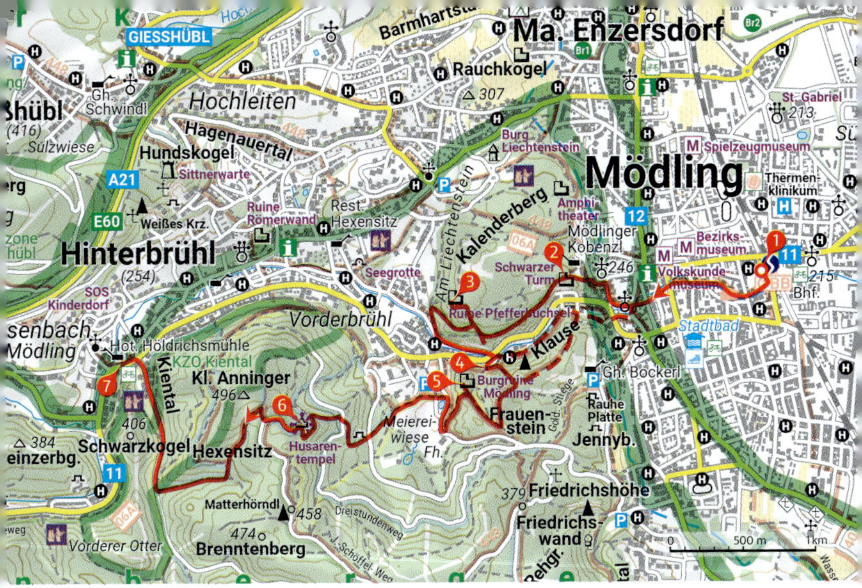

Ausgangspunkt: Bahnhof Mödling, 215 m.

Anfahrt: Auf der Südbahnstrecke. Ganztags zahlreiche Verbindungen. Dauer: 15–20 Min.

Endpunkt: Bushaltestelle Hinterbrühl Höldrichsmühle, 273 m.

Rückfahrt: Bus 264 und 265 zum Bahnhof Mödling oder Bus 260 nach Brunn-Maria Enzersdorf, weiter auf der Südbahnstrecke. Verbindungen bis am Abend, zwei bis drei Fahrten pro Stunde. Dauer: 35–45 Min.

Anforderungen: Abgesehen vom Klettersteig leichte Wanderung. Der Mödlinger Klettersteig (auch Robert-Karpfen-Klettersteig genannt), hat den Schwierigkeitsgrad B, die Schlüsselstelle B/C, diese kann aber umgangen werden. Steinschlaghelm und Klettersteigset.

Einkehr: Gasthäuser und Heurige in **Mödling, Vorder-** und **Hinterbrühl.**

Varianten: Start oder Ende in **Vorderbrühl** (Bus 264 und 265, Haltestelle Vorderbrühl Jägerhausgasse). – **Ohne Klettersteigbegehung:** Wie unten bis in die Vorderbrühl, über den Mödlingbach, dann nach links und südlich des Baches auf dem Promenadenweg durch die Klause bis in den Kurpark. Nun weiter auf Weg 43 auf einen Höhenrücken, wo von rechts die Hauptroute einmündet.

Tipps: Im Bezirk Mödling ergänzt ein bedarfsorientiertes Postbus-Shuttle, das etwa 950 Haltepunkte anfährt, den Linienverkehr (postbus.at/de/unsere-leistungen/postbus-shuttle/moedling). – Besuch der Seegrotte Hinterbrühl direkt an der Rückfahrtsroute (Infos: Tel. +43/2236/263 64, seegrotte.at).

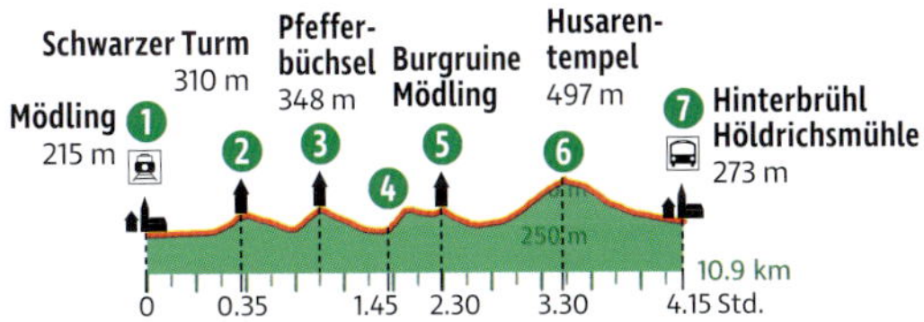

Husarentempel im Naturpark Föhrenberge.

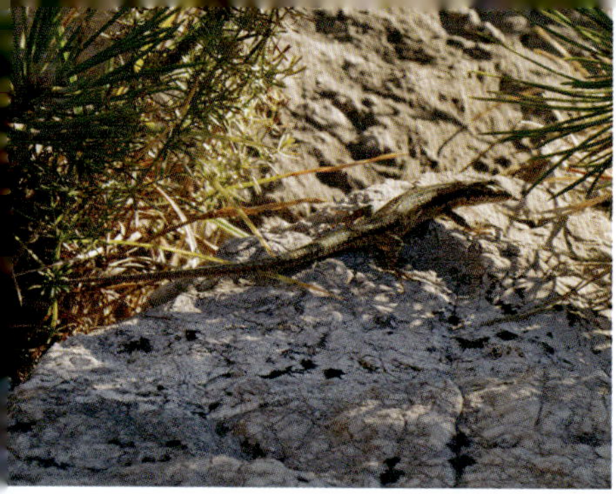

Eidechse im Kalkwienerwald.

Am **Mödlinger Bahnhofsplatz** ❶ nach links zur Bachgasse, hier rechts. Am Mödlingbach entlang über die Toni-Berg-Promenade und die Achsenaugasse, auf die andere Seite des Bachs wechselnd, Richtung Stadtzentrum. Über die Badstraße nach links (an einer Tankstelle vorbei). Nun auf der Babenbergergasse weiter, dann geradeaus auf der Brühler Straße und nach rechts in die Kirchengasse zur Pfarrkirche St. Othmar (erste rote Markierungen). Links an der Kirche vorbei, dann über eine Stiege hinauf in den Anton-Wildgans-Weg, schon bald aber links (rot markierter Weg Ostarrichi, Nr. 48). Kurz darauf scharf rechts und über weitere Stiegen zu einer Parkanlage, die aber rechts liegen bleibt, und nun geradeaus zum **Schwarzen Turm** ❷ hinauf (linker Hand die Augengläser).

Weiter auf dem Gamsecker Steig (grün, spärlicher auch rot markiert). Aussichtsreich oberhalb der Felsabstürze der Mödlinger Klause entlang. Ein Abstecher zur Jordankanzel, einer Felsloge direkt über der Klause, ist lohnend und bietet einen guten Überblick über den Verlauf des Mödlinger Klettersteigs.

Nach dem Besuch der Kanzel weiter bergwärts (rote Markierung mit Wegnummer 48), wenig später bei einer Kreuzung Abstecher zur **Ruine Pfefferbüchsel** ❸, grün. Von der Ruine zurück zur Kreuzung und nun rechts auf dem rot und grün markierten Weg talwärts, bei einem Zaun scharf nach links und zur Liechtensteinstraße. An deren Ende jenseits einer Brücke rechter Hand die Bushaltestelle Vorderbrühl Jägerhausgasse (Variante). Weiter geradeaus auf der Brühler Straße. Bei einer Ampel auf die andere Straßenseite und über eine Brücke zum Efeugrat, wenige Meter rechts davon der Einstieg des **Mödlinger Klettersteigs** ❹.

Der Klettersteig beginnt rassig mit einer gut 10 m hohen, steilen Wandstufe (Schlüsselstelle, Schwierigkeitsgrad B/C, kann rechts umgangen werden), gefolgt von einer Querung nach rechts. Über einen kleinen, aber nur mäßig schwierigen Überhang zu einer plattigen Rampe, die in ihrem obersten Teil in ein kurzes, ziemlich ausgesetztes Band übergeht. Rechts um eine Felsnase herum auf die Ostseite des Grates, nach einer kurzen, ebenen Felspassage Gehgelände, dann eine Mini-Seilbrücke über eine Scharte. Nun eine Felsrippe empor und über eine kurze, relativ ausgesetzte Querung zu einem Türmchen. Es folgt eine ebene Gratpassage, dann wieder Gehgelände im Wald (rote Markungsplättchen, Pfeile), schließlich ein letzter felsiger Aufschwung.

Vom Ende des Klettersteigs sind es nur wenige Meter zum rot markierten Weg 43. Hier rechts. Bei einer Kreuzung neuerlich rechts (rot markiert, Weg 46) zur **Burgruine Mödling** ❺.

Von der Ruine weiter Richtung Vorderbrühl/Meiereiwiese hinunter (gelb und rot markiert). Bei einer Kreuzung rechts auf eine Forststraße, nach etwa 100 m links auf einen Forstweg Richtung Föhrenhof, an einem Weiher (Pepis Märchenteich, Brunnen) vorbei. Bei einer Verzweigung links und nun am Rand der Meiereiwiese entlang Richtung Husarentempel (gelb). Am Waldrand bei einer Kreuzung rechts (Wegweiser »Husarentempel«, blau markiert), aber schon nach wenigen Metern wieder links auf einen Waldpfad (blau-weißer Markierungspfeil). Durch Mischwald bergwärts, eine Forststraße überquerend, dann in einem großen Rechtsbogen weiter hinauf zu einem Forstweg. An einem Rastplatz vorbei, wenige Meter später auf einem Steig nach links hinauf. Bei einer Kreuzung wieder links, unsere Route (Weg 43) ist nun blau und rot markiert. Einen MTB-Trail, dann einen gelb markierten Weg querend zu einer weiteren Kreuzung, hier der blauen Markierung folgend rechts hinauf (Wegweiser) zum nahen **Husarentempel ❻**.

Vom Tempel auf einem blau und rot markierten Weg hinab Richtung Kiental/Hinterbrühl (Weg 43). Bei einer Kreuzung nach rechts, wenig später links auf einen schönen Waldweg und in einen Graben hinab. Die Abzweigung Richtung Hexensitz/Vorderbrühl bleibt rechts liegen. Ins Kiental hinunter und hier nach rechts auf eine gelb markierte Forststraße Richtung Hinterbrühl Höldrichsmühle. Im Siedlungsgebiet (Kientalgasse) an einigen Villen vorbei bis zur Gaadener Straße, hier nach links zur nahen Bushaltestelle **Hinterbrühl Höldrichsmühle ❼**.

Unterwegs am Mödlinger Klettersteig.

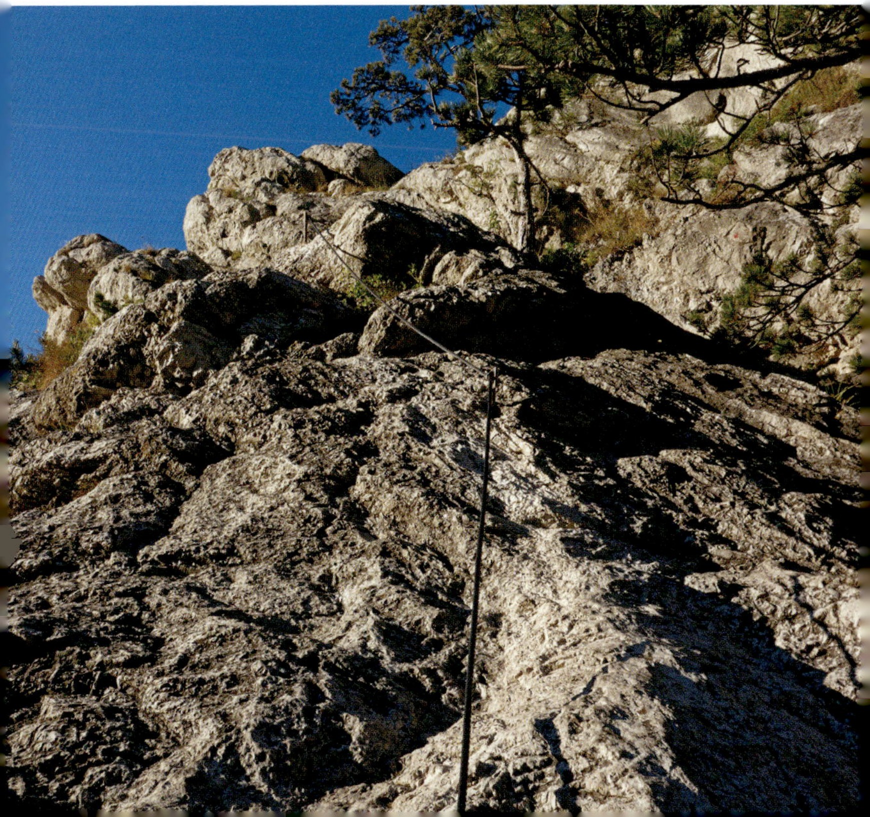

2 Pfaffstättner Kogel, 541 m / Anninger, 675 m

Von Pfaffstätten nach Gumpoldskirchen

4.15 Std. | 12,3 km | ↗ 600 m | ↘ 600 m

Drei Gipfel und drei Aussichtswarten

Die Überschreitung vom Pfaffstättner Kogel zum Anninger gehört zu den meistbegangenen Touren im südöstlichen Wienerwald. Der Anninger-Höhenzug ist jedoch weitläufig genug, um allen Wanderern genug Platz zu bieten. Drei Gipfel mit Aussichtswarten überschreiten wir: den Pfaffstättner Kogel mit der Klesheimwarte, den Anninger (Wilhelmswarte) und den Eschenkogel mit der neu errichteten Jubiläumswarte. Die Rundsichten reichen über die Voralpen bis zum Schneeberg und ins Semmering- und Wechselgebiet. Auch das Wiener Becken und das Leithagebirge haben wir bestens im Blickfeld. Von der Jubiläumswarte können wir an klaren Tagen weit im Westen den Ötscher sehen. Zwei Berghütten – die unlängst generalsanierte Rudolf-Proksch-Hütte und das Anninger-Schutzhaus – laden unterwegs zur Einkehr ein. Schon zuvor besuchen wir die knapp 100 m lange Einödhöhle, deren Eingangsbereich frei zugänglich ist. Die Weinberge am Beginn und Ende dieser Tour bilden reizvolle Kontraste zu den bewaldeten Höhen des Anningers. In Gumpoldskirchen klingt die Tour aus, hier liegen etliche sehenswerte Bauwerke, wie das Deutschordensschloss, die gotische Pfarrkirche St. Michael, das Alte Zechhaus und das im Renaissance-Stil errichtete Rathaus direkt an unserem Weg, zudem bietet sich der Besuch eines der zahlreichen Heurigen an.

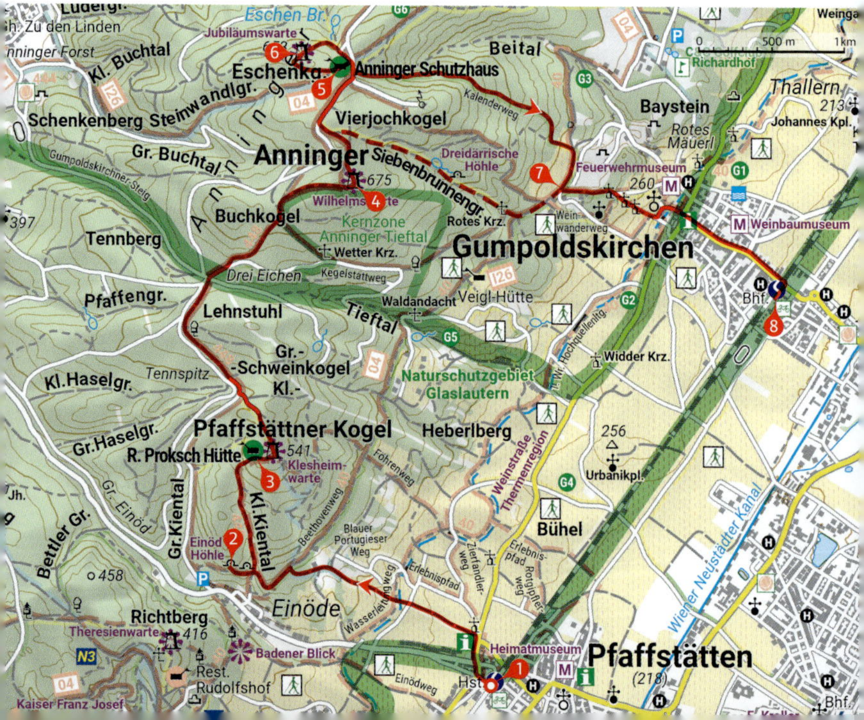

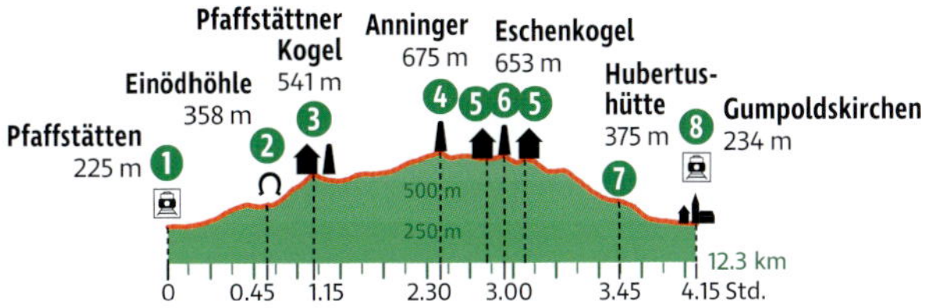

Ausgangspunkt: Bhf. Pfaffstätten (oder Bushaltestelle Pfaffstätten Bahngasse), 225 m.
Anfahrt: Auf der Südbahnstrecke, direkt und via Baden; außerdem ab Baden auch mit Bus 301 oder 302. Zwei bis vier Verbindungen pro Stunde. Dauer: 20–40 Min.
Endpunkt: Bhf. Gumpoldskirchen, 234 m.
Rückfahrt: Auf der Südbahnstrecke, direkt und via Baden. Verbindungen bis am Abend, zwei bis vier Fahrten pro Stunde. Dauer: 20–35 Min.
Anforderungen: Leichte Wanderung auf guten Wegen.
Einkehr: Rudolf-Proksch-Hütte, Mi/Do 10–14 Uhr, Fr–So und Fei 10–17 Uhr geöffnet, Tel. +43/699/18 10 72 34, alpenverein.at/rudolfprokschhuette, keine Nächtigung. – **Anninger-Schutzhaus,** Mi–Fr 9–18 Uhr, Sa/So/Fei (bei Schönwetter an Fei auch Mo/Di) 8–17 Uhr, Tel. +43/2236/232 96, anningerhaus.at; keine Nächtigung.
Varianten: Rückweg vom Eschenkogel zum Anninger-Schutzhaus **wie Hinweg:** Dies empfiehlt sich vor allem im Sommer, wenn der gelb markierte Pfad (Rückweg-Hauptroute) verwachsen ist. – **Ohne Eschenkogel:** Abstieg vom Anninger über Siebenbrunnengraben (gelb) zum Roten Kreuz, weiter nach Gumpoldskirchen (30–40 Min. kürzer).

Vom Bahnhof **Pfaffstätten ❶** über die Einödstraße ins Ortszentrum (alter Wegweiser Richtung Proksch-Hütte und Pfaffstättner Kogel, blaue, teils spärliche Markierung). Bei der ersten Kreuzung rechts in die Franz-Josef-Straße, am Ortsende links auf einen anfangs asphaltierten Weg (Wegweiser Föhrenweg, auch »Tut gut«-Wanderweg). Nun zwischen Weingärten auf den Höhenzug Pfaffstättner Kogel–Anninger zu. Beim Rastplatz Geyplesz etwas nach links und auf einem Hohlweg bis zu einer Verzweigung, hier links (Wegweiser etwas versteckt oben an einem Baum). Nun auf einem Forstweg zuerst eben, dann leicht steigend in den Wald.

Bei einer Kreuzung geradeaus, kurz darauf bei einer Gabelung rechts, wenige Meter nach dieser Verzweigung jedoch scharf nach links auf einen Waldweg (ab hier rot markiert, Weg 40). Eben, später fallend zu einer Lichtung, hier halten wir uns rechts (Wegweiser Einödhöhlen). Durch lichten Föhrenwald, das Kleine Kiental querend, zur **Einödhöhle ❷**. Der Eingang der Höhle ist zugänglich, der hintere Bereich zum Schutz der dort lebenden Fledermäuse mit Holzgittern versperrt.

Zurück zum Kleinen Kiental und hier links (Wegweiser Proksch-Hütte). Durch das Tal auf einem rot markierten Steig (Weg 448) aufwärts. Auf den linken Begrenzungsrücken des Tals und nun durch Mischwald zur **Rudolf-Proksch-Hütte** auf dem **Pfaffstättner Kogel ❸** hinauf.

Auf erst rot und grün, später nur mehr rot markiertem Forstweg weiter Richtung Anninger-Schutzhaus, bei Gabelungen der Beschilderung folgend. Bei der Kreuzung Drei-

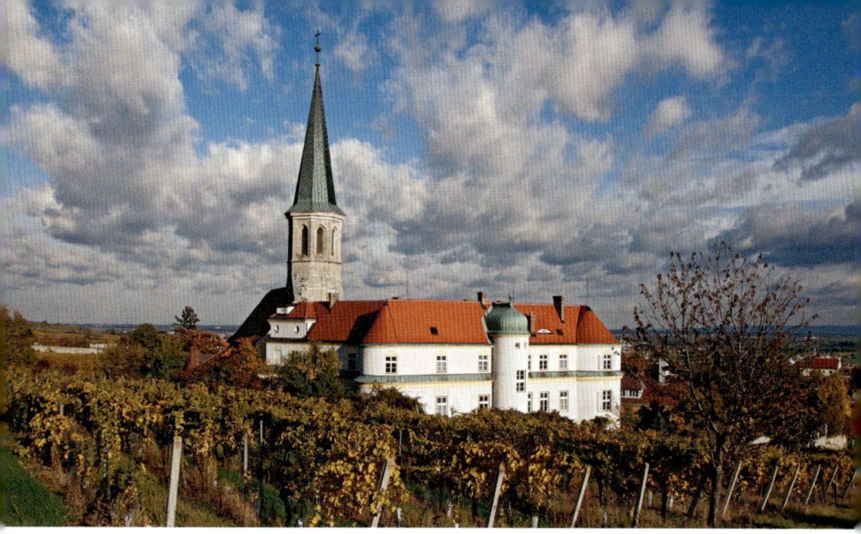

Deutschordensschloss Gumpoldskirchen.

eichen rechts. Bei einer Verzweigung geradeaus, bei der nächsten links (Markierung nicht gut sichtbar). Weiter durch Buschwerk, dann durch Jungwald. Von rechts mündet der Weg vom Wetterkreuz ein. Wenig später, wieder im Hochwald, halb rechts auf einen rot markierten Steig Richtung Wilhelmswarte und in 10 Min. zum Gipfel des **Anninger 4**. Abstieg in nördlicher Richtung, auf zunächst schmalem, dann breiterem Steig in den Hochwald hinunter, wieder zum rot markierten Weg zurück. Bei einer Verzweigung links. Bei einer Wegkreuzung nach rechts auf eine Forststraße, zum **Anninger-Schutzhaus 5**. Hier links Richtung Gaaden (Weg 444, vorerst gelb und blau markiert). Nach wenigen Minuten halten wir uns bei einer Verzweigung rechts (gelb, Wegweiser). Kurz darauf ist die **Jubiläumswarte 6** auf dem Gipfel des **Eschenkogels** erreicht.

Direkt von der Warte auf einem Steig in nördlicher, dann nordöstlicher Richtung durch Gebüsch in den nahen Buchenhochwald, ab hier gelb markiert. In einen Graben hinunter, dann eben, schließlich wieder ansteigend zurück zum **Anninger-Schutzhaus 5**, hier links auf den Kalenderweg (grün). Bei einer Verzweigung nach rechts, über einen Graben und dann – vorübergehend leicht ansteigend – in die südliche Flanke des Baytals (auch Beital). Nach einer neuerlichen Gegensteigung deutlicher fallend, schließlich aus dem Wald heraus zu einem Forstweg (Weg 404). Nun nach rechts und oberhalb eines ehemaligen Steinbruchs bis zu einer Kreuzung: Hier links auf einen Fahrweg Richtung Gumpoldskirchen, das nur fallweise geöffnete Heurigenlokal **Hubertushütte 7** bleibt rechts liegen.

Es folgt ein kurzer asphaltierter Wegabschnitt. Wo sich der Fahrweg nach links wendet, weiter geradeaus (nach wie vor grün markiert) über den Kalvarienberg hinab. Der Markierung folgend links, am Deutschordensschloss vorbei (nicht rechts hinunter), über den Kirchenplatz zur Kirchengasse. Am Alten Zechhaus, dann am Rathaus vorbei und weiter über die Wienerstraße zum Bahnhof **Gumpoldskirchen 8**.

Lindkogel-Höhenwanderung, 834 m

Aus dem Helenental nach Baden

3

5.30 Std. | 16,0 km | ↗700 m | ↘750 m

Über den Hohen, den Hinteren, den Sooßer und den Vorderen Lindkogel

Fünf Lindkogel gibt es in der Umgebung von Baden. Auf vier davon führt uns die hier vorgestellte Wanderung. Aus dem idyllischen Helenental steigen wir auf den Hohen Lindkogel, den dritthöchsten Gipfel des Wienerwaldes. Dort erwarten uns das gastliche Schutzhaus Eisernes Tor und die Sina-Warte, von der die Rundschau im Osten bis zu den Kleinen Karpaten, im Südwesten bis zum Schneeberg reicht. Eine abschnittsweise recht aussichtsreiche Höhenwanderung über den Hinteren, den Sooßer und den Vorderen Lindkogel schließt sich an. Durch Weingärten steigen wir schließlich nach Baden ab, mit einem Stadtspaziergang klingt unsere Wanderung aus; unterwegs lädt der eine oder andere Heurige zur Einkehr ein. Diese Tour kann das ganze Jahr über unternommen werden, nur nach starken Schneefällen und an heißen Sommertagen ist sie weniger empfehlenswert. Im Herbst ragt der Hohe Lindkogel, aber auch der Höhenzug bis zum Sooßer Lindkogel zumeist aus der Nebeldecke heraus, die dann nicht selten hartnäckig über dem Wiener Becken liegt. Aber auch im Frühling, wenn die Natur erwacht, ist die hier vorgestellte Wanderung sehr reizvoll.

Abendlicher Blick Richtung Großer Lindkogel.

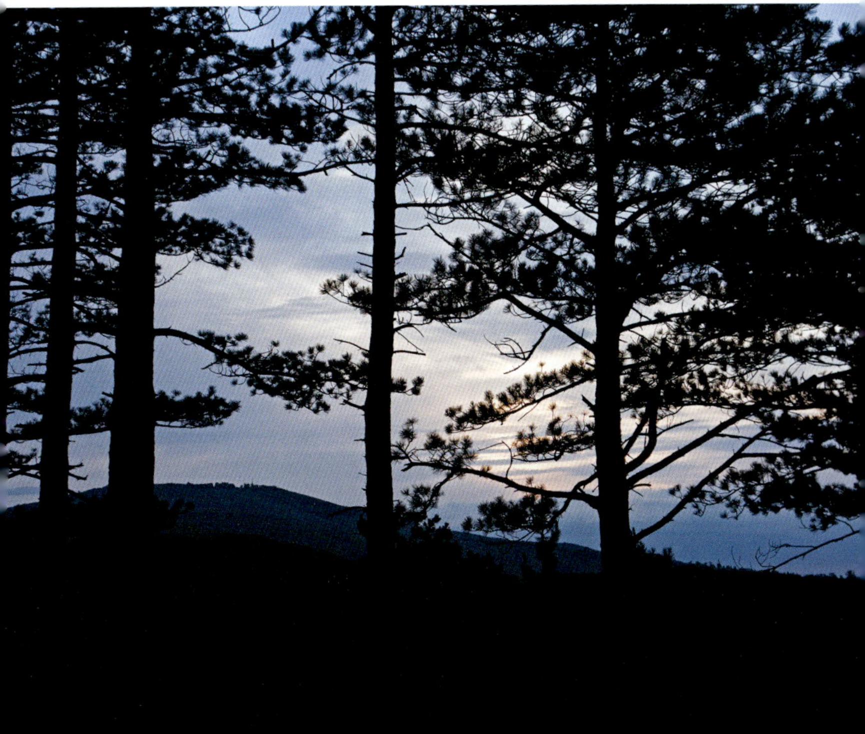

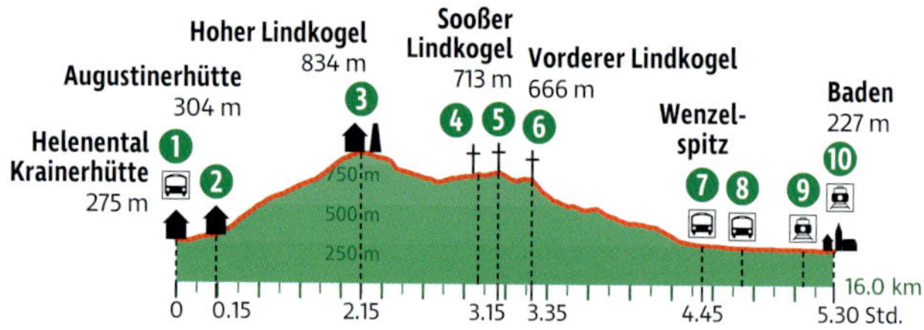

Ausgangspunkt: Bushaltestelle Helenental Krainerhütte, 275 m.
Anfahrt: Auf der Südbahnstrecke nach Baden, weiter mit Bus 306; auch auf der alten Westbahnstrecke nach Eichgraben-Altlengbach oder mit Bus 169 nach Alland, weiter jeweils mit Bus 306. Verbindungen in der Früh bzw. am Vormittag etwa stündlich; an So/Fei erste Fahrt am Vormittag. Dauer: 35–75 Min.
Endpunkt: Bhf. Baden (bzw. Stadtbushaltestellen oder Regionalbus-/Badner Bahn-Haltestelle Josefsplatz), 227 m.
Rückfahrt: Auf der Südbahnstrecke oder mit der Badner Bahn. Zahlreiche Verbindungen bis am Abend. Dauer: 20–45 Min. Rückfahrt auch von Baden Wenzelspitz mit Stadtbus A, von Baden Hildegardbrücke mit Bus 308 möglich.
Anforderungen: Mittellange Tour auf guten Wegen. Kurze versicherte, jedoch unschwierige Passage beim Abstieg vom Hohen Lindkogel (Brennersteig).
Einkehr/Übernachtung: **Hotel Krainerhütte**, Mo–Sa, Tel. +43/2252/445 11, krainerhuette.at; 130 B. – **Augustinerhütte**, Mo–Mi und Sa 7–17 Uhr geöffnet, Tel. +43/2252/443 36, augustinerhuette.at; Zimmer. – **Schutzhaus Eisernes Tor**, Mo/Di Ruhetag (außer Fei), 24./25.12. geschlossen, Tel. +43/2252/486 40, oetk-baden.at/schutzhaus; 10 B, 12 L (Voranmeldung erforderlich). – In **Baden** Restaurants, Gasthäuser, Heurige.

Von der Bushaltestelle **Helenental Krainerhütte** ❶ rechts um das Hotel herum und über einen geschotterten Weg zu einer überdachten Holzbrücke, auf dieser über die Schwechat und dann links. Vor einer Häusergruppe scharf rechts Richtung Augustinerhütte (Wegweiser). Nun, gelb markiert, durch Laubwald leicht ansteigend Richtung **Augustinerhütte** ❷.
Wenige Meter vor der Hütte bei einer Kreuzung scharf links auf einen Forstweg (Wegweiser Eisernes Tor, gelb und rot-weiß markiert). Über eine Forststraße, weiter geradeaus auf einem Karrenweg auf einen Rücken. Hier bei einer Weggabelung rechts und auf dem »Steinigen Weg« weiter bergwärts. Drei Forststraßen querend zur Karlsruhe hinauf. Kurz steiler, dann wieder flacher aufwärts, nun gelb und blau markiert, auf einem Waldsteig zum Gipfel des **Hohen Lindkogels** ❸ mit Schutzhaus und Warte.
Abstieg Richtung Brennersteig und Baden (rot und blau markiert). Zuerst nur wenig an Höhe verlierend bei der ersten Kreuzung rechts, bei der zweiten links (Wegweiser Brennersteig). Auf einem Rücken entlang, bei einem alten Grenzstein in die bewaldete Flanke hinab. Über eine kurze felsige Rippe mit einigen alten Versicherungen wieder in flacheres Gelände.
Nun großteils auf einem Rücken weiter, Abzweigungen nach Bad Vöslau und Baden bleiben rechts bzw. links liegen. Bei der zweiten Abzweigung nach Baden weiter Richtung Sooß

(nun gelb und rot). Etwa 250 m nach dieser Abzweigung (rechts drei MTB-Wegweiser und ein Grenzstein) auf deutlichen Steigspuren unmarkiert links hinauf zum **Hinteren Lindkogel** ❹. Nahe dem Gipfel steht eine Bank, von dort führt ein Steig zurück zum markierten Weg. Bei der nächsten Abzweigung nach links und schon bald zum **Sooßer Lindkogel** ❺. Sein höchster Punkt befindet sich ein paar Meter rechts des Weges. Etwa 300 m danach bei einer Verzweigung geradeaus weiter. Über einen lang gezogenen Rücken zum **Vorderen Lindkogel** ❻ mit Rastplatz und Kreuz.

Hier links und auf einem Pfad mittelsteil talwärts, später in leichtem Auf und Ab zur **Steinerhöhe** (Bank und Tisch). Bei zwei Kreuzungen geradeaus. Nach der Steinerhöhe vorübergehend etwas stärker fallend. Schließlich leicht nach rechts auf einen rot markierten Forstweg. Bei einer Verzweigung, dem Forstweg folgend, rechts (alternativ auch geradeaus, roter Schranken, Steinbruchgelände, aber bezeichnet).

Kurz vor dem Waldrand links auf einen Feldweg, nun wieder unmarkiert. An Weingärten entlang, nochmals kurz in den Wald hinein und vor einem Tor rechts. Zuerst auf einem Güterweg, dann – geradeaus weiter – auf einem Fußweg zwischen Zäunen und einer Baumreihe bis zu einem asphaltierten Sträßlein hinunter. Hier rechts, kurz darauf beim »Heurigen am Römerberg« links. Auf der Probus-, dann auf der Waldgasse ins Ortsgebiet von **Baden** hinunter. Nun links in die Erzherzogin-Isabelle-Straße. Nach einer Unterführung rechts, am Beginn der Friedrichstraße die Bushaltestelle **Wenzelspitz** ❼.

Wenn wir nicht mit dem Bus zum Bahnhof fahren, auf der Erzherzogin-Isabelle-Straße weiter geradeaus zur Jägerhausgasse, an deren Ende halb rechts in die Weilburgstraße. Auf Höhe der Villa Hahn können wir nach links abzweigen und die Schwechat auf der **Hildegardbrücke** ❽ überqueren (Bushaltestelle). Oder weiter zu Fuß auf der Weilburggasse, nach dem Grandhotel Sauerhof nach links und auf dem Pergersteg über die Schwechat. Nach rechts in die Pergerstraße und so zum **Josefsplatz** ❾.

Zum Bahnhof **Baden** ❿ geradeaus weiter (Kaiser-Franz-Joseph-Ring), zuletzt ein wenig links haltend durch den Arthur-Schnitzler-Park.

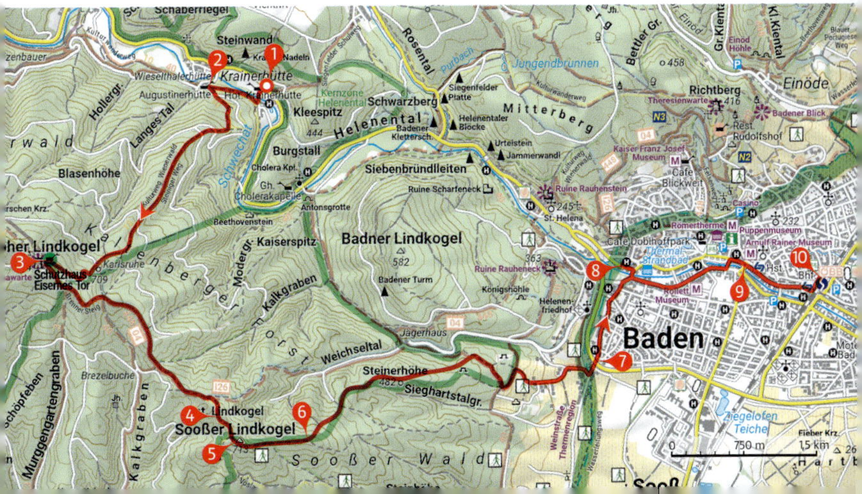

4 Buchberg, 621 m / Steinwandleiten, 734 m
Zwischen Kreisbach und Traisen

5.15 Std. | 14,7 km | ↗730 m | ↘730 m

Unterwegs in den Türnitzer Voralpen und im westlichen Wienerwald
Wellige Rücken und sanfte Täler prägen die Landschaft der Türnitzer Voralpen und des westlichen Wienerwaldes. Die beiden Gebirgsgruppen sind durch das Traisental voneinander getrennt. Wir wandern auf dieser Tour durch Bauernland, über weitläufige Wiesen und Weideflächen – daher wird der zum Wienerwald gehörende Teil dieses Gebiets auch als »Wiesenwienerwald« bezeichnet –, dazwischen auch durch den einen oder anderen Waldabschnitt. Größere Felsformationen gibt es hier in der Flyschzone nicht, nur selten reicht das weiche Gestein bis an die Oberfläche. Unser erstes Ziel ist der Buchberg bei Traisen. Später wandern wir an der Traisen entlang, idyllische Flussuferplätze laden auf diesem Abschnitt zum Verweilen ein. Der abschließende Teil dieser Tour bringt uns auf die andere Seite des Traisentals, wo wir die Steinwandleiten, den südwestlichsten Vorposten des Wiesenwienerwalds, ersteigen. Besonders reizvoll ist die hier vorgestellte Wanderung im Frühjahr zur Baumblüte, aber auch im Herbst, wenn Obst und Beeren reif sind. Überschaubare Fahrzeiten und regelmäßige Bahn- und Busverbindungen sorgen für eine gute Erreichbarkeit dieses Tourengebiets.

Ausgangs- und Endpunkt: Bahnhof Traisen, 344 m.
Anfahrt: Auf der Westbahnstrecke nach St. Pölten, weiter mit der Traisentalbahn oder Bus 690. Stundentakt (Zug), dazu Buskurse. Dauer: 0.50–1.10 Std.
Rückfahrt: Mit der Traisentalbahn oder Bus 690 nach St. Pölten, weiter auf der Westbahnstrecke. Verbindungen bis am Abend, Stundentakt (Zug), dazu Buskurse. Dauer: 0.50–1.10 Std.
Anforderungen: Mittellange oder wahlweise auch kurze, leichte Tour auf guten Wegen.
Einkehr: **Jausenstation Grillenberg**, ab 15 Uhr (So ab 16 Uhr) geöffnet, Di/Mi Ruhetag, Tel. +43/2762/653 41, grillenberg.at. – **Stockerhütte**, bis auf Weiteres geschlossen. – Gasthöfe in **Rotheau** und **Göblasbruck**. – **Scheibmühler Stüberl** direkt beim Bhf. Traisen.
Varianten: **Abschnittsweise Begehung**, entweder vom Bhf. Traisen nach Rotheau (Rückfahrt Bus 690 nach St. Pölten oder zu Fuß an der Traisen entlang zurück zum Bhf. Traisen) oder von Göblasbruck zum Bhf. Traisen (Anfahrt von St. Pölten mit Bus 690 nach Göblasbruck oder per Zug nach Kreisbach und zu Fuß an der Traisen entlang nach Göblasbruck).

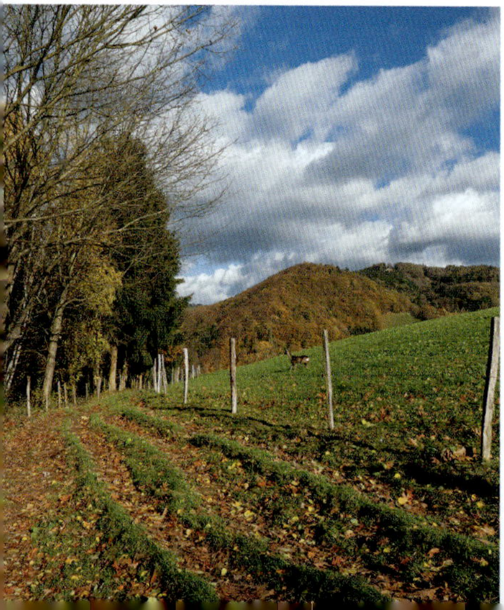

In den Türnitzer Voralpen.

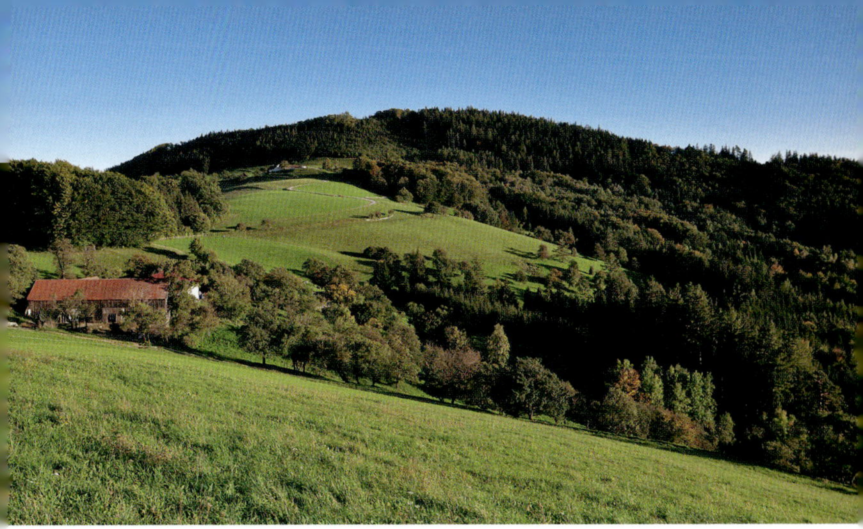

Steinwandleiten.

Vom Bahnhof **Traisen** ❶ auf der Bahnhofstraße über die Traisen und nach rechts in die Traisental-Bundesstraße (Bushaltestelle). Nach etwa 50 m links hinauf in die Annenhofsiedlung (Güterweg Pfeilerberg). An einem Bach entlang auf einem asphaltierten Fahrweg aufwärts. Wo sich dieser nach rechts über den Bach wendet, weiter geradeaus und auf einem unmarkierten Karrenweg, bald auf einem Pfad in den Wald hinein. Mittelsteil ansteigend und nach wie vor dem Bach folgend über einen Zaun auf eine Wiese, an die sich weiter oben eine Streuobstwiese anschließt. An deren Rand bis zum **Gehöft Grillenberg** (Jausenstation) hinauf. Zwischen Wohnhaus und Wirtschaftsgebäude hindurch (erste rote Markierungen) auf einem Feldweg weiter über Wiesen aufwärts und schließlich in Richtung der zwei Windräder im Gipfelbereich zum höchsten Punkt des **Buchbergs** ❷ mit Kreuz.

Abstieg auf dem grün markierten Steig, zuerst einige Meter nach Nordwesten, dann aber scharf rechts und am oberen Rand einer Aufforstungsfläche in den Wald. Bald durch Buschwerk und Jungwald bis zu einer Wiese (Durchschlupf). Am unteren Wiesenrand auf einem Karrenweg (Markierung), der bald in den Wald zieht, abwärts und über mehrere Serpentinen, zuletzt wieder über Wiesen, in einen Sattel. Hier links auf einen asphaltierten Güterweg, schon bald aber wieder rechts (grüne Markierung, Wegweiser »Rundwanderweg Rotheau«). An einem Gehöft vorbei zum **Bollwein-Kreuz**, nun am Wiesenrand entlang und weiter in den Wald (Durchschlupf). Einige Gehminuten durch hohen Misch-

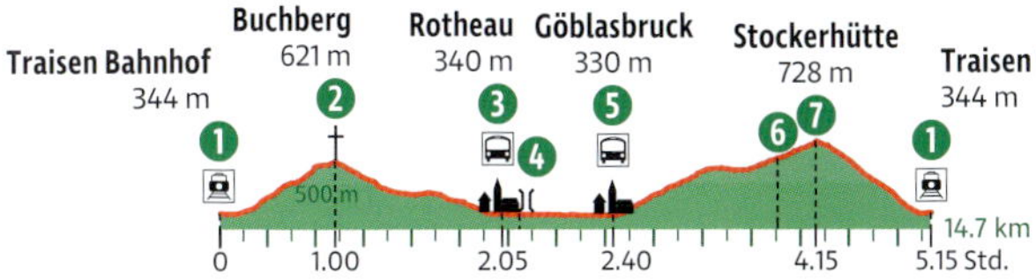

wald, dann auf eine große Wiese hinaus. Oberhalb eines Gehöfts (Rotheau 10a) vorbei, hier nur schwache Steigspuren (nächste Markierung an einem Baum nördlich des Gehöfts mitten auf der Wiese). Geradeaus zum Wiesenrand hinunter (kleiner Überstieg) und nach rechts, an der Wiese entlang, bald aber über einen weiteren Überstieg links, erst durch Wald, dann wieder über Wiesen abwärts nach Rotheau. Bei einem gelben Haus auf einen asphaltierten Fahrweg und zum nahen Gasthaus Pils hinunter. Nun nach links auf eine Nebenstraße, die zuerst an einem Bach entlangführt. Über eine Brücke zu einer Kreuzung (Stopptafel) im Zentrum von **Rotheau** ❸. Hier rechts, an der örtlichen Bushaltestelle vorbei. Kurz darauf überqueren wir die Bundesstraße und wenig später auf einer **Brücke** ❹ die Traisen. Noch vor dem Bahngleis nach links auf einen asphaltierten Rad-/Fußweg. An der Bahnlinie entlang bis **Göblasbruck** ❺. Dort auf Höhe einer weiteren Brücke rechts (Wegweiser Stockerhütte, rot markiert).

Auf einem asphaltierten Fahrweg über das Bahngleis (Wegweiser). Bei einer Verzweigung nach links (Markierungspfeile), an einer Doppelgarage vorbei, wenig später bei einer zweiten Verzweigung ebenfalls links. Durch ein Gehöft hindurch (Ende des Fahrweges) und nun in einem Rechtsbogen über eine Wiese bergwärts. Über einen Durchschlupf auf eine weitere, oberhalb liegende Wiese.

Nun an einer Baumreihe (Zaun) entlang zum Sulzhof hinauf, zuletzt auf einem Güterweg. Am Gebäude vorbei und über Wiesen auf einem Feldweg weiter aufwärts zum Waldrand (Bank). Nun so gut wie eben am Waldrand entlang. Durch einen Durchschlupf und unmittelbar danach scharf nach rechts

Im Wiesenwienerwald.

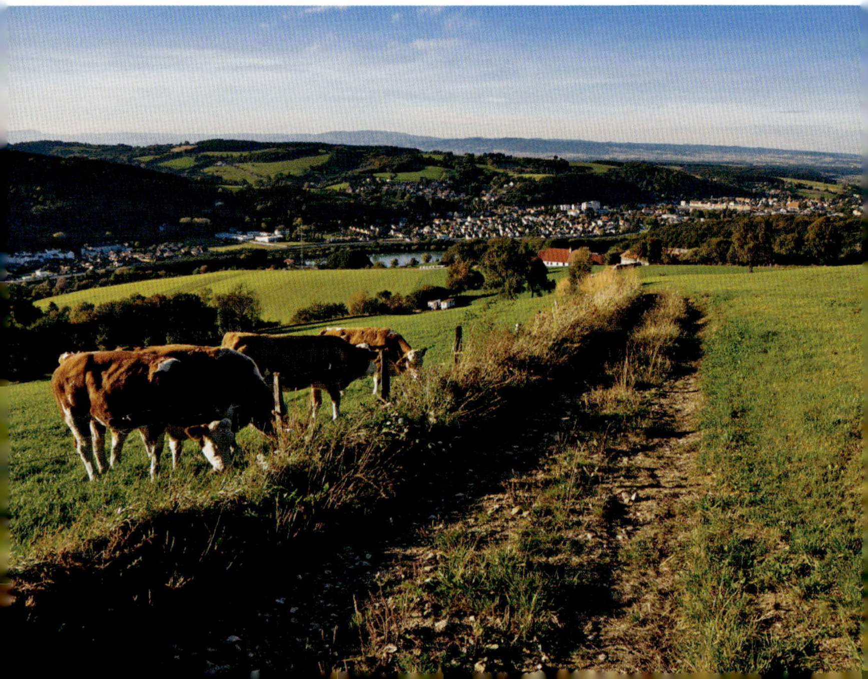

(Markierungen) auf eine höher gelegene Wiese. An deren linkem Rand weiter aufwärts, in buchendominierten Hochwald hinein und schließlich auf eine aussichtsreiche Wiese hinaus. Über einen Überstieg zum östlichen Rand der Wiese, auf einem Forstweg in den Wald und auf einen Rücken, nun wieder über Wiesengelände. An einer Baumreihe entlang, ein wenig an Höhe verlierend, dann am Waldrand zu einem geschotterten Fahrweg nahe dem **Gehöft Am Gugerl**. Hier links, wenig später nach rechts auf einen asphaltierten Fahrweg und durch Wald- und Wiesengelände hinauf zum **Gehöft Stadelböck ❻**.

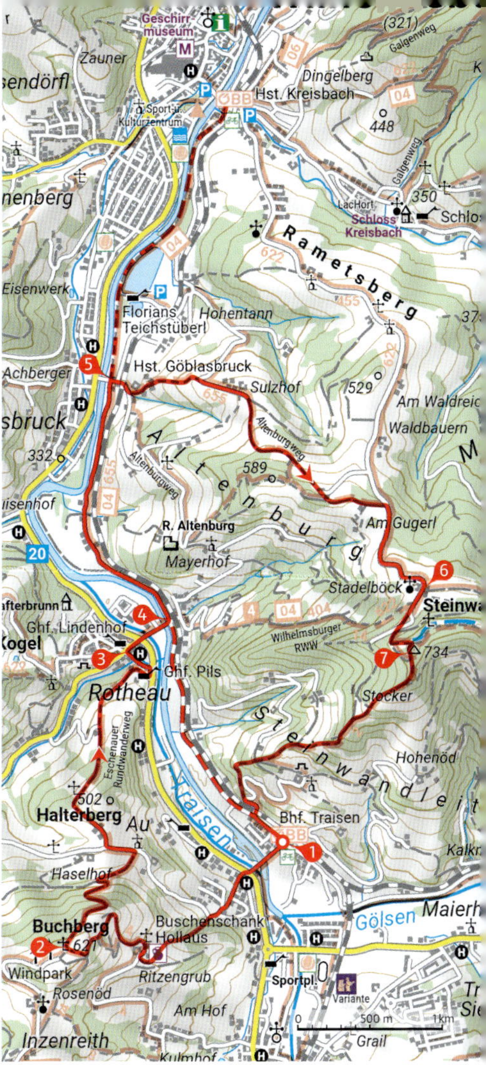

Geradeaus auf einem Güterweg (zwei Durchschlupfe) weiter Richtung Stockerhütte hinauf. Bei einer Verzweigung links, wenig später geradeaus. Der Weg wird vorübergehend schmaler (Durchschlupf, Überstieg). Schließlich in einem Linksbogen zur derzeit geschlossenen **Stockerhütte ❼** hinauf. Neben der Hütte auf einer Wiese steht das Gipfelkreuz der Steinwandleiten.

Auf dem rot markierten Adolf-Müller-Steig geht es durch Waldgelände, zwischendurch auch über kleinere Wiesen, Richtung Bahnhof Traisen hinunter. Zuerst auf einem Wanderweg bergab. Im Bereich der obersten Wiesen für einige Gehminuten auf einer Forststraße, bei einer Verzweigung rechts. Wenig später nach links (Markierung) und weiter auf einem Wanderweg. Durch Wald zu einer tiefer liegenden Wiese (Feld-/Güterweg). Nach rechts auf eine benachbarte Wiese und über sie in den Wald hinein. Auf einem Wanderweg weiter talwärts, eine Schneise (Hochspannungsleitung) querend. In Talnähe berühren wir zweimal einen Güterweg, nach wenigen Metern aber jeweils wieder nach rechts hinunter auf einen Waldweg (Wegweiser, Markierung). Schließlich neuerlich auf den Güterweg, über die Trasse der Traisentalbahn, unmittelbar danach links und auf einer Straße durch die Scheibmühler Siedlung zum nahen Bahnhof **Traisen ❶**.

5 Schöpfl, 893 m

Von der Klammhöhe nach Innermanzing

4.15 Std. | 12,3 km | ↗ 350 m | ↘ 670 m

Auf den höchsten Gipfel des Wienerwaldes

Der Schöpfl gehört – wie der Großteil des Wienerwaldes – zur Flyschzone und ist überwiegend bewaldet; hier dominieren Laubbäume, vor allem Buchen und Hainbuchen, aber auch Eichen. Etliche Wege führen auf diesen Berg; die Ausgangspunkte der west- und der nordseitigen Routen lassen sich per Bus besonders gut erreichen. Am angenehmsten ist es, auf der Klammhöhe zu starten. So halten sich die Höhenmeter, die im Aufstieg zu bewältigen sind, in sehr überschaubaren Grenzen. Am höchsten Punkt des Schöpfl steht die bereits am Ende des 19. Jahrhunderts errichtete Matras-Warte. Von ihr bietet sich eine ausgezeichnete Rundschau über große Teile Ostösterreichs – an klaren Tagen sogar bis zum Toten Gebirge – sowie in die grenznahen Regionen Tschechiens, der Slowakei und Ungarns. Nur wenige Meter unterhalb des Gipfels lädt das schmucke Schöpfl-Schutzhaus zur Einkehr ein; es wird von der ÖTK-Sektion Wienerwald mit viel Einsatz und Hingabe in Schuss gehalten. Ob der Abstieg nach Innermanzing, nach Laaben oder nach Wöllersdorf am lohnendsten ist, darüber ließe sich trefflich streiten. Am besten probieren Sie es selbst aus – der höchste Gipfel des Wienerwaldes ist es wert, mehrfach besucht und umfassend erkundet zu werden.

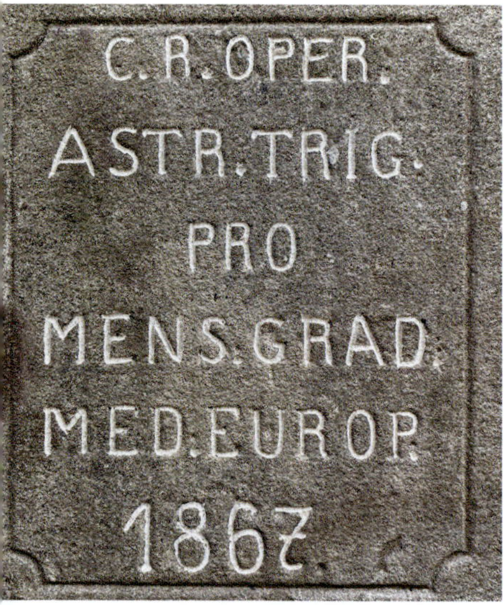

Großer Vermessungsstein (Detail) aus dem Jahr 1867 am Schöpfl-Gipfel.

Ausgangspunkt: Bushaltestelle Klamm Klammhöhe, 618 m.
Anfahrt: Auf der alten Westbahnstrecke nach Eichgraben-Altlengbach, weiter mit Bus 455; auch per Zug nach Neulengbach Stadt, weiter mit Bus 456. Ganztags alle zwei Stunden (Taktverkehr), Mo–Fr oft stündliche Fahrten. Dauer: 1.05–1.35 Std.
Endpunkt: Bushaltestelle Innermanzing, Abzw. Rauschhofsiedlung, 301 m.
Rückfahrt: Bus 455 nach Eichgraben-Altlengbach oder Bus 456 nach Neulengbach Stadt, weiter auf der alten Westbahnstrecke. Verbindungen bis am Abend, Mo–Fr untertags Stundentakt, zeitweise auch zwei Fahrten pro Stunde, abends sowie an Sa/So/Fei Zweistundentakt. Dauer: 0.55–1.25 Std.
Anforderungen: Halbtagstour auf guten Wegen, moderate Steigungen, sowohl mittelsteile als auch flachere Abstiegsoption.

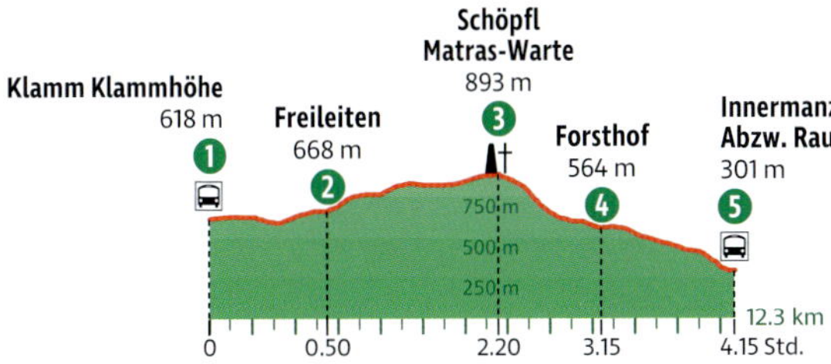

Einkehr/Übernachtung: **Schöpfl-Schutzhaus**, März–Dez. Mo (außer Fei) Ruhetag (Juli zeitweise Betriebsurlaub), Jän.–Feb. an Wochenenden geöffnet, Tel. +43/2673/8305 und +43/676/326 19 50, outdooractive.com/de/hut/wienerwald/schoepfl-schutzhaus/13538846; 4 B, 30 L.

Variante: **Aufstieg** von **Klamm Glashütte**, Haltestelle Klamm Abzw. Stollberg (Bus 455 und 456) über den Türkenstein, blau markiert. 600 m an der Straße Richtung Klammhöhe entlang, dann links auf einen Forstweg, an einem Haus vorbei, über drei Brücken, dann zweimal links (Wegweiser, Markierungen), auf einem Pfad zum Türkenstein und weiter zu einer höher gelegenen Forstwegkreuzung. Hier halb rechts. Bergauf zu einer Kreuzung, neuerlich halb rechts und am Alten Jagdhaus vorbei zur Hauptroute ❷, in die wir scharf nach links einbiegen.

Tipps: Weitere Auf-/Abstiege von Laaben über Hofern und Kratzberg sowie von Wöllersdorf über Hochberg (jeweils Bus 455 und 456). – An Tagen, an denen auf dem Hellsklamm-Gelände Offroad-Veranstaltungen stattfinden (siehe hellsklamm.com/programm), besser von Laaben bzw. Wöllersdorf aufsteigen.

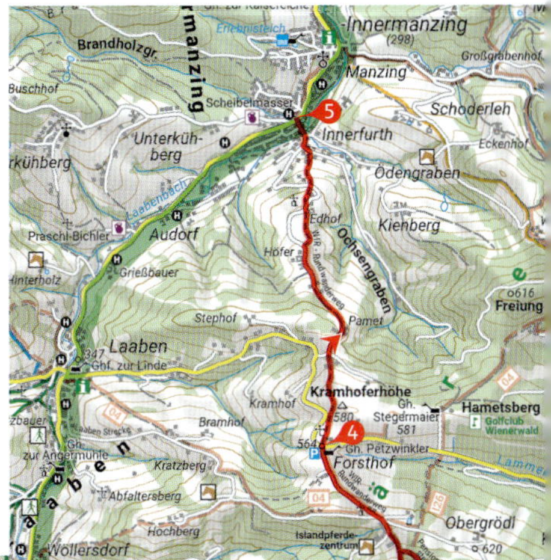

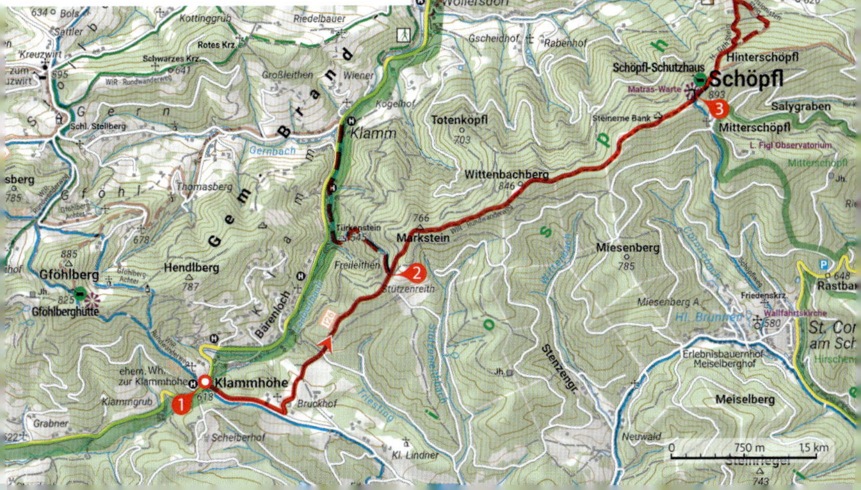

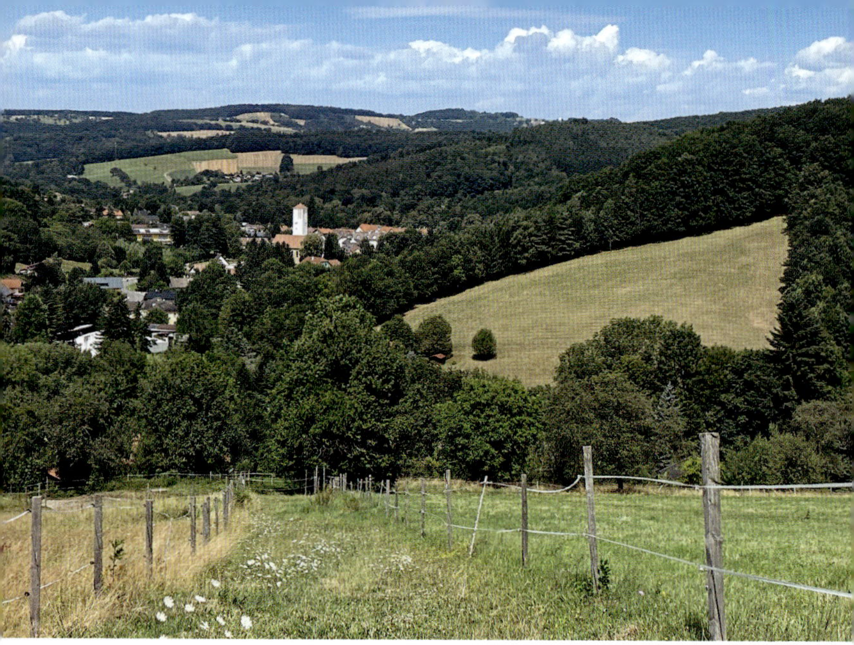

Foto oben: Abstieg nach Innermanzing.
Unten: Mächtige Laubbäume am Schöpfl-Gipfel.

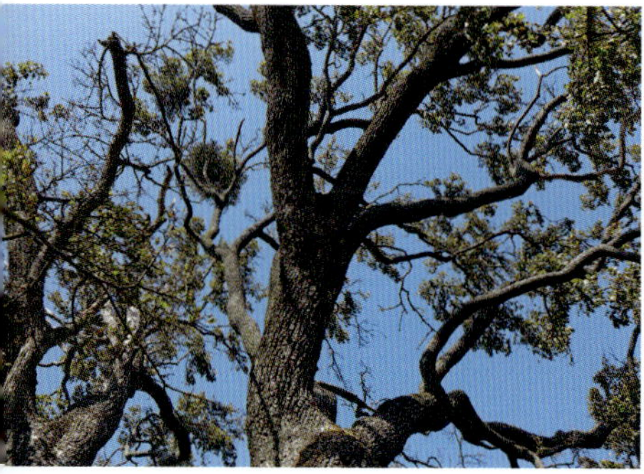

Von der Bushaltestelle **Klamm Klammhöhe** ❶ der roten Markierung folgend etwa 900 m an der Straße Richtung Kaumberg entlang, dann links (Wegweiser). Auf einem Güterweg (Sender, Kreuz), über Wiesen in den Wald. An den Gebäuden des »Abenteuerspielplatzes« Hellsklamm vorbei. Im Bereich von **Freileiten** ❷ mündet von links der Weg von Klamm Glashütte (Variante) ein.

Wenig später bei einer Verzweigung rechts und nun auf einem alten Forstweg, bald auf einem Wanderweg den Rücken entlang. Wir überqueren eine Wiese, linker Hand am Wiesenrand der höchste Punkt des Wittenbachbergs (Abstecher möglich). Weiter durch Wald und über Wiesen, zwischendurch wieder auf einem Forstweg, zur »Bergsteigerrast«, die 1951 zu Ehren von Alois Wildenauer eingerichtet wurde. Eine Abzweigung nach St. Corona bleibt rechts liegen. Wieder in den Wald hinein, bald links zur **Matras-Warte** auf dem Gipfel des **Schöpfl** ❸ hinauf, daneben ein Vermessungsstein aus dem Jahre 1867. Von der Warte in nordöstlicher Richtung, am Heimkehrerkreuz vorbei, zum nahen **Schöpfl-Schutzhaus** (Spielplatz).

Abstieg Richtung Laaben bzw. Forsthof-Innermanzing, nach wie vor rot markiert. Durch den Wald zu einem Brunnen und nun entweder über den Heinrich-Gith-Steig (mittelsteil) oder über den Pensionistensteig (flacher) zu einem Pferdehof hinunter. Den Markierungen folgend zu einer Verzweigung, linker Hand eine kleine Kapelle. Der linke Fahrweg vermittelt den Abstieg Richtung Laaben, wir aber folgen dem unbefestigten Weg, der parallel zum asphaltierten Fahrweg Richtung Forsthof verläuft. Nach etwa 400 m schwenken wir nach rechts auf den Fahrweg und folgen ihm bis **Forsthof ❹**.

Dort über die Landesstraße und, den roten Markierungen folgend, weiter Richtung »Rekawinkel«. An Baumreihen entlang, kurz auch über ein Wieseneck, dann auf die andere Seite einer Baumreihe (Markierungen) und hinunter in den Wald. Wir erreichen eine Straßenkreuzung und folgen nun der Pametstraße. Nach einem weiteren Waldabschnitt mündet unsere Route in die bald asphaltierte Höferstraße. An mehreren Häusern vorbei, in einer Linkskurve rechts ab (Markierungen), etwa 100 m an einer Baumreihe Richtung Osten, dann dreht die markierte Route nach links (Norden) und zieht zum Edhof hinüber, wo sie wieder die Höferstraße erreicht.

Wir bleiben ca. 50 m auf der Straße, dann geradeaus über eine Wiese weiter. Bald queren wir die Straße und wandern über eine Pferdeweide hinunter. An einer Baumreihe entlang weiter talwärts, zur Adweinstraße, die in die Höferstraße mündet. Hier rechts und über den Laabenbach zur Hauptstraße. Neuerlich rechts und am (ehemaligen) Gasthof Hellmuth vorbei zur Bushaltestelle **Innermanzing, Abzw. Rauschhofsiedlung ❺**.

Schöpfl-Schutzhaus.

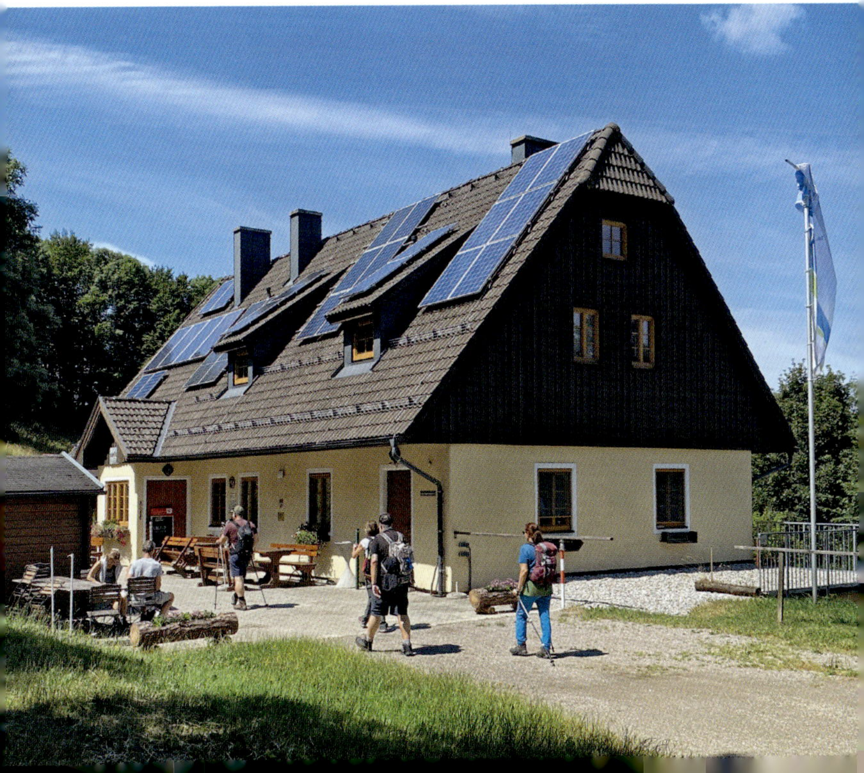

6 Hocheck, 1037 m
Aus dem Triestingtal

5.45 Std. | 13,4 km | ↗800 m | ↘900 m

Auf den Tausender, der Wien am nächsten ist

Der kürzeste Weg auf das Hocheck nimmt seinen Ausgang in Thenneberg im Triestingtal. Lohnender jedoch sind die etwas längeren Zu- und Abstiege, wobei es besonders ansprechend ist, in Kaumberg zu starten und vom Gipfel nach Taßhof hinunterzuwandern. Der Ausgangspunkt lässt sich von Wien aus am schnellsten und bequemsten mit dem Mariazeller Bus erreichen. Durch Bauernland nähern wir uns dem Fuße des Hocheck und besteigen es über seine recht alpine Nordwestseite. Von der Meyringer-Warte, die auf dem Gipfel steht, haben wir einen umfassenden Rundumblick – von der sanften Landschaft des Wienerwaldes im Norden bis zu etlichen hohen Gipfeln im Süden und Südwesten, die sich hinter den Voralpen erheben. Wenige Meter unterhalb des höchsten Punktes steht das seit einiger Zeit geschlossene Hocheck-Schutzhaus. Der Abstieg nach Taßhof verläuft großteils durch schöne buchendominierte Wälder, bevor er im Triestingtal ausklingt. Die Rückfahrt erfolgt je nach Verbindung über Eichgraben-Altlengbach, Alland oder Berndorf.

Ausgangspunkt: Bushaltestelle Kaumberg/Triesting Marktplatz, 475 m.
Anfahrt: Direkt mit Bus 169; diverse weitere Verbindungen: per Zug nach Baden oder Bad Vöslau (Südbahnstrecke), Weißenbach-Neuhaus (Südbahn, dann Triestingtalbahn) oder Eichgraben-Altlengbach (alte Westbahnstrecke), weiter jeweils per Bus (Linien 308, 315, 316, 455). Mo–Fr ein bis zwei Fahrten pro Stunde, Sa/So/Fei eine Fahrt etwa alle zwei Stunden. Dauer: 0.50–2.10 Std.

Endpunkt: Bushaltestelle Altenmarkt/Triesting Taßhof, 375 m.
Rückfahrt: Bus 316 (bzw. 315 und 318) nach Weißenbach-Neuhaus oder nach Bad Vöslau, außerdem mit Bus 316, dann Bus 308 nach Baden, oder mit Bus 316, dann Bus 455 nach Eichgraben-Altlengbach, weiter jeweils per Zug (siehe Anreise); darüber hinaus Bus 316 nach Altenmarkt/Triesting, dann Bus 169 oder Bus 308 nach Alland, sodann Bus 169. Verbindungen Mo–Fr bis am Abend, ein bis zwei Fahrten pro

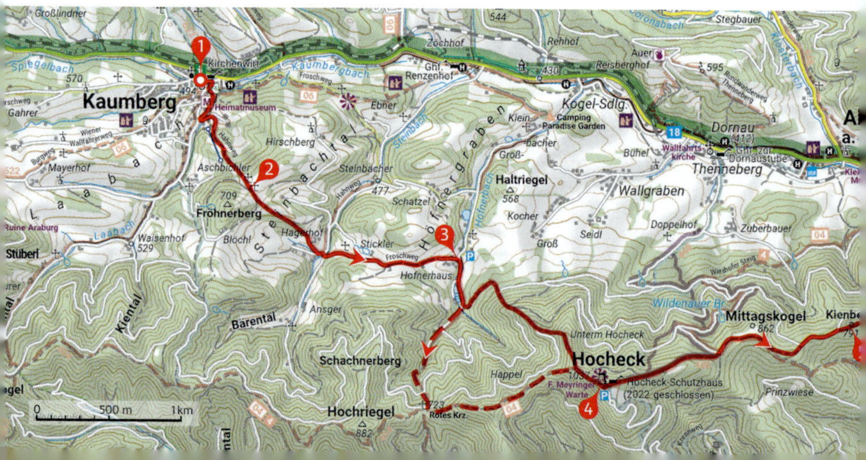

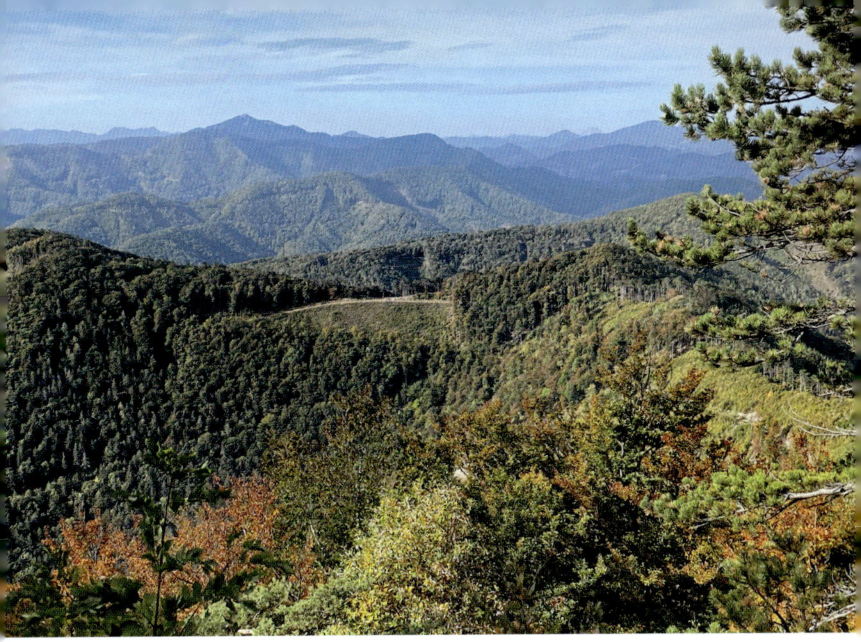

Blick vom Hocheck zum Unterberg.

Stunde, Sa/So/Fei bis am frühen Abend bzw. späteren Nachmittag, etwa eine Fahrt pro Stunde (wechselnde Intervalle). Dauer: 1.00–2.05 Std.
Anforderungen: Mittellange Tour, gut trassierte Wege, steilere Passage im Aufstieg, ansonsten überwiegen moderate Steigungen.
Einkehr: Derzeit keine; das **Hocheck-Schutzhaus** ist geschlossen.
Variante: Die steile Passage im Aufstieg aus dem Höfnergraben kann über das Rote Kreuz umgangen werden.

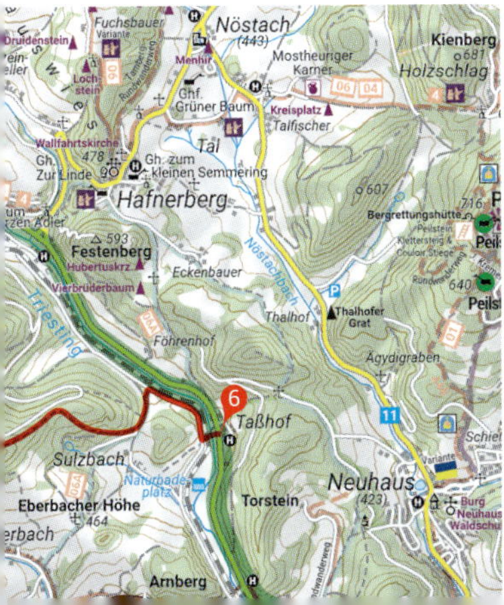

Hinweis: Kürzere, aber recht straßenbzw. forstweglastige Anstiege auf das Hocheck von Thenneberg (Haltestelle Friedhof) und Altenmarkt/Triesting (Haltestelle Ortsmitte), jeweils Bus 169 und 316, Gehzeit zum Gipfel ca. 2.30 Std.
Tipp: Im oberen Triestingtal verkehrt neben den Linienbussen auch das bedarfsorientierte Triestingtal-Anruf-Sammeltaxi TRIXI, Tel. +43/800/22 23 22, vor.at/fahrplan-mobilitaet/fahrrad-sammeltaxi-co/anrufsammeltaxi und auf »TRIXI – Triestingtal« klicken.

Start bei der Bushaltestelle **Kaumberg/Triesting Marktplatz** ❶. Links vom Kaufhaus Halbwax in eine Nebenstraße. Nach 50 m links Richtung »Hocheck-Schutzhaus«, rot markiert. Auf einem Gehweg zu einer Parallelstraße und, diese querend (Markierung), zu einem Wanderweg (Froschweg). Auf diesem Weg etwa 300 m am Laabach entlang (Kneippplatz, Bänke, Schaukel). Dann scharf links (Markierungspfeil) und auf einem Asphaltsträßlein bergan. An zwei

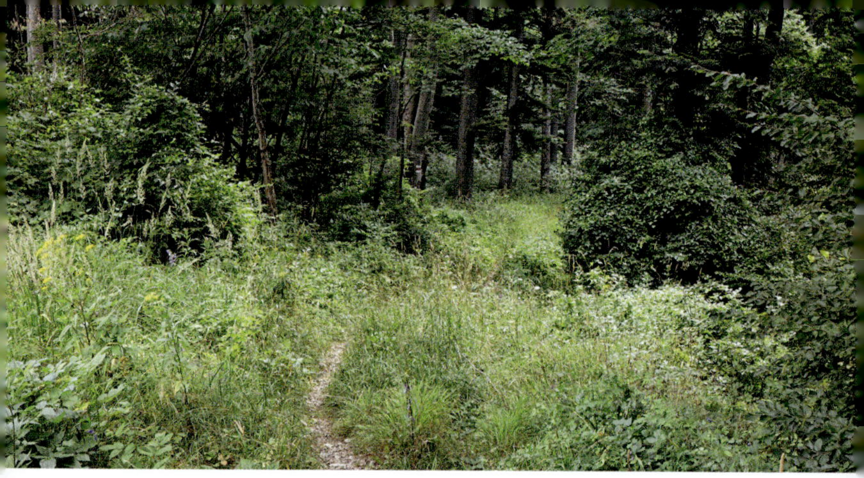

Zwischen Mittagskogel und Kienberg.

Häusern vorbei und weiter auf einem Forstweg, bald auf einem Wanderweg am Rand der Skiwiese Kaumberg bergwärts. Schließlich zieht der Weg in den Wald, danach geht es zwischen Wiesen in einen **Sattel ❷** mit dem Marterl **»Lug ins Land«**, erster schöner Blick zu unserem Gipfelziel.
Auf einem Feldweg hinunter ins Steinbachtal, bei einer Verzweigung rechts und auf einem Wanderweg weiter bergab (Durchschlupf). Rechts am Hagerhof vorbei, dann neuerlich rechts und auf einem asphaltierten Fahrweg durch eine Linkskurve. In der nächsten Linkskurve nach rechts auf eine Forststraße, der wir – nun wieder ansteigend – zuerst durch Wald, dann über Wiesen (Wegkreuz) zur Sticklerhöhe folgen.
Links am Gehöft Schachner vorbei, bald fallend in den **Höfnergraben**. Bei einer Kreuzung ein kurzer Schwenk nach rechts und, nun wieder auf Asphalt, zur nächsten **Kreuzung ❸** hinunter. Hier wendet sich der Froschweg nach links, wir aber biegen rechts ab, weiter rot markiert. Nun leicht steigend, an einem Parkplatz und einer Forellenzucht vorbei taleinwärts, bald wieder auf einem unbefestigten Forstweg. Bei einer Kreuzung auf 521 m Höhe nach links (geradeaus über das Rote Kreuz ebenfalls auf das Hocheck, Variante) und auf einem Wanderweg durch den Wald hinauf. Kurz eben bzw. fallend auf einer Forststraße zu einem Schuppen. Hier in einer Kehre nach rechts auf einen Steig (verdeckte Markierungen) und nun etwa 100 Hm recht steil die Bergflanke hinauf, weiter oben etwas weniger stark steigend auf einem Rücken bzw. in seiner rechten Flanke weiter bergwärts (»Unterm Hocheck«).
Auf etwa 930 m Höhe mündet von rechts der Weg vom Roten Kreuz ein.

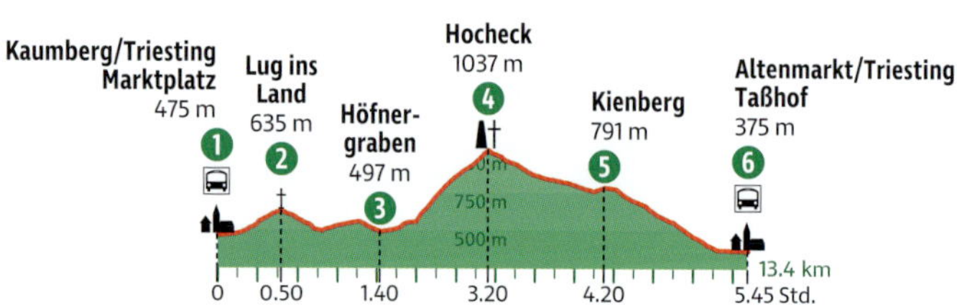

Weiter auf dem Nordwestrücken des Hocheck aufwärts, eine felsige Stelle lässt sich unschwierig überklettern oder rechts umgehen. Wenige Gehminuten später erreichen wir den Gipfel des **Hocheck ❹**, auf dem die **Meyringer-Warte** steht (umfassende Rundsicht).
Von der Warte, am nahen Hocheck-Schutzhaus vorbei, zur Abstiegsroute Richtung Taßhof, zuerst rot, später gelb markiert. Der Weg zieht mit ein paar kurzen Gegensteigungen durch schöne Buchenwälder, abschnittsweise auch durch Gebüsch und über Wiesen Richtung Osten, im Bereich des Bergrückens bzw. durch seine obersten Flanken. Wir wandern südlich am Mittagskogel vorbei und überschreiten später den **Kienberg ❺** knapp unterhalb seines höchsten Punktes.
Abzweigungen nach Altenmarkt und Eberbach bleiben unbeachtet. Zumeist folgen wir einem Wander- bzw. Karrenweg, dazwischen gibt es auch Forstwegabschnitte. Schließlich zieht der Weg in die Südflanke des Höhenrückens und Richtung Triestingtal hinunter. Unsere Route mündet in eine Forststraße, der wir durch Wald und über Wiesen bis in den Bereich einer Hochspannungsleitung folgen, wo wir sie nach rechts verlassen. Auf Steigspuren über eine Wiese, dann durch einen Hohlweg zu zwei Häusern hinunter. Hier rechts auf den asphaltierten Triestingtal-Rad- und -Fußweg, der an der noch gut erkennbaren Trasse der ehemaligen Bahnlinie über den Gerichtsberg entlangführt. Nach ca. 700 m bei einer Kreuzung links, auf einer Brücke über die Triesting und zur Bundesstraße mit der Bushaltestelle **Altenmarkt/Triesting Taßhof ❻**.

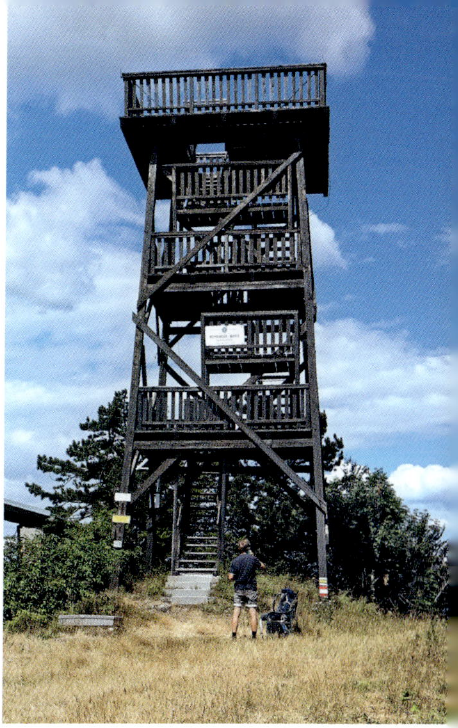

Foto oben: Meyringer-Warte.

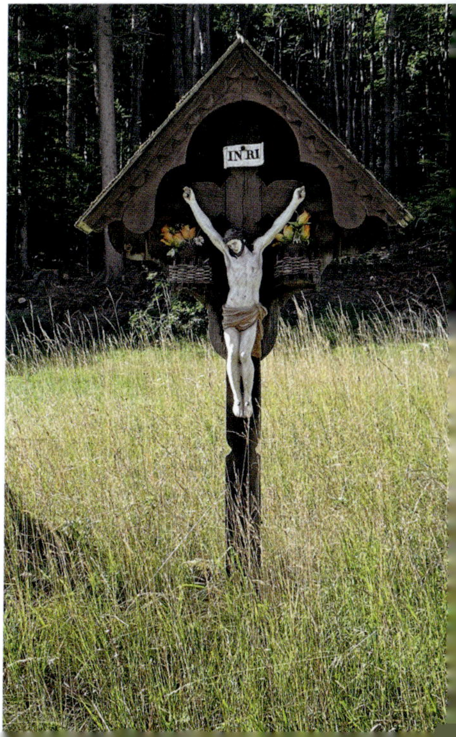

Wegkreuz unweit der Sticklerhöhe.

7 Hainfelder Kirchenberg, 924 m

Drei Hütten zwischen Rohrbach und Hainfeld

4.00 Std. | 9,4 km | ↗ 550 m | ↘ 530 m

Gemütliche Runde am Nordrand der Gutensteiner Alpen

Der Hainfelder Kirchenberg und seine Nachbargipfel gehören zu den nördlichsten Vorposten der Voralpen. Hier, am Übergang vom Hügelland ins Mittelgebirge, finden sich einige interessante Tourenoptionen. Eine der beliebtesten Wanderungen ist die Drei-Hütten-Runde nahe Hainfeld, die die Lindensteinhütte, die Hainfelder Hütte und die Liasenböndlhütte miteinander verbindet. Diese Tour führt über blumenreiche Wiesen und durch schattenspendende Wälder, wobei hier oft noch Laubbäume – vor allem Buchen – überwiegen. Von den Wiesen sowie von der Felskuppe des Lindensteins bieten sich schöne Ausblicke ins Gölsental und zu den sanft geschwungenen Rücken des Wiesenwienerwaldes. Unternehmen Sie diese Wanderung wenn möglich an einem Wochenende oder einem Feiertag! Denn dann sind die drei Hütten geöffnet – und zwar das ganze Jahr hindurch. Bewirtschaftet werden sie mit großem Engagement von den lokalen Ortsgruppen der Naturfreunde und des Österreichischen Touristenklubs. Wanderer werden hier mit bodenständiger Hausmannskost verwöhnt. Vom Frühjahr bis in den Spätherbst ist diese Wanderung fast immer gut durchführbar. In der kalten Jahreszeit empfiehlt es sich, bei der Tourenplanung die Schneelage zu erkunden – auch wenn zumindest der Anstieg auf den Kirchenberg an Winterwochenenden fast immer gut gespurt ist.

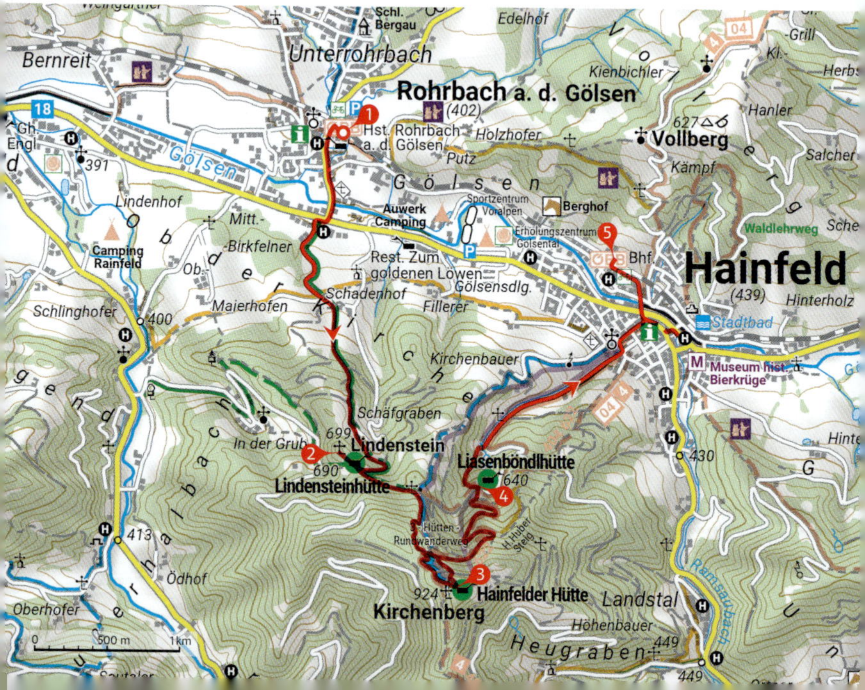

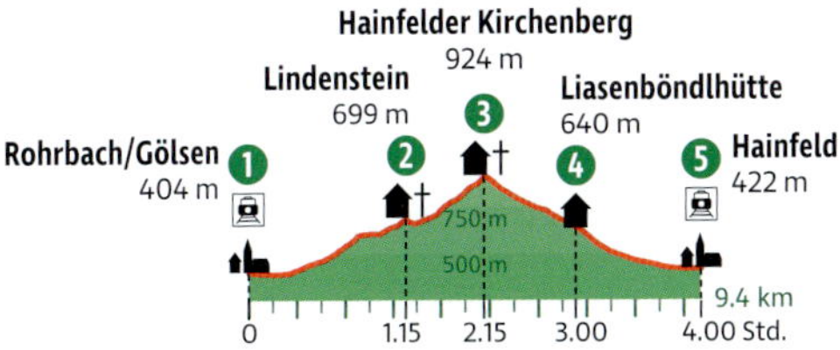

Ausgangspunkt: Bahnhaltestelle Rohrbach/Gölsen, 404 m (bzw. Bushaltestelle Ob der Kirche Abzw. Rohrbach, 400 m).
Anfahrt: Auf der Westbahnstrecke nach St. Pölten, weiter mit der Traisentalbahn (ggf. Umsteigen in Traisen); oder direkt mit Bus 169. Ganztags Stundentakt (Zug), eine Frühverbindung per Bus. Dauer: 1.15–1.20 Std.
Endpunkt: Bhf. Hainfeld, 422 m (bzw. Bushaltestelle Hainfeld B 18/Zentrum, 419 m).
Rückfahrt: Mit der Traisentalbahn nach St. Pölten, weiter auf der Westbahnstrecke; oder mit Bus 455 nach Eichgraben-Altlengbach, weiter auf der alten Westbahnstrecke; oder direkt mit Bus 169. Verbindungen bis am Abend, Zug im Stundentakt, Bus-Zug-Verbindungen Mo–Fr im Stundentakt, Sa/So/Fei im Zweistundentakt, dazu am späteren Nachmittag ein Direktbus. Dauer: 1.10–1.25 Std.
Anforderungen: Kurze, leichte Tour. Durchgehend markiert. Einige unschwierige Kletterschritte auf den Lindenstein. Sonst Gehgelände, zumeist gute Wege und Steige, ein wegloser Wiesenaufstieg.
Einkehr/Übernachtung: **Lindensteinhütte**, Sa 13–19, So/Fei 9–19 Uhr, Tel. +43/664/311 90 33, lindensteinhuette.naturfreunde.at; keine Nächtigung. – **Hainfelder Hütte**, Sa/So/Fei, Tel. +43/664/303 93 93, hainfelderhuette.at; 10 L. – **Liasenböndlhütte**, Sa/So/Fei, Tel. +43/676/923 43 52, liasenboendlhuette.naturfreunde.at; keine Nächtigung.

Von der Bahnhaltestelle **Rohrbach/Gölsen** ❶ nach links in die Dreikreuzstraße Richtung Süden, über die Gölsen und nach rechts in die Bundesstraße. Nach etwa 60 m, nahe der Bushaltestelle Ob der Kirche Abzw. Rohrbach, nach links auf einen asphaltierten Fahrweg (Wegweiser, ab hier grün markiert). Über Wiesen hinauf zum Schadenhof. Unmittelbar vor dem Hof links zum Nachbargebäude (Wegweiser), durch zwei kleine Gatter und nun weglos über eine Wiese hinauf zum Waldrand, zuerst an einem Zaun bzw. einer Baumreihe entlang, dann alten Stromleitungsmasten (Markierungen) folgend. Am Waldrand treffen wir auf einen Forstweg.
Bei zwei Verzweigungen geradeaus weiter, nun auf einem Steig und schon bald auf eine Wiese hinaus. Durch ein Gatter und nach links auf einen Karrenweg. Eben in den oberen Schäfgraben. Zwischen Wohnhaus und Wirtschaftsgebäude eines Gehöfts hindurch (Gatter), nun auf einem Forstweg, bald leicht steigend über Wiesen wieder in den Wald.
Durch eine Kehre zur **Lindensteinhütte**, die am Rand einer Wiese liegt. Nahe der Hütte erhebt sich der **Lindenstein** ❷, den wir über seinen bewaldeten Südostrücken ersteigen, zuletzt ein paar unschwierige Klettermeter hinauf zum Gipfelkreuz auf dem mächtigen Felsblock.
Zurück zur Lindensteinhütte und nun weiter auf dem Forstweg, auf dem wir bereits zuvor aufgestiegen sind. Durch Buchenhochwald hinauf bis an den Rand einer Wiese. Hier wendet sich der Forstweg nach rechts, wir aber gehen gerade-

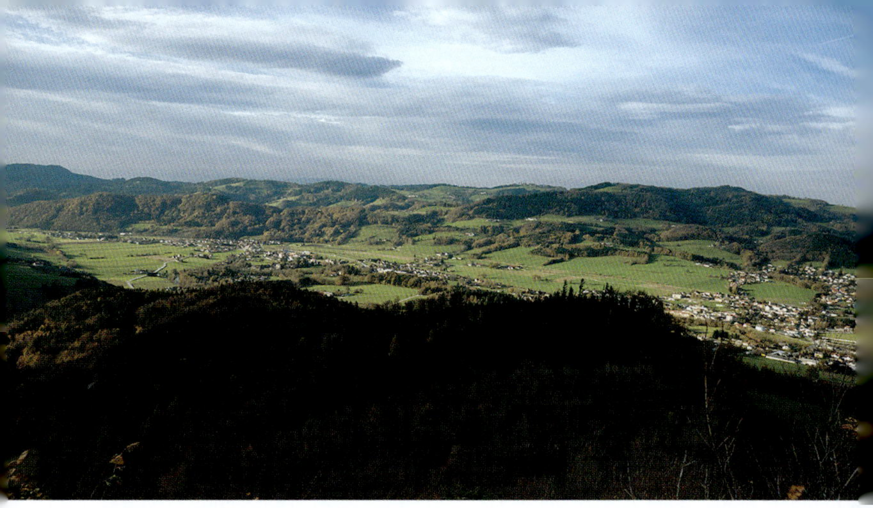

Blick vom Lindenstein über das Gölsental Richtung Wiesenwienerwald.

aus auf einem Waldsteig weiter, die Markierungsfarbe wechselt auf blau. Der Weg wird vorübergehend etwas steiler. Bei der zweiten Wegkreuzung scharf rechts (alte blaue und rote Markierungen). Auf einem schmalen Steig durch Jungwald zu einer Lichtung (Bank) hinauf. Nun auf einem Rücken weiter bergwärts. Kurz auf einem Güterweg (MTB-Strecke), dann auf einen Steig in die oberste Südwestflanke des Kirchenberges. Knapp unterhalb der **Hainfelder Hütte** eine letzte Weggabelung, hier links (Wegweiser) und zur Hütte am **Hainfelder Kirchenberg** ❸.

Der Abstieg erfolgt zuerst über den Güterweg, der unterhalb der Hütte beginnt. Wir folgen ihm bis zum Anstiegsweg. Hier rechts auf einen gelb markierten Steig in den Wald Richtung Liasenböndl. Nach einer Linkskehre queren wir den Güterweg von vorhin. Bei einer Wegkreuzung, die wir im Aufstieg passiert haben, scharf rechts (Wegweiser) und auf dem moderat fallenden Weg durch den Wald talwärts. Wir queren eine Schneise und erreichen bald darauf eine weitere Wegkreuzung. Hier links Richtung Hainfeld und Liasenböndlhütte (rot markiert). Über mehrere Kehren zur **Liasenböndlhütte** ❹ hinunter, die auf einer Wiese im Wald steht.

Von der Hütte mehrere Abstiegsmöglichkeiten nach Hainfeld. Empfehlenswert ist die Route, auf der wir in westlicher Richtung einen Güterweg queren (anfangs grüne Markierungen, die sich jedoch nach links wenden). Weiter auf einem Steig durch Hochwald in den **Kirchtalgraben** hinunter. Hier dreht der Weg nach rechts und erreicht nach einem leichten Rechtsschwenk einen Güterweg. An einer Quelle, dann am Pestkreuz und einem Fitness-Parcours vorbei ins Ortsgebiet.

Auf Höhe der Kirche nach links, direkt vor dem Gotteshaus rechts in die Kirchengasse bis zur Hauptstraße, hier links und über die Bundesstraße. Auf der Bahnstraße in wenigen Minuten zum Bahnhof **Hainfeld** ❺. Bei Rückfahrt mit dem Bus von der Kirchengasse nach rechts in die Hauptstraße. Auf Höhe des Gemeindezentrums durch einen Torbogen nach links und durch eine Gasse zur Wiener Straße und der dortigen Haltestelle Hainfeld B 18/Zentrum.

Sternleiten-Überschreitung, 1313 m

Über Traisner Hinteralm und Muckenkogel

8

6.45 Std. | 16,3 km | ↗ 980 m | ↘ 1060 m

Attraktive Höhenwanderung in den nordwestlichen Gutensteiner Alpen

Der Muckenkogel und die Traisner Hinteralm überragen die anderen Gipfel im Gebiet um Lilienfeld deutlich. Schon bei der Anreise nach St. Pölten sind beide Gipfel gut erkennbar, und je näher wir ihnen kommen, desto markanter heben sie sich von den benachbarten Bergen ab. Entsprechend aussichtsreich ist die Höhenwanderung über die Sternleiten, auf der wir den gesamten Höhenzug der Traisner Hinteralm von Süden nach Norden überschreiten. Vom Gipfel der Hinteralm reicht der Blick über die Voralpenberge nach Süden zu Schneeberg, Rax und Schneealpe, weiter im Westen zeigen sich Hochschwab, Gesäuseberge ebenso wie die Ybbstaler Alpen mit dem dominanten Ötscher. Aber auch der Blick nach Nordwesten über die Donau ins Wald- und Mühlviertel bis zum Böhmerwald weiß zu gefallen. Drei gemütliche Hütten – die Taler(berg)hütte im Aufstieg, die Traisnerhütte am Gipfel der Hinteralm und die Lilienfelder Hütte auf halbem Weg ins Tal – befinden sich auf unserer Route. Abwechslungsreich sind die Landschaftsbilder, die uns auf dieser Tour begleiten: Bauernland um Innerfahrafeld, ausgedehnte Wälder in mittleren Lagen, wobei vor allem im ersten Teil der Wanderung eine Vielzahl an Laubbaumarten ins Auge fällt. Weiter oben – zwischen der Talerhütte und dem Lilienfelder Gschwendt – dominiert Almgelände. Ein besonderes Kleinod erwartet Sie am Ende der Tour: der Schaugarten im Stiftspark Lilienfeld mit über 80 verschiedenen Baumarten aus aller Welt.

Genussvolle Höhenwanderung auf der Sternleiten.

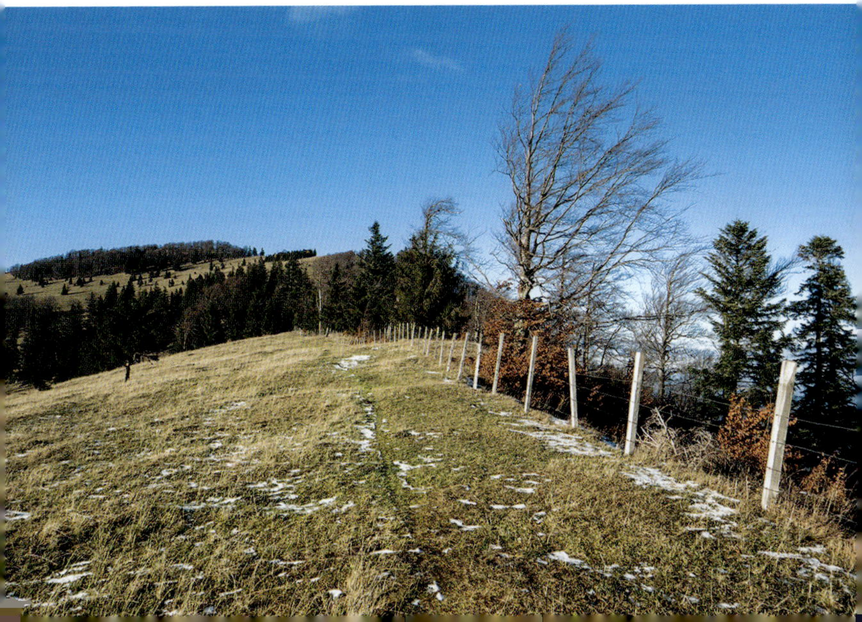

Ausgangspunkt: Bushaltestelle Innerfahrafeld Dürntal, 459 m.
Anfahrt: Auf der Westbahnstrecke nach St. Pölten, von dort mit der Traisentalbahn (ggf. Umsteigen in Traisen) oder mit Bus 690 nach Lilienfeld, weiter mit Bus 691 oder 696. Zwei bis drei Früh- bzw. Vormittagsverbindungen. Dauer: 1.25–1.35 Std.
Endpunkt: Bhf. Lilienfeld (oder Bahnhaltestelle Lilienfeld Krankenhaus), 380 m.
Rückfahrt: Mit der Traisentalbahn oder Bus 690 nach St. Pölten, weiter auf der Westbahnstrecke; oder direkt mit Bus 169. Verbindungen bis am Abend, Stundentakt (Zug), außerdem Buskurse, am späteren Nachmittag ein Direktbus. Dauer: 1.10–1.30 Std.

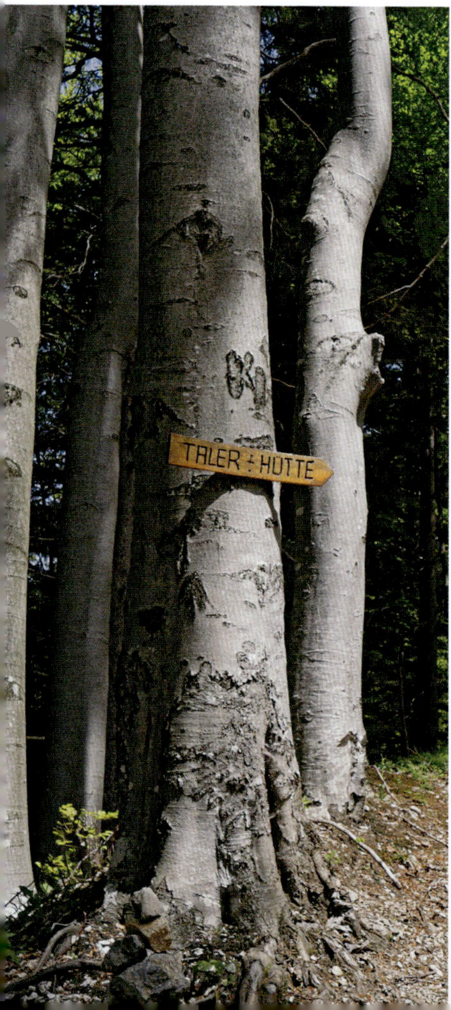

Anforderungen: Etwas längere, jedoch nicht sonderlich anstrengende Tour auf guten, teilweise aber nicht markierten Wegen. Wegfindung nicht schwierig (Wegweiser), Orientierungsvermögen dennoch von Vorteil.
Einkehr/Übernachtung: **Talerhütte** (auch Talerberghütte), Mitte Mai–Mitte Sept. Sa/So zumeist bewirtschaftet, keine Übernachtung. – **Traisnerhütte**, Mi–So und Fei, Tel. +43/2762/535 71, traisnerhuette.naturfreunde.at sowie traisnerhuette.at; 17 B, 14 L (Reservierung erforderlich). – **Lilienfelder Hütte**, Do–So und Fei, Tel. +43/2762/535 67, alpenverein.at/lilienfelderhuette sowie lilienfelder-huette.at; 5 B, 20 L. – **Gasthof Ebner** am Bhf. Lilienfeld.
Varianten: **Talfahrt** vom Muckenkogel mit **Sessellift**. Bergstation etwa 15 Min. unterhalb des Gipfels. Von der Talstation über Nebenstraßen durch den Fallgraben und das Hölltal nach Lilienfeld (ca. 25 Min.). Betriebszeiten Mai Sa/So/Fei, Anf. Juni–Mitte Okt. Mi–So und Fei, bis Ende Okt. an Sa/So/Fei, wochentags 9–16 Uhr, Sa/So/Fei 9–16.30 Uhr, sessellift-lilienfeld.at/sessellift-lilienfeld. – Vom **Glatzwiesensattel** mehrere Abstiegsmöglichkeiten nach Lilienfeld. Am kürzesten gelb markiert durch das Stille Tal zu den Bahn- und Bushaltestellen Lilienfeld Krankhaus, zuletzt am Krankenhaus rechts vorbei, dann links auf das mittlere Parkdeck, an dessen Ende geradeaus (Wegweiser), dann rechts hinunter zu den Haltestellen. – Die Tour ist auch in die **Gegenrichtung** gut machbar – wahlweise mit Sessellift-Auffahrt (Rückreise mit Bus 691 oder 696 nach Lilienfeld, weiter wie oben). – Oder auch **ohne Überschreitung der Sternleiten** mit Start und Ziel in Lilienfeld.
Tipps: Stift Lilienfeld, stift-lilienfeld.at. – Heimat- und Skimuseum mit einer Dauerausstellung über den Skipionier Matthias Zdarsky, zdarsky-ski-museum.at.

Von der Bushaltestelle **Innerfahrafeld Dürntal** ❶ auf asphaltiertem Fahrweg ins Dürntal. Gute 100 m nach dem Gehöft Taler nach links auf einen Güterweg (Wegweiser »Talerberg«, Gatter). Dieser Weg ist unmarkiert, die weitere Wegführung ist jedoch nicht zu verfehlen. Durch die Talerberg-Südflanke in Kehren aufwärts Richtung Talerhütte, teils über Wiesen, teils durch schönen Mischwald zu einer größeren Wiese mit Jagdhütte. Im oberen Teil der Wiese auf etwa 685 m Höhe bei einem Baum mit Bildstock rechts auf einen Forst- bzw. Karrenweg. Im weiteren Anstieg kreuzen wir die Forststraße mehrfach.

Nach einer Linkskehre längere, ansteigende Querung. Ausblicke nach Süden begleiten uns, bevor der Weg wieder in Hochwald, dann in mittelhohen Mischwald hineinzieht. Bei einer Verzweigung geradeaus. Durch ein Gatter, am Gruberkreuz vorbei (alter Wegweiser »Taler-Hütte«) auf die Hohe Eben, an deren südwestlichem Rand die **Talerhütte** ❷ steht.

Auf einem Almweg über die Hohe Eben, zuletzt links von einer Forststraße. In den Wald, kurz auf der Forststraße unmittelbar nach einer Sandgrube rechts auf den oberhalb weiterführenden Karrenweg zurück (kleiner Steinmann). Noch einmal kreuzen wir die Forststraße. Am Rand eines großen Schlages entlang, dann auf eine weitläufige Almwiese hinaus

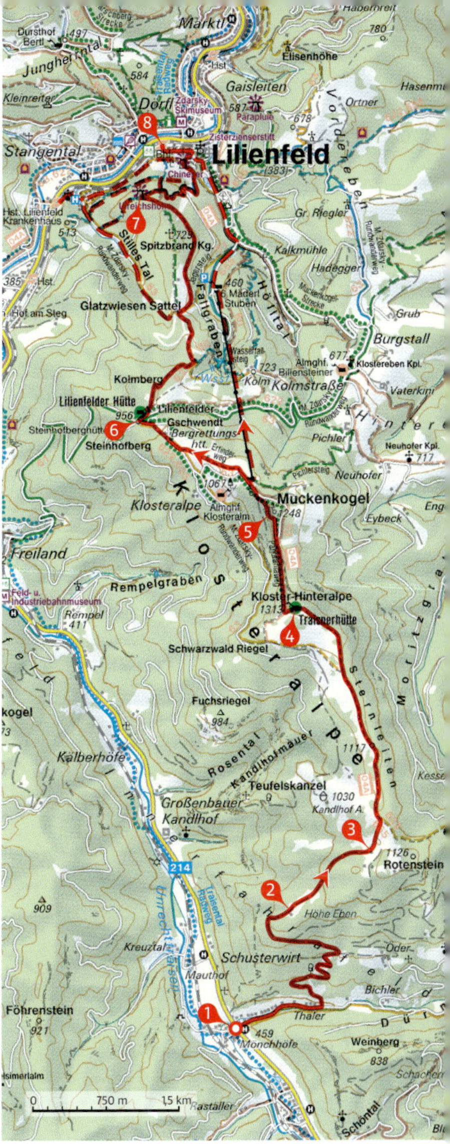

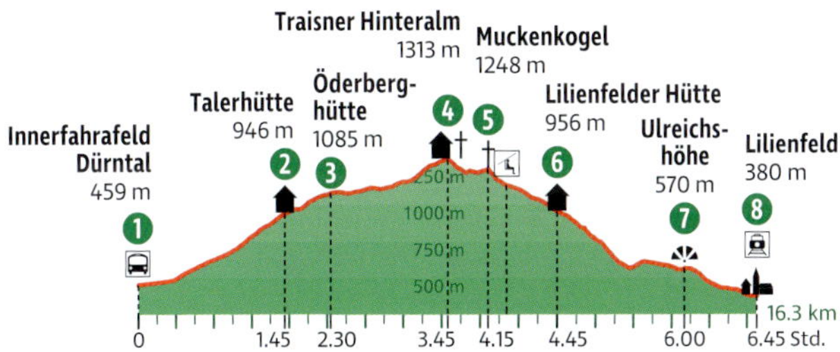

zur **Öderberghütte ❸**, einer kleinen gemauerten Halterhütte westlich des Rotensteins. Bei der Hütte nach links (Wegweiser Richtung »Hinteralpe«) und zuerst am Waldrand, dann über Wiesengelände Richtung Norden. Unser Weg mündet in den gelb markierten Weg ein, der vom Gscheidboden herüberzieht (Weg 04A, 622, 655). Am Rücken entlang zu einer kleinen »Jaga-Hüttn« (Überstieg, dann Durchschlupf), nun abschnittsweise durch Wald, meist aber auf den aussichtsreichen Almwiesen der **Sternleiten** Richtung Hinteralm. Wir passieren noch einen Überstieg und wandern weiter an einem Zaun auf der Kammhöhe entlang. Bei einer Wegkreuzung auf etwa 1165 m geradeaus, weiter dem Bergrücken folgend (Wegweiser »Traisnerhütte«). Kurz vor dem höchsten Punkt verflacht der Rücken (Überstieg, Gatter). Nun nur mehr leicht steigend zur **Traisnerhütte** und zum wenige Meter entfernten Gipfelkreuz auf der **Traisner Hinteralm ❹** hinauf.

Vom Gipfel auf rot bezeichnetem Pfad (auch Zdarsky-Panoramaweg) über den Nordrücken der Hinteralm, kurz auch in der Flanke links des Rückens abwärts, bis zu einem Güterweg hinüber zum Lilienfelder Gschwendt (Nr. 63). Auf diesem, zum Teil auch rechts davon, zu einer Einsattelung (Info-Tafel), hier leicht links und auf einen asphaltierten Güterweg, der den Aufstieg zum **Muckenkogel ❺** vermittelt (Richtfunkstation, Info-Tafeln).

Auf rot markiertem Pfad über den Nordwestrücken des Muckenkogels wieder zu dem Güterweg hinunter, von dem wir vorher abgezweigt sind (ab hier rot und gelb markiert, Weg 63). An einem Sendemast vorbei auf das aussichtsreiche **Lilienfelder Gschwendt** (Info-Tafeln). Rechts die **Bergstation des Sesselliftes** Muckenkogel (Spielplatz). Der Güterweg wendet sich bald nach links, wir aber wandern auf einem Almweg geradeaus weiter über die Wiesen des Gschwendts. Von links mündet schließlich wieder der nun geschotterte Güterweg ein. Eine MTB-Route kreuzt. Über einen Weiderost. Während der Güterweg nach rechts zieht, wandern wir geradeaus (Wegweiser »Lilienfelder Hütte/Abstieg ins Tal«) an der Bergrettungshütte vorbei, zuletzt wieder auf dem Güterweg, zur **Lilienfelder Hütte ❻**.

Von der Hütte auf einem nach links ziehenden Forstweg Richtung Lilienfeld (Wegweiser Jägersteig/Karlstein, Nr. 63), östlich am Kolmberg vorbei (Gatter). Bald rechts auf einen Pfad (Wegweiser), in etlichen kleinen Kurven durch Buschwerk talwärts bis zur Karlstein-Felskanzel. Hier rechts in den Wald hinunter (Kehren) und wenig später am Fuß einer Felswand vorbei. Nach links auf einen Güterweg (Markierungspfeil »Jägersteig«, Nr. 63). Dort, wo sich dieser nach rechts wendet, geradeaus auf einem Steig weiter (Wegweiser, neue rote und alte gelbe Markierungen). Über eine Schneise, dann durch Wald, den Güterweg querend, zuletzt wieder über die Schneise in den Glatzwiesensattel hinab.

Hier rechts (»Jägersteig«), am Wiesenrand aber wieder links (Wegweiser »Lilienfeld über Spitzbrand«, rot markiert). Am Rand der Glatzwiese entlang, zuletzt etwas ansteigend in schönen Buchenwald hinein, nun durch die Spitzbrandkogel-Ostflanke. Wir queren den Spitzbrand, eine dreieckige, oben spitz zulaufende Wiese mit ansprechendem Blick hinunter zum Stift Lilienfeld. Wenige Meter später halten wir uns bei einer Wegkreuzung

links Richtung Ulreichshöhe. Kurz durch dichten Wald, dann nach links auf den blau markierten Leitner-Weg zur nahen **Ulreichshöhe** 7 mit Aussichtspavillon.
Nun zurück zur letzten Kreuzung. Hier links und am Rand einer felsendurchsetzten Steilflanke über den Mühlleitenriegel. Bei einer weiteren Kreuzung geradeaus (weiter blau markiert, Wegweiser »Leitner-Weg zum Hochbehälter Wiesberg und zum Stiftspark«); Umgehungsmöglichkeit auf dem Steig Richtung »Richterruhe«, bald aber scharf nach rechts und auf einem Güterweg zurück zur Hauptroute). Durch Wald, teils auf Steigspuren, dann (Durchschlupf) über den unteren Teil des Spitzbrands hinab. Auf der Wiese nach links in einen Güterweg, vor dem Wald aber wieder nach rechts auf einen Karrenweg (Markierung auf einem einzeln stehenden Baum etwas unterhalb). Nochmals kurz in den Wald (Gatter). Bald wendet sich der Weg scharf nach links und erreicht beim Hochbehälter Wiesberg neuerlich Wiesengelände. Wenig später leicht nach links auf Weg 62 (Pater-Exinger-Weg). Kurzer Gegenanstieg zum Chineser, einer Aussichtswarte mit pagodenförmigem Dach. Durch das Untergeschoss des Chineser in den **Stiftspark** von Lilienfeld, über Serpentinen, an einem kleinen Tempel vorbei, schließlich bei einer Verzweigung geradeaus über einige Holzstufen, dann über eine Steintreppe hinab zum westlichen (linken) Ausgang des Parks. Kurz über eine Wiese zum Porten (mittelalterliches Spital und Pilgerhaus) hinunter, hier nach links in die Zdarskystraße zum nahen Bahnhof **Lilienfeld** 8.

Blick vom Spitzbrand zum Stift Lilienfeld.

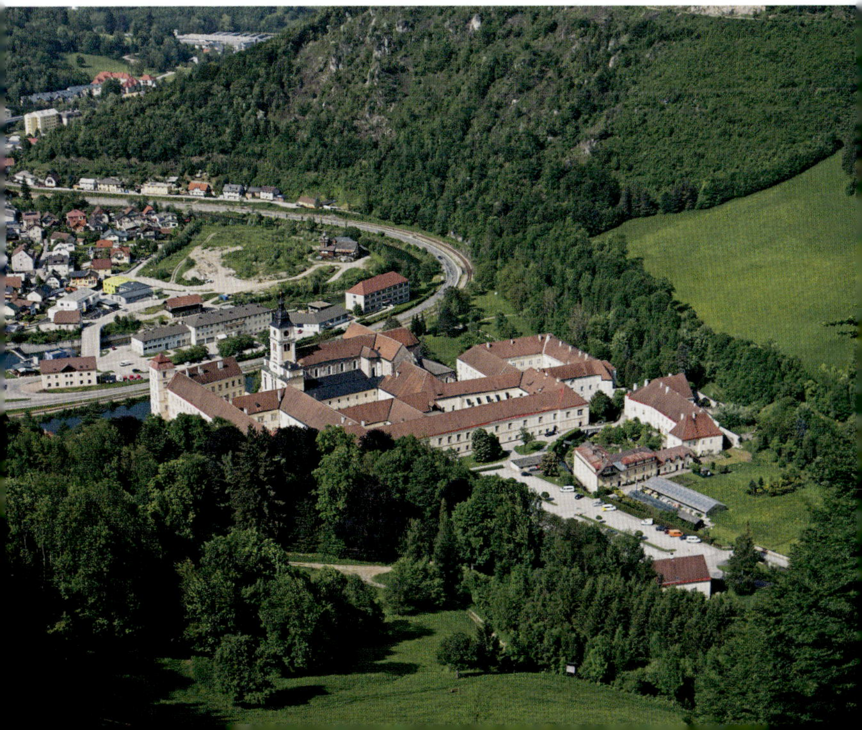

9 Kieneck, 1106 m

Zu einer beliebten Gipfelhütte

5.00 Std. | 13,1 km | ↗ 630 m | ↘ 630 m

Wanderlust in den nördlichen Gutensteiner Alpen

Das Kieneck ist ein attraktives Gipfelziel in den niederösterreichischen Voralpen mit einer gastlichen Gipfelhütte, von deren südseitiger Terrasse sich ein sehr schöner Ausblick zu Schneeberg, Rax, Schneealpe, Gippel, Gemeindealpe, Dürrenstein, Ötscher und natürlich zum benachbarten Unterberg bietet. Als Ausgangspunkt bietet sich Thal bei Muggendorf an, das mit der Gutensteiner Bahn und dem Linienbus ab Pernitz öffentlich sehr gut erreichbar ist. Von hier gibt es drei markierte Wege auf das Kieneck. Landschaftlich besonders schön sind der Enzian- und der Mareschsteig, die sich zu einer Wanderrunde verbinden lassen. Zu einer sehr abwechslungsreichen und durchaus tagesfüllenden Unternehmung wird die Tour auf das Kieneck, wenn wir auf dem Wiener Wallfahrerweg von Kaumberg über die mittelalterliche Araburg und den Reingupf aufsteigen. In diesem Fall stellt der Enziansteig die ansprechendste Abstiegsroute dar.

Ausblick von der Enzianhütte zum Schneeberg.

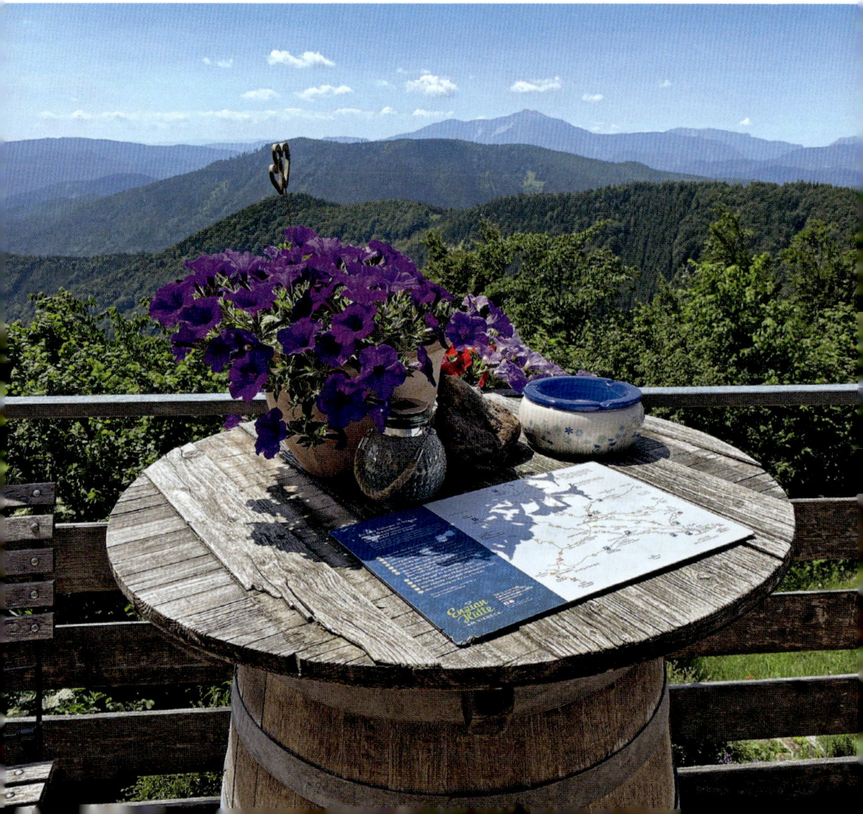

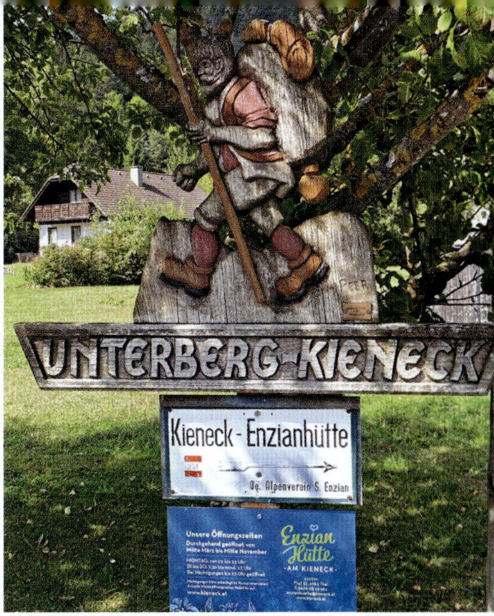

Foto oben: Wegweiser in Thal.
Unten: Araburg (Variante).

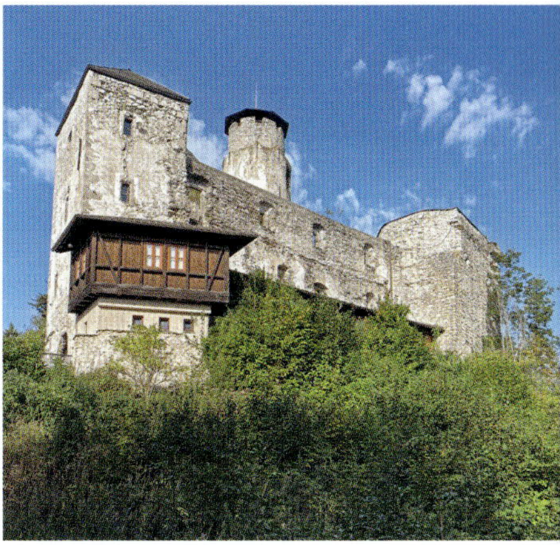

Ausgangs- und Endpunkt: Bushaltestelle Thal/Muggendorf Vinzenzikircherl, 590 m.
Anfahrt: Auf der Südbahnstrecke nach Wiener Neustadt, weiter mit der Piestingtalbahn nach Pernitz-Muggendorf, von dort mit Bus 332. In der Früh bzw. am Vormittag Mo–Fr teils stündlich, teils zweistündlich, Sa/So/Fei Stundentakt, Sa/So/Fei vormittags ein Direktzug nach Pernitz-Muggendorf. Dauer: 1.50–2.10 Std.
Rückfahrt: Bus 332 nach Pernitz-Muggendorf, von dort mit der Piestingtalbahn nach Wiener Neustadt, weiter auf der Südbahnstrecke. Verbindungen bis am frühen Abend, Mo–Fr zweistündlich, Sa/So/Fei Stundentakt. Dauer: 1.45–2.05 Std.
Anforderungen: Mittellange, nicht sonderlich anstrengende Tour auf gut trassierten Steigen.
Einkehr/Übernachtung: **Enzianhütte**, Mitte März–Mitte Nov. durchgehend (Mo nur mittags), im Winter fallweise geöffnet, Tel. +43/676/782 90 81, kieneck.at; 14 B, 15 L. – **Araburg Burgstüberl** (Variante), April–Okt. (Di Ruhetag), Nov./Dez. Do/Fr geöffnet, Tel. +43/664/974 50 59, araburg.com, keine Nächtigung.
Varianten: Sehr lohnend ist auch die **Überschreitung von Kaumberg/Triesting** (Bushaltestelle Marktplatz, Anreise wie in Tour 6 nach Thal): Aufstieg über die Araburg und den Reingupf (Gehzeit bis aufs Kieneck ca. 4.30 Std.), der Abstieg erfolgt über den Enzian- oder den Mareschsteig. Auch in die Gegenrichtung sehr empfehlenswert. – Eine weitere Abstiegsmöglichkeit bietet der **Matrassteig**: vom Kieneck in den Viehgraben und weiter nach Thal (oben steil – dieser Abschnitt ist aber auch über den Kirchwaldsattel umgehbar –, überwiegend Forst- und Fahrwege, etwa 45 Min. kürzer als die Hauptroute).

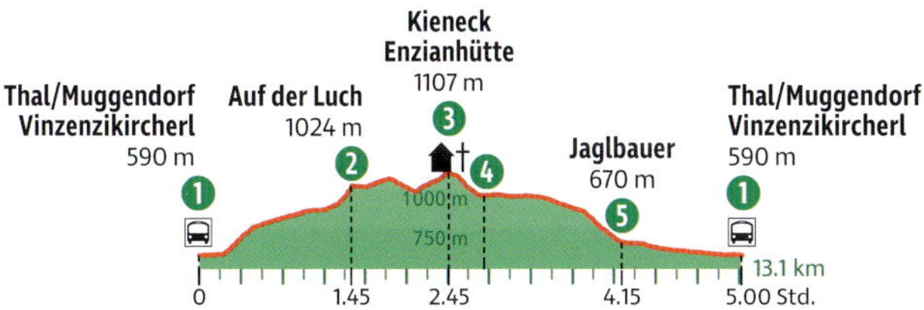

Von der Bushaltestelle **Thal/Muggendorf Vinzenzikircherl** ❶ beim ehemaligen Gasthof Leitner an der Straße entlang weiter taleinwärts. Bei einer Verzweigung links (Wegweiser »Kieneck über Enziansteig«). Nach einer Brücke rechts auf einen Pfad (Enziansteig, blau markiert), der auf einen Rücken hinaufführt und im untersten Teil mehrfach einen Forstweg berührt. Der Wanderweg (kurzzeitig auch Karrenweg) zieht im Bereich des Rückens in nordwestlicher Richtung bergwärts. Bei einer

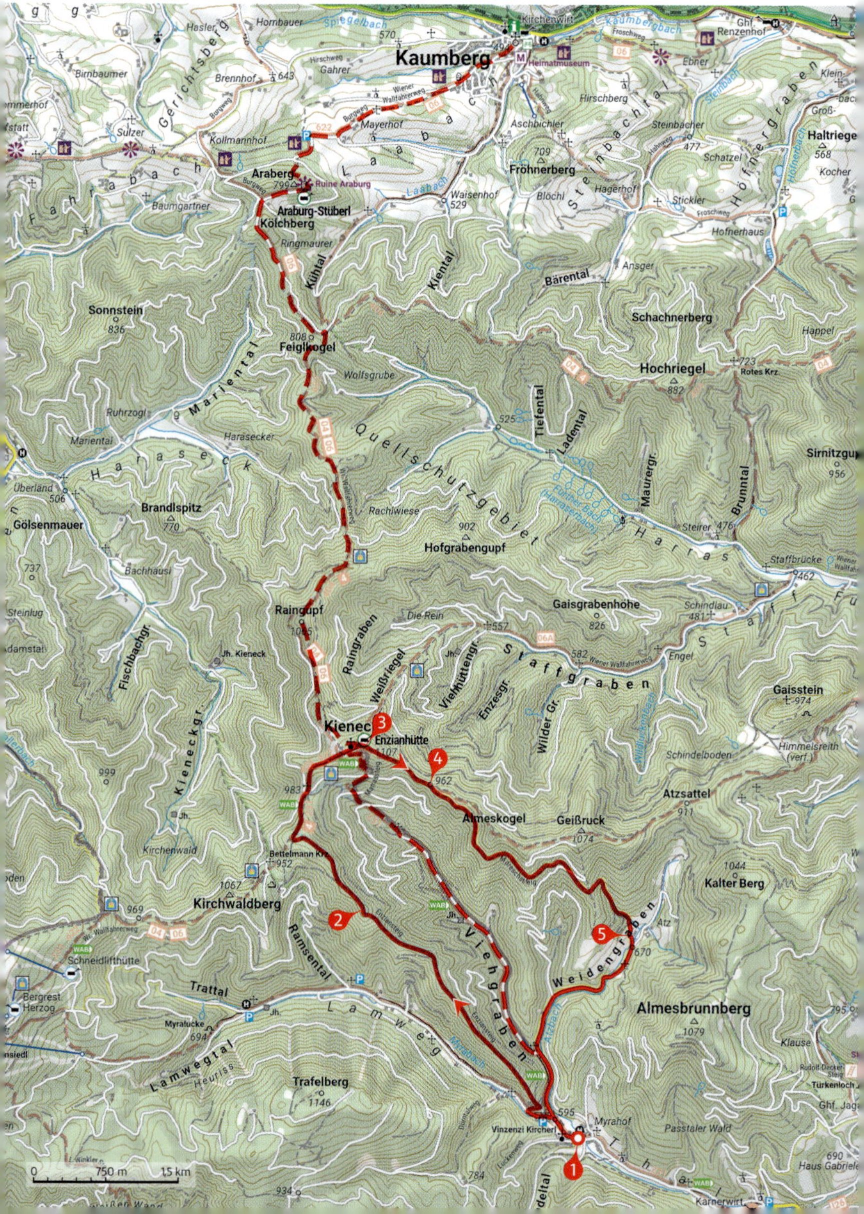

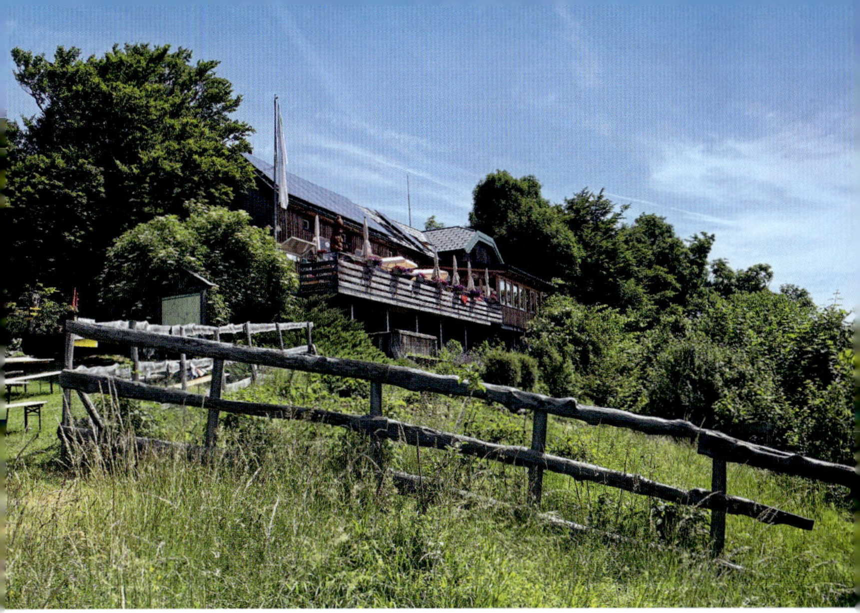

Nur noch wenige Schritte bis zur Enzianhütte am Kieneck-Gipfel.

Verzweigung auf ca. 870 m halten wir uns rechts, weiter am Rücken (Markierung). Gipfelsammler können im weiteren Verlauf die Erhebung **Auf der Luch ❷** einige Meter links des Weges mitnehmen.

Bald darauf wieder auf einem Karrenweg und schließlich, etwas absteigend, zuletzt auf einem Forstweg zu einer Wegkreuzung. Hier rechts (Wegweiser), nun rot und blau markiert, und auf einem Forstweg weiter fallend in den Kirchwaldsattel. Hier geradeaus und zuerst auf einer Forststraße, dann rechts von ihr auf einem Wanderweg, wenig später links daneben auf einem Pfad über eine Wiese zum Enziankreuz und schließlich wieder auf der Forststraße zur **Enzianhütte ❸** auf dem Gipfel des **Kieneck**. (Vom Enziankreuz auch auf schmalem Pfad nach links, zum obersten Abschnitt des Wanderwegs, der vom Reingupf auf das Kieneck führt.)

Die empfehlenswerteste Route für den Abstieg vermittelt der rot markierte Mareschsteig. Dafür steigen wir auf einem Wanderweg durch schönen Hochwald über den Südwestrücken des Kieneck bis zu einer **Verzweigung ❹** auf 962 m Höhe ab. Hier rechts, nun gelb, und auf einem gut trassierten Pfad durch die Südwest- bzw. Südflanke von Almeskogel und Geißruck – einmal einen Forstweg kreuzend – in einen Graben hinunter. Hier wandern wir links von einem Forstweg, dann auf ihm weiter talwärts, bis der markierte Wanderweg nach links abzweigt und uns nach Atz im Weidengraben hinunterleitet.

Am **Gehöft Jaglbauer ❺** vorbei zu einem asphaltierten Fahrweg, dem wir nun talauswärts folgen (Fahrverbot). Von rechts mündet die Abstiegsroute über den Viehgraben ein (Wegkreuz, Parkplatz). Nun geht es noch etwa 1 km auf dem verkehrsarmen Fahrweg zurück bis zur Bushaltestelle **Thal/Muggendorf Vinzenzikircherl ❶**, zuletzt auf der Anstiegsroute.

10 Myrafälle und Steinwandklamm

Kurzweilige Rundwanderung von Pernitz aus

TOP | 5.30 Std. | 13,8 km | ↗600 m | ↘600 m

Zwei populäre Wander- und Ausflugsziele – zu einer Tour verbunden
Die Steinwandklamm und die Myrafälle gehören zu den beliebtesten Ausflugszielen in der Nähe von Wien. Im Zuge einer Rundwanderung von Pernitz oder Muggendorf lässt sich der Besuch dieser beiden Naturjuwele gut miteinander verbinden. Dabei durchwandern wir die vor allem im Frühjahr wasserführende Steinwandklamm auf Holzleitern und -stegen und steigen dann auf dem Rudolf-Decker-Steig durch ihre südlichen Begrenzungswände Richtung Kreuthsattel auf, wobei wir mehrere Durchstiegshöhlen passieren; besonders sehenswert ist das gewundene Türkenloch. Es stehen zwei Aufstiegsrouten zur Auswahl, die leichtere ist stellenweise versichert, weist aber kaum Schwierigkeiten auf. Die anspruchsvollere Variante führt über eine 14 m lange, fast senkrechte Leiter. Beim Gasthaus Jagasitz treten wir auf die Wiesen rund um den Kreuthsattel hinaus, von denen wir einen reizvollen Blick zum Schneeberg haben. Im Abstieg Richtung Muggendorf passieren wir die Myrafälle, die auf einem Steig mit etlichen Holzbrücken gut begehbar sind. Etliche schöne Aussichtsplätze auf die kaskadenartigen Wasserfälle laden hier zum Verweilen und Betrachten dieses landschaftlichen Kleinods ein. Unterwegs stehen mehrere Einkehrmöglichkeiten zur Auswahl – eine Jausenstation oder ein Wirtshaus ist auf dieser Wanderung nie weit.

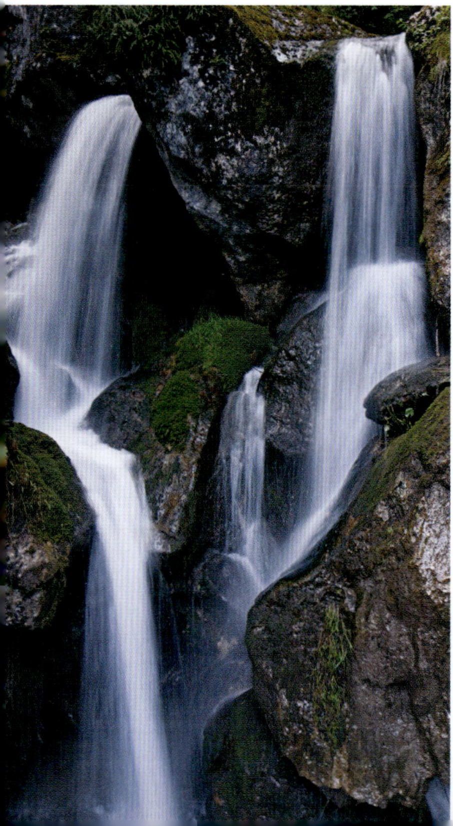

Ausgangs- und Endpunkt: Bhf. Pernitz-Muggendorf, 430 m.
Anfahrt: Auf der Südbahnstrecke nach Wiener Neustadt, weiter mit der Piestingtalbahn. In der Früh bzw. am Vormittag Stundentakt; Sa/So/Fei vormittags ein Direktzug. Dauer: 1.20–1.45 Std.
Rückfahrt: Mit der Piestingtalbahn nach Wiener Neustadt, weiter auf der Südbahnstrecke. Verbindungen bis am Abend, Stundentakt, Mo–Fr nachmittags zwei Fahrten pro Stunde, Sa/So/Fei nachmittags ein Direktzug. Dauer: 1.20–1.40 Std.
Anforderungen: Mittellange Tour auf großteils guten Wegen. Rudolf-Decker-

Myrafälle.

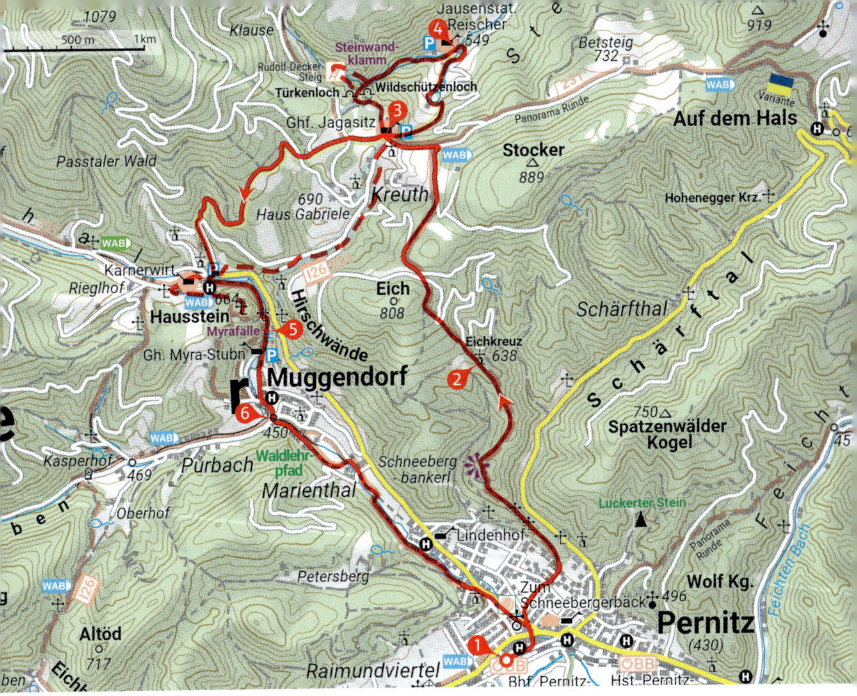

Steig: Versicherter Steig Schwierigkeitsstufe A (optional für Geübte die deutlich anspruchsvollere Variante des Steiges mit einer langen Leiter, Schwierigkeit A/B). Steinschlaghelm.

Einkehr/Übernachtung: Gasthof **Jagasitz**, Do/Fr Ruhetag, Tel. +43/2632/743 12 oder +43/676/551 77 69, keine Nächtigung. – **Jausenstation Reischer**, Mo/Di Ruhetag, Tel. +43/2674/882 51, keine Nächtigung. – **Karnerwirt**, Do–Mo, im Winter Fr–So geöffnet, Jän. geschlossen, Tel. +43/2632/743 07, karnerwirt.at; Zimmer. – **Gasthaus Myrastubn**, Mai/Juni und Sept./Okt. Di–Mi, Fr–So und Fei, Juli/Aug. Di–So und Fei, Nov.–Mitte Dez. sowie Mitte Feb.–April Fr–So, Tel. +43/676/396 67 35 bzw. +43/650/640 79 77, myrastubn.at; keine Nächtigung. – Gasthäuser in **Pernitz**.

Varianten: Mit Bus 332 von Pernitz-Muggendorf nach Thal/Muggendorf Karnerwirt und **Aufstieg »über die Stoa«** zum Jagasitz. – Rückfahrt mit Bus 332 von Muggendorf Myrafälle nach Pernitz-Muggendorf. – **Umgehung des Klettersteiges:** In der Klamm weiter taleinwärts, bei einer Wegkreuzung links auf einem Steg über den Bach (blau markiert) und nun auf einem unschwierigen Waldpfad Richtung Jagasitz. – Abstecher vom Karnerwirt auf den **Hausstein**; Zustieg etwa 200 m westlich (taleinwärts) des Gasthauses.

Hinweis: Sowohl für Steinwandklamm als auch für die Myrafälle sind Eintrittsgebühren zu entrichten.

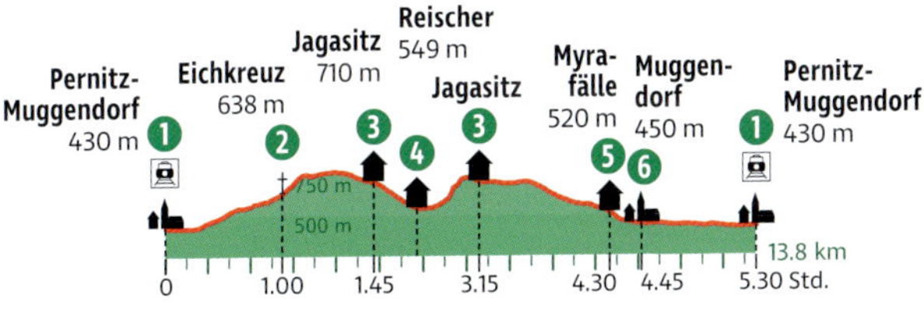

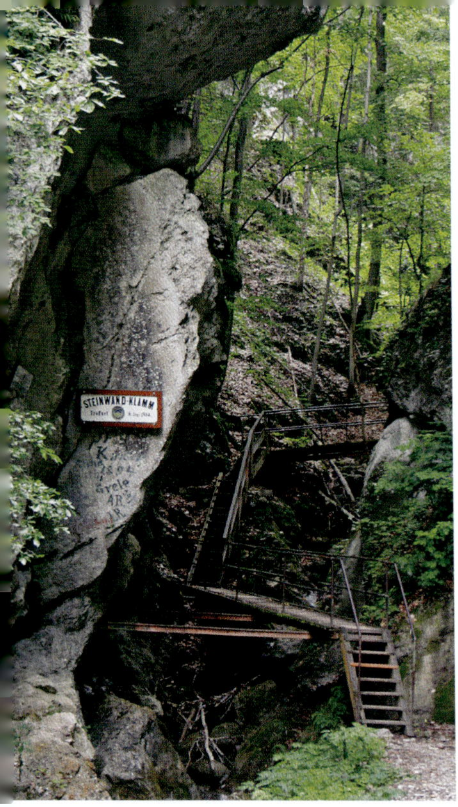

Am Beginn der Steinwandklamm.

Vom Bahnhof **Pernitz-Muggendorf** ❶ auf der Bahnstraße (rot markiert, Richtung Jagasitz) ins Ortszentrum, über die Hauptstraße und einige Meter auf der Muggendorfer Straße, dann den Markierungen folgend über eine Brücke auf die andere Seite des Myrabaches. Nun die Bruno-Ertler-Straße entlang, aber schon bald nach rechts auf einen asphaltierten Weg. An dessen Ende rechts in die Kellergasse, jedoch bereits nach wenigen Metern wieder links in den Fuchsriegelweg.

Aus dem Ortsgebiet in einen Föhrenhochwald hinein, zuerst noch auf einem Forstweg, bald aber auf einem Steig. Unsere Route folgt hier abschnittsweise dem Biedermeier-Erlebnisweg. Auf einem Rücken, vorübergehend auch in der linken Flanke, an mehreren Wegkreuzen vorbei. Nach dem **Eichkreuz** ❷ steigt der Weg etwas stärker an, wir queren einen Forstweg nahe einer Kehre. Durch schönen Buchenhochwald am Osthang des Eich, in leichtem Auf und Ab weiter, einen Forstweg querend, wenig später einem zweiten bis zu einer Verzweigung folgend, hier halb rechts auf einen grasbewachsenen Forstweg. Bald schon wendet sich dieser nach rechts, wir aber gehen geradeaus weiter und erreichen über einen Waldweg neuerlich einen Forstweg, in den wir leicht nach links einbiegen. Auf die Wiesen von Kreuth, dann durch Wald und links in ein Asphaltsträßlein, das aus dem Steinwandgraben kommend herüberzieht. Etwas an Höhe verlierend zum **Gasthaus Jagasitz** ❸ am Kreuthsattel.

Hier nach rechts (Wegweiser »Wanderwelt Steinwandklamm«) und nun auf gelb markiertem Fahrweg hinunter in den Steinwandgraben zur **Jausenstation Reischer** ❹. Etwa 50 m vor der Jausenstation beginnt nahe einer Infotafel der Wanderweg zur **Steinwandklamm** (spärlich blau markiert). Wir passieren das Kassenhäuschen und wandern weiter zum Beginn der Klamm, die mit Holzbrücken und -stiegen begehbar gemacht ist.

In der Klamm zweigt links der rot markierte **Rudolf-Decker-Steig** ab, über den wir weiter aufsteigen. Über eine eiserne Leiter und über Holzstiegen – zuletzt neben einer überhängenden Wand – in einen Talkessel hinauf. Hier entweder über eine kürzere oder über eine längere Leiter weiter. Der Anstieg über die kürzere Leiter ist leichter und verläuft durch zwei schöne Felsenfenster. Es folgt ein Riss, der mittels einer weiteren

Leiter überwunden wird. Wir queren nun im Wald zu einer Holztreppe (ab hier blau markiert), die den Zugang zum **Türkenloch** vermittelt, welches wir durchsteigen. Auf Holzstiegen um ein felsiges Eck herum und auf Tritten, die in den Stein gehauen sind, zu einer breiten Felsrippe hinauf. Dann auf einem Karrenweg durch den Wald, zuletzt etwas absteigend zum **Gasthaus Jagasitz ❸** zurück.

Hier rechts, jetzt gelb markiert, auf einem asphaltierten Fahrweg, dann auf einem Feldweg über die aussichtsreichen Wiesen von Kreuth. Unser Weg wendet sich nach rechts und erreicht Waldgebiet. Später am Rand einer weiteren Wiese entlang, an deren Ende unser Weg spürbar zu fallen beginnt. In einem lang gestreckten Rechtsbogen in den Bruckgraben (Bach). Zuletzt noch ein paar Minuten auf einer asphaltierten Straße, bis wir nahe dem Karnerwirt nach Thal kommen. Rechter Hand die Bushaltestelle **Thal/Muggendorf Karnerwirt**.

Über die Straße und auf einem rot markierten Steig an einer Infotafel vorbei Richtung Myrafälle. Zuerst am Südufer des Oberen Stauweihers entlang, dann durch das wildromantische Tal des Myrabaches. Zweimal auf Holzbrücken über den Bach, zu den **Myrafällen ❺**. Über Stiegen und Stege Richtung Muggendorf hinunter, mit vielen schönen Blickpunkten auf die Wasserfälle. An der Myra-Stubn vorbei, dann am rechten Ufer des Unteren Stauweihers (auch Myrateich) entlang. An dessen Ende links über ein Wehr zur Hauptstraße hinauf und hier rechts (Bushaltestelle Muggendorf Myrafälle). An der Straße entlang nach **Muggendorf ❻**, nun rot (und gelb) markiert.

Auf der Hauptstraße bis zu einer Brücke und über diese auf die andere Seite des Baches in die Kramergasse (Wegweiser). Bei einem gelben Haus endet die Asphaltstraße, hier geradeaus weiter auf einem zuerst recht schmalen, bald aber wieder breiteren Weg (Beginn eines Waldlehrpfades). Vor dem Gehöft Marienthal nach links, auf einer Holzbrücke über den Myrabach und auf einen asphaltierten Fahrweg (Kirchensteig) nach rechts (Infotafel). Schon bald geht der Kirchensteig in einen Wiesenweg über. Nach gut 200 m neuerlich über den Bach und nun auf einem Waldweg nach Pernitz. Auf der Petersberg-, dann auf der Muggendorfer Straße ins Ortszentrum, weiter auf der Bahnstraße zum Bahnhof **Pernitz-Muggendorf ❶**.

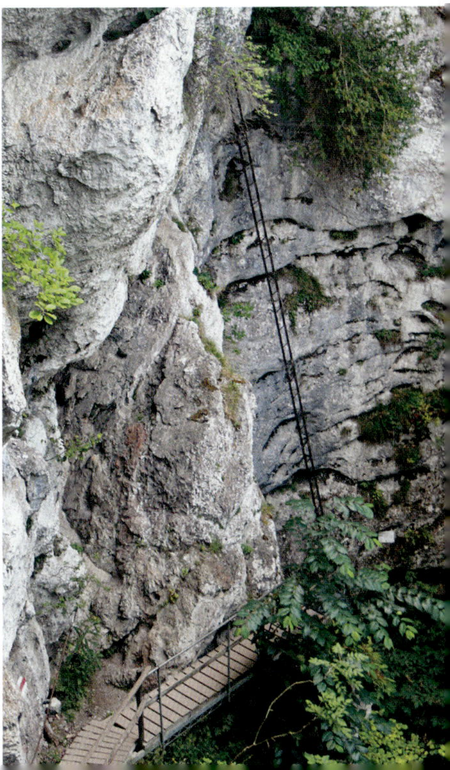

Große Leiter (Variante) am Rudolf-Decker-Steig.

11 Katharinenschlag, 1222 m
Von Puchberg ins Piestingtal

7.00 Std. | 18,7 km | ↗ 850 m | ↘ 1030 m

Höhenwanderung in den südwestlichen Gutensteiner Alpen

Die Dürre Wand ist ein lang gezogener Höhenzug, der sich von der Mamauwiese bis nach Waidmannsfeld erstreckt. Über den gesamten Kamm verläuft ein Wanderweg. Auf der hier vorgestellten Wanderung überschreiten wir den mittleren und nordöstlichen Abschnitt der Dürren Wand und steigen schließlich ins Piestingtal ab. Während der westliche Teil der Dürren Wand (Tour 16) recht gut besucht ist, stehen die östlicheren Abschnitte dieses Mittelgebirgskamms ein wenig im Schatten seiner prominenteren Nachbarn, zu denen auch die Hohe Wand zählt. Naturgenießern, die gerne abseits stark begangener Routen unterwegs sind, wird die hier vorgeschlagene Tour besonders gefallen. Von etlichen Wiesen und Freiflächen öffnen sich schöne Blicke zum Schneeberg und in die Voralpenlandschaft. Auf halbem Wege liegt die Gauermannhütte, die an Wochenenden während der Wandersaison bewirtschaftet ist. Die Lage der Hütte auf dem felsigen Plattenstein ist überraschend alpin. Auf unserem weiteren Weg bietet sich ein Abstecher zur Tablerhöhle an. Der Schlussabschnitt der Tour verläuft über Waidmannsfeld nach Reichental. Die Kontraste zwischen den Wiesen und Feldern, über die wir hier wandern, und den felsigen Rippen und Türmchen des nahen Mandling-Höhenzugs sind besonders reizvoll.

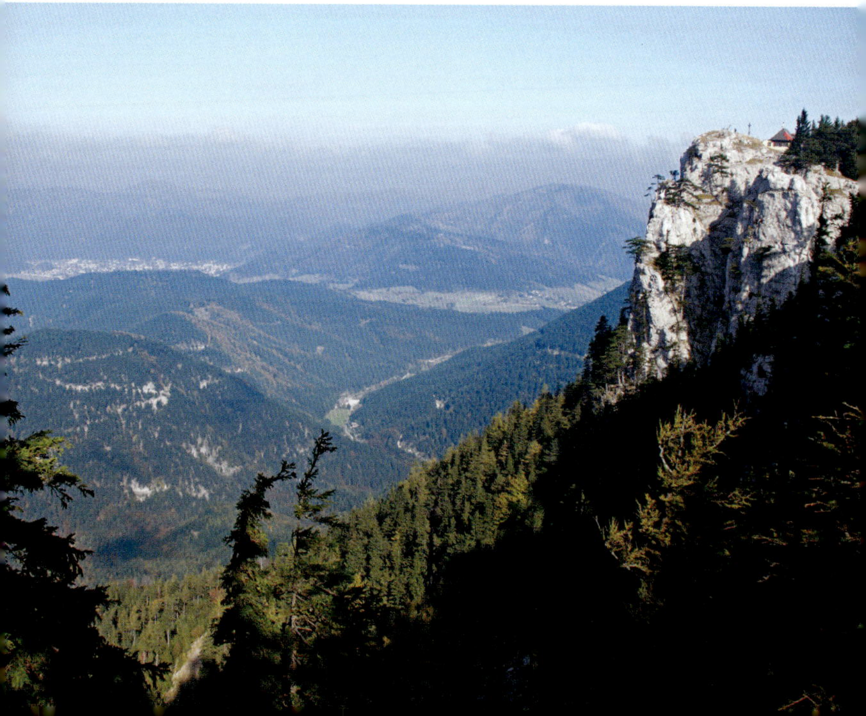

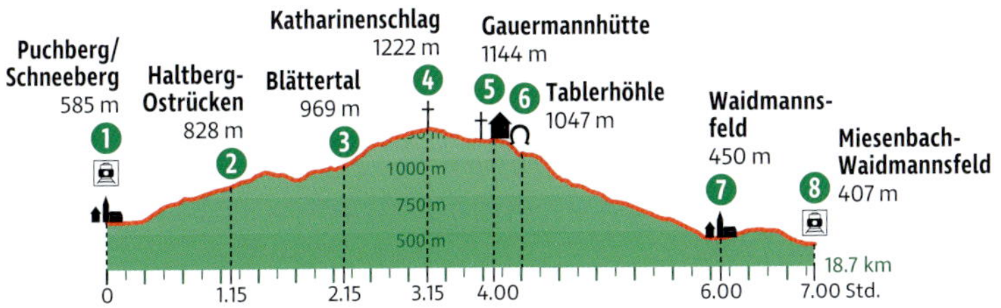

Ausgangspunkt: Bahnhof Puchberg/ Schneeberg, 585 m.
Anfahrt: Auf der Südbahnstrecke nach Wiener Neustadt, weiter mit der Puchberger Bahn. Stundentakt, Sa/So/Fei vormittags ein Direktzug. Dauer: 1.20–1.45 Std.
Endpunkt: Bahnhof Miesenbach-Waidmannsfeld (in Reichental), 407 m.
Rückfahrt: Mit der Piestingtalbahn nach Wiener Neustadt, weiter auf der Südbahnstrecke. Stundentakt, Mo–Fr nachmittags zwei Verbindungen pro Stunde, am späteren Sa/So/Fei Nachmittag ein Direktzug. Dauer: 1.10–1.30 Std.
Anforderungen: Etwas längere Tour auf guten Wegen, nur der Abstecher zur Tablerhöhle ist etwas ruppiger.
Einkehr/Übernachtung: **Gauermann-Hütte**, Anf. Mai–Anf. Juli sowie Mitte Aug.–Ende Okt. Sa/So, Tel. +43/664/398 85 71; 3 B, 10 L.
Variante: **Kombination mit Tour 16:** Start in Sonnleiten, über den Sebastianfall und den Fadengraben auf die Mamauwiese, nun über Schober und Öhler (oder über den Imitzerweg) zum Öhlerschutzhaus. Weiter in Richtung Katharinenschlag; etwa 1,5 km nach dem Öhlerschutzhaus mündet der Weg von links in die Hauptroute ein. Gehzeit ab Sonnleiten bis Hauptroute ca. 4 Std.
Tipps: Alternativer Einstieg in die Tour am Ascher (Bus 330); auf blau markiertem Wanderweg zur Hauptroute. – Abstieg aus dem Sattel oberhalb von Waidmannsfeld auf blau bezeichneter Route (nach einem Überstieg fast wegloser Abschnitt über eine Wiese) zur Haltestelle Waidmannsfeld Kreuzbach (Bus 330) möglich.

Vom Bahnhof **Puchberg/Schneeberg** ❶ über den Parkplatz der Schneebergbahn und nach links in die Wiener Neustädter Straße. Über die Schienen der Puchberger Bahn, kurz darauf beim Café Puchberg links in die Sierningstraße (Wegweiser »Gauermannhütte«, blaue Markierung). Beim Haus Sierningstraße Nr. 27 rechts auf einen Feldweg (Wegweiser, ab hier rot markiert), etwa 30 m später, wo sich der Feldweg nach rechts wendet, geradeaus (Wegweiser). Über Wiesen hinauf bis zum Waldrand. Bei einer Baumreihe durch ein kleines Holzgatter mit drei Markierungszeichen. Am Waldrand auf einem Karrenweg entlang, an zwei Holzhütten vorbei, einen Forstweg querend (rechts ein Gatter). In den Wald hinein, bei einer Verzweigung links, kurz etwas steiler zu einem höher gelegenen Forstweg hinauf.
Zuerst eben, dann leicht steigend zu einer **Wegkreuzung** ❷. Hier links dem nun spürbarer steigenden und nun blau markierten Forstweg folgen. Bei der ersten Kehre weiter geradeaus (mehrere Markierungen) auf einen Waldsteig, dann wieder kurz auf einem Forstweg. Neuerlich auf einen Waldsteig, mehrfach eine Forststraße berührend, leicht fal-

Blick zum Plattenstein.

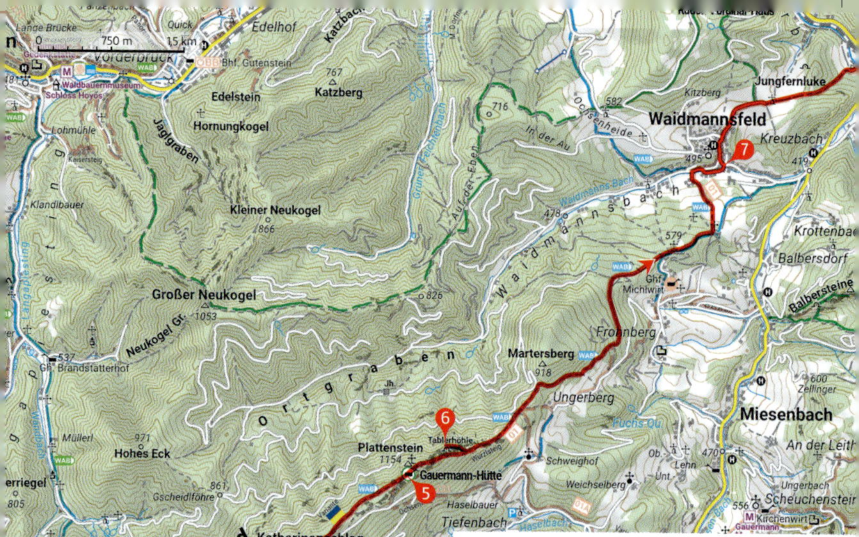
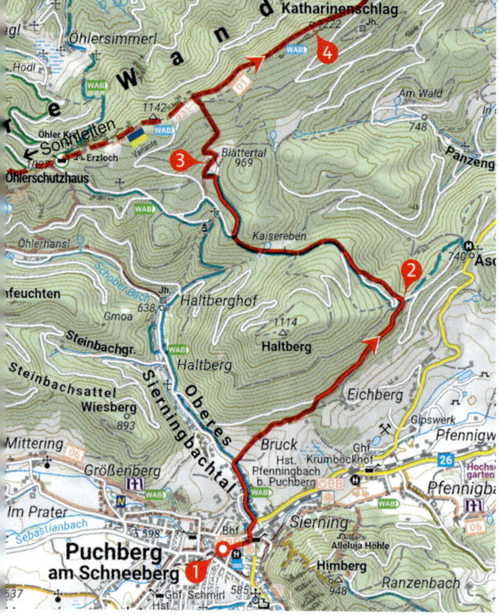

lend zu einer Wiese, der **Kaisereben** (schöner Schneebergblick).

Nun wieder leicht steigend, zuerst durch Gebüsch, dann durch mittelhohen Wald zu einem Forstweg. Hier rechts (Wegweiser »Gauermannhütte«). Bei einem Wendeplatz leicht links (Wegweiser), weiter auf einem Karrenweg zu einer Kreuzung. Hier rechts, nun rot markiert, auf eine Wiese, am **Gehöft Blättertal ❸**, dann (Gatter) an drei älteren Gebäuden vorbei, zur Waldgrenze (Wegweiser) und nun auf einem Karrenweg weiter, an Höhe gewinnend. Bei zwei Verzweigungen halten wir uns jeweils rechts (Markierungen). Schließlich verflacht der Anstieg und wir erreichen den Rücken der Dürren Wand, von links mündet die Variante vom Startpunkt Sonnleiten ein. Hier rechts (Wegweiser), weiter ganz leicht ansteigend. Der **Katharinenschlag ❹**, der höchste Punkt der Dürren Wand, bleibt links liegen. Wer ihn ersteigen will, wendet sich am Ende einer Lichtung (kurz bevor der markierte Weg wieder in den Wald hineinführt) nach links. 60 Schritte vom Weg bezeichnet ein kleines rotes Gipfelkreuz den höchsten Punkt. Es folgen zwei Wiesen (zum Teil mit niedrigem Buschwerk), die schöne Ausblicke in die Gauermannlandschaft von Scheuchenstein und in die Westseite der Hohen Wand vermitteln. Am Beginn der ersten Wiese linker Hand eine Anhöhe mit sehr guter Aussicht. Leicht fallend und immer in Kammnähe bleibend weiter Richtung Plattenstein. Einige aussichtsreiche Felskanzeln links des Steiges. Die schönsten Ausblicke bieten sich aber vom Gipfel des **Plattensteins**. Nur wenige Meter entfernt steht die kleine **Gauermannhütte ❺**, von ÖTK-Mitgliedern einfach, aber gut bewirtschaftet.

Der Abstiegsweg (weiter rot markiert) verläuft ebenfalls am Kamm oder in Kammnähe. Einige weitere Felskanzeln sorgen für Abwechslung. Ziemlich steil, aber zumeist über weichen Waldboden, zur Abzweigung Tablerhöhle hinunter, durch eine Lücke im Fels nach links und nun auf einem Steig unterhalb der Felswände zur **Tablerhöhle ❻**. Es empfiehlt sich, etwa 10 m in die Höhle abzusteigen, um ihr recht eindrucksvolles Portal aus dem Höhleninneren zu sehen. Nun wieder auf den Rücken der Dürren Wand zurück und weiter talwärts Richtung Waidmannsfeld.

Durch Wald in einen Sattel hinunter, zwei Steige ins Miesenbachtal bleiben rechts liegen. Geradeaus weiter in einen zweiten Sattel mit idyllischer Wiese. An deren Rand entlang (nicht auf den links vorbeiführenden Forstweg abbiegen) in schönen Hochwald südöstlich des Martersbergs. Bei einer Kreuzung geradeaus. Weiter auf Karrenwegen und Steigen abwärts. Schließlich nach links auf einen schmalen Forstweg, kurz ansteigend, dann rechts auf einen etwas breiteren Forstweg. An einem Wildzaun entlang abwärts, bei einer Verzweigung nach links (auf Höhe der Abzweigung rechts Gatter im Wildzaun) und weiter hinunter bis zur **Hundsgrube** (Wegkreuz).

Der nächste Wegabschnitt bis Waidmannsfeld ist rot und blau markiert. Durch ein Gatter auf eine Viehweide hinaus, schon bald aber wieder in den Wald hinein. In einen Sattel hinunter (Wegkreuz); hier links, nun wieder nur rot markiert, an einem Wiesensaum entlang nach **Waidmannsfeld ❼**. Hier rechts auf die Waidmannsbachstraße und bei einer Gabelung leicht rechts. Nach 250 m bei der Bushaltestelle Waidmannsfeld Waidmannsbachstraße (wird Mo–Fr angefahren) nach links auf die Hauptstraße. Bei einer Kreuzung rechts (weiter: Hauptstraße), wenig später neuerlich rechts in die Talwiesenstraße. Zum Ende des Ortsgebiets, weiter geradeaus, zuerst noch auf einem asphaltierten Fahrweg, dann auf einem Feldweg zu einem einzeln stehenden Baum mit Marterl. Weiter in einen Sattel.

Es folgt der letzte, recht kurze Abstieg ins Piestingtal. An einem ersten Gehöft des Siedlungsgebietes von Reichental vorbei, nun auf einem Fahrweg, ein Sägewerk passierend, zur Landesstraße. Hier links, auf einer Brücke über die Piesting und nun rechts zum Bahnhof **Miesenbach-Waidmannsfeld ❽**.

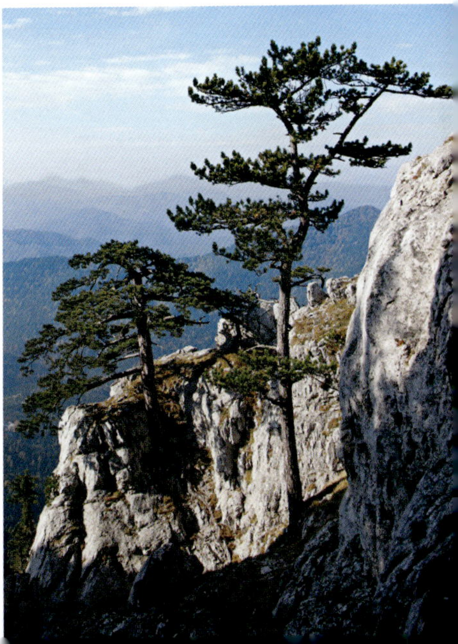

Felsen und Schwarzföhren am Plattenstein.

12 Geländ, 1023 m, und Plackles, 1132 m

Von Grünbach am Schneeberg

4.30 Std. | 9,4 km | ↗ 710 m | ↘ 800 m

Zwei-Gipfel-Wanderung auf die höchste Erhebung der Hohen Wand

Diese abwechslungsreiche Rundwanderung von Grünbach am Schneeberg führt uns auf zwei schöne Gipfel, auf das Geländ und auf die Plackles. Als Draufgabe können wir den Hausstein, einen imposanten Felsklotz in der Ostflanke des Geländs, über eine Rinne auf seiner Südostseite überraschend einfach ersteigen. Bereits von hier zeigt sich der Schneeberg in einer attraktiven Perspektive. Der wohl schönste Blick in die Steilabfälle der Schneeberg-Nordostseite bietet sich aber vom Gipfel des Geländs. Von hier oben öffnen sich außerdem reizvolle Tiefblicke nach Grünbach, und auch die Aussicht zur Hohen Wand, ins südliche Wiener Becken und bis zum Hochwechsel ist beachtenswert. Ausgrabungen belegen, dass das Geländ schon bald nach dem Ende der letzten Eiszeit von Menschen besiedelt war. Eine Figurengruppe im Gipfelbereich, die das Aufeinandertreffen eines steinzeitlichen Jägers mit einem Höhlenbären zeigt, ist Teil des Themenweges »Vom Urknall nach Grünbach«, dem wir auf dieser Wanderung streckenweise folgen. Auch für das leibliche Wohl ist auf dem Geländ bestens gesorgt – zumindest an Wochenenden und Feiertagen im Frühling, im Spätsommer und im Herbst, wenn die Geländehütte geöffnet ist. Über den Rastkreuzsattel, wo an Wochenenden und Feiertagen die Scheimhütte zur Einkehr einlädt, wandern wir weiter auf die Plackles. Der Abstieg über den Pfarrersteig weiß abschnittsweise durch schöne Waldpassagen zu gefallen, zeigt aber auch besonders anschaulich, wie sehr der ungebremste Forst- und Jagdstraßenbau in den Voralpen mehr und mehr in das Landschaftsbild eingreift.

Das Geländ im Frühwinter.

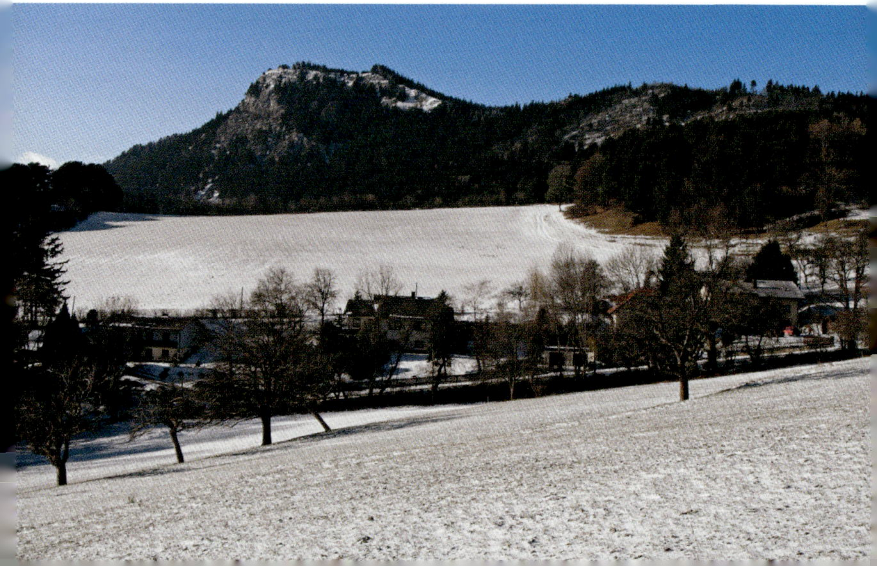

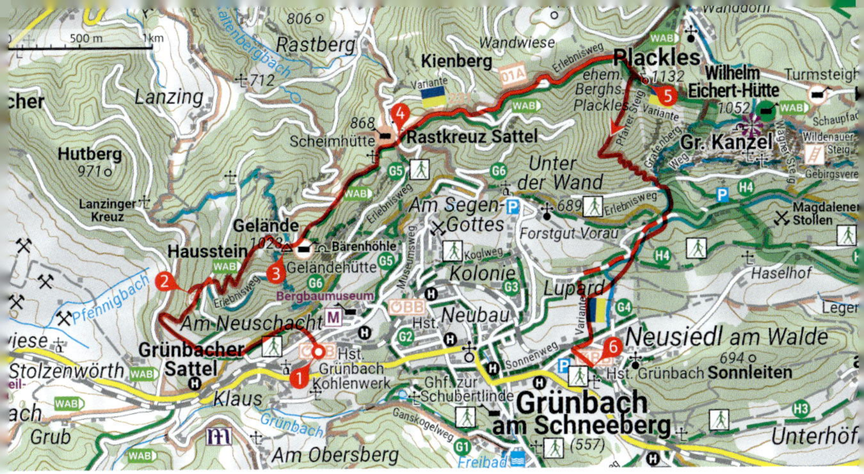

Ausgangspunkt: Bahnhaltestelle Grünbach/Schneeberg Kohlenwerk, 648 m.
Anfahrt: Auf der Südbahnstrecke nach Wiener Neustadt, weiter mit der Puchberger Bahn. Stundentakt; Sa/So/Fei vormittags ein Direktzug. Dauer: 1.10–1.35 Std.
Endpunkt: Bhf. Grünbach/Schneeberg, 559 m.
Rückfahrt: Mit der Puchberger Bahn nach Wiener Neustadt, weiter auf der Südbahnstrecke. Verbindungen bis am Abend, Stundentakt, Sa/So/Fei nachmittags ein Direktzug. Dauer: 1.05–1.30 Std.
Anforderungen: Halbtagstour auf guten Wegen. Abstecher auf den Hausstein (insg. 15–20 Min.; kann weggelassen werden): kurze Kletterstelle I-, Trittsicherheit und Schwindelfreiheit, muss auch im Abstieg bewältigt werden.
Einkehr/Übernachtung: **Geländehütte**, Sa/So/Fei Ostern–Ende Juni und Ende Aug.–Ende Nov., Tel. +43/676/787 73 58, gelaende.at; 8 B., 10 L. – **Scheimhütte**, Sa/So/Fei ab 9 Uhr, Tel. +43/660/391 24 91; 31 B.
Variante: Die Tour kann ebenso gut in die Gegenrichtung unternommen werden.
Tipps: Aufstieg aufs Geländ auch von der Bushaltestelle Miesenbach Gh. Apfelbauer (Bus 330) möglich. – Weitere Abstiege von der Plackles: Grafenbergweg bzw. Kombination von Mia-Zwa-Steig und Grafenbergweg. Abstieg zur W.-Eichert-Hütte und auf dem Grafenbergweg (blau markiert) zum Seiser Toni oder schon bei der Waldfreundehütte nach rechts auf den rot markierten (aber nicht beschilderten) Mia-Zwa-Steig, der in den Grafenbergweg mündet.

Von der Bahnhaltestelle **Grünbach/Schneeberg Kohlenwerk** ❶ über eine Stiege zum asphaltierten Steigerweg hinauf, den wir queren. Auf einem Weglein am Rand einer kleinen Wiese aufwärts und zu einer zweiten, höher gelegenen Querstraße (»Am Neuschacht«, erste blaue Markierungen). Diese überschreiten wir nach links (Wegtafel Richtung

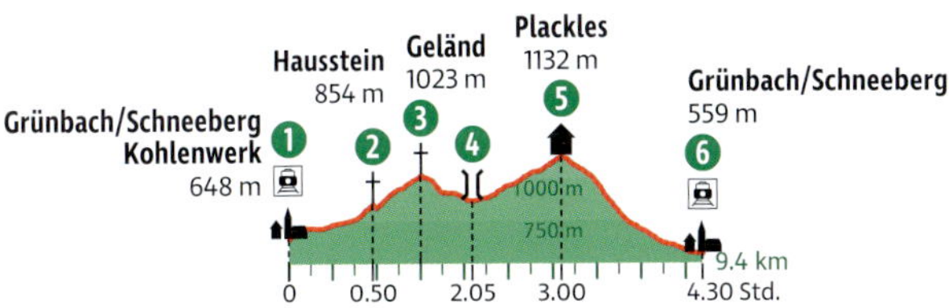

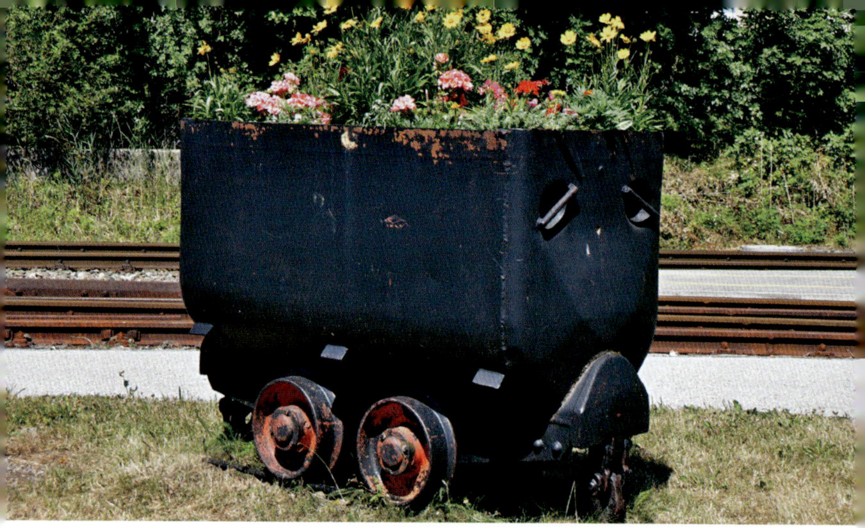

Eine Lore am Bahnhof Grünbach/Schneeberg erinnert an die 1965 eingestellte Kohleförderung.

Geländ). An einem kleinen weißen Haus (Nr. 36a) vorbei zur Waldgrenze und zu einer Verzweigung. Hier links, den markierten Weg verlassend, und schon bald auf eine Wiese. Nun nach rechts und – an einer Baumreihe entlang – zu einem Feldweg, hier links. Über Wiesen zu einem Gehöft, unmittelbar davor nach rechts und auf einem Feldweg zu einer Anhöhe hinauf, eine Abzweigung zum Grünbacher Sattel bleibt links liegen. Geradeaus weiter auf einen Wiesenweg und nun eben bis zum Ende der Wiese. Dort wenige Meter nach einem Durchschlupf auf einen rot markierten Steig (Wegweiser »Gelände«). Zuerst am Waldrand entlang, nach einem Durchlass in den Wald hinauf und zu einer Wiese, links der Hausstein. Bei einem markanten, mit einer Markierung versehenen und von zwei Föhren bestandenen Felsblock nach links und über eine Rinne, dann über eine kurze Rampe (deutliche Steigspuren) in einigen Minuten auf das Gipfelplateau des **Haussteins 2**. Zurück zum markierten Weg und weiter Richtung Geländ (Überstieg). Über eine Forststraßenverzweigung hinweg auf einen schmalen, aber guten Weg. Weiter durch hohen Fichtenwald in mehreren großzügigen Kehren durch die Westflanke des Geländ aufwärts, einen Karrenweg nach rechts querend, auf einen Rücken. Nun flacher, kurz noch einmal den Karrenweg berührend, dann über eine etwas felsige (aber ganz unschwierige) Passage zu einem Durchschlupf. Auf einer Wiese nach rechts auf den Gipfel des **Geländ 3** sowie zur nahen Geländehütte.

Vom Geländ Richtung Rastkreuz hinunter. Auf einem vorerst nur spärlich rot markierten Steig nahe der Abbruchkante entlang (Weg Nr. 231). Kurz eine Forststraße berührend, aber sofort rechts haltend auf einem Karrenweg – bald folgt ein Gatter – bis zum **Rastkreuzsattel 4**, linker Hand die Scheimhütte.

Unser nächstes Ziel ist die Plackles, die wir – weiter dem rot markierten Weg Nr. 231 folgend – teils über eine Forststraße, teils über einen alten Karrenweg erreichen (Themenweg, Quelle). Bei zwei Verzweigungen nach links. Auf ca. 1080 m verflacht der Anstieg vorübergehend. Unmittelbar nach einem Schranken nach rechts und auf eine schöne Wiese, sodann auf einem Fahrweg ein letzter kurzer Aufschwung zum Gipfel der **Plackles ❺**.

Rechts von dem schon lange geschlossenen Berghaus Plackles beginnt der rot markierte Pfarrersteig (zwei Wegweiser). Rechts an einem Gatter vorbei, über den bewaldeten Südrücken und weiter unten durch die Südflanke der Plackles Richtung Grünbach hinunter. Zuerst auf einem Steig, dann kurz einer Forststraße folgend, nach einer Kehre aber wieder auf dem Waldpfad talwärts (Markierungen). Noch zweimal kreuzen wir die Forststraße. Auf ca. 790 m Höhe weiter auf dem blau bezeichneten Grafenbergweg, nochmals über eine Forststraße und bis zu einer asphaltierten Fahrstraße, der wir nun Richtung Grünbach folgen können. Schöner aber ist der Abstieg auf nicht befestigten Wegen durch den Föhrenwald. Dazu überqueren wir die Straße und folgen einem Steig, der südöstlich der Straße entlangzieht. Bei einer Verzweigung halb rechts (rote Markierungspunkte). Wir erreichen neuerlich die Straße und folgen ihr etwa 80 m bis zu einer Kreuzung. Rechts biegt der Amasedweg ab, links zwei Waldwege.

Der zweite, schmälere vermittelt den weiteren Abstieg. Bei einer Kreuzung geradeaus, bei der nächsten rechts, über die langsam zuwachsende Trasse des ehemaligen Sessellifts von Grünbach auf die Plackles, bei zwei weiteren Kreuzungen jeweils geradeaus. Nun schon nahe am Waldrand entlang, kurz über eine Wiese, wieder in den Wald, bei einem Rastplatz links auf den blau markierten Wanderweg, dem wir schon zuvor gefolgt waren. Über Wiesen und Felder nach Grünbach hinunter. Nach rechts in die Neusiedler Straße, über die Bahntrasse und nach links in die Bahnstraße zum nahen Bahnhof **Grünbach/Schneeberg ❻**.

Geländehütte.

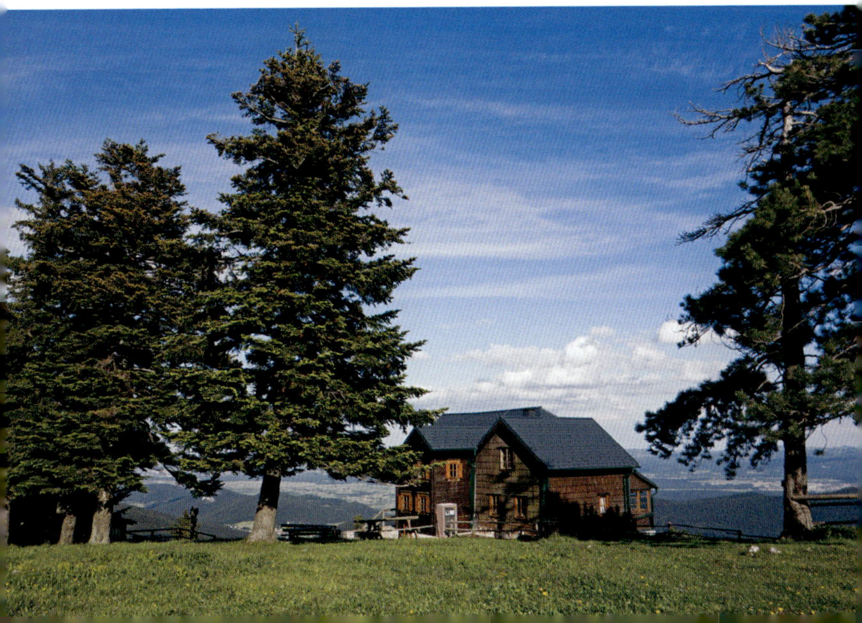

13 Kleine und Große Klause
Von Grünbach am Schneeberg nach Waldegg

6.15 Std. | 15,9 km | ↗970 m | ↘1210 m

Gauermann-Landschaften und zwei mäßig schwierige Klettersteige
Die Hohe Wand lässt sich auf mehreren Routen von Süden nach Norden überqueren. Zumeist beginnen diese Überschreitungen bei einer Station der Puchberger Bahnlinie und enden bei einer Haltestelle der Piestingtal-Bahn. Die hier vorgeschlagene Streckenwanderung führt uns auf die stillere nordwestliche Seite der Hohen Wand. Im Gegensatz zur Süd- und Südostseite der Hohen Wand dominiert hier nicht Fels, sondern Wald. Zwei tiefe grabenartige Einschnitte – die Kleine und die Große Klause – ziehen von Dürnbach auf die Hochfläche der Hohen Wand hinauf. Beide sind durch lohnende Steige erschlossen, die stellenweise versichert sind und sich gut in eine Überschreitung einbauen lassen. Wir erwandern auf dieser Tour die Landschaft rund um Scheuchenstein, die Friedrich Gauermann mit seinen Gemälden weit über Österreich hinaus bekannt gemacht hat. Sattgrüne Wiesen, der kleine Weiler Scheuchenstein mit seiner Kirche, im Hintergrund Föhren- und Laubwälder, dazu die hellen Felstürme der Balbersteine formen hier ein sehr reizvolles Gesamtbild. Auf dem Plateau der Hohen Wand besuchen wir das gemütliche Waldeggerhaus. Wenige Gehminuten vor dem Ende der Tour lädt an heißen Sommertagen das kleine, aber feine Schwimmbad von Waldegg zu einem Besuch ein.

Obstbaumblüte bei Scheuchenstein.

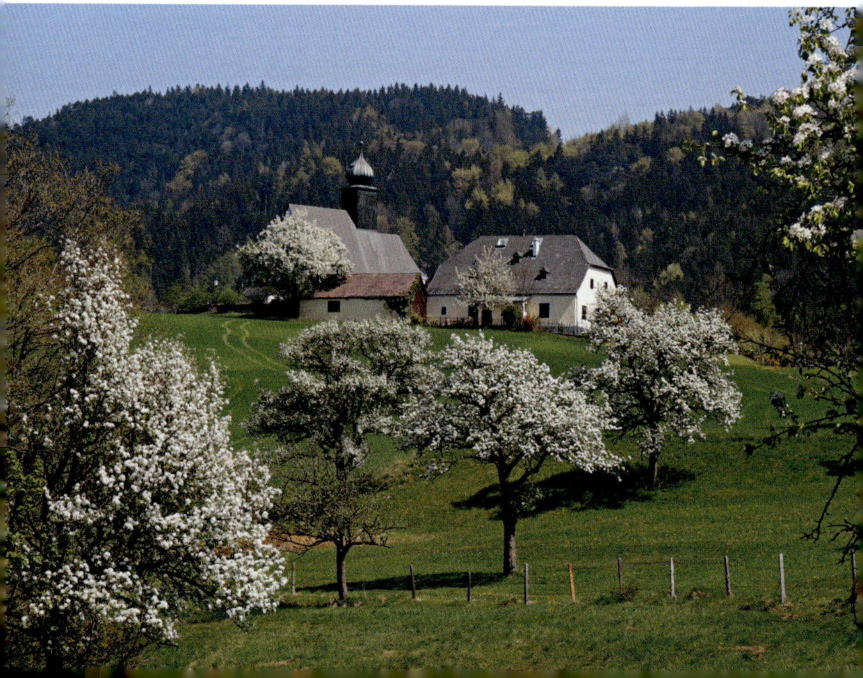

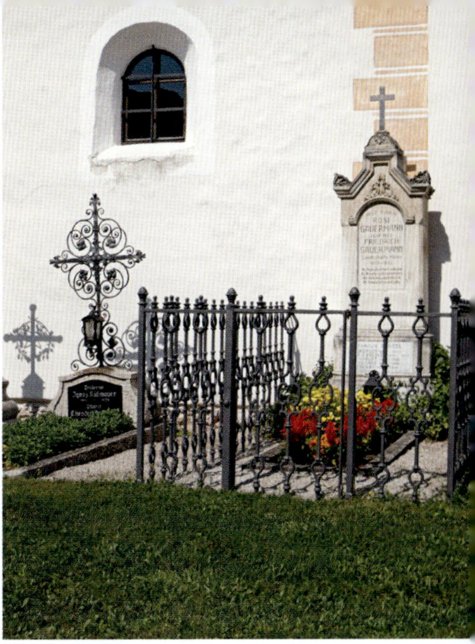

Gauermann-Grab an der Kirche von Scheuchenstein.

Ausgangspunkt: Bahnhaltestelle Grünbach/Schneeberg Schule, 615 m.
Anfahrt: Auf der Südbahnstrecke nach Wiener Neustadt, weiter mit der Puchberger Bahn. Ganztags Stundentakt, Sa/So/Fei vormittags ein Direktzug. Dauer: 1.10–1.50 Std.
Endpunkt: Bahnhof Waldegg-Dürnbach, 375 m.
Rückfahrt: Mit der Piestingtalbahn nach Wiener Neustadt, weiter auf der Südbahnstrecke. Verbindungen bis am Abend, Stundentakt, Mo–Fr nachmittags zwei Fahrten pro Stunde, Sa/So/Fei nachmittags ein Direktzug. Dauer: 1.05–1.25 Std.
Anforderungen: Etwas längere Tagestour auf guten Wegen. Kleine und Große Klause: Klettersteige Schwierigkeit A/B bzw. A.
Einkehr/Übernachtung: **Kirchenwirt Perger Scheuchenstein**, Do–Mo ab 9 Uhr, im Winter geschlossen, Tel. +43/2632/8243, miesenbach.at/gastronomie-und-beherbergung/kirchenwirt-perger/index.php; Zimmer. – **Waldeggerhaus**, Do/Fr Ruhetag, Tel. +43/2638/882 17, waldeggerhaus.at; 25 B. – **Scheimhütte**, siehe Tour 12.
Tipps: Beginn der Tour auch bei der Haltestelle Grünbach/Schneeberg Am Neuschacht (Bus 352) möglich. – Teilbegehungen sind ab/bis Haltestelle Miesenbach Gh. Hornung möglich (Bus 330, 15–20 Min. Fußweg von/nach Scheuchenstein, rot markiert). – Die Scheuchenstein-Klamm kann südseitig auf einem Fahrweg über Hausberg umgangen werden. – Der Klettersteig durch die Kleine Klause kann westseitig (rechts) auf einem Steig umgangen werden.

Von der Bahnhaltestelle **Grünbach/Schneeberg Schule** ❶ rund 200 m leicht steigend an der Bahntrasse (Richtung Puchberg) entlang, dann rechts in den Wald hinauf (Wegweiser Richtung Rastkreuz/Scheimhitt'n), bald aber wieder ins Siedlungsgebiet von Grünbach (Sendemast). Am Sportplatz vorbei, linker Hand die Bushaltestelle Am Neuschacht. Die Straße »Am Segen Gottes« schräg querend auf einen Fahrweg (ab hier grün und gelb markiert), bei einer Verzweigung links haltend auf einen Forstweg (Markierung), bei der nächsten Wegkreuzung (linker Hand eine Villa) geradeaus (Bergmann-Steig, gelb markiert). Auf einem Kar-

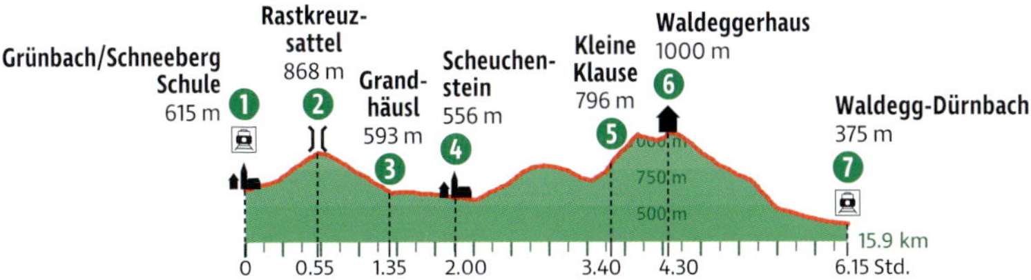

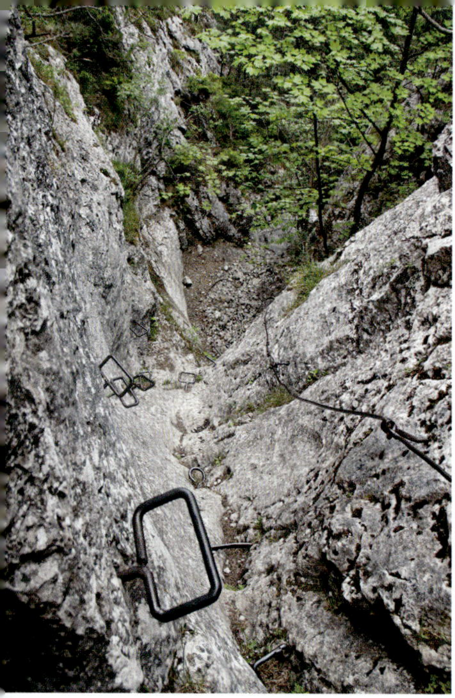

Der versicherte Durchstieg durch die Kleine Klause.

renweg mittelsteil aufwärts, über einen Forstweg hinweg, nun auf einem Pfad weiter aufwärts, dann nach rechts auf einen Forstweg. Bis zu einem Güterweg, nun links und hinauf zum **Rastkreuz ❷**. (Oder alternativ – kürzer, aber steiler – in einer Linkskurve des Forstwegs wieder auf einen Waldsteig und so hinauf zum Güterweg.)

Auf einem rot markierten Forstweg (Nr. 231), an der Scheimhütte vorbei, geradeaus weiter Richtung Scheuchenstein/Miesenbach, unterhalb des Gehöfts Rastberg kurz auf einem asphaltierten Weg. Wo dieser (nach einer Linkskurve) auf eine Wiese hinausführt, den Markierungen folgend rechts hinunter auf einen Waldweg, gleich wieder rechts, wenige Meter später dann links und hinunter nach **Grandhäusl ❸**. Weiter auf einem teils asphaltierten, teils geschotterten Fahrweg nach **Scheuchenstein ❹**.

Im Ortsgebiet bei einer Kreuzung Abstecher nach links zur Kirche (und zum Pergerwirt), dann zurück zur Kreuzung, hier einige Meter geradeaus, dann links Richtung Klamm (Wegweiser, weiter rot markiert). Über eine Wiese in den Wald hinein und durch die Schlucht hinauf zu einem Haus. Kurz auf einer Forststraße, bei einer Kreuzung geradeaus. Wenig später links auf eine Wiese (Markierung, Schranken). Über Fahr-, dann Steigspuren aufwärts. Durch einen Durchschlupf und nach rechts zum Waldrand hinauf (Markierung). Auf einem Steig, später auf einem von rechts einmündenden Karrenweg zu einem Gehöft (zwei Durchschlüpfe). Hier links auf einen Fahrweg. Bei einer Kreuzung rechts **(»Auf der Höh«)** und über eine Wiese in den Wald hinein. Über Wiesen- und Waldabschnitte weiter. Kurz vor einem Gehöft rechts, ab hier grün, gelb und rot markiert (Wegweiser Kleine Klause).

In einen Graben und durch diesen weiter aufwärts, teils auf einem Forstweg, teils auf einem Steig links davon. Wo sich der Forstweg nach rechts wendet (Umgehungsmöglichkeit), an Felswänden entlang weiter geradeaus, nun der gelben Markierung folgend, zum Einstieg des **Naturfreundesteiges**. Klammern, Leitern und Griffe erleichtern den Aufstieg durch den ca. 50 m hohen, steilen, felsigen Einschnitt der **Kleinen Klause ❺**. Nach dem Ausstieg wird der Graben flacher und etwas breiter.

Wir erreichen die Hochfläche der Hohen Wand. Bei einer Kreuzung am Rand einer Wiese zwei Möglichkeiten. Entweder geradeaus zur Kleine-Kanzel-Straße, in die wir nach links einbiegen, nun blau markiert. Etwa 500 m leicht fallend an der Straße entlang bis zu einer Kreuzung. Hier nach links (Wegweiser) und, den Markierungen folgend, Richtung Waldeggerhaus hinauf. Oder schöner, aber nicht bezeichnet auf einem teils recht schmalen Steig unterhalb der Straße. Dazu biegen wir bei der Kreuzung am Rand der Wiese nach links auf einen Waldpfad ein, halten uns wenig später bei einer Verzweigung neuerlich links (Steinmann) und folgen dem Steig, bis er in den blau markierten Weg mündet.

Vom **Waldeggerhaus** ❻ weiter auf einem Steig Richtung Große Klause, der zunächst auf einem Rücken verläuft (weiter blau markiert). Schon bald in eine teils bewaldete Flanke und durch diese abwärts. Über einen Schlag, eine Forststraße querend, dann wieder in den Wald. Kurz auf einem Forstweg, der aber bald wieder nach rechts verlassen wird (Wegweiser). Die Abzweigung Stangelsteinweg bleibt links liegen. Hinunter in den Saugraben und hier bei einer Kreuzung links Richtung Große Klause. Schon bald die erste von mehreren Leitern, die die Steilstufen der **Großen Klause** auf dem **Waldegger Steig** überwinden; dazwischen Gehgelände. Im mittleren Steigabschnitt unmittelbar rechts von einer großen Leiter der Eingang der **Waldegger Tropfsteinhöhle**.

Schließlich zu den untersten Häusern von Dürnbach, hier rechts in die nach Waldegg hinunterführende Straße. An einem Steinbruch, am Schwimmbad und an einem Friedhof vorbei. Kurz darauf bei einer Straßenkreuzung links hinunter zum Bahnhof **Waldegg-Dürnbach** ❼.

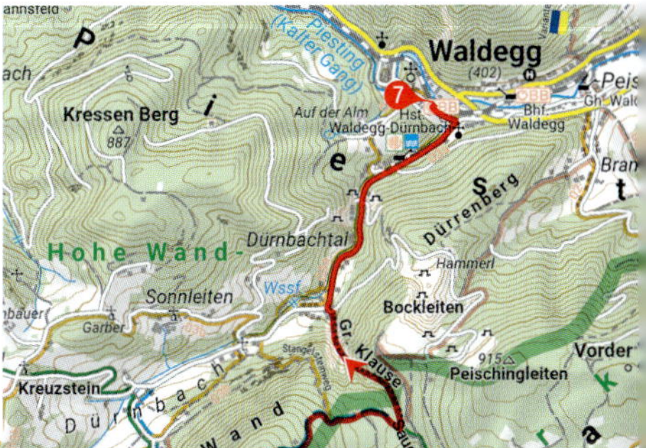
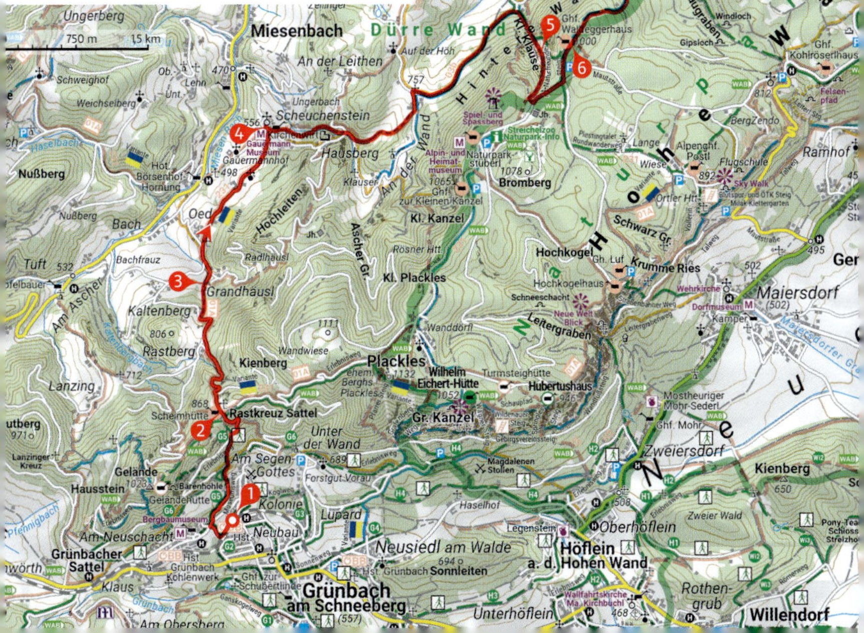

14 Springlessteig und Wagnersteig

Auf der Südseite der Hohen Wand

TOP | 4.00 Std. | 7,8 km | ↗ 630 m | ↘ 530 m

Zwei leichte gesicherte Steige, zwei (oder mehr) gastliche Hütten

Durch die Süd- und Südostseite der Hohen Wand ziehen etliche Anstiege aller Schwierigkeitsgrade. Auch einige versicherte Steige finden sich hier. Zwei dieser Anstiege, den Springles- und den Wagnersteig, verbindet die hier vorgeschlagene Tour zu einer abwechslungsreichen Runde. Beide Steige weisen nur moderate Schwierigkeiten auf und eignen sich daher sehr gut für Wanderer, die in die Welt der versicherten Bergpfade einsteigen möchten. Mehrere Berghütten und Gasthöfe laden auf dieser Tour zur Einkehr ein. Der Abschnitt zwischen Hubertushaus und Wilhelm-Eichert-Hütte ist besonders aussichtsreich, wir wandern hier am Rand der Hochfläche entlang. Von der Großen Kanzel (Wildenauer-Gedenkkreuz) haben wir einen instruktiven Blick in die alpine Nordostseite des Schneeberg-Massivs. Ein weiteres Plus dieses Tourengebietes ist seine gute Erreichbarkeit mit der Puchberger Bahn. Unter der Woche können wir den Aufstieg abkürzen, indem wir – um die Mittagszeit – mit dem Bus nach Zweiersdorf anreisen. Aber auch der Start bei der Bahnhaltestelle Unterhöflein ist sehr reizvoll. Über Wiesen und Felder, vorbei an der malerisch gelegenen Wallfahrtskirche Maria Kirchbühel, die Felswände der Hohen Wand dabei ständig im Blickfeld, nähern wir uns auf dieser Route mit wachsender Vorfreude dem Bergerlebnis ...

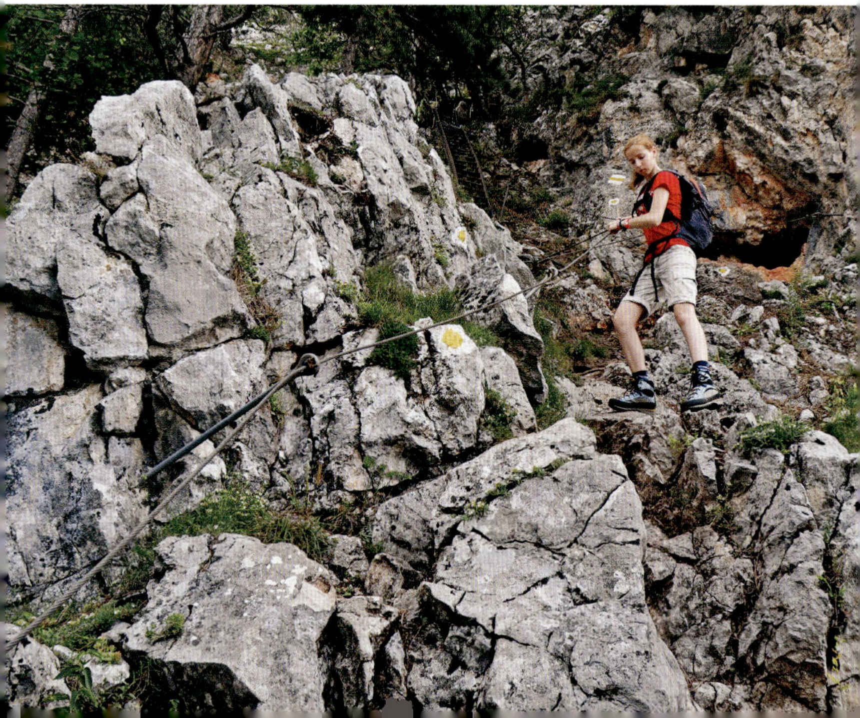

Ausgangspunkt: Bhf. Unterhöflein, 455 m.
Anfahrt: Auf der Südbahnstrecke nach Wiener Neustadt, weiter mit der Puchberger Bahn. Ganztags Stundentakt, Sa/So/Fei vormittags ein Direktzug. Dauer: 1.00–1.30 Std.
Endpunkt: Bhf. Grünbach/Schneeberg, 559 m.
Rückfahrt: Wie Tour 12.
Anforderungen: Kürzere Tour auf guten Wegen. Zwei gesicherte Steige der Schwierigkeitsstufe A. Trittsicherheit und Schwindelfreiheit.
Einkehr/Übernachtung: **Hubertushaus**, Mai/Juni/Sept. durchgehend geöffnet, Juli/Aug./Okt.–Dez./Feb.–April Di–So und Fei, Tel. +43/660/651 11 35, alpenverein.at/hubertushaus; 25 B/L. – **Wilhelm-Eichert-Hütte**, Mo Ruhetag. Tel. +43/2637/2258 und +43/680/238 20 10, hohewand-eicherthuette.at; 20 B, 32 L. – **Seiser Toni**, Mi 16–21 Uhr, Do 14–22 Uhr, Fr 12–22 Uhr, Sa/So/Fei 10–22 Uhr, Tel. +43/676/701 55 77, Apartments.
Varianten: Diese Tour ist ebenso gut in die **Gegenrichtung** machbar. – Auf der Hochfläche wahlweise Abstecher zur **Turmsteighütte**. – Aufstieg von **Zweiersdorf** (Bus 354): Von der Haltestelle auf der Hauptstraße 150 m Richtung Höflein zurück, dann nach rechts in die Hubertusgasse, bis in den Wald, hier links Richtung Hubertushaus/Seiser Toni, wenig später nach rechts auf den rot markierten Weg Richtung Springlessteig/Hubertushaus.

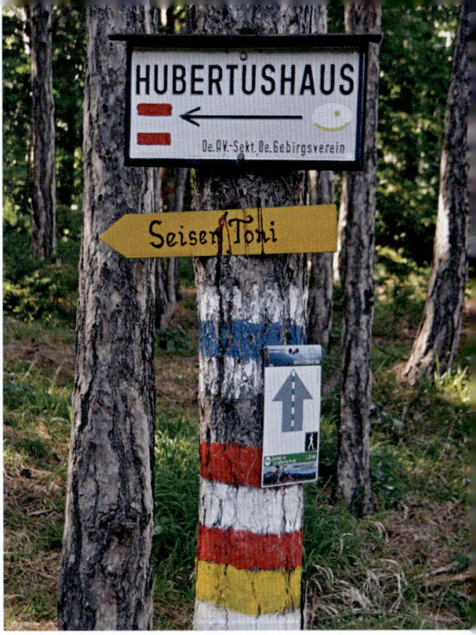

Farbenfrohe Wegweiser im Aufstieg zur Hohen Wand.

Vom Bahnhof **Unterhöflein** ❶ Richtung Ort. Nach einer Brücke (Info-Tafeln) entweder geradeaus (Wegweiser) und dann zwei Mal rechts oder besser sogleich nach rechts und auf Steigspuren über eine Wiese zu einem Wirtschaftsgebäude (rote Markierung) hinunter. Nun nach rechts auf einen asphaltierten Fahrweg (»Komühle«). Nach 200 m auf einem Steg mit hellgrünem Geländer nach links (Wegweiser »Weg Wi2 zur Wallfahrtskirche«, weiter rot markiert), nun auf einem Pfad am Frauenbach entlang.
Über die Puchberger Straße, weiter geradeaus am Bach entlang. Schließlich nach rechts und zum Wasserwerk Oberhöflein. Auf der Neue-Welt-Straße in den Ort Oberhöflein hinein. Bei einer **Straßenkreuzung** ❷ leicht nach rechts in die Bergstraße (Wegweiser), nun spürbar an Höhe gewinnend aufwärts. Kurz vor dem Ortsende rechts in den Kornweg

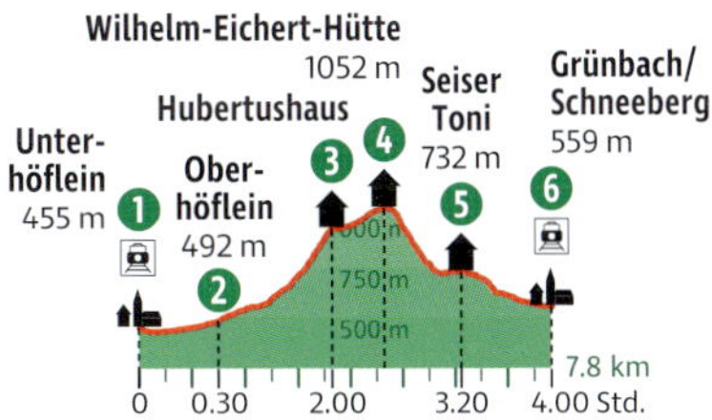

Abstieg über den Wagnersteig.

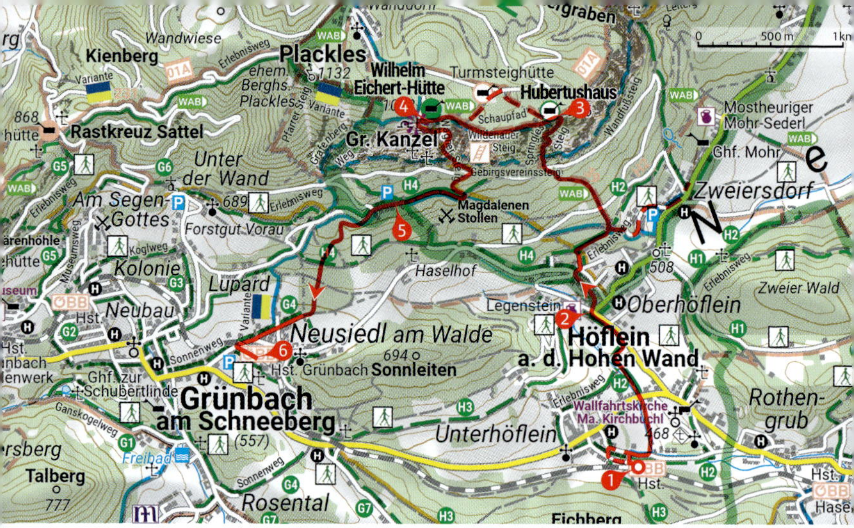

(Wegweiser), gleich aber wieder links in den Hochfallweg, an dessen Ende zum Waldrand, dort bei einer Kreuzung rechts (Wegweiser). Auf einem Forstweg (nach wie vor rot markiert) durch Schwarzföhrenwald. Mehrere Wegkreuzungen (Markierungen). Bald deutlicher steigend, auf einem Waldweg, über eine Forststraße und wenig später zum blau markierten Wandfußsteig. Hier beginnt der **Springlessteig** (rot). Schräg aufwärts auf einen felsigen Rücken, der den weiteren Aufstieg vermittelt (Bank). Eine Felskanzel rechts des Steiges bietet einen ersten schönen Aussichtspunkt, weitere folgen. Drahtseile und Leitern erleichtern den Aufstieg durch zunehmend alpines Gelände (Gedenktafeln). Schließlich unter den mächtigen Wandfluchten des Niederen Hochfalls weiter bergan und über eine felsige Rampe auf die Hochfläche, direkt beim **Hubertushaus** ❸.

Nun auf rot und gelb markiertem Weg nahe der Südabbrüche der Hohen Wand am (nicht bewirtschafteten) Ferdinand-Nagl-Haus und an einer Bergrettungshütte vorbei zur **Wilhelm-Eichert-Hütte** ❹ und zur nahen Großen Kanzel (Kreuz). Viele schöne Aussichtsplätze am Rand der Hochfläche.

Abstieg über den gelb markierten **Wagnersteig**, der östlich der Großen Kanzel bei einer knorrigen Föhre am Rand der Hochfläche (Wegweiser am Baum) beginnt. Über etliche Leitern und seilversicherte Passagen – unter Ausnutzung der Schwachstellen des Geländes – auf Bändern, in Rinnen und auf felsigen Rücken über eine fast 100 m hohe schrofige Steilstufe abwärts; einige kurze Stellen etwas ausgesetzt. Auf 950 m Höhe wieder etwas flacher. Nun durch stärker bewaldetes Gelände im Zickzack weiter abwärts, kurz dem Wandfußsteig nach rechts folgend, dann links (gelbe Markierung). Bald darauf kreuzen wir einen Forstweg. Über kleinere Lichtungen zu einem zweiten Forstweg hinunter, hier rechts (Wegweiser »Seiser Toni«, nun blau markiert) und schon bald zum **Seiser Toni** ❺.

Nun entweder über den Fahrweg weiter Richtung Grünbach (blau markiert) oder – schöner – bereits in der ersten Rechtskurve des Fahrwegs auf einen halb links abzweigenden Waldpfad (roter Markierungspunkt) und bis zu einem schwach ausgeprägten Graben. Hier links auf einen Steig, zu einem Karrenweg, dem wir talwärts folgen (Quelle). Von rechts mündet ein Ziehweg ein. Wenig später bei einer Verzweigung rechts. An einem überdachten Lagerplatz vorbei, bei einer Wegkreuzung geradeaus und weiter durch Föhrenwald talwärts (Wildfütterung), bis zur Waldgrenze oberhalb von Grünbach. Hier rechts auf einen Forstweg und an dessen Ende geradeaus weiter auf der Sesselbahnstraße zur Neusiedler Straße. Über die Trasse der Puchberger Bahn und links in die Bahnstraße zum Bahnhof **Grünbach/Schneeberg ❻**.

Blick von der Hohen Wand zum Schneeberg.

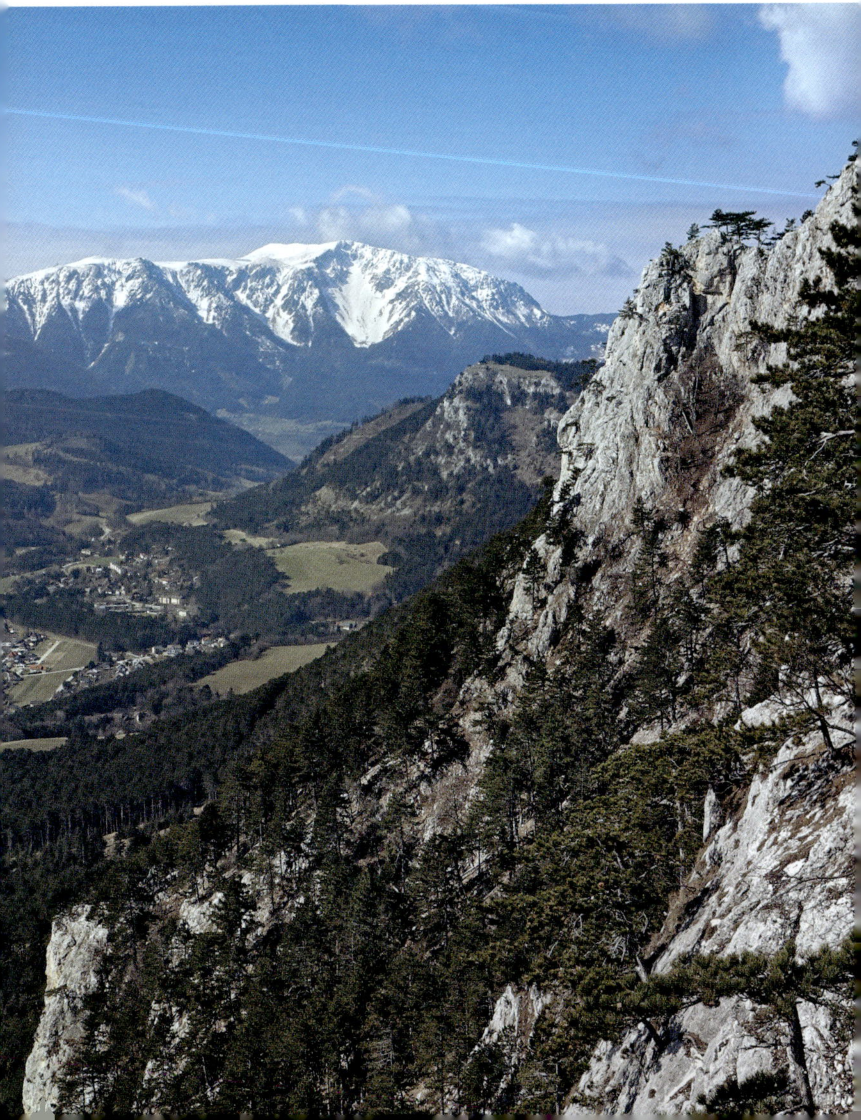

15 Hanselsteig / Hohe Wand

Von Stollhof nach Ober-Piesting

4.00 Std. | 9,7 km | ↗ 560 m | ↘ 670 m

Am östlichen Rand der Hohen Wand

Der Hanselsteig ist einer der attraktivsten Anstiege auf die Hohe Wand. Der 1911 fertiggestellte Steig ist nach dessen Erbauer, dem Spenglermeister Johann Hansel, benannt. Im ersten Teil unserer Wanderung sehen wir bereits von Weitem das Karnitschstüberl. Diese große dreieckige Halbhöhle im senkrechten Fels lädt im Aufstieg zu einer Rast ein, mit schöner Aussicht über die Neue Welt und die Fischauer Berge bis zum Neusiedlersee, weiter im Süden zur Rosalia, zur Buckligen Welt und ins Wechselgebiet. Die Schlüsselstelle des Steiges wartet etwas weiter oben auf uns: der »Hanselkamin«, dessen oberer Teil auf einer steilen, nach rechts hängenden Leiter bewältigt wird. Danach wird es deutlich leichter. Nach ein paar kurzweiligen, teils versicherten Kletterpassagen ohne größere Schwierigkeiten erreichen wir das Plateau der Hohen Wand. Vom traditionsreichen Herrgottschnitzerhaus genießen wir noch einmal das eindrucksvolle Panorama, bevor wir über den Zischkasteig, später an der Einhornhöhle vorbei und schließlich über den Schindergraben ins Piestingtal absteigen. Die Burgruine Starhemberg lässt sich ohne großen zusätzlichen Zeitaufwand »mitnehmen«, wegen Baufälligkeit allerdings nur eingeschränkt aus der Nähe erkunden. Dennoch lohnt die im 12. Jh. erbaute Anlage, die ab dem Jahr 1800 dem Verfall preisgegeben worden war, den kleinen Umweg. Dankenswerterweise bemüht sich ein Verein seit ein paar Jahren verstärkt um die Sanierung und Erhaltung der Burgruine, auch mit dem Ziel einer schrittweisen Öffnung.

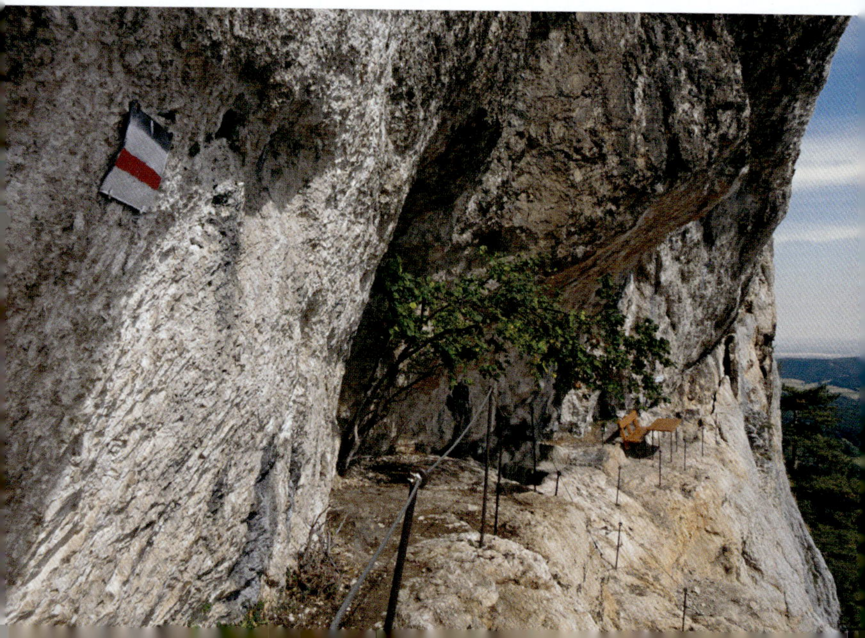

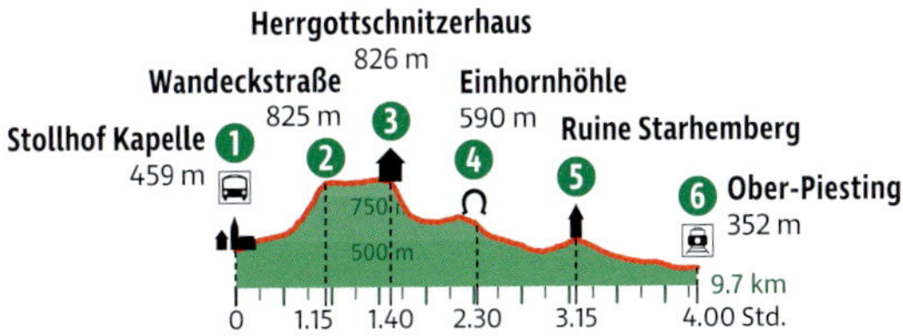

Ausgangspunkt: Bushaltestelle Stollhof Kapelle, 459 m.
Anfahrt: Auf der Südbahnstrecke nach Wiener Neustadt, weiter entweder mit der Puchberger Bahn nach Winzendorf oder mit der Piestingtalbahn nach Markt Piesting, dann jeweils mit Bus 336. In der Früh bzw. am Vormittag eine Verbindung pro Stunde. Dauer: 1.20–1.35 Std.
Endpunkt: Bhf. Ober-Piesting, 352 m.
Rückfahrt: Mit der Piestingtalbahn nach Wiener Neustadt, weiter auf der Südbahnstrecke. Verbindungen bis am Abend, Stundentakt, Mo–Fr nachmittags zwei Fahrten pro Stunde, Sa/So/Fei nachmittags ein Direktzug. Dauer: 1.00–1.15 Std.
Anforderungen: Nicht sonderlich lange Tour auf guten Wegen. Hanselsteig im oberen Teil Klettersteig, Schwierigkeit A/B. Mit Seilgeländern und Klammern gesichert, zwei Leitern im Hanselkamin (Schlüsselstelle), künstliche Stufen im Fels. Steinschlaghelm. Klettersteigset für weniger Geübte. Zischkasteig: kurze Kletterstellen I- im Abstieg, nicht versichert.
Einkehr/Übernachtung: **Kohlröserlhaus** (unweit der Route an der Wandeckstraße), Mo/Di Ruhetag, Tel. +43/2638/882 25, hohewand.at; 8 B. – **Herrgottschnitzerhaus**, Do–Sa, Tel. +43/699/1709 6562, herrgottschnitzerhaus.at; 24 L (Nächtigung Do–Sa). – **Zitherwirt Dreistetten**, Mi/Do und Fr bis 18 Uhr Ruhetag, Tel. +43/664/234 34 67, zitherwirt.at; keine Nächtigung.
Varianten: Der Besuch der Burgruine kann ausgelassen werden. – **Rückfahrt** auch von der Haltestelle **Dreistetten Ruine Starhemberg** (nahe Zitherwirt, Bus 336) möglich.
Tipps: Die Einhornhöhle ist von Ostermontag bis Ende Sept. an So/Fei bei Schönwetter von 9 bis 17 Uhr geöffnet, Infos unter Tel. +43/664/234 34 67. – Abstieg von der Hohen Wand: Nicht so aussichtsreich, insgesamt aber weniger steil als der Zischkasteig ist der Drobilsteig (A, blau), noch bequemer der rot markierte Wanderweg Nr. 231 oder der Eselweg. – Bei einem Abstieg über den Zischkasteig bietet sich alternativ auch die Haltestelle Dreistetten Ortsmitte (Bus 336) als Endpunkt der Tour an: Wo der Zischkasteig auf den Forstweg trifft, nach links und gleich wieder rechts, nun auf einem Karrenweg, bald auf einem Forstweg, zuletzt auf einer Nebenstraße ins Zentrum von Dreistetten.

Start bei der Bushaltestelle **Stollhof Kapelle** ❶. Auf dem Kapellenweg, einem Wegweiser und roten Markierungen folgend, zu einer Kreuzung. Hier links in die Festplatzstraße und an der Reyerkapelle vorbei zum Sport- und Festplatz hinauf. Unmittelbar danach bei einer Wegkreuzung rechts haltend auf einen grün und rot markierten Forstweg (alter Wegweiser »Dreist.« für Dreistetten), der in den Wald hineinführt. An der **Hubertuskapelle** vorbei, einen asphaltierten Fahrweg überschreitend, zu einer Lichtung, an deren Ende links (Markierungspfeil, Zustieg zum Hanselsteig durch ein »H.« kenntlich gemacht).

Karnitschstüberl.

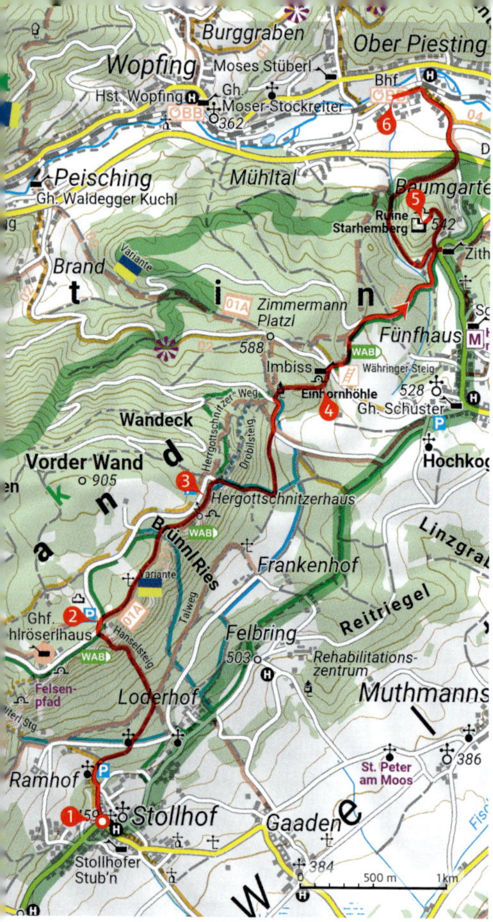

Nun auf rot bezeichnetem Steig durch lichten Föhrenhochwald aufwärts, nach einer kleinen Lichtung zunehmend steiler im Zickzack durch Mischwald weiter hinauf. Unter einer ersten Felswand entlang zu einer seilversicherten felsigen Rampe, die den Aufstieg zum Karnitschstüberl vermittelt. Weiter auf einem versicherten Band (kurzer Steg über eine Unterbrechungsstelle), dann rechts hinauf in einen Kamin und über Trittbügel, weiter über zwei Leitern aufwärts. Die zweite Leiter ist steil und hängt nach rechts, der Kamin wird hier recht eng (Schlüsselstelle). Über einige Eisengriffe und -tritte wieder in deutlich leichteres Gelände. Einen gut gestuften felsigen Rücken aufwärts (einzelne Versicherungen). Nach einem letzten Aufschwung (Holzsteg) flacher – am Josefs-Bankerl vorbei – zur **Wandeckstraße ❷**. Hier nach rechts, kurz auf der Straße, dann leicht rechts haltend auf einen ebenfalls rot markierten Waldlehrpfad. Schließlich kurz die Wandeckstraße entlang, dann nach rechts (Markierung) zum **Herrgottschnitzerhaus ❸**, das direkt am Rand der Hochfläche steht.

Nun auf dem grün markierten **Zischkasteig** am Rand einer steilen Wiese über einige leichte, kurze Kletterstellen abwärts. Sodann durch eine bewaldete Flanke weiter hinunter zu einem Forstweg. Hier links. Kurz darauf wendet sich der Zischkasteig nach rechts, wir aber wandern geradeaus weiter. Wenige Meter danach bei einer Verzweigung neuerlich geradeaus, nun spärlich rot markiert. Unser Weg mündet in eine Forststraße, der wir – vorübergehend etwas ansteigend – folgen. Nach einer markanten Linkskurve bei einer Wegkreuzung (Bildstock) scharf nach rechts und nun entlang der blauen Markierung zur **Einhornhöhle ❹** – alte Eisenleitern und Holzstege, unschwierig – und weiter zu den Wiesen westlich von Dreistetten hinab.

Hier halten wir uns links, kurz einen Forstweg berührend, dann rechts auf einen Steig (Wegweiser »Markt Piesting/Bahnhaltestelle«, rote und blaue Markierung). Am Wiesenrand entlang, dann in den Wald hinein. Bei einer Kreuzung rechts (Wegweiser), bei der folgenden Verzweigung halb links, über eine Brücke, und,

zuletzt wieder leicht steigend, zum Zitherwirt an der Landesstraße (Bushaltestelle).
Hier links, über den Parkplatz und nun auf einem Forstweg in einem Bogen hinauf zur **Burgruine Starhemberg ❺**. Diese ist wegen Baufälligkeit gesperrt, ihre Außenmauern lassen sich aber – bei entsprechender Vorsicht – auf schmalen Pfaden umrunden. Danach auf dem Anstiegsweg wieder zum Zitherwirt zurück. Bei der Parkplatzeinfahrt rechts auf einen unmarkierten Feldweg, der bald in den Wald eintaucht, in einen Steig übergeht und in den wildromantischen Schindergraben hinunterführt. Im Grabengrund rechts und auf dem stellenweise rot markierten Weg talauswärts. Beim restaurierten Kalkofen über den Bach, dann bei einer Verzweigung geradeaus, wenig später rechts und auf einem Steg wieder auf die rechte Bachseite. Am Waldrand entlang leicht an-, dann absteigend zur Piestingtaler Bundesstraße, die wir queren. Auf einem Asphaltsträßlein (Starhemberggasse) nach Ober-Piesting. Vor der Bahntrasse links in die Bahnstraße und zum nahen Bahnhof **Ober-Piesting ❻**.

Burgruine Starhemberg.

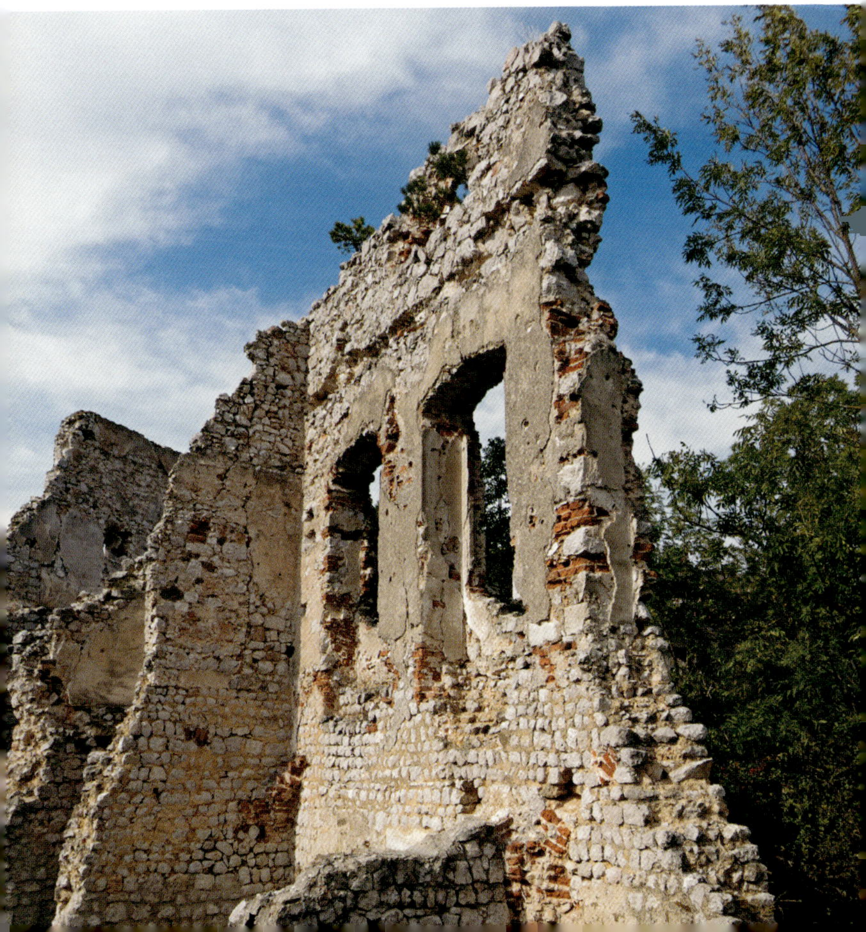

16 Öhler, 1183 m, und Schober, 1213 m

Mamauwiese und Gipfel-Doppelpack

5.45 Std. | 14,7 km | ↗720 m | ↘920 m

Abwechslungsreiche Wanderung nördlich des Schneebergmassivs

Die Runde über Öhler und Schober ist eine Wanderung für Genießer und Naturliebhaber. Herrliche Bergwiesen, die anregende Überschreitung zweier Mittelgebirgsgipfel, drei gastliche Hütten und Wirtshäuser, als Schlusspunkt ein sehenswerter Wasserfall, dazu immer wieder prächtige Blicke zum Schneeberg, aber auch in die Voralpen – all dies und mehr hat die hier vorgestellte Tour im Bereich der westlichen Dürren Wand zu bieten. Von Losenheim steigen wir Richtung Schoberalm auf. Vor uns zeigt sich bereits der ebenmäßige Gipfel des Schober, wir aber wandern zunächst auf dem Imitzer-Weg durch seine Südosthänge und dann durch die Südflanke des Öhler – hier unterhalb von sehenswerten Felsabstürzen – bis zum Öhlerschutzhaus. Nun überschreiten wir den Öhler-Schober-Kamm. Felstürmchen und -rippen sowie bis zu 10 Meter hohe Felswände verleihen diesem Teil unserer Tour eine fast schon alpine Note. Mit dem Schober-Gipfel erreichen wir den höchsten Punkt des Tages. Der Hans-Linhart-Steig vermittelt den steilen, landschaftlich aber besonders reizvollen Abstieg zur Schoberkapelle. Jetzt wandern wir erneut über die Wiesen der Schoberalm und weiter zur sagenumrankten Mamauwiese. Im Abstieg nach Sonnleiten kommen wir am wildromantischen Sebastian-Wasserfall vorbei, bevor unsere Tour wenig später in Sonnleiten endet.

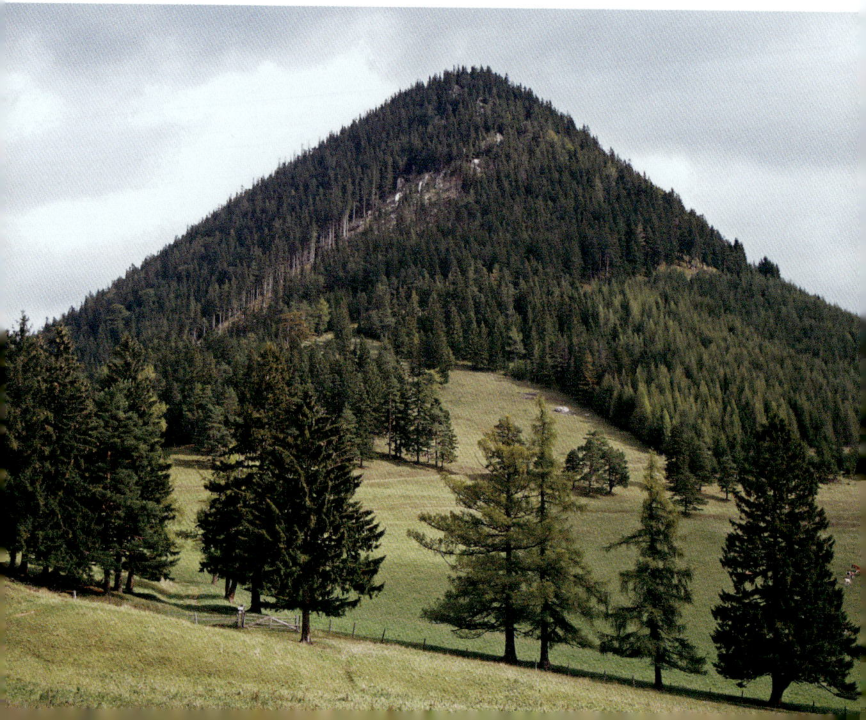

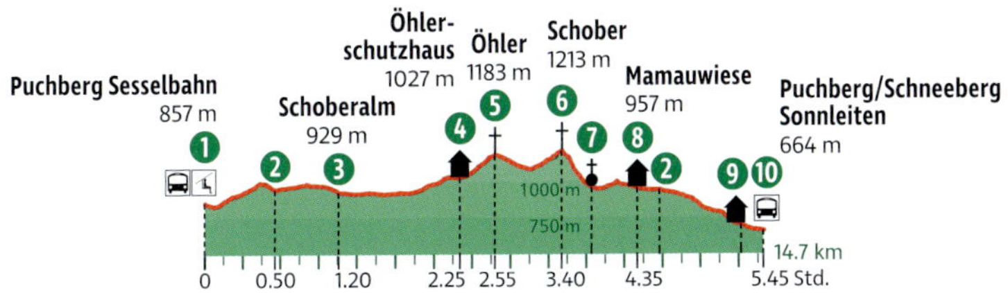

Ausgangspunkt: Bushaltestelle Puchberg Sesselbahn (in Losenheim), 857 m. **Anfahrt:** Auf der Südbahnstrecke nach Wiener Neustadt, von dort mit der Puchberger Bahn bis zur Endstation, weiter mit Bus 350. In der Früh bzw. am Vormittag Zweistundentakt; Sa/So/Fei vormittags ein Direktzug nach Puchberg. Dauer: 1.35–2.00 Std.
Endpunkt: Bushaltestelle Puchberg/Schneeberg Sonnleiten, 664 m.
Rückfahrt: Bus 350 nach Puchberg, von dort mit der Puchberger Bahn nach Wiener Neustadt, weiter auf der Südbahnstrecke. Verbindungen bis am frühen Abend, am mittleren Nachmittag stündlich, davor und danach Zweistundentakt. Dauer: 1.35–2.00 Std.
Anforderungen: Mittellange Tagestour auf zumeist guten Wegen. Am Öhler-Schober-Kamm erfordern kurze felsige Wegabschnitte ein Mindestmaß an Trittsicherheit. Steiler Abstieg vom Schober zur Schoberkapelle.
Einkehr/Übernachtung: **Öhlerschutzhaus**, Do–So geöffnet (außer bei extremer Schneelage), Tel. +43/2636/3225, +43/650/496 49 45, oehlerschutzhaus.naturfreunde.at; 42 L. – **Berggasthof Mamauwiese**, derzeit geschlossen (außer für Pilgergruppen auf Anfrage), mamauwiese.at; 38 L. – **Wasserfallhütte** (vormals Wasserfallwirt), Sa/So/Fei ab 10 Uhr (bei Schlechtwetter ggf. geschlossen), Tel. +43/720/99 11 88, +43/664/336 99 87, puchberg.at/infrastruktur/wasserfallwirt, keine Nächtigung.
Varianten: Tour auch in **Gegenrichtung** möglich (200 Hm mehr im Anstieg). – Wer ausschließlich auf markierten Wegen wandern möchte, wählt bereits im ersten Teil der Tour **Weg 231** über die Mamauwiese zur Schoberalm. – Sehr lohnend ist eine **Kombination mit Tour 11** (siehe dort), jedoch nur für sehr gute Geher als Tagestour zu empfehlen.
Hinweis: Von der Schoberkapelle ist auch ein Abstieg nach Norden zur Haltestelle Klostertal Wegscheid (Bus 339) möglich, entweder auf einer Forststraße in der westlichen Flanke des Schwarzgrabens oder via Gobenzsattel. Der direkte Waldpfad nach Wegscheid hinunter wird hingegen nicht mehr instandgehalten.

Von der Bushaltestelle **Puchberg Sesselbahn** ❶ etwa 150 m auf der Losenheimer Straße zurück Richtung Puchberg. Dann links Richtung Mamauwiese (Wegweiser, ab hier rot markiert). Am Gschaiderhof vorbei, auf einem Steg über den Losenheimer Bach, links zu einem Forstweg hinauf und nun im Wald über Kehren aufwärts. Gleich nach der dritten Kehre nach rechts auf einen Steig (Markierung), bald wieder nach links auf einen weiteren Forstweg, der nach einer neuerlichen Kehre in eine Forststraße mündet. Auf dieser nun bis zur Scharbrunstwiese. In einer Linkskehre rechts haltend auf einen Fußweg (Wegweiser), zu einem Forstweg hinauf und nach rechts. Bei einer Wegkreuzung neuerlich rechts (Wegweiser). Nun auf einem Forstweg, bei einer Gabelung links auf ei-

Weitläufige Schoberalm, ebenmäßiger Schober.

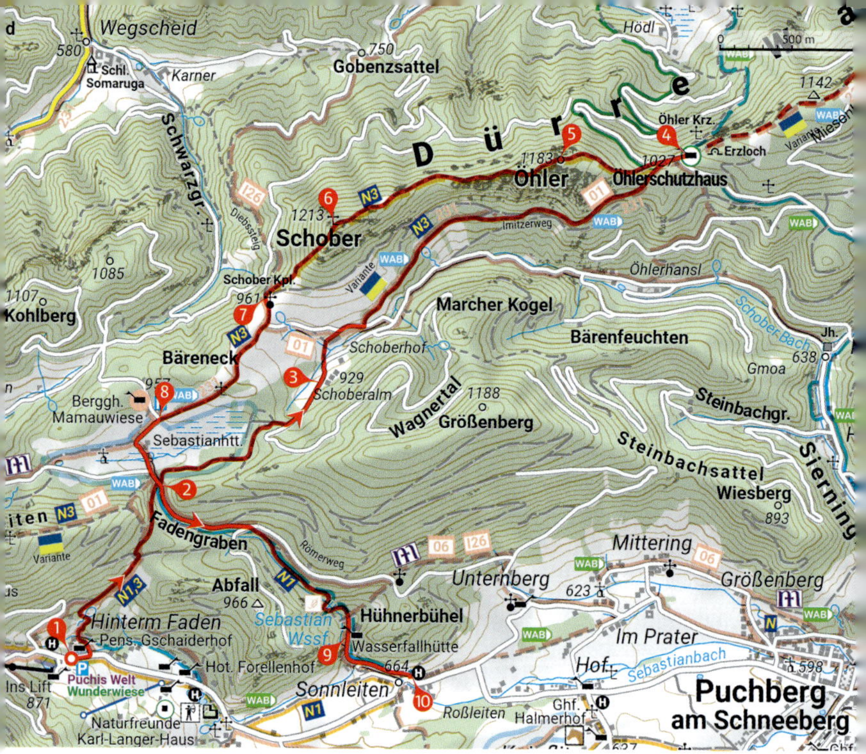

nen Karrenweg und bald auf einem Steig, etwas fallend, in den obersten **Fadengraben**.

Hier bei einer **Wegkreuzung** ❷ auf die andere Seite des Sebastianbachs (Steg oder Furt) und nun nach links auf einen unmarkierten Forstweg. An einem roten Schranken vorbei. Bei zwei Gabelungen jeweils links. Bei einem Umkehrplatz nach rechts hinauf auf einen alten grasbewachsenen Ziehweg und auf diesem zuerst spürbar, dann nur mehr leicht steigend auf den Rücken hinauf, der die Mamauwiese von der Schoberalm trennt. Dort weiter auf einer Forststraße und in einigen Gehminuten zu den Wiesen der **Schoberalm** ❸.

Am mehrstöckigen Schoberalmhaus und seinen Nebengebäuden vorbei, bei einer Verzweigung links haltend. Über zwei Bäche (Gatter) zum Schoberhof und seinen Stallungen. Weiter geradeaus über einen Zaun zu einer solitären Fichte. Nun 100 m auf dem rot markierten (Fahr-)Weg 231 (Schoberweg), dann den Markierungen folgend vor einem Brunnen halb links (Wegweiser Öhlerschutzhaus). Zuerst auf einem Fußweg, dann wieder auf einem Forstweg in die Südostflanke des Schober. Fast eben zunächst über die Wiesen der Schoberalm und schließlich in den Wald hinein. Nach gut 200 m neuerlich eine Wiese, die an ihrem oberen Rand gequert wird. Wieder in den Wald, hier halb rechts auf einen Steig, auf diesem durch die Öhler-Südflanke (Wegweiser, Markierung). Zuerst eben durch Hochwald, dann aufwärts, einen Forstweg kreuzend. Durch Wald, unterbrochen von Lichtungen und Schlägen, moderat steigend, zu einer Forststraße. Auf dieser, nun eben, auf den Öhler-

Ostrücken. Von links mündet die vom Öhler herunterziehende, gelb markierte Wanderroute ein. Hier halb rechts und leicht fallend zum nahen **Öhlerschutzhaus 4**.

Nun überschreiten wir Öhler und Schober. Zu der Kreuzung oberhalb des Öhlerschutzhauses zurück und hier geradeaus weiter Richtung Öhler. Durch Buchenhochwald, dann Mischwald den Ostrücken des Öhler hinauf. Eine Abzweigung nach Gutenstein bleibt rechts liegen. Bei zwei Verzweigungen – den Markierungen folgend – jeweils rechts. Auf etwa 1120 m endet der Forstweg. Nun auf einem Steig – kurz auch etwas steiler – am Rande eines Schlags, dann durch Wald weiter aufwärts und bald zum höchsten Punkt des **Öhler 5**. Der Bergrücken fällt hier nach Norden stellenweise steil ab; schöner Ausblick in die Gutensteiner und in die östlichen Türnitzer Alpen.

Weiter zu einer Wiese mit Bank. Unser Steig wendet sich nach rechts, dann wieder nach links und erreicht eine Einsattelung. Nach einem ganz kurzen Anstieg zieht unser Weg in die Nordflanke des Höhenzuges, um so einen felsigen Kammabschnitt zu umgehen. Unter Felswänden entlang (rechts Wildzaun). Zwischendurch berühren wir kurz den Grat, dann neuerlich in die Nordseite und unterhalb von Felswänden weiter. Schließlich über einen kurzen, steilen Anstieg wieder auf den Öhler-Schober-Kamm.

Immer am Rücken bleibend durch abwechslungsreichen Wald, zwischendurch auch über Lichtungen Richtung Schober. Nach einem kurzen Aufstieg öffnet sich der Blick wieder nach Norden. Schließlich über eine Lichtung zu einem letzten Aufschwung und auf den bewaldeten Gipfel des **Schober 6**, Kreuz.

Tiefblick vom Schneeberg zu Mamauwiese, Schoberalm, Schober und Öhler.

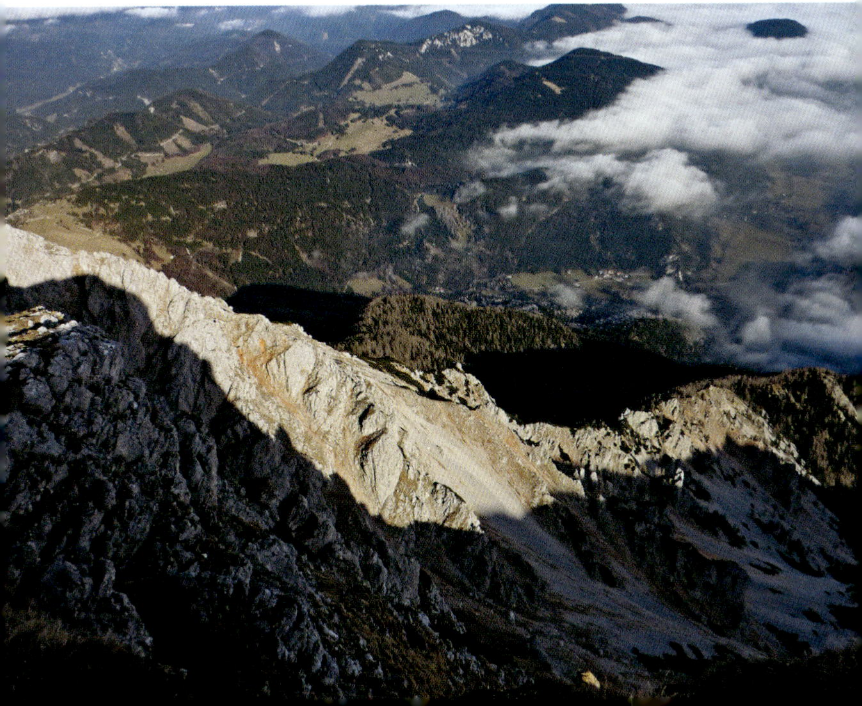

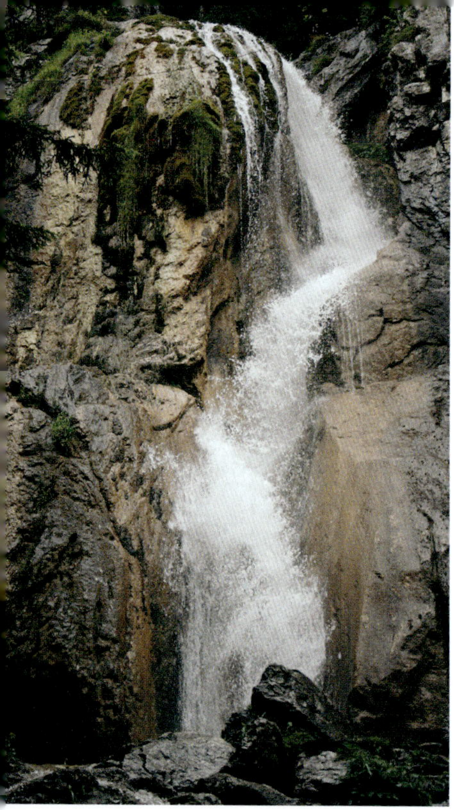

Sebastian-Wasserfall.

Abstieg zur 250 Hm tiefer liegenden Schoberkapelle auf dem **Hans-Linhart-Steig** (weiterhin gelb), der am Südwestrücken des Schober steil abwärts zieht und kurzzeitig auch in die Nordwestflanke ausweicht. Im oberen Teil an Felstürmchen und Felswänden vorbei. Dann kurz über eine größere Freifläche, ein Forstweg bleibt links liegen, bald wieder in den Wald und zu den Wiesen der Schoberalm hinunter. Am Rand dieser Wiesen, dann nochmals kurzzeitig durch Wald, schließlich wieder am Waldrand entlang, zuletzt über einen Überstieg, zur **Schoberkapelle** ❼ hinab.

Nun auf Güterwegen über die Schoberwiese (Wegweiser Richtung Mamauwiese). Die Markierungsfarbe wechselt hier wieder auf rot. Bei einer Kreuzung ein wenig nach rechts (Gatter), nun wieder auf Weg 231 moderat steigend auf den Rücken zwischen Schoberalm und Mamauwiese hinauf. Danach leicht fallend (Überstieg) zur **Mamauwiese** ❽ hinunter. Rechter Hand unweit unserer Route der (geschlossene) Berggasthof Mamauwiese.

Etwa 250 m danach bei einer Wegkreuzung links auf den Römerweg (Güterweg) Richtung Puchberg (rot markiert). An einer Jagdhütte vorbei. Bei einer Abzweigung auf die Dürre Leiten, die rechts liegen bleibt, betreten wir das Waldgebiet des obersten Fadengrabens. Wir erreichen die **Wegkreuzung** ❷, die wir bereits im Aufstieg passiert haben, und überqueren neuerlich den Sebastianbach. Nun – weiter der roten Markierung folgend – auf dem Römerweg talwärts, bis zum Sebastianmarterl, hier scharf rechts auf einen Forstweg (Wegweiser Richtung Wasserfall, ab hier blau markiert), aber bereits 15 m danach wieder links auf einen Waldweg in den Fadengraben (Wegweiser »Wasserfall«).

Im Grabengrund auf einem Forstweg weiter talauswärts, schließlich wieder auf einen Pfad und nach rechts über den Sebastianbach (Steg). Auf teils felsigem Untergrund kurz aufwärts. Nun durch Buschwerk, bald aber wieder in den Fichtenwald. In einem Linksbogen hinab zum Sebastian-Wasserfall. Beim Wasserfall nach rechts. Über den Sebastianbach und nun auf einem breiteren Weg zur **Wasserfallhütte** ❾, zu der auch die unmittelbar daneben stehende Sebastianhütte gehört. Ab hier auf dem asphaltierten Wasserfallweg (rot und blau markiert) in etwa 10 Min. nach **Puchberg Sonnleiten** ❿ zur örtlichen Bushaltestelle.

Türnitzer Höger, 1372 m

Von Hohenberg nach Türnitz

6.30 Std. | 15,2 km | ↗1020 m | ↘1040 m

Überschreitung eines markanten Berges der Türnitzer Alpen

Der Türnitzer Höger erhebt sich südlich von Freiland. Die Anstiege aus dem Tal sind zwar technisch unschwierig, erfordern allerdings etwas Ausdauer, müssen doch mehr als 900 Höhenmeter bewältigt werden. Nur wenige Meter vom Gipfel entfernt befindet sich die Türnitzer Hütte, eine der ältesten Alpenvereinshütten in den Voralpen. Sie wird während der Wandersaison an Wochenenden und Feiertagen von Mitgliedern der Ortsgruppe St. Pölten der AV-Sektion Österreichischer Gebirgsverein ehrenamtlich und mit viel Herz und Engagement bewirtschaftet. Die Aussicht vom Gipfel bzw. von der Gipfelwiese ist bemerkenswert. Neben zahlreichen Voralpengipfeln zeigen sich Schneeberg, Rax, Schneealpe, Ötscher, ja sogar einige Erhebungen des Toten Gebirges, der Gesäuseberge und des Hochschwab. Aber auch die Flora des Höger ist beachtenswert: Schöne Mischwälder und eine große Vielfalt an Alpenblumen erfreuen die Wanderer. Besonders lohnend ist es, den Türnitzer Höger nicht nur zu besteigen, sondern auch zu überschreiten. Hohenberg bietet sich dafür als Startort an: Unmittelbar bei der Kirche beginnt ein schöner Waldpfad und schon nach wenigen Minuten befinden wir uns mitten in der weitgehend unberührten Natur. Der Abstieg nach Türnitz ist landschaftlich ebenfalls sehr reizvoll und folgt in seinem oberen und mittleren Teil dem Höger-Westkamm, der sich beim Geyerstein nach Norden wendet.

Abenddämmerung in den Türnitzer Alpen.

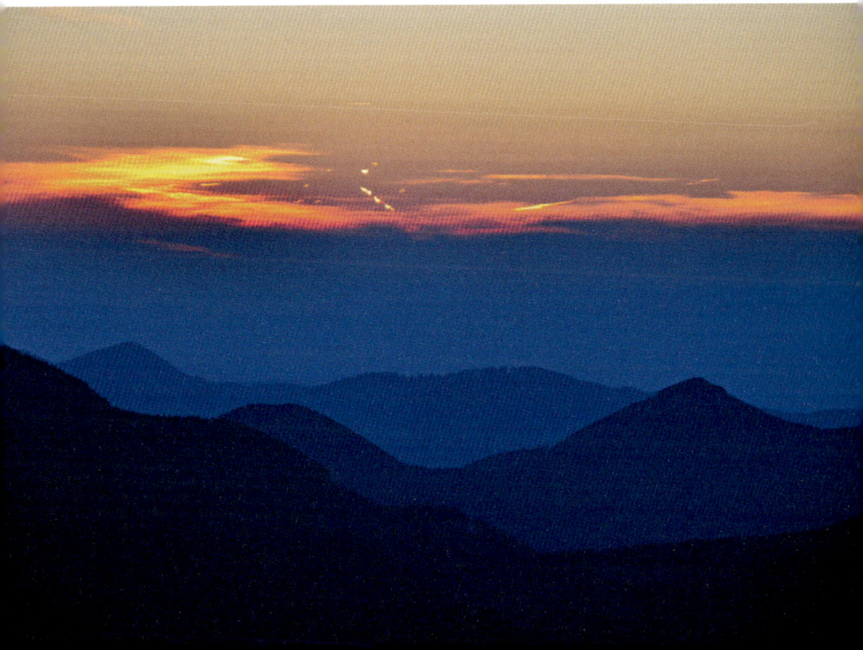

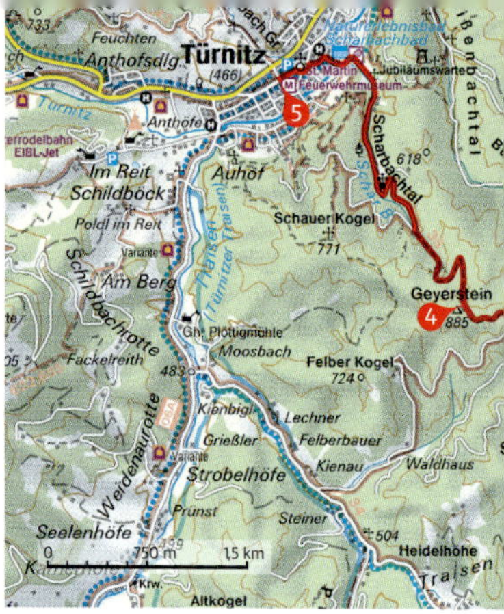

Ausgangspunkt: Bushaltestelle Hohenberg Schulen, 485 m.
Anfahrt: Auf der Westbahnstrecke nach St. Pölten, von dort mit der Traisentalbahn (ggf. Umsteigen in Traisen) oder mit Bus 690 nach Lilienfeld, weiter mit Bus 691. Zwei bis drei Früh- bzw. Vormittagsverbindungen. Dauer: 1.30–1.40 Std.
Endpunkt: Bushaltestelle Türnitz Markt, 466 m.
Rückfahrt: Bus 690 nach St. Pölten, oder bis Lilienfeld und mit der Traisentalbahn nach St. Pölten, weiter auf der Westbahnstrecke, oder von Lilienfeld direkt mit Bus 169. Verbindungen bis am Abend, am Nachmittag etwa eine Fahrt pro Stunde, danach größere Intervalle. Dauer: 1.35–2.00 Std.
Anforderungen: Längere Tour. Keine steileren Anstiege, keine Kletterstellen. Abstieg stellenweise ziemlich steil bzw. abschüssig.
Einkehr/Übernachtung: **Türnitzer Hütte**, 1.5–1.11. Sa/So/Fei einfach bewirtschaftet, Tel. +43/664/571 76 97, alpenverein.at/tuernitzerhuette; 16 B, 12 L.
Varianten: Tour auch in **Gegenrichtung** gut durchführbar. – **Abstieg** nach **Furthof** (Haltestelle Furthof Abzweigung Furthofer Straße; Rückfahrt Bus 691 nach Lilienfeld, weiter wie oben). – Kombination mit Tour 18 (Aufstieg von bzw. Abstieg nach St. Aegyd).

Von der Bushaltestelle **Hohenberg Schulen** ❶ auf der Hauptstraße ein kurzes Stück zurück Richtung Kirche, beim Parkplatz vor der Kirche Info-Tafeln und ein erster Wegweiser Richtung Türnitzer Hütte (ab hier rot markiert, Weg Nr. 32). Vor der Kirche links (Wegweiser) und nun auf breitem Spazierweg Richtung Hubertuskapelle hinauf. In einer S-Kurve zur Kapelle und kurz darauf nach rechts auf einen Steig (Markierungspfeil). Alternativ bereits unterhalb der Kapelle, Markierungen folgend, zu diesem Pfeil. Über den Kirchenbühel, dann über den Stadelbergkamm aufwärts, überwiegend in lichtem Mischwald, dabei einige kleinere Zwischenabstiege. Schließlich in die Nordflanke des Rückens und nach etwa 10 Min. auf einen Forstweg.
Über einen schmalen Bach (einziger Wasserlauf bis kurz vor Ende der Wanderung). 60 m nach einem Hochstand links auf einen Steig (Markierungen) und durch die Flanke unterhalb des Högersattels aufwärts. Durch Jungwald, schließlich einen Forstweg überquerend, zur Wegkreuzung **Högersattel** ❷, Durchschlupf, hier rechts (Wegweiser »Türnitzer Hütte«, Weg 33).

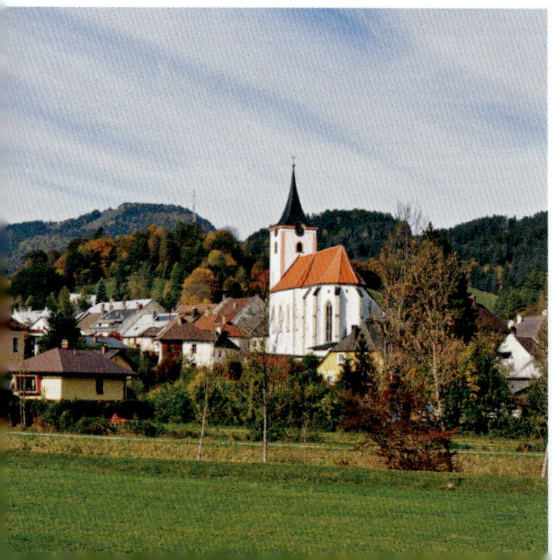

Türnitz.

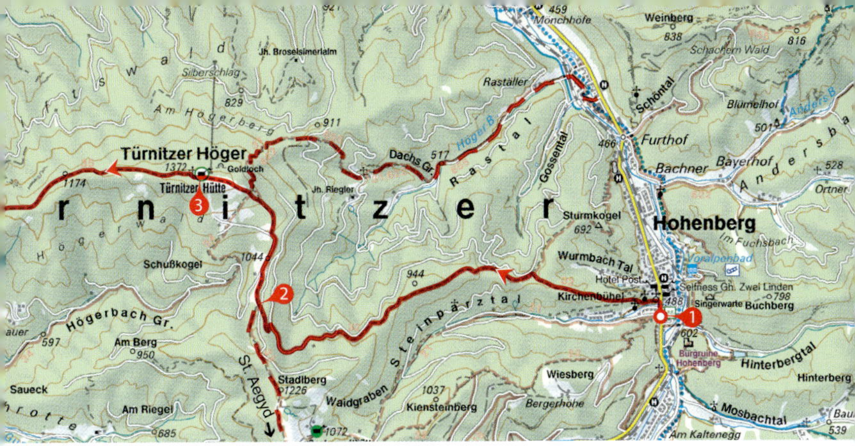

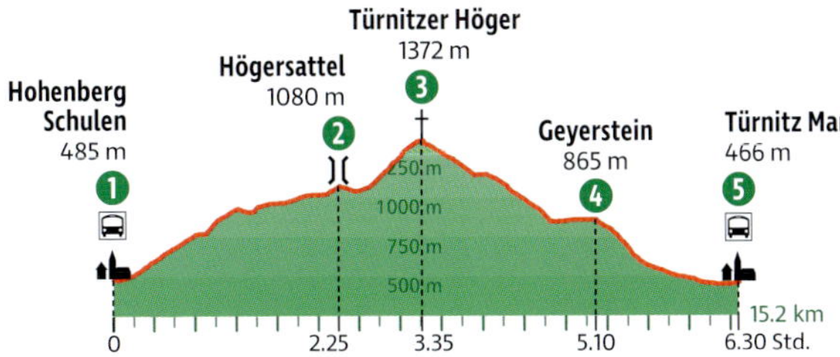

Über Wiesen etwas an Höhe verlierend auf einen Forstweg. Über einen Weiderost und – nun wieder steigend – in den Wald hinein. Wo sich der Forstweg nach links wendet, geradeaus auf einem Steig weiter (Wegweiser). Auf dem bewaldeten Südostrücken des Türnitzer Höger bergan. Bei der Kuhlacke (Durchschlupf) mündet von rechts der Steig von Furthof ein (Variante). Nun über die aussichtsreiche Gipfelwiese noch gute 80 Hm, zuletzt kurz auf einem Fahrweg, zur **Türnitzer Hütte** und zum nahen Gipfel des **Türnitzer Höger** ❸.

Vom Gipfel auf Weg Nr. 35 (ebenfalls rot) Richtung Türnitz. Der Wegweiser an der Hütte gibt die Gehzeit nach Türnitz mit 2.15 Std. an. Dies ist sehr knapp bemessen, 30–45 Min. mehr sollte man jedenfalls einplanen. Der Steig folgt dem Westrücken des Höger, weicht fallweise auch in dessen südliche Flanke aus. Einige kürzere Gegenanstiege. Nach Überquerung eines Forstweges weiter auf dem Bergrücken (kurze Gegensteigung) Richtung **Geyerstein**, der nordöstlich passiert ❹ oder in wenigen Minuten erstiegen wird.

Nun zieht der Rücken weiter nach Norden. Der Steig folgt ihm noch einige Gehminuten, wendet sich dann aber links hinunter ins waldreiche Scharbachtal. Ein Graben vermittelt den weiteren Abstieg. Schließlich auf einem Forstweg weiter talwärts (Wegweiser). An der Waldandacht vorbei Richtung Türnitz. Im Siedlungsgebiet auf der Bahnhofstraße Richtung Ortsmitte. Nach dem Freibad rechts auf einen asphaltierten Weg, über die Traisen, geradeaus weiter auf dem Badweg zum Unteren Markt, von dort kurz ansteigend zur Kirche und zum Markt, der Hauptstraße von **Türnitz** ❺ mit der Bushaltestelle.

18 Paulmauer, 1248 m
Von St. Aegyd am Neuwalde nach Hohenberg

6.00 Std. | 13,8 km | ↗890 m | ↘990 m

Eine Streckenwanderung für Genießer

In den Türnitzer Waldbergen gibt es viele ansprechende Wanderrouten. Die Streckenwanderung von St. Aegyd über die Paulmauer nach Hohenberg gehört zu den bekannteren Touren – und sie ist auch eine der wenigen Wanderungen in dieser Gebirgsgruppe, die mit öffentlichen Verkehrsmitteln gut erreichbar sind. Auf angenehm trassierten Wegen wandern wir durch naturnahe Mischwälder mit stattlichen Laubbäumen, zwischendurch immer wieder auch durch ausgedehntes Alm- und Wiesengelände – von der Bürgeralpe über die Grabenalm und das Hohenberger Gschwendt bis zur Bergerhöhe. Für den bekannten Wanderbuchautor Alfred Kölbel (»Wunderbar wandern mit der Bahn«, 1999) ist die Bürgeralpe »eine besonders romantische Alm, die alleine schon einen Ausflug lohnt«, er weist außerdem auf den Blumenreichtum hin, der für diesen Teil der Türnitzer Alpen kennzeichnend ist. Die Besteigung der Paulmauer, die mit senkrechten Wänden nach Westen abbricht, ist das alpine Highlight dieser Tour. Von ihrer Felskante haben wir eine prächtige Aussicht nicht nur auf die nahen Nachbarberge der Türnitzer Alpen, sondern auch zum weiter entfernten Hochschwab, zu den Gesäusebergen, in die Mürzsteger und die Ybbstaler Alpen. Aussichtsreiche Plätze finden sich aber auch schon beim Aufstieg von St. Aegyd zur Bürgeralpe, auf dem Hohenberger Gschwendt und auf dem Wegabschnitt über den Höhenzug, der sich vom Kiensteinberg zum Wiesberg erstreckt. Zwei beliebte Hütten, die Zdarskyhütte und die Gschwendthütte, liegen am Weg.

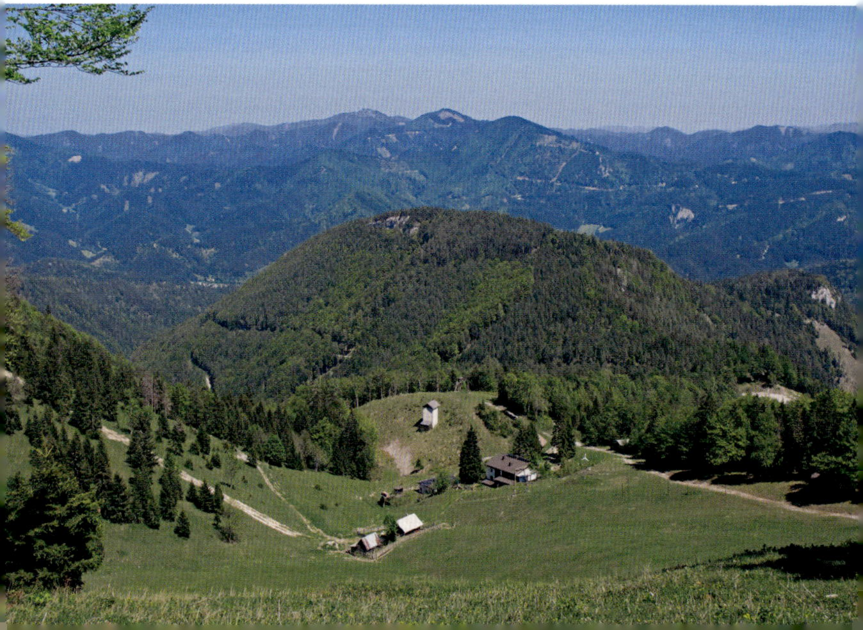

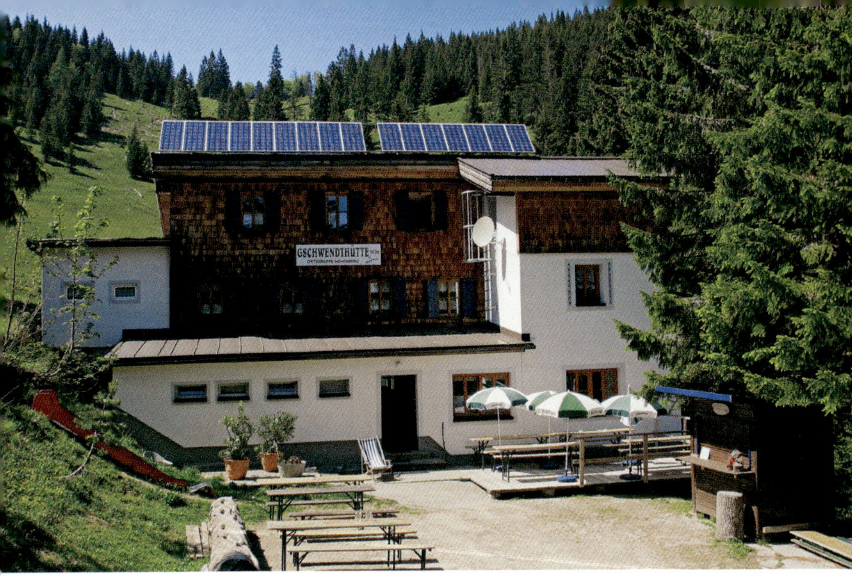

Hohenberger Gschwendt (links) und Gschwendthütte.

Ausgangspunkt: Bushaltestelle St. Aegyd am Neuwalde Augasse, 582 m.
Anfahrt: Auf der Westbahnstrecke nach St. Pölten, weiter mit der Traisentalbahn (ggf. Umsteigen in Traisen) oder mit Bus 690 nach Lilienfeld, dann mit Bus 691 oder 696. Zwei bis drei Früh- bzw. Vormittagsverbindungen. Dauer: 1.40–2.10 Std.
Endpunkt: Bushaltestelle Hohenberg Schulen, 485 m.
Rückfahrt: Bus 691 nach Lilienfeld, weiter mit der Traisentalbahn oder mit dem Bus 690 nach St. Pölten, von dort auf der Westbahnstrecke. Verbindungen Mo–Fr bis am Abend, Sa/So/Fei bis am frühen Abend, Mo–Sa Zwei-, So/Fei Dreistundentakt. Dauer: 1.30–1.40 Std.
Anforderungen: Mittellange Tagestour. Keine steileren Anstiege, keine Kletterstellen.
Einkehr/Übernachtung: **Zdarskyhütte**, Sa/So/Fei, wochentags für Gruppen auf Anfrage, Tel. +43/664/902 12 68, zdarskyhuette.naturfreunde.at; 2 B, 24 L; Spielplatz. – **Gschwendthütte**, Sa/So/Fei (fallweise auch schon Fr Nachmittag), wochentags auf Anfrage, Tel. +43/664/383 24 06, hohenberger-gschwendt.naturfreunde.at; 10 B, 40 L.
Varianten: Tour ebenso gut in **Gegenrichtung** möglich. – Vom Linsberg können wir auch zur **Türnitzer Hütte** weiterwandern und dann nach Türnitz oder nach Furthof absteigen (siehe Tour 17).
Tipp: Im Winter ist der Aufstieg zur Zdarskyhütte an Wochenenden in aller Regel gespurt und gut gangbar.

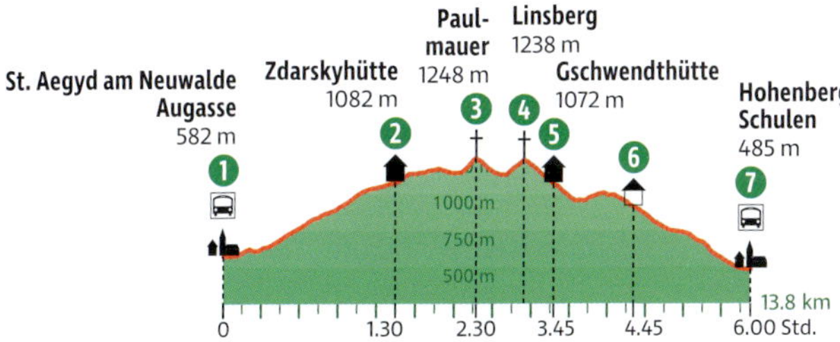

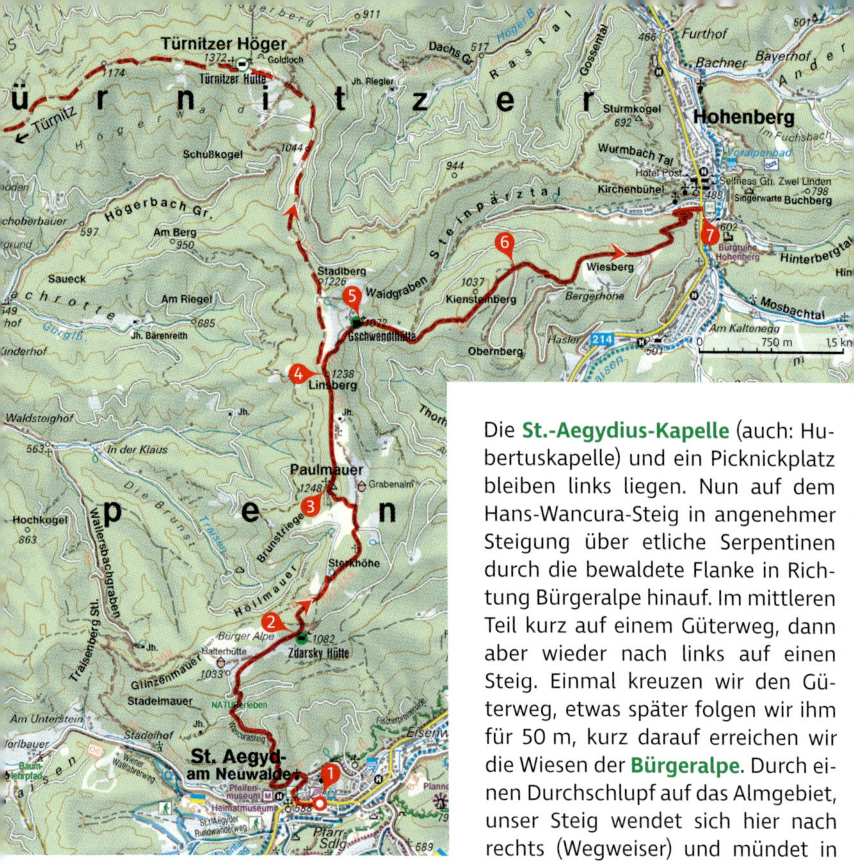

Die **St.-Aegydius-Kapelle** (auch: Hubertuskapelle) und ein Picknickplatz bleiben links liegen. Nun auf dem Hans-Wancura-Steig in angenehmer Steigung über etliche Serpentinen durch die bewaldete Flanke in Richtung Bürgeralpe hinauf. Im mittleren Teil kurz auf einem Güterweg, dann aber wieder nach links auf einen Steig. Einmal kreuzen wir den Güterweg, etwas später folgen wir ihm für 50 m, kurz darauf erreichen wir die Wiesen der **Bürgeralpe**. Durch einen Durchschlupf auf das Almgebiet, unser Steig wendet sich hier nach rechts (Wegweiser) und mündet in den Güterweg, über den wir die am Waldrand liegende **Zdarskyhütte** ❷ erreichen.

Von der Bushaltestelle **St. Aegyd am Neuwalde Augasse** ❶ etwa 250 m auf der Hauptstraße Richtung Ortszentrum (Westen), dann rechts in die Berggasse (Wegweiser zur Zdarsky-, Gschwendt- und Türnitzer Hütte). Nun rot markiert, Weg 622, 655. Über die Unrechttraisen, nun steigend, bei einer Verzweigung rechts (Wegweiser) und bald auf einem asphaltierten Fußweg weiter. Bei einem Trafo-Häuschen (Osterkogelsiedlung) scharf links (Wegweiser) auf ein Sträßlein. Wo sich dieses scharf nach rechts wendet, geradeaus auf einem Forstweg weiter. Hier beginnt ein sehr gut gestalteter Naturlehrpfad, der uns bis zur Zdarskyhütte begleitet.

Unmittelbar nach der Hütte links (Wegweiser) und zuerst eben, dann 60 Hm mittelsteil steigend durch Waldgebiet auf einen flachen Rücken. Zunächst eben, später wieder leicht steigend über Wiesen und kurze Waldabschnitte. Über den eher unscheinbaren, bewaldeten Gipfel der **Starkhöhe** (Steinmann, Stange). Nun leicht fallend weiter auf die Wiesen der Grabenalm (Überstiege). Schließlich vor einem Zaun links Richtung Paulmauer (Wegweiser). In Zaunnähe zuerst auf Almwiesen, dann über einen Schlag, schließlich durch Wald zum Gipfel der **Paulmauer** ❸.

Durch einen Durchschlupf auf die andere Seite des Zaunes und über den bewaldeten Nordrücken der Paulmauer abwärts zu den nördlichen Ausläufern der Grabenalmwiesen. An deren Rand weiter; von rechts mündet der Steig von der Grabenalm ein. Nun wieder steigend über den Südrücken des Linsbergs in Buchenwald aufwärts (Durchschlupf). Vor einem felsigeren Abschnitt in die linke Flanke, unter kleinen Felswänden entlang, aber schon bald wieder auf den Rücken und zum höchsten Punkt des **Linsbergs** ❹, altes schmiedeeisernes Kreuz. Wenige Meter nördlich des Gipfels auf die Wiesen des Hohenberger Gschwendts (Durchschlupf), über die wir nun absteigen.

Bei einem ehemaligen Lifthäuschen rechts haltend (Wegweiser Gschwendthütte) und nahe am Waldrand bergab. Durch ein Gatter und schließlich nach links zur **Gschwendthütte** ❺. Von der Hütte gute 100 Hm auf einem steilen Güterweg in einen Sattel hinab (Lagerplatz). Hier geradeaus weiter (Wegweiser »Hohenberg über Bergerhöhe«, Weg 22 bzw. 54, rot markiert). Auf einem Forstweg den Südwestrücken des Kiensteinberges entlang, zuerst etwas aufwärts.

Schließlich wendet sich der Forstweg in die linke Flanke, wir aber bleiben – nun einem Steig folgend – weiter auf dem Rücken (Markierungsplatte und Pfeil) und steigen noch bis etwa 1010 m auf, dann zieht unser Steig in die Südostflanke des Kiensteinberges. Teils eben, teils absteigend durch die Flanke, bis auf den Ostrücken des Berges. Weiter auf einem Karrenweg zur **Unterstandshütte** ❻ des TVN Hohenberg.

Neuschnee auf der Paulmauer.

Hier geradeaus und teils auf Steigen, teils auf Karrenwegen durch montane Buchen-Fichten-Tannen-Mischwälder abwärts, auf etwa 755 m Höhe kurz die Wiesen der Bergerhöhe berührend. Nun 5 Min. eben, dann wieder absteigend. Eine Wiese bleibt rechts liegen, während wir durch lichten Buchenhochwald wandern. Es folgt dichter Fichtenforst, der Weg zieht nun vom Rücken in die Flanke. Über einige Serpentinen, zwischendurch auch querend zu einem Wasserreservoir oberhalb von Hohenberg. Ab hier über einen Güterweg, der mit einer Linkskehre ins Steinparztal hinunterzieht. Beim Friedhof scharf rechts und im Talboden bis zur Hauptstraße von Hohenberg, rechts die Bushaltestelle **Hohenberg Schulen** ❼. (Oder von der erwähnten Linkskehre auf einem unmarkierten Steig neben einer Wiese direkt zur Bushaltestelle.)

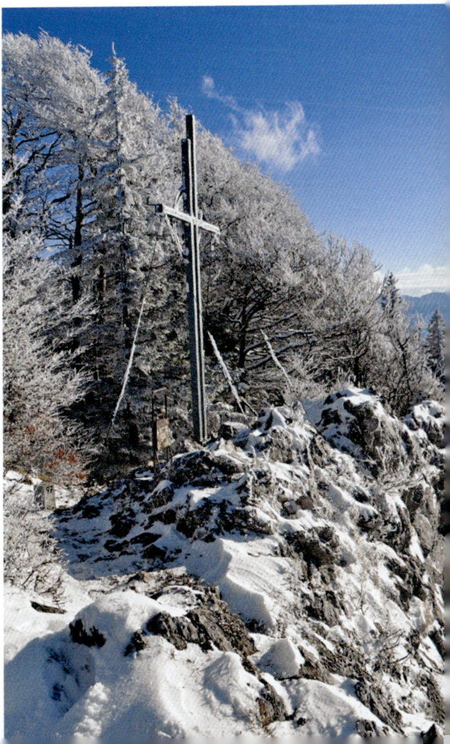

19 Tirolerkogel, 1380 m, und Eibl, 1002 m
Von Annaberg nach Türnitz

6.00 Std. | 16,8 km | ↗ 670 m | ↘ 1180 m

Beliebte Höhenwanderung im südlichen Mostviertel
Die Höhenwanderung über den Tirolerkogel und das Eibl führt durch die herrliche Voralpenlandschaft der Türnitzer Alpen – und ist zu Recht eine der beliebtesten Wanderungen im Mostviertel. Besonders lohnend ist diese unschwierige und nur mäßig anstrengende Wanderung bei guter Fernsicht, denn dann ist sie – vor allem in ihrem mittleren Teil – ein »Fest für die Augen«. In diesem Abschnitt wandern wir nämlich auf einem prächtigen Höhenzug über aussichtsreiche Almwiesen, unterbrochen von dem einen oder anderen Waldabschnitt. Von den Freiflächen reichen die Fernblicke über große Teile der niederösterreichischen Bergwelt und weit hinein ins Steirische, aber auch die Wachau und die Höhenzüge des Waldviertels sind zu sehen. Ötscher und Schneeberg wetteifern um die Vormachtstellung unter den niederösterreichischen Bergen. Anfangs beherrscht dabei der Vaterberg die Szenerie, später zunehmend der König der Norischen Alpen. Unser Weg führt vorbei an sturmzerzausten Nadelbäumen und – nahe der Karnerhofspitze – an knorrigen Bergahornbäumen. Eine weitere, noch größere Kolonie von Bergahornbäumen steht übrigens auf der Kalten Kuchl, zu der wir beim Abstieg einen Abstecher machen können. Aber auch der Blumenreichtum auf den Almwiesen unseres Höhenweges weiß zu beeindrucken. Zwei gastfreundliche Hütten runden das Bergerlebnis ab. Auf dem Tirolerkogel steht das 2015 neu erbaute Annaberger Haus. Auch die zweite bewirtschaftete Hütte, die Teichhütte, ist eine Gipfelhütte, nur wenige Meter vom höchsten Punkt des Eibl entfernt. Beide Hütten sind für ihre gute Küche bekannt.

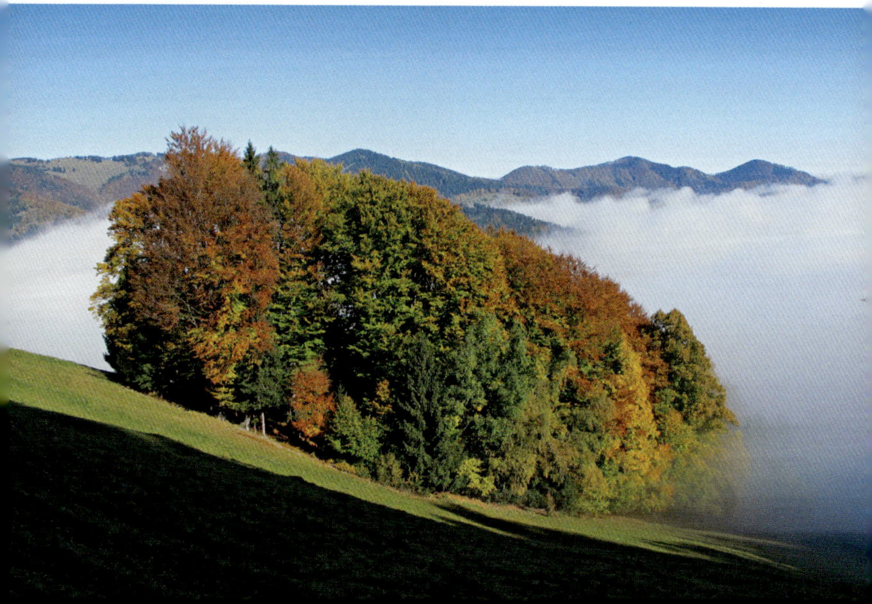

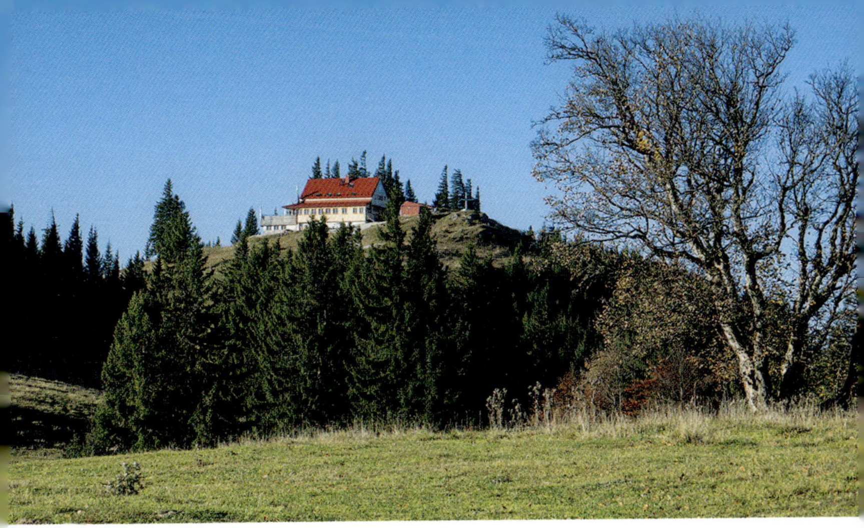

Oben: Annaberger Haus.
Links unten: Nebel über dem Traisental.

Ausgangspunkt: Bushaltestelle Annaberg Ortsmitte, 976 m.
Anfahrt: Bus 169, oder auf der Westbahnstrecke nach St. Pölten, weiter mit der Traisentalbahn (ggf. Umsteigen in Traisen) nach Lilienfeld und dann mit Bus 169. Eine Frühverbindung (ab Lilienfeld). Dauer: 2.00–2.30 Std.
Endpunkt: Bushaltestelle Türnitz Markt, 466 m (bzw. Türnitz HLW, 462 m).
Rückfahrt: Ab Türnitz Markt wie Tour 17; auch ab Türnitz HLW – hier halten jedoch nicht alle Buskurse – mit Bus 169 oder 690. Dauer: 1.35–2.00 Std.
Anforderungen: Mittellange Tour auf Güterwegen und gut trassierten Pfaden. Keine längeren steilen Anstiege, keine technischen Schwierigkeiten. Insbesondere mit einer Übernachtung im Annaberger Haus auch gut für Kinder geeignet.
Einkehr/Übernachtung: **Annaberger Haus**, 15.8.–15.11. durchgehend geöffnet, ansonsten Mo/Di Ruhetag, Tel. +43/664/523 10 76 und +43/2728/204 59, alpenverein.at/annabergerhaus; 31 B, 11 L. – **Teichhütte**, Mai–Okt. Mi–So, Nov.–April Do–So, in den Weihnachtsferien (ab 26.12.) und bei ausreichender Schneelage täglich geöffnet, Tel. +43/676/476 82 46, troestl.info/schutzhaus-eibl-teichhutte, 8 B; 22 L. – **Gasthaus Zum Goldenen Löwen** nahe der Bushaltestelle Türnitz Markt.
Variante: Vom Eibl auch direkt nach Türnitz über die ehemalige Skipiste nach Im Reit und dann weiter auf einem Fahrweg bis zur Traisenbachstraße.
Tipp: Der Weg bis zum Annaberger Haus ist im Winter präpariert.

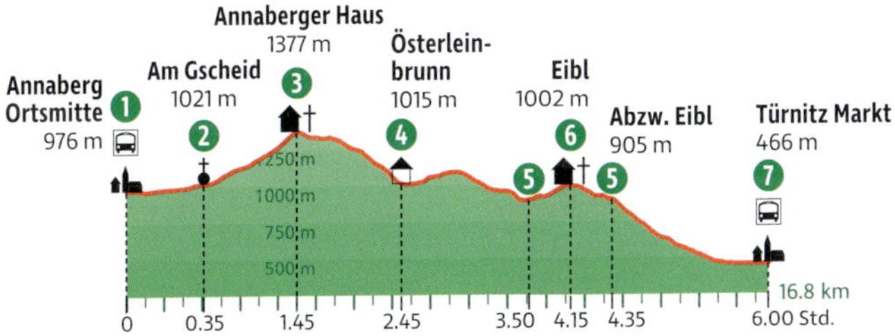

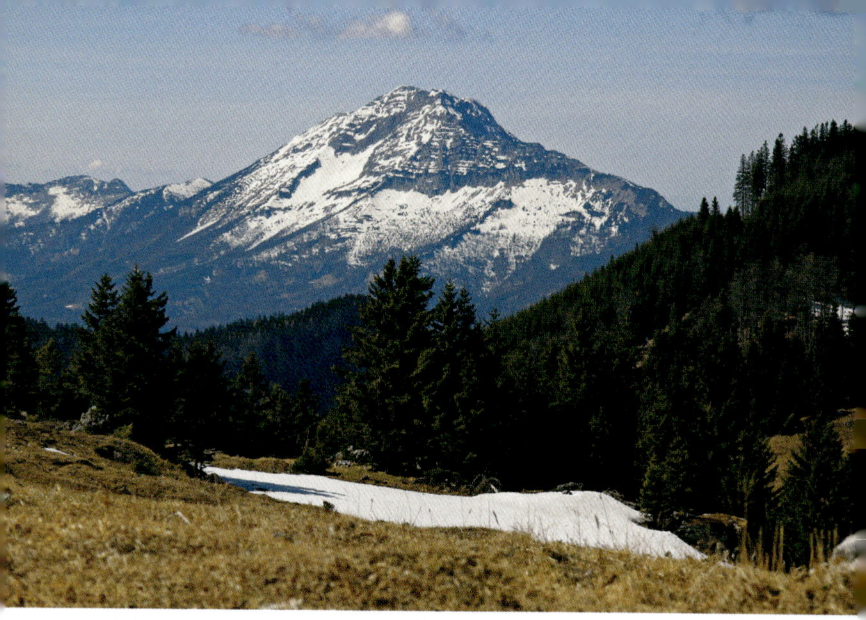

Blick aus den Türnitzer Alpen zum Ötscher.

Von der Bushaltestelle **Annaberg ①** zuerst etwa 600 m auf dem Gehweg neben der Bundesstraße Richtung Türnitz zurück, dann rechts auf einen rot markierten Güterweg (Wegweiser Richtung Annaberger Haus und Türnitz, Weg 655). Zuerst eben, dann leicht steigend durch die Nordflanke des Scheiblingbergs bis in den Sattel **Am Gscheid ②**.

Hier links (Wegweiser) und auf einem weiteren Güterweg – nun stärker ansteigend – durch die Süd- bzw. Ostflanke des Ahornbergs, bei einer Verzweigung links. Auf etwa 1240 m Höhe oberhalb einer Jagdhütte bzw. unmittelbar vor einer Almhütte nach links auf einen Wanderweg und nun über Bergwiesen hinauf zum **Annaberger Haus ③** am Gipfel des **Tirolerkogels** (Stangenmarkierung, Gipfelkreuz einige Meter nordöstlich der Hütte).

Vom Tirolerkogel weiter auf Weg 655 (Durchschlupf) über Almgebiet Richtung Nordosten (rote Farbzeichen). Zuerst zu einem Fahrweg hinunter, dem wir einige Hundert Meter folgen. Dann leicht links (Markierungen) auf einen schmäleren Weg und zu einem Überstieg über einen Zaun. Nun beginnt unser Weg zu fallen. Auf etwa 1200 m Höhe in den Wald (Überstieg). Auf einen Rücken, schließlich kurz einem schottrigen Fahrweg folgen. Wenige Meter bevor dieser endet, links in einen dichten Fichtenwald (Wegweiser »Höhenweg Eibl«) und in einigen Kehren zur **Bergrettungshütte Österleinbrunn ④** hinunter (Überstieg).

Hier links (Wegweiser »Türnitz«), nun durch Wald westlich am Schafkogel vorbei. Nach einer Wiese neuerlich durch Wald (rechts zwei kleine Felswände). Schließlich auf eine größere Bergwiese hinaus und am höchsten Punkt der Karnerhofspitze rechts vorbei. Bei einem Überstieg eine Gruppe von knorrigen Bergahornbäumen. Bald folgen zwei weitere Überstiege. Nun wieder auf einem ausgeprägten Rücken weiter. Wald und Wiesen wechseln, schließlich be-

ginnt unser Steig deutlich zu fallen und erreicht eine auf knapp 900 m Höhe liegende Einsattelung oberhalb der Schildbachrotte (Forstweg). Nun noch etwa 100 m am Rücken entlang (Markierung mit Wegnummer) zur Weggabelung beim verfallenden ehemaligen **Eiblhaus** ❺.
Von hier nach links Abstecher auf das Eibl. Zuerst auf einem Steig durch Wald (kleines Gatter), dann über Wiesen, vorbei an mehreren Hütten zum Gipfelbereich (Durchschlupf). Zuletzt auf einem Fahrweg, bei einer Kreuzung links (Wegweiser) zur Teichhütte und zum Gipfelkreuz des **Eibl** ❻.
Wieder zur Wegkreuzung beim ehemaligen **Eiblhaus** ❺ zurück und nun durch Wald und über Wiesen Richtung Türnitz (Schildbachrotte) hinab. Auf etwa 800 m Höhe wendet sich der markierte Steig nach rechts (Wegweiser). Kurz durch einen erdigen Graben, dann aber links in die Bergflanke, auf eine Wiese hinaus, und über einen Forstweg (mehrere Gatter). Ab dem Gehöft Am Berg auf einem asphaltierten Fahrweg weiter talwärts. Das Gehöft Poldl im Reit bleibt links liegen, wir wandern direkt nach Türnitz hinunter. Nahe dem Gehöft Schildböck auf die Traisenbachstraße, der wir nun talauswärts folgen (Wegweiser). Binnen weniger Minuten erreichen wir das Ortsgebiet von Türnitz und überqueren den Türnitzbach. Die Pyrker Straße bleibt rechts liegen, an der nächsten Kreuzung aber rechts auf die Straße Oberer Markt (Wegweiser »Türnitzer Zentrum«) und so zur Bushaltestelle **Türnitz Markt** ❼.
Etwas kürzer auch zur Bushaltestelle Türnitz HLW, die aber nicht von allen Buskursen bedient wird: Am Beginn des Siedlungsgebiets über eine Brücke nach rechts in die Auhofstraße und zur Bushaltestelle vor dem Schulgebäude.

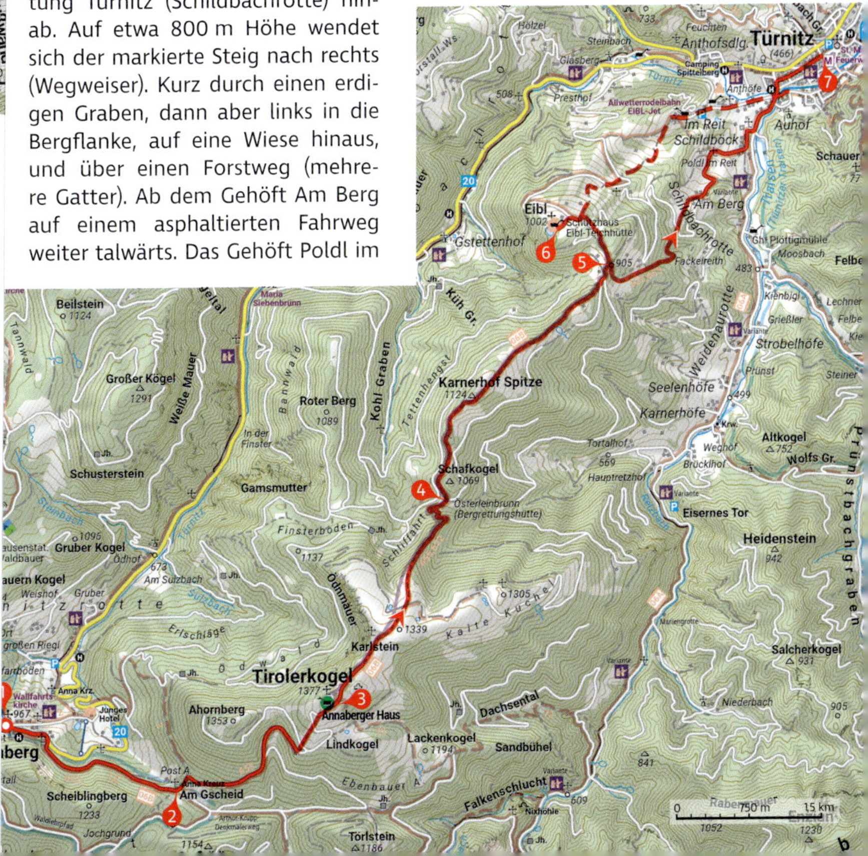

Von der Bushaltestelle **Puchberg/ Schneeberg Sonnleiten** ❶ folgen wir kurz der Straße Richtung Losenheim. Etwa 40 m nach dem Ortsende, wo sich die Straße nach rechts wendet, weiter geradeaus Richtung Schneebergdörfl (Wegweiser, ab hier rot markiert). Über eine Wiese in den Wald hinauf. Nach einer Rechtskurve zweigt der markierte Steig vom Güterweg nach links ab. Bald darauf bei einer Verzweigung nach rechts, zurück zum Güterweg, der sich wenig später zu einem Karrenweg verjüngt, und auf einem Rücken zu einer Kreuzung. Hier links (Wegweiser) und nun auf einem Güterweg, bald über Wiesen nach **Schneebergdörfl** ❷ hinunter. Rechts in die Schneebergstraße, beim Rüsthaus neuerlich rechts (Wegweiser Breite Ries/Bürklehütte, gelb und blau markiert).
Beim **Schwabenhof** ❸ endet der asphaltierte Fahrweg. Nun auf einem Güterweg am Rand einer Wiese moderat ansteigend taleinwärts (Richtung Nördlicher Grafensteig/Unterer Schneidergraben, blau markiert). Am Ende der Wiese, wo sich der Güterweg nach rechts wendet, geradeaus in den Wald (Wegweiser, Markierungen). Teils auf einem Karrenweg, teils auf einem Steig links davon aufwärts. Auf etwa 940 m Höhe ein Brunnen (erst im Schlussabschnitt der Tour wieder Quellwasser!). Auf Pfaden und Karrenwegen, zwischendurch auch ganz kurz auf einem Forstweg, weiter aufwärts. Bei einem Wegweiser (»Schneidergraben«) links auf einem Steig. Hier beginnt der **Schneidergraben**. Etwas weiter oben berühren wir noch einmal einen Forstweg (Kehre). Der weitere Anstieg folgt einer mit Geröll gefüllten Rinne, meist jedoch – deutlich angenehmer – neben der Rinne.
Wir erreichen den rot markierten **Nördlichen Grafensteig** ❹. Hier links (Wegweiser Herminensteig). Zuerst durch Latschen, später kurz durch Wald aufwärts. Auf einer gerölligen Flanke an einigen Felstürmchen vorbei, dann flach in den Wald hinein zu einer **Abzweigung** ❺ mit der Einmündung der Variante Baumgartner (Wegweiser): Hier beginnt rechter Hand der ebenfalls rot markierte **Obere Herminensteig**, dem wir nun folgen. Bald treten wir aus dem Wald hinaus und wandern durch Latschengassen weiter aufwärts auf einen ausgeprägten Rücken. Je weiter wir aufsteigen, desto schütterer wird der Latschenbewuchs. Kurz unterhalb einer Felswand vorbei.
Auf 1620 m ein kurzer Steilaufschwung, hier kommen erstmals die Hände zum Einsatz. Zu einem Felskopf hinauf, dann durch eine Rinne kurz absteigend in eine Einsattelung. Nun folgt die erste Schlüsselstelle: ein kurzer schräger Riss (speckige Tritte, guter Griff links oben). Diese Stelle kann auch links umgangen werden

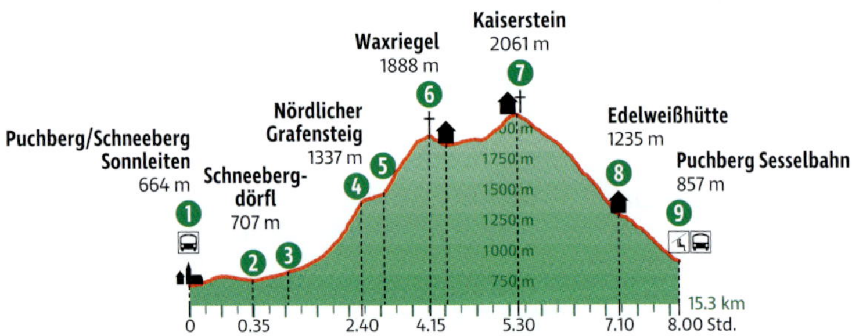

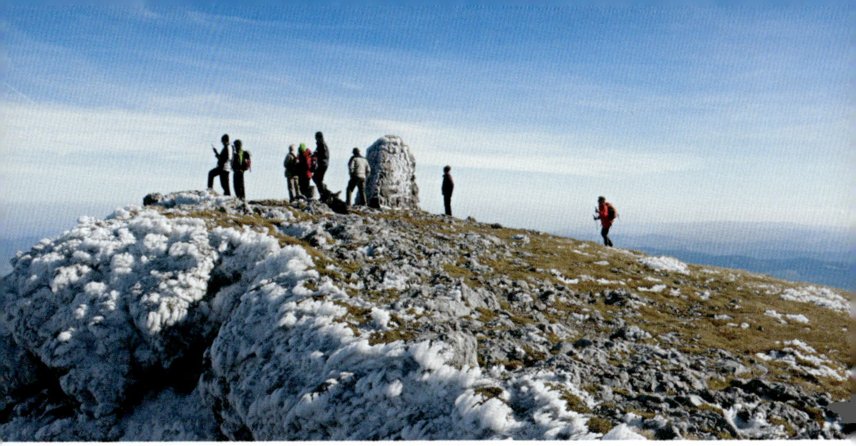

Am Kaiserstein.

(Felsaufschrift »Um«, ebenfalls rot bezeichnet). Sodann in die linke Flanke des Grates, einem wild gezackten Gratabschnitt ausweichend, und wieder zum Grat hinauf. Im Fels über einige leichte Kletterstellen weiter aufwärts, dabei auch durch drei Engstellen, nach der zweiten eine kurze, etwas ausgesetzte Querung (einzige seilversicherte Stelle, zweite Schlüsselstelle). Nach der dritten Engstelle legt sich der Grat bald zurück, und wir erreichen die Hochfläche.

Bei einer Wegkreuzung entweder sofort rechts zum nahen Damböckhaus hinunter oder zuvor auf den noch näheren **Waxriegel** ❻. Beim **Damböckhaus** wechselt die Markierung auf grün (zusätzlich Stangenmarkierung). Nun zuerst auf einem Fahrweg, später auf einem Steig, der einige Kehren des Fahrwegs abschneidet, zur **Fischerhütte**. Von hier auf den etwas weiter nördlich liegenden **Kaiserstein** ❼.

Wir steigen nach Westen ab und treffen schon bald auf die gelbe Markierung (auf der Hochfläche auch Stangenmarkierung) Richtung Edelweißhütte (Fadensteig). Nun in nördlicher Richtung über hochalpine Wiesen. Bei P. 1722 von der Hochfläche in die Nordflanke hinunter. Zuerst in gestuftem Gelände über kurze und nicht sonderlich schwierige Kletterstellen abwärts, dann stellenweise seilversichert nach rechts unterhalb einer Wand entlang. Wir passieren eine geröllige Rinne und steigen neuerlich unterhalb einer Wand auf einen schottrigen Rücken ab, über den unser Steig im Zickzack weiter talwärts führt. Nun ein kurzer felsiger Wegabschnitt, dann in den Wald und über etliche kleine Serpentinen, zuletzt auch über Wiesen zur **Edelweißhütte** ❽. (Links die nicht bewirtschaftete Sparbacher Hütte.)

Auch der weitere Abstieg nach Losenheim ist gelb markiert. Zuerst auf einem Fahrweg Richtung Almreserlhaus bis in die Einsattelung vor der Hütte. Hier rechts (Wegweiser, Überstieg) und auf Steigspuren talwärts. Bei einer Baumgruppe vom Weidegebiet (Durchschlupf) in den Wald (Markierungen) und weiter bergab. Nach links auf einen Wiesenstreifen, bald aber wieder rechts auf eine Wiese (Markierung, Überstieg). An deren linkem Rand, später auch kurz im Wald, weiter talwärts. Zuletzt knapp 100 m auf einem Forstweg und dann noch 250 m auf einer Asphaltstraße zur Bushaltestelle **Puchberg Sesselbahn** ❾ unterhalb der Talstation.

21 Schneeberg-Überschreitung, 2076 m

Vom Höllental in zwei Tagen nach Puchberg

2 Tage | 24,2 km | ↗1750 m | ↘1750 m

Die große Überschreitung des »Königs der Norischen Alpen«
Die Überquerung des gesamten Schneebergmassivs von Westen nach Osten ist zweifellos eine der ganz großen Bergwanderungen am Ostrand der Alpen. Aus dem Höllental steigen wir über den – zu Unrecht – fast vergessenen Schnellerwagsteig an, mit schöner Aussicht zur Rax und in die Mürzsteger Alpen. Es folgt die ebenso idyllische wie einsame Hochfläche des Kuhschneebergs. Wellige Kuppen, Wald und Bergwiesen charakterisieren hier das Landschaftsbild. Über den eindrucksvollen Schauerstein erreichen wir die Gipfelregion des Schneebergs und besuchen seine beiden Hauptgipfel – das Klosterwappen, den höchsten Berg Niederösterreichs, und den Kaiserstein, den östlichsten Zweitausender der Alpen. Wir übernachten in der Fischerhütte und können so bei schönem Wetter einen eindrucksvollen Sonnenunter- oder -aufgang erleben. Über das Hochplateau des Schneebergs steigen wir zum Zahnradbahnwanderweg Richtung Puchberg ab. Der Zugsverkehr der nahen Schneebergbahn sorgt hier für Abwechslung, an Sonn- und Feiertagen im Juli und August verkehren auch Nostalgiedampfzüge. Die Dampflokomotiven, die diese Züge ziehen, wurden zwischen 1896 und 1900 gebaut und standen bis zum Ankauf der modernen Salamander-Triebwagenzüge im Jahr 1999 etwa ein Jahrhundert lang im regulären Dauereinsatz. Die an der Zahnradbahnlinie liegende Station Baumgartner und – eine Gehstunde weiter unterhalb – die Hengsthütte bieten willkommene Gelegenheiten zur Stärkung vor dem letzten Wegstück nach Puchberg hinunter. Wollen wir die Tour abkürzen, so können wir mit der Zahnradbahn vom Hochschneeberg nach Puchberg hinunterfahren. Wenn wir aber die gesamte Überschreitung des »Königs der Norischen Alpen« (Franz Grillparzer) zu Fuß absolvieren, gewinnen wir einen besonders guten Eindruck von der Weite dieses Bergmassivs.

Ausgangspunkt: Bushaltestelle Singerin Abzw. Naßwald, 579 m.
Anfahrt: Auf der Südbahnstrecke über Wiener Neustadt nach Payerbach-Reichenau, weiter mit Bus 341. Eine Frühverbindung. Dauer: 1.35–1.45 Std.
Endpunkt: Bhf. Puchberg/Schneeberg, 585 m.
Rückfahrt: Mit der Puchberger Bahn nach Wiener Neustadt, weiter auf der Südbahnstrecke. Verbindungen bis am Abend, Stundentakt, Sa/So/Fei nachmittags ein Direktzug. Dauer: 1.20–1.45 Std.
Anforderungen: Am ersten Tag relativ lange Etappe, gute Ausdauer erforderlich. Am zweiten Tag weniger anstrengend. Ausschließlich Gehgelände, keine Kletterstellen. Auf den Steigen am Kuhschneeberg gutes Orientierungsvermögen nötig, ein GPS-Gerät oder eine detailgenaue Karte sind hier empfehlenswert (jedoch Ausweichmöglichkeit auf Forstwegen). Schnellerwagsteig und Steige am Kuhschneeberg im Hochsommer oft verwachsen. Diese Tour daher entweder im Frühsommer oder im Herbst unternehmen, angesichts der Länge der Tour und ihres alpinen Charakters auf stabile Wetterverhältnisse achten. Aufgrund seiner exponierten Lage ist der

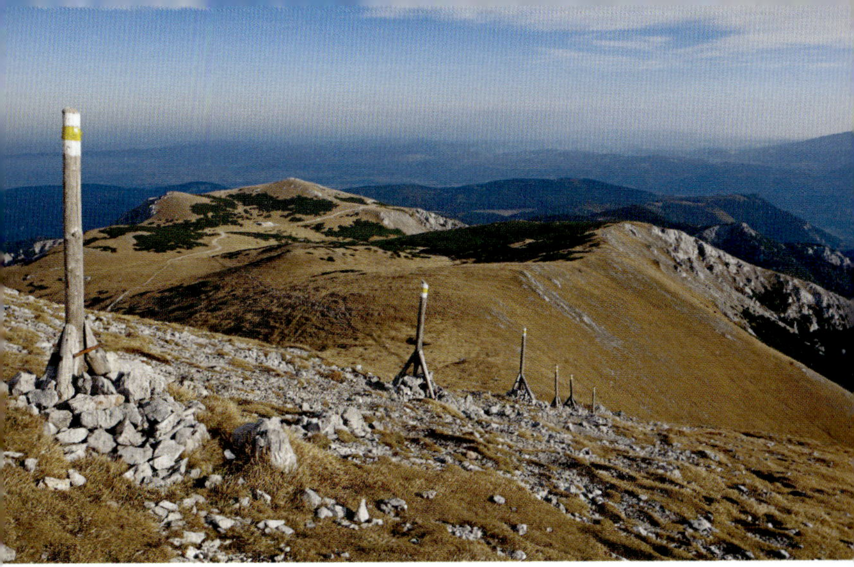

Stangenmarkierung auf der Schneeberg-Hochfläche.

Schneeberg anfällig für Wetterstürze, Gewitter, Sturm und Nebel.

Einkehr/Übernachtung: Fischerhütte, Mitte Mai–Ende Okt., bei guter Witterung auch bis Mitte Nov., Tel. +43/676/589 30 37, +43/2636/2313, puchberg.at/infrastruktur/fischerhuette; 10 B, 36 L. – **Damböckhaus**, Ende April–Ende Okt./Anf. Nov., Tel. +43/2636/2259 und +43/676/745 42 43, damboeckhaus.at; 30 B. – **Berghaus Hochschneeberg** (Hotel, wenige Minuten abseits der Route), Anf. Mai–Ende Okt., Tel. +43/2636/2257, berghaushochschneeberg.at. – **Station Baumgartner**, Ende April–Ende Okt./Mitte Nov., Tel. +43/2636/2257, berghaushochschneeberg.at; 55 B/L. – **Hengsthütte**, Anfang Mai–Mitte Nov. (außer Mo/Di), im Winter an Wochenenden und in den Ferienwochen geöffnet, Tel. +43/2636/2103 und +43/664/374 62 71, hengsthuette.at; keine Nächtigung. – Zahnradbahnstüberl im Puchberg/Schneeberg (Gastgarten).

Varianten: Auf dem **Kuhschneeberg** können wir ab der Hüttengrube auch weiter der Forststraße folgen, die sich nach ca. 3 km wieder mit dem markierten Wanderweg vereinigt (weniger lohnend, dafür leichtere Orientierung). – Mehrere **Abstiegsvarianten ab Kaltwassersattel**, z.B. über Ternitzer Hütte, Rohrbachgraben, Gratzenhöhe, Schwarzengründe und Ziererweg nach Puchberg (etwa 1 Std. Mehraufwand, 200 Hm mehr, dafür weniger hoher Forstweganteil als am Zahnradbahnweg). – Oder ab Ternitzer Hütte über Hengsthütte und Hauslitzsattel ins Hengsttal und weiter nach Puchberg (etwa 15 Min. Mehraufwand). – **Talfahrt** mit der **Schneebergbahn**: Tickets vorab online buchen unter schneebergbahn.at, Tel. +43/2742/36 09 90 1000, Betriebszeiten Ende April–Mitte Nov., letzte Talfahrt Juni–Sept. um 16.45 Uhr, in der Vor- und Nachsaison um 15.15 Uhr (16.45 Uhr nur bei Bedarf).

Tipps: Aufstieg auch von der Haltestelle Vois Abzw. Grubbauer (Bus 339): etwa 10 Min. an der Straße entlang Richtung Klostertaler Gscheid, dann bei einer Kapelle nach rechts, grün markiert. – Abstieg vom Kaltwassersattel auch über das Mieseltal nach Schneebergdörfl und weiter über Knipflitz und Hengstberg nach Puchberg (oder nach Sonnleiten, siehe Tour 20). – Abkürzung der Tour vom Kuhschneeberg über den Fadenweg nach Losenheim möglich.

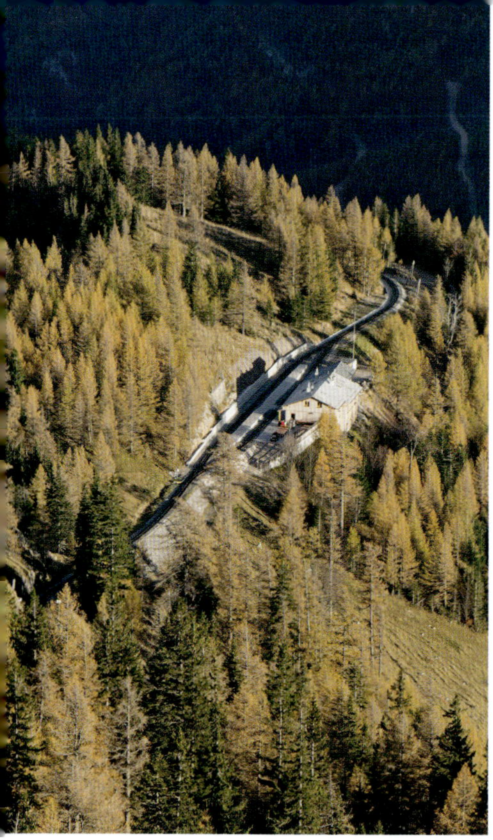

Schneeberg-Zahnradbahn: Station Baumgartner.

1. Tag:

Von der Haltestelle **Singerin Abzw. Naßwald** ❶ über die Schwarza (Wegweiser »Schnellerwagsteig«, blau markiert). Hier rechts und auf einem asphaltierten Fahrweg entlang der Schwarza talauswärts. Nach wenigen Minuten links hinauf auf den **Schnellerwagsteig** (Wegweiser auf der rechten Seite des Fahrwegs). Auf schmalem Steig mittelsteil auf einen Rücken, über den zunächst der weitere Aufstieg erfolgt. Später in die linke Flanke, bei einem baumbestandenen Felsen auf 760 m Höhe aber wieder auf den Rücken. Über Wiesen weiter aufwärts, auf etwa 920 m Höhe queren wir einen Forstweg. Nach etwa 60 Hm wieder Waldgebiet. Auf 1140 m in die rechte Flanke des Rückens.

Ab etwa 1270 m Höhe deutlich flacher, das Hochplateau des **Kuhschneebergs** ist erreicht (Stadelboden). Wir wandern durch Nadelwald und queren eine Forststraße. Weiter auf ei-

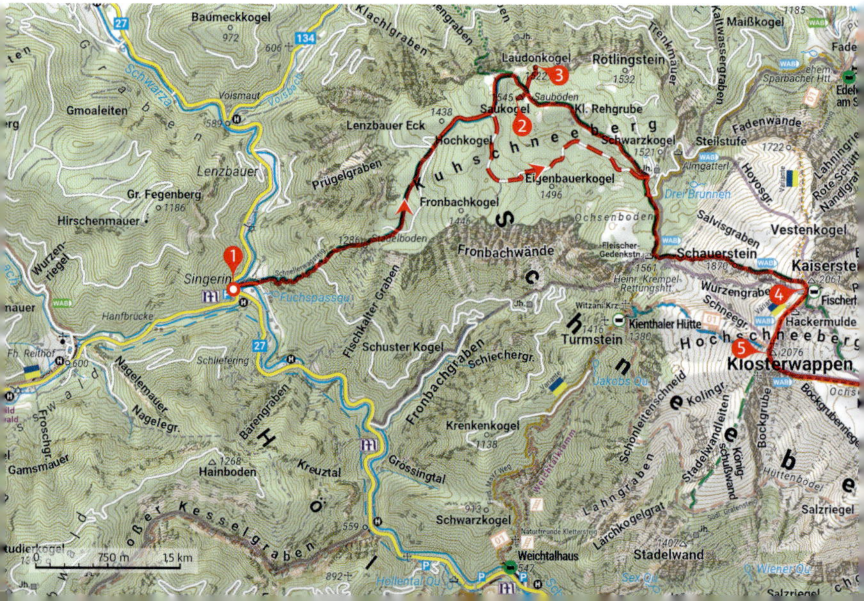

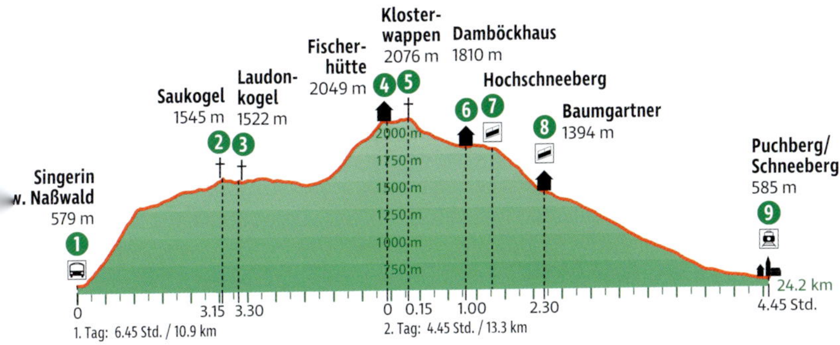

nem Karrenweg zuerst eben, dann steigend. Auf 1380 m treffen wir neuerlich auf die Forststraße. Hier links. Nach 30 m rechts (Markierungspfeil) auf einen Steig, zuerst durch Wald, dann durch ein kleines Tal weiter aufwärts, bis wir wieder auf die Forststraße gelangen.

Weiter auf der Forststraße bis zu einer Rechtskurve (rechts die Hüttengrube, eine markante Senke). Hier leicht nach links (Markierungsstange) auf einen Forstweg (Variante Forststraße: hier rechts). Bei einer bald folgenden Verzweigung ebenfalls links und auf eine Wiese. An deren Ende mündet von links der Steig aus der Vois ein (Wegweiser Richtung Hochschneeberg). Hier wechselt die Markierung auf grün. Etliche Markierungsstangen mit Pfeilen weisen nun den Weg. Fahrspuren folgend zu einer zweiten Wiese. Zum rechten (südöstlichen) Eck der Wiese (die Fahrspuren wenden sich hingegen leicht nach links) und auf einem alten Almsteig in den Wald.

Auf eine weitere Wiese und nun rechter Hand binnen weniger Minuten weglos auf den **Saukogel** 2, die höchste Erhebung des Kuhschneebergs. Lohnender ist ein Abstecher

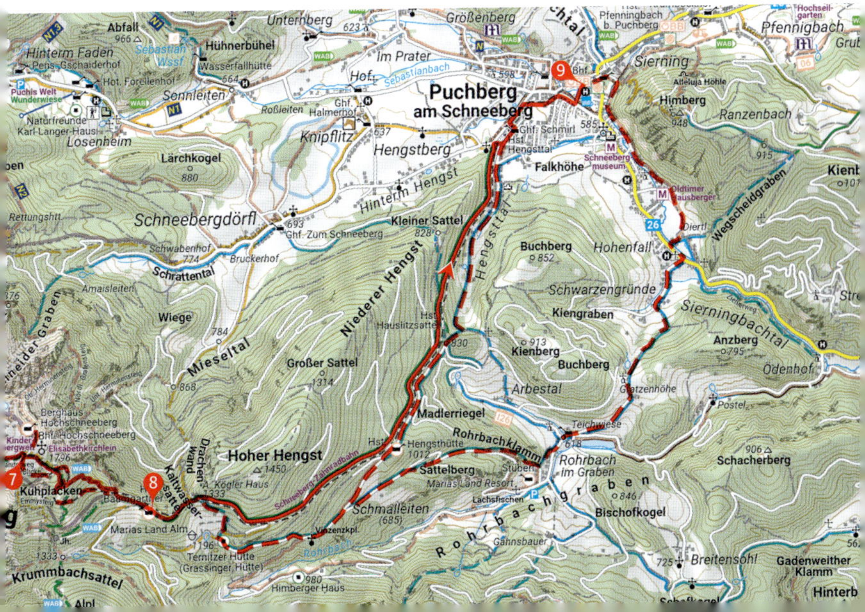

zum Laudonkogel, der allerdings nicht ganz leicht zu finden ist. Zuerst weglos nach Norden, zu einem Rücken, der den Übergang zum Gipfel vermittelt. Wir queren eine Fahrspur, nun zum Plateaurand und hier links zum bereits nahen Gipfel des **Laudonkogels** ❸ mit sehr schönem Ausblick von Nordwesten bis Osten – vom Ötscher bis zu Schober und Öhler. Auch der Tiefblick in die Vois ist beeindruckend.

Zurück zum markierten Weg, am linken Wiesenrand weiter, an einigen Bäumen vorbei, einer Fahrspur kurz nach links folgend. Dann wieder leicht nach rechts zur nordöstlichen Ecke der Wiese, dort in den Wald (Markierungen). Über einen schwach ausgeprägten Sattel zu einer nahen Wiese hinunter. Ab hier deutlicherer Steig. Über einige Wiesen, dazwischen immer wieder kurze Waldabschnitte. Schließlich beginnt unser Steig etwas stärker zu fallen und trifft auf einen Forstweg. Hier links, bei einer nahen Weggabelung aber wieder rechts (Markierungsstange mit Pfeil). Unmittelbar nach einer Linkskurve rechts auf einen sehr guten, gelb markierten Steig Richtung Fischerhütte/Schauerstein (Wegweiser). Durch felsdurchsetztes, bewaldetes Gelände, sodann über zwei Wiesen. Auf der zweiten Wiese, unweit des Fleischer-Gedenksteins, bei einer Weggabelung links Richtung Fischerhütte (Wegweiser). Durch einen schmalen Graben einige Minuten aufwärts. Bei der nächsten Wegkreuzung wieder links Richtung »Fischerhütte über Schauerstein« (nun grün markiert).

Durch den Latschengürtel mittelsteil aufwärts. Hier einige etwas felsige Passagen (jedoch Gehgelände). Beim Schauerstein verlassen wir den Latschengürtel. Nun über hochalpine Matten weiter aufwärts. Vorübergehend nur moderat ansteigend, an einem der beiden Schneelöcher vorbei. Dann wieder etwas steiler die letzten knapp 200 Hm bis zum Gipfel des Kaisersteins, an zahlreichen Markierungsstangen entlang, über den gelb markierten Fadensteig hinweg direkt zum Kaiser-Franz-Gedenkstein am **Kaiserstein**. Vom Gipfel in wenigen Minuten zur **Fischerhütte** ❹ hinunter.

2. Tag:

Auf gelb markiertem Fahrweg zum **Klosterwappen** ❺ mit großartiger Rundumsicht bis zum Toten Gebirge, zum Gesäuse und zum slowenischen Pohorje-Gebirge. Unser Abstieg Richtung Damböckhaus ist vorerst ebenfalls gelb markiert, dazu etliche Stangenmarkierungen. Zuerst eher steil, später flacher über den Ochsenboden absteigend bis zum grün markierten Weg, der von der Fischerhütte herunterzieht. Auf diesem zum nahen **Damböckhaus** ❻. Weiter zur Bergstation der **Schneeberg-Zahnradbahn** (Bhf. Hochschneeberg). Kurz vor der **Station** ❼ nach rechts auf einen Steig (Markierungen), der das Gleis der Zahnradbahn quert, dann unterhalb der Kaiserin-Elisabeth-Gedächtniskirche (lohnender Abstecher) in die Latschenzone führt (Zahnradbahnwanderweg).

An den Tunnels der Schneebergbahn vorbei Richtung Station Baumgartner. Unser Weg ist hier gelb und grün, nach einer Verzweigung – hier links – nur mehr gelb markiert. Oberhalb der Station über die Schienen der Zahnradbahn, wenig später mündet von rechts der Weg vom Naturfreundehaus Knofeleben ein. Nun bis zu der für ihre Buchteln weithin bekannten **Station Baumgartner** ❽ mehrfarbig markiert.

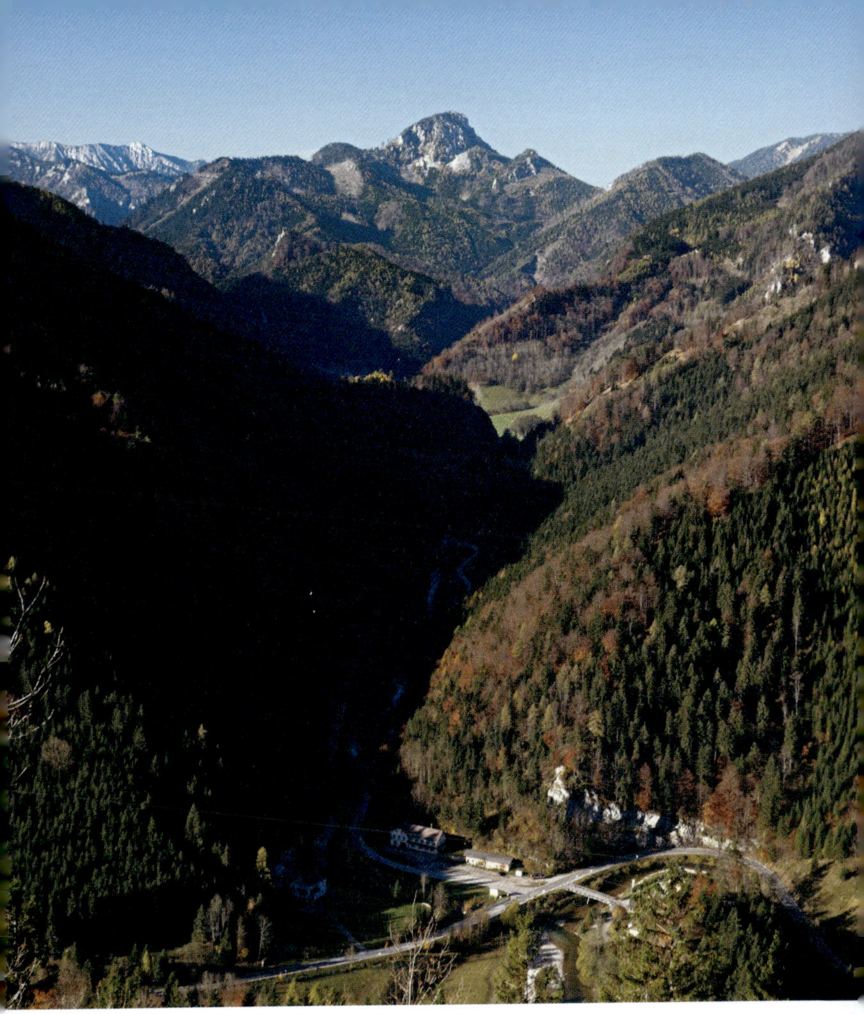

Blick vom Schnellerwagsteig zum Großen Sonnleitstein.

In der Folge immer in der Nähe der Schienen, ab der Station Baumgartner auf einem Fahrweg (ab hier nur mehr spärlich markiert). Bei der A.-Kögler-Hütte (Kaltwassersattel) wieder auf die linke Seite der Zahnradbahntrasse. Durch die lang gezogene Südflanke des Hengstes, an der **Hengsthütte** vorbei und weiter nach Puchberg.

Am Beginn des Siedlungsgebietes neuerlich auf die rechte Seite des Gleiskörpers. Beim nächsten Bahnübergang links, kurz darauf beim Gasthaus Schmirl rechts in die Muthenhofer Straße. Wo die Straße stärker zu fallen beginnt, rechts auf einen unbefestigten Pfad, der entlang der Trasse der Zahnradbahn verläuft, diese bald überquert und uns zum unteren Teilstück des Zahnradbahnwegs hinuntergeleitet. Nach rechts auf die Schneebergstraße, bei der nächsten Kreuzung links in die Bahnstraße und weiter zum Bahnhof **Puchberg/Schneeberg** ❾.

22 Krummbachstein, 1602 m

Von Kaiserbrunn nach Payerbach

6.45 Std. | 14,2 km | ↗ 1150 m | ↘ 1180 m

Aus dem Höllental über die Knofeleben auf den Schneeberg-Trabanten
»Ein Berg für Kenner« ist der Krummbachstein, so der Autor Alfred Kölbel. Und das ist eine treffende Beschreibung, denn einige Vorzüge dieses Schneeberg-Trabanten erschließen sich erst auf den zweiten Blick. Für unseren Anstieg wählen wir die Route aus dem Höllental. Dieser Aufstieg führt durch überraschend alpines Gelände. Geschickt schlängelt sich der Steig durch die Nordflanke des Turmsteins und nutzt ihre Schwachstellen perfekt aus. Weiter oben wird das Gelände sanfter und wir erreichen das Naturfreundehaus Knofeleben, das 2011/12 nach modernen baubiologischen und ökologischen Standards neu errichtet wurde. Über den blumenreichen Südrücken steigen wir zum Krummbachstein auf und genießen die überraschend umfassende Aussicht. Von der Knofeleben wandern wir nach Payerbach hinunter. Höhepunkt dieses Abstiegs ist die Eng, ein schluchtartiger Einschnitt zwischen Gahns und Feichtaberg, durch den früher auf einer 7 Kilometer langen Riese das Holz talwärts befördert wurde, das in den weitläufigen Mittelgebirgswäldern geschlägert worden war. Nach einer kurzen, versicherten Passage (Mariensteig) steigen wir über den Weiler Schneedörfl zum Bahnhof Payerbach-Reichenau ab.

Am Gipfel des Krummbachsteins.

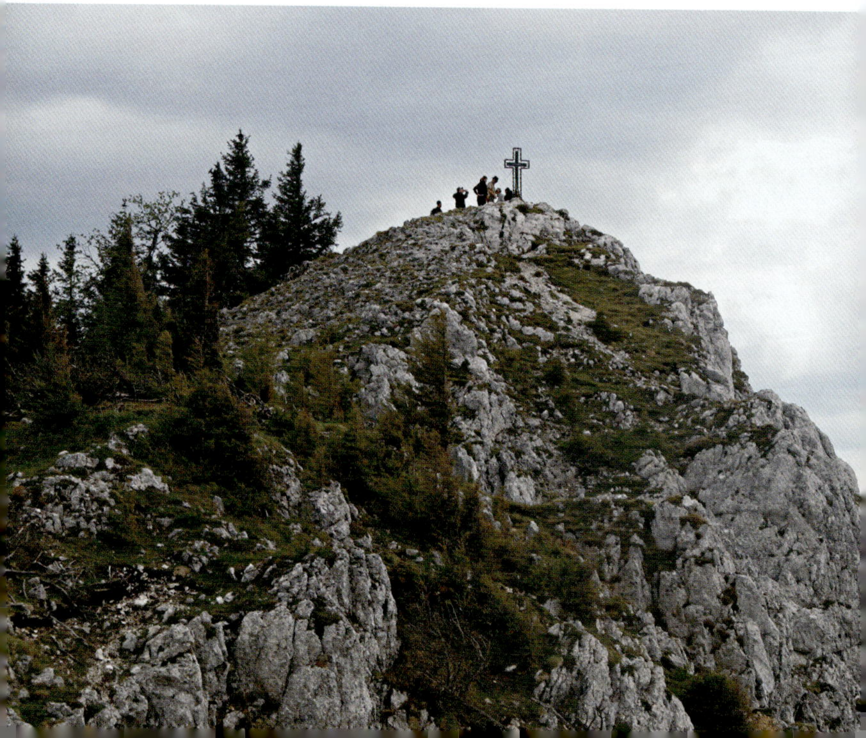

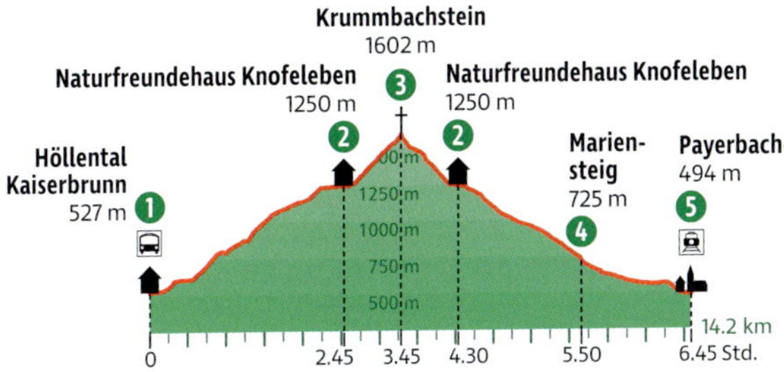

Ausgangspunkt: Bushaltestelle Höllental Kaiserbrunn, 527 m.
Anfahrt: Auf der Südbahnstrecke über Wiener Neustadt nach Payerbach-Reichenau, weiter mit Bus 341. Eine Frühverbindung. Dauer: 1.25–1.35 Std.
Endpunkt: Bhf. Payerbach-Reichenau, 494 m.
Rückfahrt: Auf der Südbahnstrecke über Wiener Neustadt. Verbindungen bis am Abend, Mo–Fr bis 20 Uhr Halbstundentakt, Sa/So/Fei Stundentakt. Dauer: 1.00–1.10 Std.
Anforderungen: Tagestour auf guten Steigen. Einige felsige, aber unschwierige Passagen (in der Turmstein-Nordflanke sowie am Krummbachstein-Südwestgrat).
Einkehr/Übernachtung: **Naturfreundehaus Knofeleben**, Ostern–Anf. Nov. (Mo/Di Ruhetag, außer Fei), Mitte Nov.–Silvester Sa/So, Tel. +43/664/445 09 32 bzw. +43/664/414 10 06, knofeleben.at; 42 B, 16 L. – **Jausenstation Am Wasserwerk** in Kaiserbrunn.
Varianten: Von Hirschwang durch das Höllental nach Kaiserbrunn über den **1. Wiener Wasserleitungsweg:** Von der Bushaltestelle Hirschwang Raxseilbahn entlang der Straße etwa 100 m Richtung Hirschwang, nach einer Brücke links auf den Wasserleitungsweg (Wegweiser) (ca. 1–1.15 Std. zusätzlich, einige versicherte Stellen, einige Leitern, insgesamt aber unschwierig, landschaftlich eindrucksvoll). – Wem der Aufstieg aus dem Höllental zu beschwerlich ist, der kann mit der **Schneeberg-Zahnradbahn** (siehe Tour 21) bis zur **Station Baumgartner** fahren und über den Krummbachsattel auf den Krummbachstein wandern.

Von der Bushaltestelle **Höllental Kaiserbrunn** ❶ Richtung Naturfreundehaus Knofeleben (rot markiert). Auf einem anfangs asphaltierten Fahrweg an der Jausenstation »Am Wasserwerk« und am Wasserleitungsmuseum vorbei in den Knofelebengraben hinein. Etwa 250 m nach dem Museum aus dem Grabengrund auf einem Steig rechts (Wegweiser) und über einige Kehren etwa 60 Hm in der bewaldeten Turmstein-Nordflanke aufwärts.
Nun zunächst eben durch die Flanke, schon bald unterhalb von Felswänden. Nach einigen Minuten beginnt unser Steig wieder anzusteigen. An einer ersten Aussichtskanzel vorbei. Die Flanke wird nun zunehmend steiler und felsdurchsetzter. An zwei überhängenden Felsen vorbei und über eine Rampe (Holzstufen, Drahtseil) auf eine Felsrippe. Über einige Kehren in den oberen, sanfteren Bereich der schütter mit hohen Fichten und Buchen bestandenen Rippe. Hier an einer Höhle vorbei.
Wenig später, auf etwa 800 m Höhe, eine neuerliche Querung. Teils über Schutthalden (Föhren) bis zu einer weiteren felsigen Rippe, über die wir in einigen kleinen Kehren weiter an Höhe gewinnen. Bald aber leicht absteigend in einen Graben und auf

dessen gegenüberliegender Seite über eine Schutthalde etwas mühsam weiter aufwärts (Seilgeländer). Auf 940 m Höhe durch ein kurzes Föhrenwaldstück zu einer Abbruchkante. Hier fallen die Felswände etwa 100 m senkrecht in den Knofelebengraben ab (prächtiger Aussichtsplatz). Nun wendet sich der Steig nach rechts und zieht in bequemen Kehren durch jungen Mischwald weiter aufwärts bis zu einem Forstweg (Markierungspfeile). Auf diesem in einigen Kehren bergwärts. Nach 100 Hm auf einem Forstweg links auf einen Steig (Wegweiser). Durch mittelhohen Mischwald, kurz auch durch Fichtenforst weiter aufwärts, bis zu einem weiteren Forstweg, hier links (Pfeil). So gut wie eben zur **Knofelebenwiese** und zu dem an deren Rand stehenden **Naturfreundehaus Knofeleben ❷**.

Hier links Richtung Krummbachstein (neue rote und alte grüne Markierungen). Unser Steig zieht eben in den Wald und beginnt nach einiger Zeit zu steigen. Bei einer Wegkreuzung rechts Richtung Krummbachstein (ab hier zusätzlich zu den Markierungen auch kleine Holzwegweiser). Durch schönen Wald mit einigen Lichtungen auf einen Vorgipfel, 1496 m (Paschekrast, Bank). Einige Meter zu einer Wiese hinab und nun am Südrücken des Krummbachsteins teils über Wiesen, teils durch Wald wieder aufwärts. Das Terrain wird hier felsiger, der Weg bleibt aber unschwierig. Schließlich erreichen wir den aussichtsreichen Gipfel des **Krummbachsteins ❸**.

Auf dem Anstiegsweg wieder zum **Naturfreundehaus Knofeleben ❷** zurück. Nun auf gelb (und rot) markiertem Weg Richtung Eng und Payerbach (Weg 834). Zuerst auf einem Forstweg über die Knofelebenwiese. An deren östlichen Ende weist uns ein Wegweiser (Richtung Eng) rechts auf einen Steig durch einen schönen Wald (anfangs viele Lärchen) mit kleinen Lichtungen. Kurz auf einem Forstweg, dann links auf einen Steig (Markierungsplatte und Pflockmarkierung), der durch etwas finsteren Fichtenwald in den Grabengrund des Promischkagrabens (auch Mitterberggraben) hinunterführt.

Im Graben bald auf einem Forstweg, später wieder auf einem Steig. Auf 920 m Höhe wird das Gelände alpiner – Felswände begrenzen nun den Graben, die **Eng** beginnt. Etwas weiter unten vereinigt sich der Mitterberggraben mit dem Lackabodengraben (ab hier nur mehr rot markiert), und wir treffen auf einen rekonstruierten Abschnitt der Holzriese.

Die Felsfluchten links und rechts des Grabens werden nun deutlich höher, zum Teil sind die Wände senkrecht oder überhängend, auch einige Höhlen und Halbhöhlen sind zu sehen. In

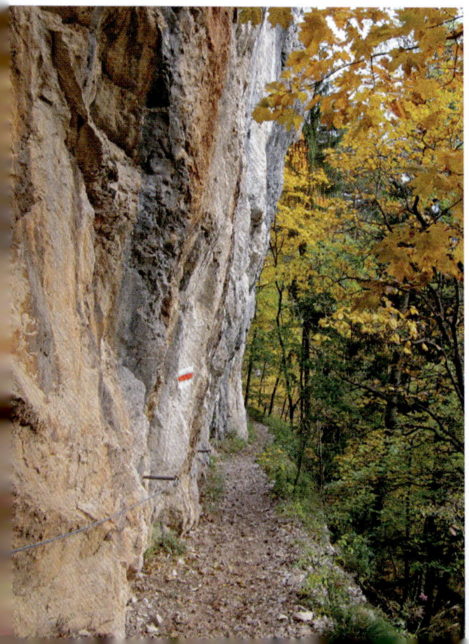

Mariensteig.

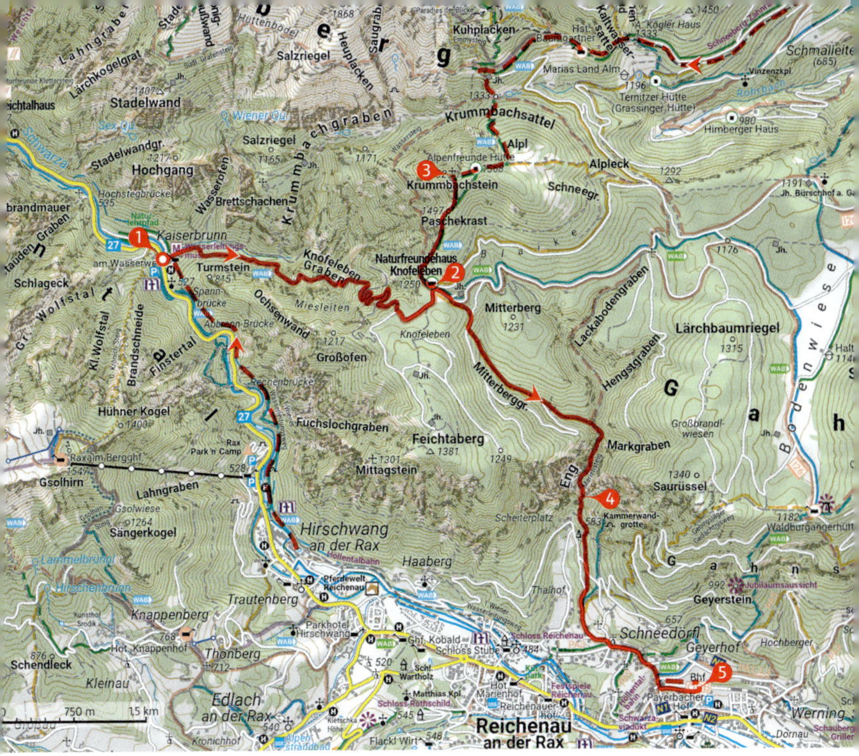

weiterer Folge erreichen wir den **Mariensteig** ❹, einen mit einem Drahtseil gesicherten Weg, der auf der linken Seite des Grabens in den Fels gehauen ist. Im unteren Teil an einer mächtigen, senkrechten Felswand entlang. Bald ist das Steigende erreicht (Marienbilder). Nun wieder auf einem Waldweg talwärts, zumeist nur mit leichtem Gefälle. Schließlich 30 m auf einer Forststraße, dann rechts zu einer tieferen Forststraße hinunter.

Wir passieren ein Forsthaus der Stadt Wien (ehemalige Villa Waldhütte), wandern auf dem asphaltierten Schneebergweg an der Villa Bergfried, wenig später an der über 450 Jahre alten Sommereiche vorbei zu den Häusern des Weilers **Schneedörfl** und geradeaus weiter auf der Schneedörflstraße durch den Ort. Nach einer kurzen Gegensteigung beim Waldschlössl beginnt die Straße wieder zu fallen und wendet sich nach links. Hier leicht rechts haltend auf einen Steig Richtung Bahnhof Payerbach (Wegweiser). An einem gelben Haus vorbei talwärts (einige Laternen). Zwischen Wiesen weiter absteigend zu einem Wäldchen (links ein weiteres gelbes Haus) und auf einem Güterweg zur asphaltierten Geyerhofstraße hinunter, in die wir nach rechts einbiegen. Vor uns liegt nun schon der Bahnhof **Payerbach-Reichenau**. Nun entweder scharf links über den Bahnhofplatz direkt zu den Bahnsteigen oder durch eine Unterführung unterhalb der Südbahntrasse hindurch (Geyerhof-Durchlass) und dann links auf einen leicht steigenden, asphaltierten Fußweg und über den Bahnhofsparkplatz zum **Bahnhofsgebäude** ❺.

23 Weichtalklamm und Kienthalerhütte, 1380 m

Aus dem Höllental

4.45 Std. | 8,1 km | ↗ 850 m | ↘ 850 m

Wildromantische Klamm, gemütliche Hütte

Die Weichtalklamm ist zweifellos die eindruckvollste Felsschlucht im Osten Österreichs. Sie ist »einer der absoluten landschaftlichen Höhepunkte und eine der Hauptattraktionen des Höllentals« – so charakterisieren die bekannten Alpinautoren Szépfalusi und Kriz in ihrem Standardwerk »Bergerlebnis Schneeberg + Rax« dieses landschaftliche Kleinod sehr treffend. Insgesamt sechs Engstellen weist diese Trockenklamm auf, die nach Regenfällen oder während der Schneeschmelze abschnittsweise auch etwas wasserführend ist. An ihren engsten Stellen ist sie nur 2–3 Meter breit, die steilen, oft senkrechten oder sogar leicht überhängenden Wände ragen bis zu 60 Meter über dem Grund der Schlucht empor. Durch die Klamm führt ein Steig, der einige kleinere Steilstufen mit Leitern, Ketten, Trittbügeln, Griffen und in den Fels gehauenen Stufen überwindet und nur mäßig schwierig ist, aber doch ein Mindestmaß an Klettergewandtheit erfordert. Vom Ausstieg aus der Schlucht steigen wir zur Kienthalerhütte auf. Diese kleine, ursprünglich gebliebene Berghütte wird während der Wandersaison an Wochenenden von den Mitgliedern der ÖTK-Sektion »Alpine Gesellschaft D'Kienthaler« einfach, aber sehr freundlich bewirtschaftet. Der Abstieg erfolgt über den angenehm trassierten Ferdinand-Mayr-Steig.

Herbstliche Weichtalklamm.

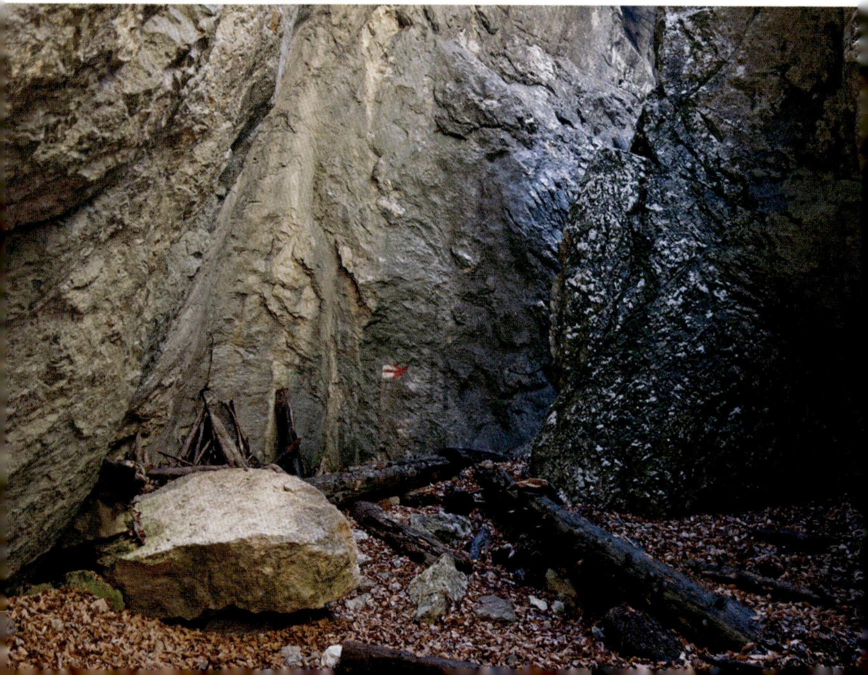

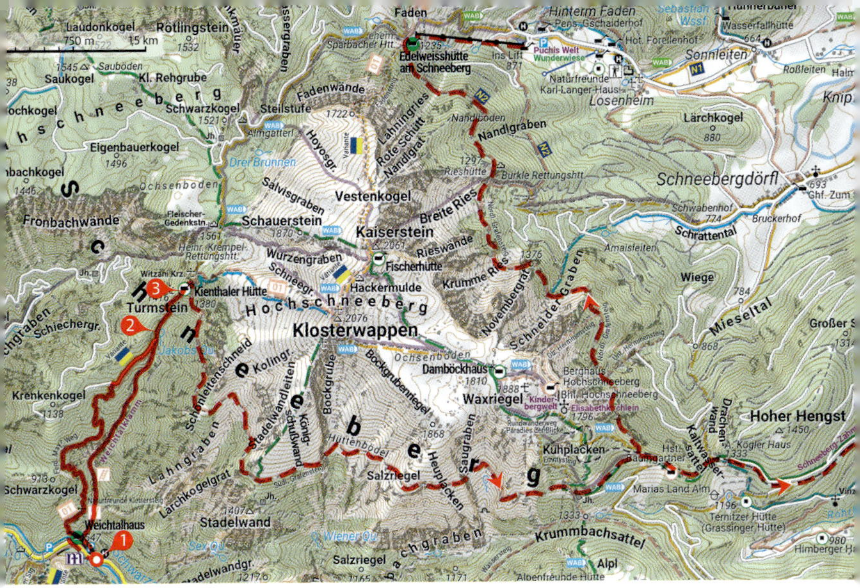

Ausgangs- und Endpunkt: Bushaltestelle Höllental Abzw. Weichtalhaus, 543 m.

Anfahrt: Auf der Südbahnstrecke über Wiener Neustadt nach Payerbach-Reichenau, weiter mit Bus 341. Eine Frühverbindung. Dauer: 1.30–1.40 Std.

Rückfahrt: Bus 341 nach Payerbach-Reichenau, weiter auf der Südbahnstrecke über Wiener Neustadt. Verbindungen bis am späten Nachmittag; Mo–Fr zwei Rückreisemöglichkeiten, Sa/So/Fei eine Verbindung. Dauer: 1.30–1.40 Std.

Anforderungen: Mittellange, insgesamt durchaus fordernde Tagestour. Alpine Erfahrung vorteilhaft. Weichtalklamm: Klettersteig A/B. Steinschlaghelm, Klettersteigset für weniger Geübte ratsam. Ansonsten Gehgelände. Im Winter ist die Klamm vereist (oft auch die Versicherungen). Dann sind Steigeisen und Eispickel unabdingbar.

Einkehr/Übernachtung: **Weichtalhaus**, in den Sommerferien durchgehend, Anf. Mai–Ende Juni sowie Anf. Sept.–Anf. Nov. Do–Mo geöffnet, im Winter geschlossen (außer für vorangemeldete Gruppen), Tel. +43/2666/521 34, weichtalhaus.naturfreunde.at, weichtalhaus.at; 26 B., 48 L. – **Kienthalerhütte**, einfach bewirtschaftet von Ostern bis 1. Nov., jeweils Sa 11–So 16 Uhr und an Fei 9–16 Uhr, Tel. +43/680/140 68 12, kienthaler.at; 7 B, 23 L.

Variante: **Zwei-Tages-Tour** mit Nächtigung auf der **Kienthalerhütte**, am 2. Tag über den Südlichen Grafensteig zur Station Baumgartner (Zahnradbahn, Tickets vorab im Internet kaufen, siehe Tour 21) oder noch weiter über den Nördlichen Grafensteig bis zur Edelweißhütte (Sesselbahn, Rückfahrt mit Bus von Losenheim, siehe Tour 20). Auf den Grafensteigen etliche Zwischenan- und -abstiege, kurze schrofige Abschnitte (Trittsicherheit).

Tipps: In den Sommermonaten zum Weichtalhaus auch per RUFbus Semmering-Rax (Tel. +43/660/900 88 22, semmering-rax.com/rufbus). – Besteigung des Turmsteins von der Kienthalerhütte: Klettersteig B/C (teilweise auch als C eingestuft), 25 m Felshöhe, ca. 30 Min.

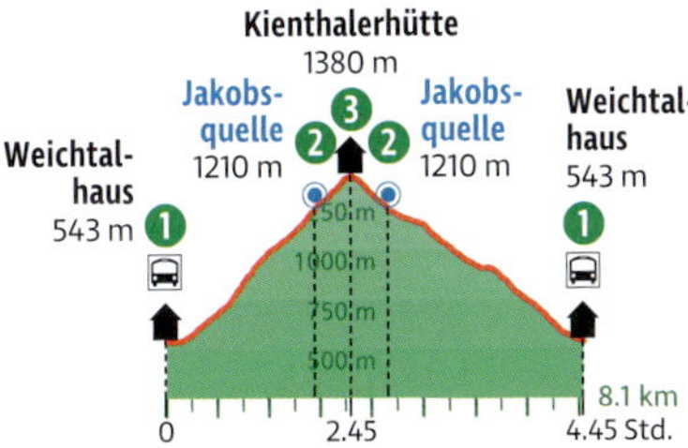

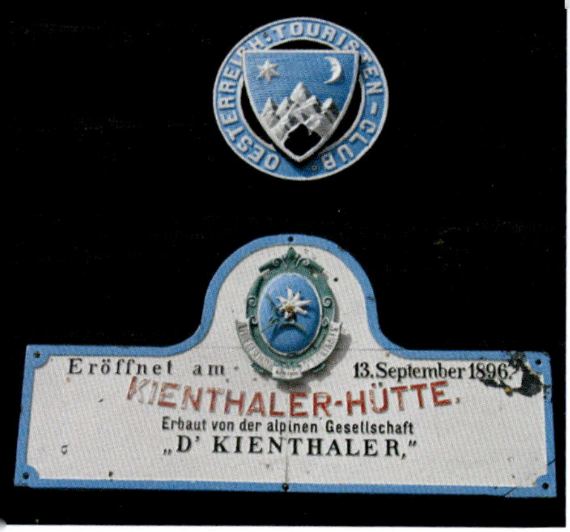

Von der Bushaltestelle **Weichtalhaus** ❶ zuerst Richtung Weichtalhaus. Vor der Hütte ins Weichtal. Am Beginn links eine Quelle und ein Klettersteig-Garten. Über eine erste felsige, mit einer Eisenkette gesicherte Passage (Felsaufschrift »Klamm«) in den bewaldeten Graben des Weichtals hinein. Das Tal teilt sich, weiter im linken Ast. Im Grabengrund einige kurze steinige Wegpassagen. Der Steig ist abschnittsweise nur spärlich rot markiert, aber nicht zu verfehlen. Bald rücken die Felswände immer enger zusammen. Durch mehrere, teils gewundene Engstellen weiter aufwärts. Versicherungen erleichtern den Aufstieg. Zwischendurch weitet sich das Tal (Gehgelände). Im obersten Teil der Klamm unter zwei Klemmblöcken hindurch.

Schließlich auf etwa 1180 m Höhe zu einem Forstweg, auf dem von links der Ferdinand-Mayr-Steig (unser späterer Abstiegsweg) einmündet. Über den Forstweg und auf dem gelb markierten Steig (auch einige rote Markierungszeichen) weiter aufwärts. An einer Felswand mit zwei Gedenktafeln und kurz darauf an der **Jakobsquelle** ❷ vorbei.

Weiter durch einen Graben, der sich etwa 200 m nach der Quelle teilt, bergwärts. In den linken Ast und gleich darauf neuerlich links in die Flanke des Rückens, der vom Turmstein nach Südwesten herunterzieht. In lichtem Buchenwald auf diesen Rücken hinauf. Auf dem Rücken weiter bergwärts, rechts am Turmstein vorbei zur **Kienthalerhütte** ❸, dem höchsten Punkt unserer Wanderung – sofern wir nicht noch den kurzen, aber anspruchsvollen Klettersteig auf den Turmstein, 1416 m, in Angriff nehmen.

Von der Hütte geht es etwa 200 Hm auf dem Anstiegsweg bis zu dem Forstweg hinunter, den wir im Aufstieg gequert haben. Hier rechts (Wegweiser Weichtalhaus, gelb und stellenweise auch rot markiert). Nach einigen Gehminuten wendet sich der Forstweg nach rechts, der **Ferdinand-Mayr-Steig** jedoch führt geradeaus weiter und zieht in Kehren durch Hochwald talwärts, weiter unten in jungen dichten Fichtenforst, zweimal einen Graben berührend. Dann an einem Abbruch entlang (Pfeiffer-Kreuz) und auf etwa 920 m durch die Südostflanke des Krenkenkogels.

Vor dem Schwarzkogel wieder links und in Kehren talwärts, auf ca. 770 m Höhe eine neuerliche, leicht fallende Querung durch die Schwarzkogel-Ostflanke. Fast der gesamte Abstieg ist bewaldet. Am Innthaler-Kreuz vorbei und – zuletzt noch einmal über Kehren – ins Höllental hinunter, bei einer Verzweigung links, zum Weichtalhaus und weiter zur Höllental-Straße. Hier scharf rechts, auf der Straße über die Brücke zur Bushaltestelle **Weichtalhaus** ❶ in Fahrtrichtung Payerbach-Reichenau.

Alternativ dazu bei der Verzweigung oberhalb des Weichtalhauses gerade hinunter ins Höllental, auf einem Steg über die Schwarza, nach links in die Höllental-Straße und talauswärts bis zur Bushaltestelle.

Preintalersteig und Teufelsbadstube

Im Großen Höllental

24

5.30 Std. | 6,3 km | ↗720 m | ↘720 m

Zwei Felsensteige durch die Loswand

Das Große Höllental im Nordosten der Rax ist der alpinste Talkessel am östlichen Rand des Alpenbogens. Mehrere Hundert Meter ragen die Wandfluchten auf beiden Seiten dieses Felskessels auf; im Westen ist es die Klobenwand, die das Große Höllental begrenzt, im Osten die Loswand. Durch diese führen zwei Steige, die sich zu einer attraktiven und durchaus anspruchsvollen Runde verbinden lassen. Der nicht versicherte Preintalersteig verläuft durch den vorderen Abschnitt der Loswand. Er wird zwar eher wenig begangen, ist aber landschaftlich äußerst eindrucksvoll und hat einige anregende Kletterstellen zu bieten. Der Teufelsbadstubensteig, unser Abstiegsweg, folgt einem alten Jagdsteig durch den hinteren Teil der Loswand, an einigen Stellen mit Leitern, Haltegriffen, Eisenstiften und Stahlseilen versichert. Der Durchstieg durch die Teufelsbadstube, eine kleine Halbhöhle, die im Abstieg über ein ausgesetztes Band erreicht und über eine längere, fast senkrechte Leiter wieder verlassen wird, sowie der wilde Teufelsbadstubenkessel, an dessen unterem Rand der Steig entlangführt, sind zwei besonders faszinierende Höhepunkte. Beide Steige sind klassische alpine Routen. Der Preintalersteig wurde in den 1880er-Jahren vom Erschließer der Schladminger Tauern Hans Wödl erstbegangen, die Teufelsbadstube in den 90er-Jahren des 19. Jahrhunderts vom Österreichischen Touristenklub versichert.

Tiefblick ins Große Höllental.

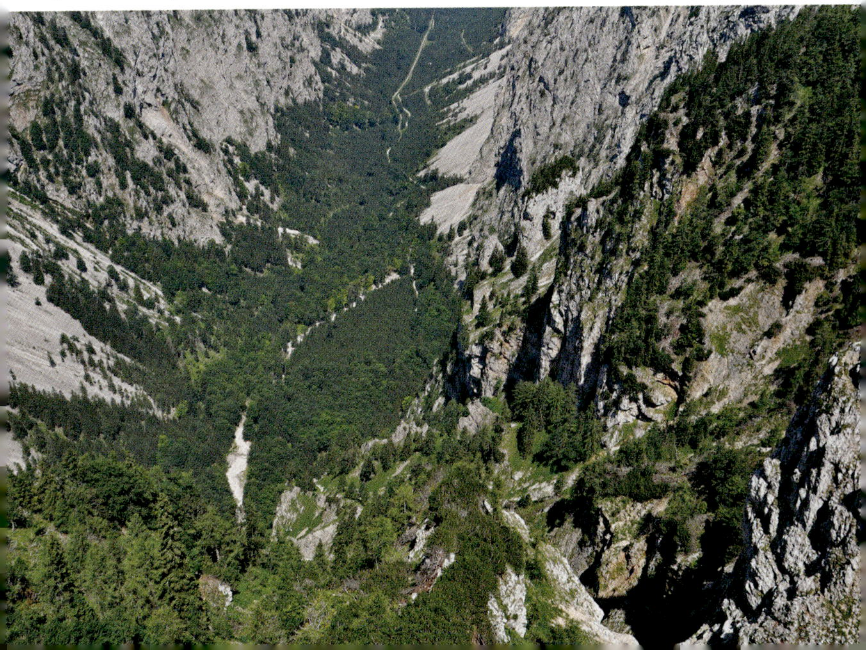

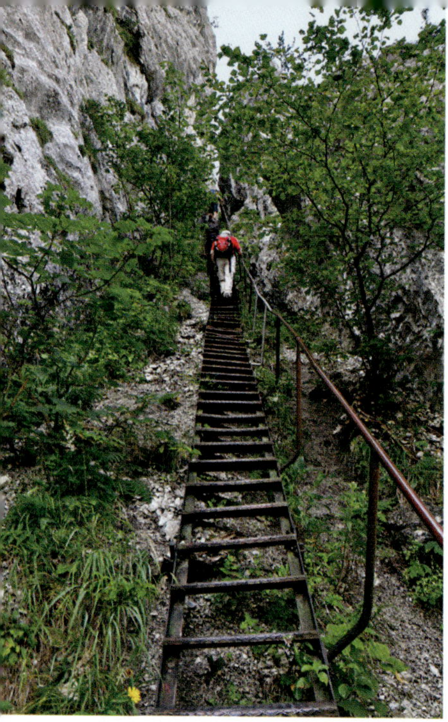

Schönbrunner Stiege.

Ausgangs- und Endpunkt: Bushaltestelle Höllental Abzw. Weichtalhaus, 543 m.

Anfahrt: Wie Tour 23.

Rückfahrt: Wie Tour 23.

Anforderungen: Mittellange Tour. Preintalersteig: Stellen I und I+; Trittsicherheit, Schwindelfreiheit, Orientierungsvermögen, Erfahrung in alpinem Gelände; Helm. Teufelsbadstubensteig: Klettersteig A/B; Klettersteigset sehr ratsam, Helm. Ansonsten Gehgelände.

Einkehr/Übernachtung: **Weichtalhaus**, siehe Tour 23.

Variante: Etwas leichter ist die Kombination von Teufelsbadstubensteig (Aufstieg) und Wachthüttelkamm (Abstieg, Klettersteig A, blau markiert).

Tipp: Ebenfalls sehr lohnend: Aufstieg über Teufelsbadstuben- oder Preintalersteig, weiter über den oberen Wachthüttelkamm zum Ottohaus, Abstieg über Brandschneide oder Törlweg oder Talfahrt mit der Raxseilbahn (siehe Tour 30).

Von der Bushaltestelle **Weichtalhaus ❶** zur Hütte. Über ihre Terrasse zu einem Steg über die Schwarza. Nun rechts auf die Höllental-Straße. Nach ca. 300 m, kurz vor einer Lawinengalerie, nach links auf einen rot markierten Steig Richtung Großes Höllental. Zwei Abzweigungen zum Wachthüttelsteig bleiben links liegen, erste Kettensicherungen helfen über eine unschwierige, aber etwas felsige Passage hinweg. In einigen Minuten zur ca. 50 m langen Schönbrunner Stiege, über diese hinauf ins Große Höllental.

100 Schritte nach einem markanten Felsblock rechts des Weges zweigt dort, wo der Steig ins Große Höllental leicht nach rechts zu ziehen beginnt, der **Zustieg zum Preintalersteig ❷** – unmarkiert, aber klar erkennbar – nach links ab. In Kehren etwa 25 Hm zum Fuß der Loswand (ab hier Helm!). Nun rechts haltend und auf guten Steigspuren am Wandfuß entlang, am Einstieg zum Blechmauernsteig vorbei. Wir passieren mehrere Gedenktafeln. Auf etwa 750 m zuerst noch etwas ansteigend rechts in die Schuttflanke hinaus. Zu einem Felsblock (Aufschrift »Preintaler«, ab hier rote Markierungen). Nun etwas absteigend unterhalb eines Wandvorbaus in einen zweiten Kessel. Nahe am Wandfuß über Schotter recht mühsam wieder aufwärts, bis fast in den obersten Winkel des Kessels. Hier wenden sich die Steigspuren oberhalb einiger alter Eisenstangen nach links zum Einstieg des **Preintalersteiges ❸** auf etwa 835 m Höhe (»PR« in roter Farbe auf einem Felsen, bereits einige Meter weiter unten neuerlich »Preintaler«).

Zuerst über eine Rampe zu einem Kamin (erste Schlüsselstelle, einige abgeschmierte Griffe und Tritte). Wir überqueren eine Felsrippe und erreichen Gehgelände, das mit kurzen, nicht sonderlich schwierigen Kletterstellen durchsetzt ist. Über eine schrofige, teils schottrige Flanke weiter aufwärts – zuletzt unterhalb einer Wand querend (Steigbuchkassette) – in eine Schlucht und durch diese in den Sattel östlich des Preintalerturms. Hier links und über eine Wand (zweite Schlüsselstelle) zu einem Schotterhang hinauf (Ende der Kletterpassagen). Nun durch Wald aufwärts auf einen felsigen Rücken auf ca. 1220 m Höhe.

Bei einer **Wegkreuzung** 4 führt halb links ein Pfad zum Wachthüttelkamm hinauf, während rechts der Steig zur Teufelsbadstube abzweigt. Wir wählen den Teufelsbadstubensteig, der landschaftlich besonders eindrucksvoll, aber auch etwas anspruchsvoller als der Abstieg über den Wachthüttelkamm ist. Von einer Felskanzel nahe der Wegkreuzung prächtige Tiefblicke ins Große Höllental.

Nun auf Serpentinen in einen Kessel hinab und über eine Schotterrinne (Versicherungen). Durch den Kessel hinunter und diesen schließlich nach links verlassend. Unter einer mächtigen Felswand in eine Rinne (Versicherungen), die den weiteren Abstieg vermittelt. Zu einer Rippe, von der wir steil und zunehmend ausgesetzt zu einem Band absteigen und so eine Halbhöhle, die **Teufelsbadstube**, erreichen. Von hier über eine längere Leiter zu einer Rinne hinunter (Steigbuch links in einer Felsnische) und über diese zu einem längeren Quergang (Gegensteigung) am unteren Rand des Teufelsbadstubenkessels. Nun durch eine kaminartige Rinne (Versicherungen), deren steilster Abschnitt durch eine Leiter entschärft ist. Die Rinne geht über in ein felsiges Band, über das wir anfangs recht ausgesetzt bis zum unteren **Einstieg des Steiges** 5 absteigen.

Auf gutem Pfad über ein mit einigen Büschen und Bäumen bestandenes Schuttfeld weiter abwärts, schon bald in einen Hochwald. Hier rechts, an mächtigen Felsblöcken vorbei. Auf etwa 840 m auf den **Wanderweg** 6, hier Forstweg, der durch den Talgrund des Großen Höllentals verläuft, auf ihm weiter abwärts. Auf etwa 660 m Höhe nur mehr leicht fallend, dann eben in die rechte Flanke des Großen Höllentals. Kurz vor der Schönbrunner Stiege treffen wir auf die **Abzweigung** 2, bei der wir im Aufstieg Richtung Preintalersteig abgebogen sind. Nun auf bekanntem Weg zur **Höllental-Straße** und zuletzt etwa 5 Min. talauswärts zur Bushaltestelle **Weichtalhaus** 7.

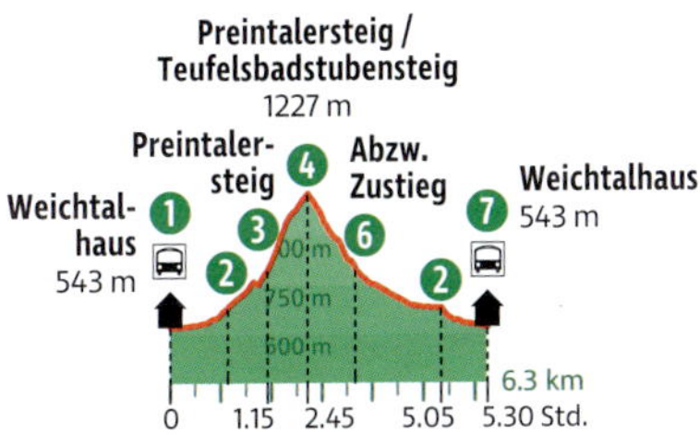

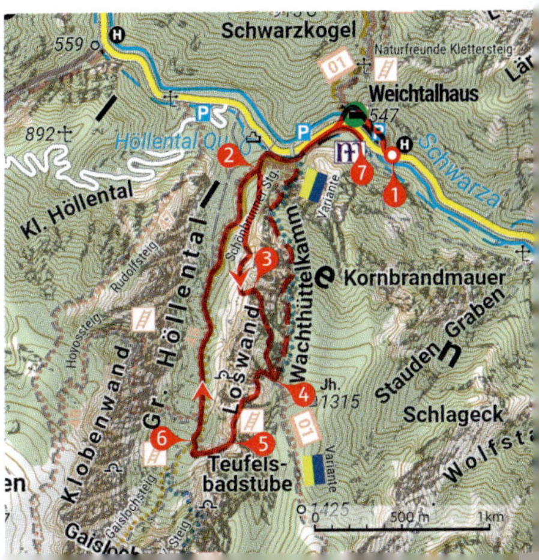

25 Alpenvereinssteig und Gaislochsteig

Vom Weichtalhaus

6.45 Std. | 11,3 km | ↗1110 m | ↘1110 m

Klettersteigklassiker im Großen Höllental

Die hier vorgestellte Runde verbindet zwei traditionsreiche Klettersteige im Großen Höllental, den Alpenvereinssteig und den Gaislochsteig. Der Alpenvereinssteig führt aus dem hinteren Teil des Großen Höllentals hinauf zur Höllentalaussicht. Eine imposante, aus fünf Teilstücken bestehende Leiter überwindet gleich am Beginn des Steiges eine 50 m hohe Felswand. Diese ausgesetzte Einstiegspassage, etliche weitere versicherte Kletterstellen, fast durchgehendes, oft schrofiges Steilgelände und beachtliche 640 Höhenmeter machen den Alpenvereinssteig zu einer anspruchsvollen alpinen Unternehmung. Die Höllentalaussicht ist ein prächtiger Aussichtspunkt – für Fritz Benesch, den wichtigsten Erschließer der Rax, überhaupt der schönste Punkt der gesamten Raxalpe. Der Kontrast zwischen den steilen Felsfluchten des Großen Höllentals und den sanften Rax-Hochflächen ist beeindruckend. Aber auch die Wegstrecke über die Hochfläche bietet hochalpines Ambiente – die Lechnermauern, ein einsames, weil etwas entlegenes Klettergebiet auf der Raxalpe, zeigen sich hier aus einer besonders schönen Perspektive. Über den Gaislochsteig steigen wir in den Talschluss des Großen Höllentals ab. Dieser Steig folgt einem uralten Holzfällersteig und passiert das Gaisloch, eine sehenswerte Halbhöhle. Unsere Tour klingt dort aus, wo sie begonnen hat: im Talboden des Großen Höllentals.

Ausgangs- und Endpunkt: Bushaltestelle Höllental Abzw. Weichtalhaus, 543 m.
Anfahrt: Wie Tour 23.
Rückfahrt: Wie Tour 23.
Anforderungen: AV-Steig Klettersteig Schwierigkeitsstufe B (Schlüsselstelle: 50 m hohe Felswand im untersten Teil des Steiges, die mittels eines Leitersystems – technisch nicht sehr schwierig, aber ausgesetzt – überwunden wird), Gaislochsteig Schwierigkeitsgrad A/B. Absolute Trittsicherheit und Schwindelfreiheit erforderlich. Klettersteigset und Steinschlaghelm. Abseits der versicherten Passagen und der Schönbrunner Stiege Gehgelände. Altschneereste bis etwa Ende Mai. Die Rinne, durch die der Gaislochsteig verläuft, ist wasserführend und in der kalten Jahreszeit vereist (nur mit Eiskletterausrüstung begehbar!).

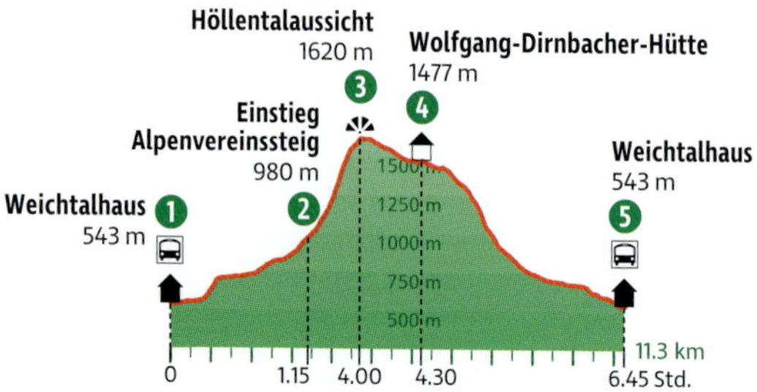

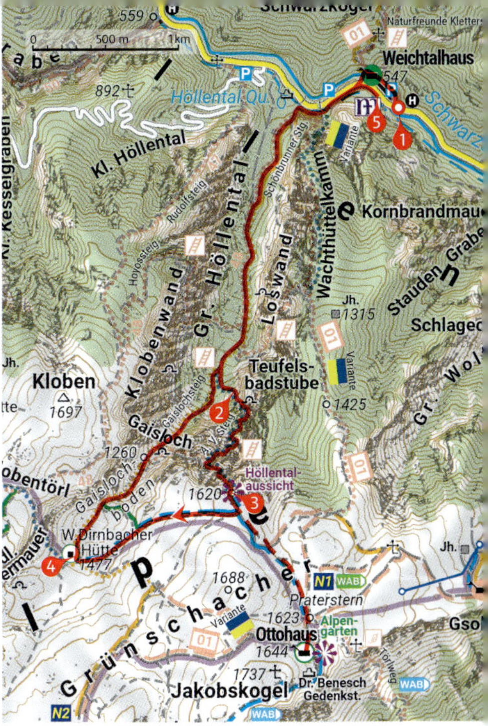

Einkehr/Übernachtung: Weichtalhaus, siehe Tour 23. – **Ottohaus** (etwa 20 Gehminuten von der Höllentalaussicht entfernt), siehe Tour 30. – **Wolfgang-Dirnbacher-Hütte**, ganzjährig offene, nicht bewirtschaftete Unterstandshütte.

Variante: Von der Höllentalaussicht Abstecher zum Ottohaus.

Tipps: Alternative Abstiege ab Ottohaus: Wachthüttelkamm (Tour 24, Variante) bzw. Törlweg, Brandschneide oder Talfahrt mit der Raxseilbahn (alle: Tour 30). Rückfahrt jeweils mit Bus 341 (Törlweg: bei Abstieg nach Edlach mit Bus 342).

Von der Bushaltestelle **Weichtalhaus ❶** – wie bei Tour 24 – den gelben Markierungen folgend ins Große Höllental. Auf dem markierten Steig taleinwärts, die Abzweigungen zum Hoyossteig und zum Teufelsbadstubensteig bleiben rechts bzw. links liegen. Vor einem breiten Schuttbett erreichen wir auf etwa 880 m Höhe eine Weggabelung; der linke Wegast (blau markiert) zieht zum Einstieg des Alpenvereinssteigs, der rechte – das Schuttbett querend – zum Gaisloch (gelb) hinauf (unser späterer Abstiegsweg).

Über eine schuttbedeckte Flanke zum **Einstieg des Alpenvereinssteiges ❷** auf etwa 980 m Höhe am Fuß einer ca. 50 m hohen Felswand. Über diese Wand führt eine mehrteilige steile Leiter, die sich treppenartig nach links und rechts wendet. Über eine zweite kürzere Leiter auf einen Rücken und weiter im Zickzack zu einer Felswand hinauf. Unterhalb der Wand nach rechts (kleintrittige Felspassage, seilversichert) zu einem weiteren Rücken, nun über kleine Kehren weiter aufwärts.

Es folgt ein zweiter Quergang nach rechts durch einen kleinen Kessel (Seil, Eisentritte). Nun neuerlich unterhalb einer Felswand aufwärts, über eine felsige Rinne und wieder in kleinen Kehren weiter hinauf. Erneut wendet sich der Steig nach rechts, über eine relativ schmale und stellenweise abdrängende Rampe (Seil, Eisentritte) steigen wir weiter auf. Von rechts mündet der **Gustav-Jahn-Steig** ein. Über eine Leiter erklimmen wir die Söldnerwand, in einer Felsnische, der Elsarast, die Steigbuchkassette. Der Steig zieht nun nach rechts hinauf (anfangs noch versichert), wendet sich dann aber nach links auf einen Rücken. Wir steigen einige Höhenmeter in eine Rinne ab, die wir queren. Unser Weg steigt nun wieder an und zieht bald unter einer Felswand nach links hinauf (Seil). In einer schwach ausgeprägten Rinne weiter hinauf; der Ausstieg ist nun bereits in Sichtweite. In einem Rechts-, dann in einem

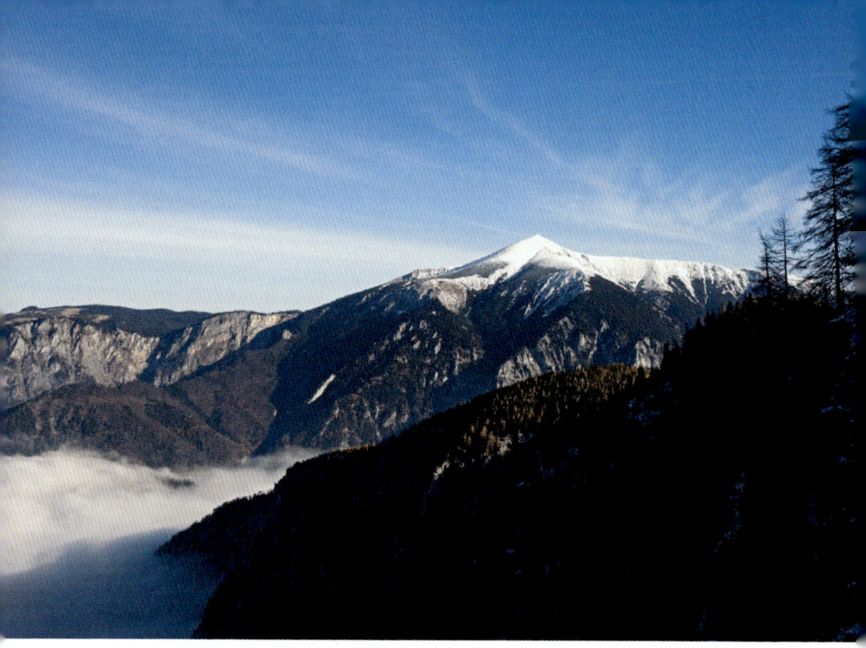

Blick vom Alpenvereinssteig zum Schneeberg.

Linksbogen, zuletzt noch einmal über eine kurze felsige Passage (Seil) bei der **Höllentalaussicht ❸** auf das Raxplateau.

Nun etwa 2–3 Min. eben über Bergwiesen Richtung Ottohaus (weiter blau markiert) bis zu einer Weggabelung, hier rechts Richtung Wolfgang-Dirnbacher-Hütte (blau). Zuerst über Wiesen, dann durch Wald auf die Lechnermauern zu. Bei einer Verzweigung geradeaus weiter. Von links mündet der Weg von der Neuen Seehütte ein, wenig später erreichen wir neuerlich eine Weggabelung. Von hier kurzer Abstecher zur **Wolfgang-Dirnbacher-Hütte ❹**, mit schönem Blick zu den Lechnermauern.

Zur Weggabelung zurück und nun weiter in Richtung Gaislochsteig (ab hier gelb). Durch den Gaislochboden abwärts. Auf etwa 1270 m Höhe erreichen wir eine Steilstufe, durch die eine felsige Rinne abwärts zieht. Durch diese wasserführende Rinne seilversichert und über mehrere Leitern **(Gaislochsteig)** weiter abwärts. In den Fels gehauene Stufen erleichtern den in diesem Abschnitt anspruchsvollen, weil steilen und nassen Abstieg. Von einer kurzen, fast senkrechten Leiter ausgesetzt nach rechts auf eine nur mehr moderat abwärts geneigte, stegartige Leiter (Seilversicherung) und in eine Halbhöhle (Gaisloch), dann durch eine teils felsige, teils erdige Rinne in den hintersten Talgrund des Großen Höllentals hinab. Über eine schottrige Flanke in etlichen Kehren in den Wald, in diesem weiter abwärts.

Wir stoßen auf das Schuttbett, das wir bereits im Aufstieg berührt haben, queren es und gelangen so zu der Kreuzung, auf der wir einige Stunden zuvor Richtung Alpenvereinssteig abgezweigt sind. Der weitere Abstiegsweg folgt dem Anstiegsweg. Zuletzt auf der Höllental-Straße etwa 5 Min. talauswärts zur Bushaltestelle beim **Weichtalhaus ❺**.

Scheibwaldhöhe und Dreimarkstein, 1948 m

Vom Höllental zum Preiner Gscheid

7.00 Std. | 15,4 km | ↗1460 m | ↘950 m

Ausgiebige Wanderung über die Hochfläche der Rax

Der einfachste Aufstieg aus dem Höllental auf die Rax verläuft durch den Großen Kesselgraben. Landschaftlich ist dieser bewaldete, stellenweise auch felsdurchsetzte Graben der erste Höhepunkt unserer Tour. Bei der Gloggnitzer Hütte erreichen wir die Hochfläche der Raxalpe. Nun wandern wir über Bergwiesen, durch Latschenfelder und im alpinen Ödland. Wir überschreiten die Scheibwaldhöhe und den Dreimarkstein. Der Blick reicht im Südwesten bis zu den Seetaler Alpen und den Seckauer Tauern. Im Westen schauen wir über Hunderte Gipfel der niederösterreichisch-steirischen Kalkalpen bis zum 160 Kilometer entfernten Dachstein und zum Toten Gebirge. Im Nordosten dominiert der solitär aufragende Schneeberg. Am steinernen »Raxschiff«, das 1996 im Rahmen einer Kunstaktion errichtet wurde, queren wir zum Waxriegel hinüber. Über diesen aussichtsreichen Rücken steigen wir zum gastlichen Waxriegelhaus und weiter zum Preiner Gscheid ab. Auf dieser Streckenwanderung steht das Gehen, das Durchmessen der Weite der Raxalpe im Vordergrund. Immer wieder haben wir Felsgelände im Blick – wie etwa vom Waxriegel die eindrucksvollen Wandfluchten der Preinerwand und des Predigtstuhls –, unsere Route aber führt ausschließlich durch Gehgelände, zumeist auf gut trassierten Wegen und Steigen.

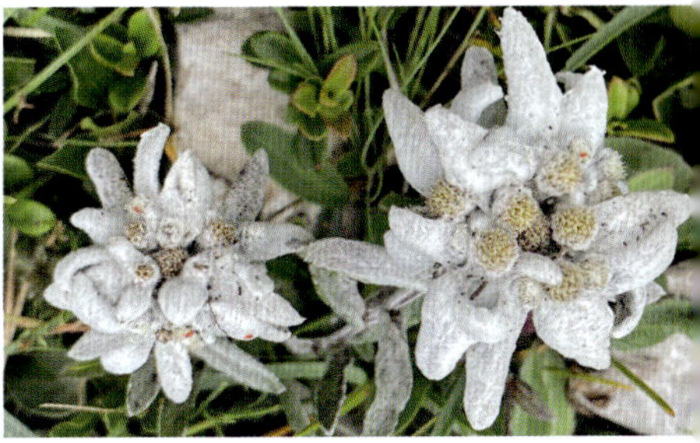

Foto unten: Rax-Hochfläche und Schneeberg. – Oben: Edelweiß.

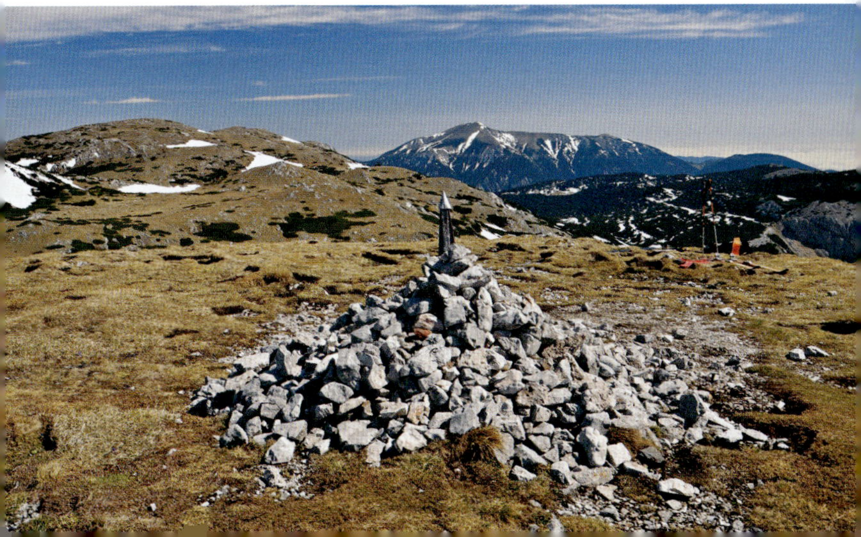

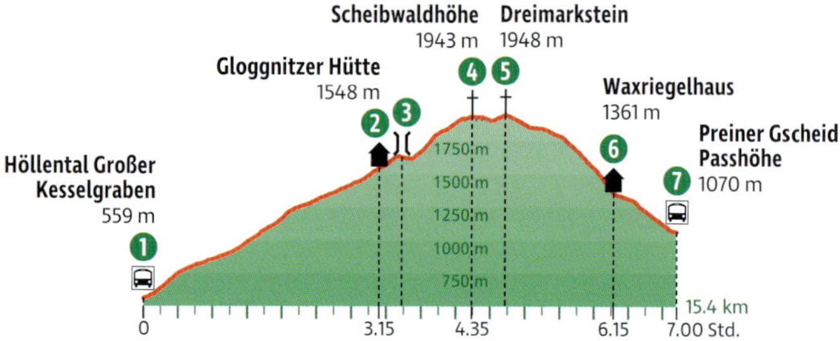

Ausgangspunkt: Bushaltestelle Höllental Großer Kesselgraben, 559 m.
Anfahrt: Auf der Südbahnstrecke über Wiener Neustadt nach Payerbach-Reichenau, weiter mit Bus 341. Eine Frühverbindung. Dauer: 1.35–1.45 Std.
Endpunkt: Bushaltestelle Preiner Gscheid Passhöhe, 1070 m.
Rückfahrt: Bus 342 (Saisonverkehr: 2. Sa im April–1.11.) nach Payerbach-Reichenau, weiter auf der Südbahnstrecke. Zwei Verbindungen am Nachmittag. Dauer: 1.40–1.50 Std.
Anforderungen: Längere Tagestour. Keine steilen Anstiege, keine Kletterstellen. Nur bei gutem Wetter ratsam.
Einkehr/Übernachtung: **Gloggnitzer Hütte**, Sa (ab ca. 12 Uhr), So und Fei einfach bewirtschaftet (außer Mitte Nov.–Anf. Mai), Tel. +43/2662/429 62 (Tal), alpenverein.at/gloggnitzerhuette; 22 L. – **Waxriegelhaus**, kein Ruhetag, Tel. +43/2665/237, waxriegelhaus.naturfreunde.at; 27 B, 30 L. – Am Preiner Gscheid: Edelweißhütte.
Tipp: Vom Waxriegelhaus auch über die Helenenquelle zum Preiner Gscheid hinunter.

Von der Bushaltestelle **Höllental Großer Kesselgraben** ❶ auf rot markiertem Steig in den Großen Kesselgraben (Durchlass, Wegweiser zur Gloggnitzer Hütte). Zunächst im Talboden leicht ansteigend aufwärts. Unser Steig zieht zwischen steilen, bewaldeten Grabenflanken dahin, stellenweise reichen Felswände bis in den Grabengrund hinunter. Auf knapp 1000 m Höhe vorübergehend auf zwei Kehren in die linke Grabenflanke. Schon bald wieder in den Grabengrund und weiter taleinwärts. Ein weiteres Steilstück wird in der rechten Grabenflanke umgan-

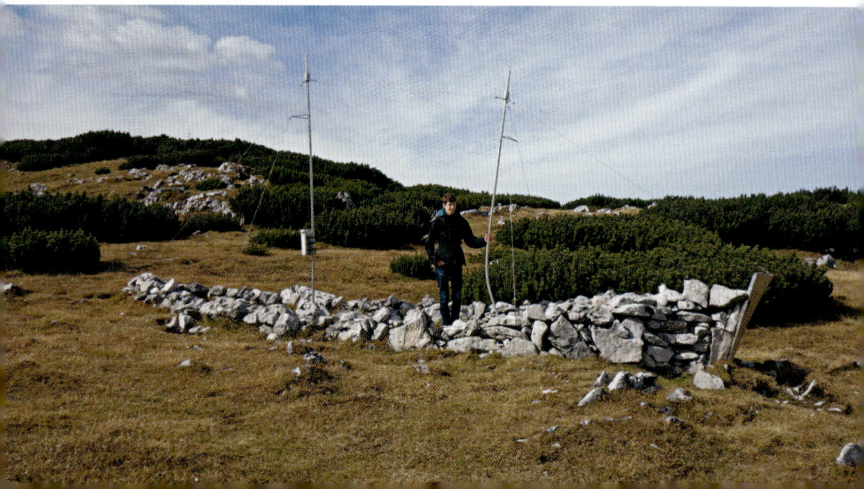

gen. Dann wieder in den Grabengrund, aber schon bald ein wenig nach rechts auf einen Fahrweg, der den weiteren Aufstieg bis zu einem Güterweg vermittelt. Auf diesem ca. 60 m Meter nach rechts, dann auf einen Steig nach links in den Wald hinauf (Wegweiser, Markierungen). Nun durch Hochwald und über einige Lichtungen weiter aufwärts. Schließlich auf eine Wiese hinaus zur **Gloggnitzer Hütte ❷**.

Von der Hütte weiter auf rot markiertem Steig Richtung Klobentörl. Auf einer Wiese bis zum **Klobentörl ❸**. Bei einer Weggabelung nach links, bei einer zweiten Wegkreuzung nach rechts Richtung Scheibwaldhöhe (ab hier grün markiert). Die auf dem Wegweiser angegebenen 1.30 Std. bis zum Gipfel sind großzügig bemessen: In etwa 1 Std. steigen wir durch den Latschengürtel, zuletzt durch hochalpines Ödland zur **Scheibwaldhöhe ❹** auf. Über die Hochfläche zum nahen **Dreimarkstein ❺** hinüber. Von beiden Gipfeln umfassende Rundsicht.

Nun zum nördlichen Ende des Trinksteinbodens hinab, dabei einen rot markierten Steig querend. In einen schwach ausgeprägten Sattel, in dem sich das steinerne **Raxschiff** befindet (links auf einer Kuppe die unbewirtschaftete Raxgmoahütte). Hier leicht nach links (nun wieder rot markiert, Felsaufschrift »WR«). Unser Weg steigt nach der Kreuzung einige Meter an, bevor er wieder zu fallen beginnt. Wir queren den Verbindungsweg zwischen Karl-Ludwig-Haus und Seehütte, wenig später den Langermanngraben, der bis Mai mit Schnee gefüllt ist, und streben nun dem Waxriegel zu. Hier folgen wir genau dem markierten Steig

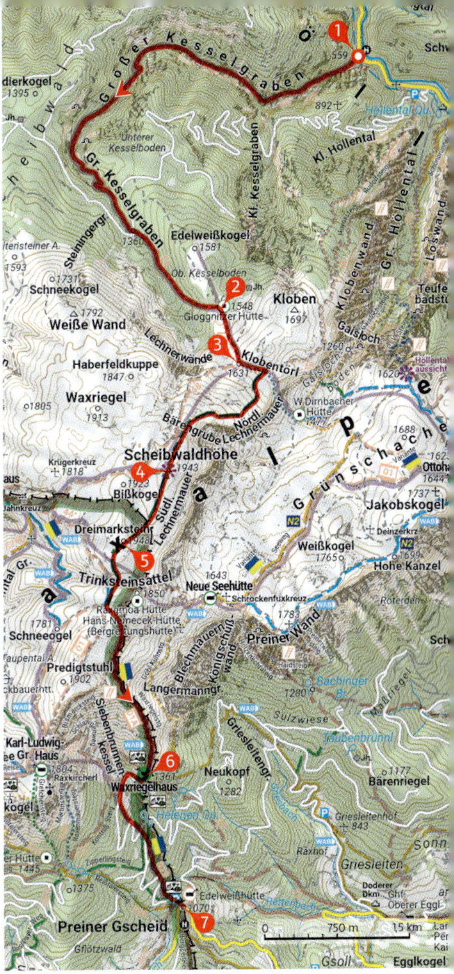

(Hangrutschung, Erosionsschäden), fallweise weicht unser Weg in die obersten Flanken des Waxriegels aus. Oberhalb des Waxriegelhauses links vom Weg der Entenhügel, ein kleiner Felsturm, der sich über eine Leiter ersteigen lässt. Durch einige weitere Wegkehren hinunter zum **Waxriegelhaus ❻**. Von der Hütte (Wegweiser) zur Siebenbrunnenwiese und nun auf einem Wiesenstreifen hinunter zur Bushaltestelle **Preiner Gscheid Passhöhe ❼**.

Beim steinernen Raxschiff.

27 Wildfährte und Karl-Kantner-Steig

Von Hinternaßwald zum Preiner Gscheid

7.15 Std. | 13,2 km | ↗1250 m | ↘890 m

Eindrucksvolle Überschreitung der Rax

Auf trassierten Steigen – oder auf Eisenwegen? Diese Frage stellt sich bei fast allen Wanderungen auf die Rax. Wollen wir beispielsweise von Hinternaßwald auf einfachen Wegen zum Preiner Gscheid hinüberwandern, so können wir über den Kaisersteig auf die Hochfläche auf- und über den Schlangenweg wieder absteigen. Soll es hingegen »eisenhaltiger« sein, so bietet sich die hier vorgestellte Tour an. Den landschaftlich äußerst eindrucksvollen Anstieg vermittelt dabei die Wildfährte durch den nordöstlichen Teil der Kahlmäuer. Schon im Zustieg durch das idyllische Reißtal mit seinen Blumenwiesen wandern wir auf die spektakuläre Felskulisse der Kahlmäuer zu – und fragen uns, wie wohl durch diese wilden Wandfluchten ein Klettersteig ziehen kann, der Schwierigkeitsstufe B nicht überschreitet. Die mächtige, überhängende Bärenlochmauer, der luftige Quergang ins Bärenloch, der unsere Schwindelfreiheit testet, etliche anregende Kletterpassagen, gepaart mit einer umfassenden Aussicht, vor allem in die Mürzsteger Alpen – all dies verbindet sich zu einem alpinen Erlebnis, das noch lange in uns nachklingen wird. Auf der Hochfläche ändert sich die Szenerie grundlegend, Almwiesen und alpine Matten, durchsetzt mit Latschen, dominieren hier. Erst im Abstieg wird das Gelände wieder schroffer. Der Karl-Kantner-Steig vermittelt einen reizvollen und recht zügigen Abstieg durch den östlichsten Teil der Raxenmäuer hinunter zur Siebenbrunnenwiese. Für eine Einkehr bietet sich das Karl-Ludwig-Haus oder das ebenso empfehlenswerte Waxriegelhaus an.

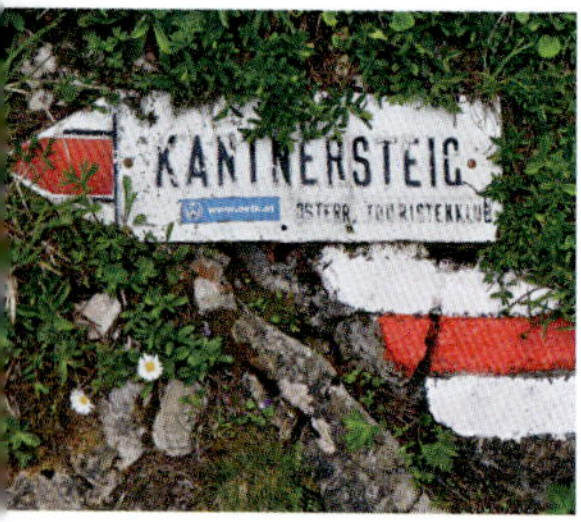

Ausgangspunkt: Bushaltestelle Hinternaßwald Wendestelle, 711 m.
Anfahrt: Auf der Südbahnstrecke über Wiener Neustadt nach Payerbach-Reichenau, weiter mit Bus 341 (Saisonverkehr: 2. Sa im April–1.11.). Eine Frühverbindung. Dauer: 1.50–2.00 Std.
Endpunkt: Bushaltestelle Preiner Gscheid Passhöhe, 1070 m.
Rückfahrt: Wie Tour 26.
Anforderungen: Längere Tour, die eine gute Kondition voraussetzt. Klettersteige im Auf- und Abstieg (Klettersteigset, Helm). Wildfährte: Schwierigkeitsstufe B (fallweise auch mit A/B bewertet), kurze unversicherte Kletterstellen I, stellenweise ausgesetzt, absolute Trittsicherheit und Schwindelfreiheit. Karl-Kantner-Steig: Schwierigkeitsstufe A, ebenfalls Trittsicherheit und Schwindelfreiheit. Nur bei stabilem Wetter und guter Sicht unternehmen. Auf der Wildfährte bis in den Mai hinein Altschneereste.
Einkehr/Übernachtung: **Karl-Ludwig-Haus**, Wiedereröffnung für Sommer 2024 geplant, Tel. +43/2665/380, karlludwig.schutz.haus; 38 B, 21 L. – **Waxriegelhaus** siehe Tour 26. – Am Preiner Gscheid: **Edelweißhütte**.
Tipp: Von der Wegkreuzung nahe dem Gamseck ist auch ein Abstieg nach Altenberg möglich (siehe Tour 28, Variante).

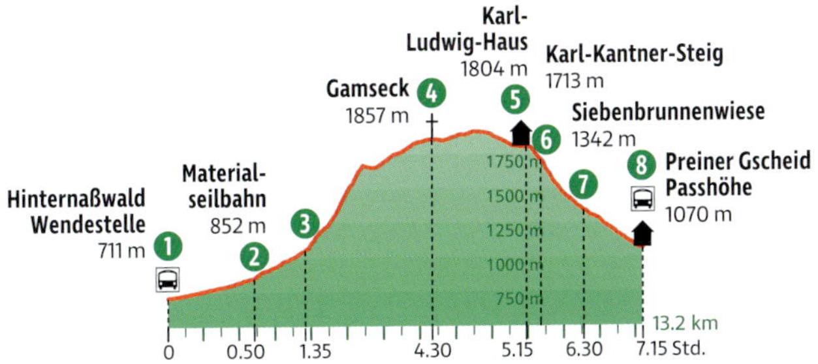

Von der Bushaltestelle **Hinternaßwald** ❶ dem Wegweiser »Rax Plateau über Wildfährte« folgend über den Parkplatz und auf einer Brücke über den Nassbach. Auf einem Fahrweg, der sich nach rechts wendet, am Wasserschutzgebiet Reißtalquelle vorbei, ins Reißtal hinein (rot markiert). Schon bald rücken die Felsen der Reißtalklamm und dahinter die mächtigen Kahlmäuer in unser Blickfeld. Durch die Klamm ins hintere Reißtal. An der Talstation der **Materialseilbahn** ❷ des Habsburghauses vorbei, auf einem schmalen Steig weiter geradeaus, dann wieder auf einem Forstweg über den Rehboden weiter Richtung Talschluss, bei einer Kreuzung geradeaus. Der Forstweg wendet sich nach Osten, auf knapp 1040 m Höhe zweigt rechts ein – ebenfalls rot markierter – **Steig** ❸ ab, der den Zustieg zur Wildfährte vermittelt (Wegweiser »Grasbodenalm/Karl-Ludwig-Haus/Heukuppe«, Weg 824A).

Zwischen Felsmauern durch eine Schlucht (Bärenlochklamm) aufwärts, zuerst im Hochwald, dann am Rande eines Schotterfeldes, we-

Im sommerlichen Reißtal.

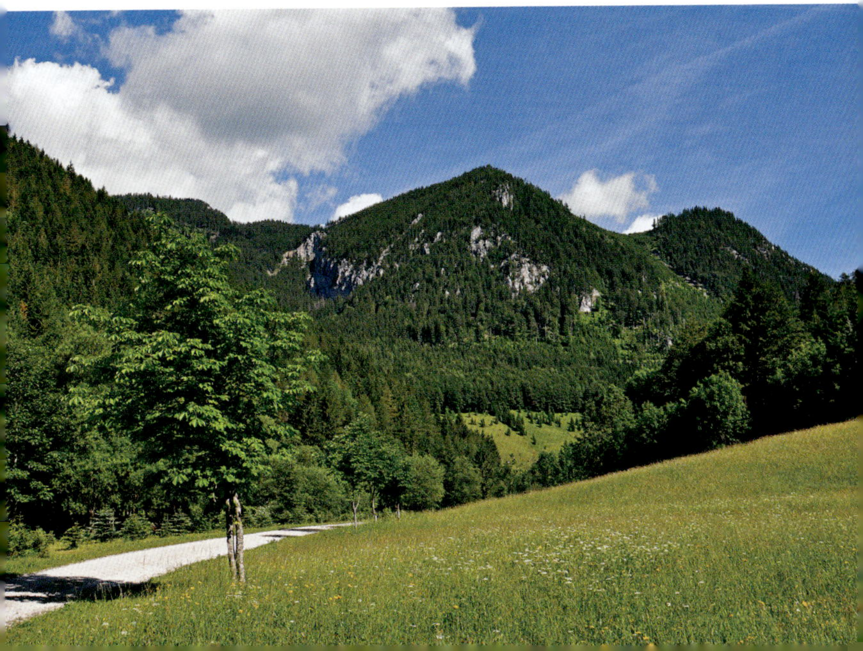

nig später wieder im Wald. Auf ca. 1220 m berühren wir den Auslauf des Großen Grieß, eines mächtigen schottergefüllten Kars, das nach links hinaufzieht. Hier vor der imposanten Bärenlochmauer rechts und nun auf einer Schutthalde aufwärts. In deren oberstem Teil durch eine Rinne (unversicherte Kletterstelle, I) in einen Sattel. Der Steig quert nun in das Bärenloch hinüber. Um ein ausgesetztes, aber technisch nur mäßig schwieriges und gut versichertes Eck (Drahtseil, Trittbügel) auf einen steilen Rücken mit einigen alten Bäumen. Auf diesem Rücken über einige versicherte Stellen weiter aufwärts, bis zu einer Weggabelung auf etwa 1400 m Höhe.

Hier zweigt links der **Bärenlochsteig** ab (grün markiert), wir hingegen steigen vorerst weiter geradeaus aufwärts. Über eine kurze erdige Rinne zu einer leicht nach rechts (Südwesten) hinaufziehenden Rampe, über diese mittelsteil immer höher in die Kahlmäuer hinauf. Bei einem felsigen Eck folgt die nächste leichte (und versicherte) Kletterstelle. Die Rampe geht in eine steile, aber gut gestufte und versicherte Rinne über, die wir mit einigen Kletterschritten überwinden (links und rechts Latschen). Über zwei etwas ausgesetzte Querungen (Drahtseil) in den obersten Teil der Wand, nun über ein Bändersystem kurzweilig weiter aufwärts (Seilsicherungen) bis zum Plateaurand, 1640 m. Hier lädt eine kleine Wiese zum Verweilen ein.

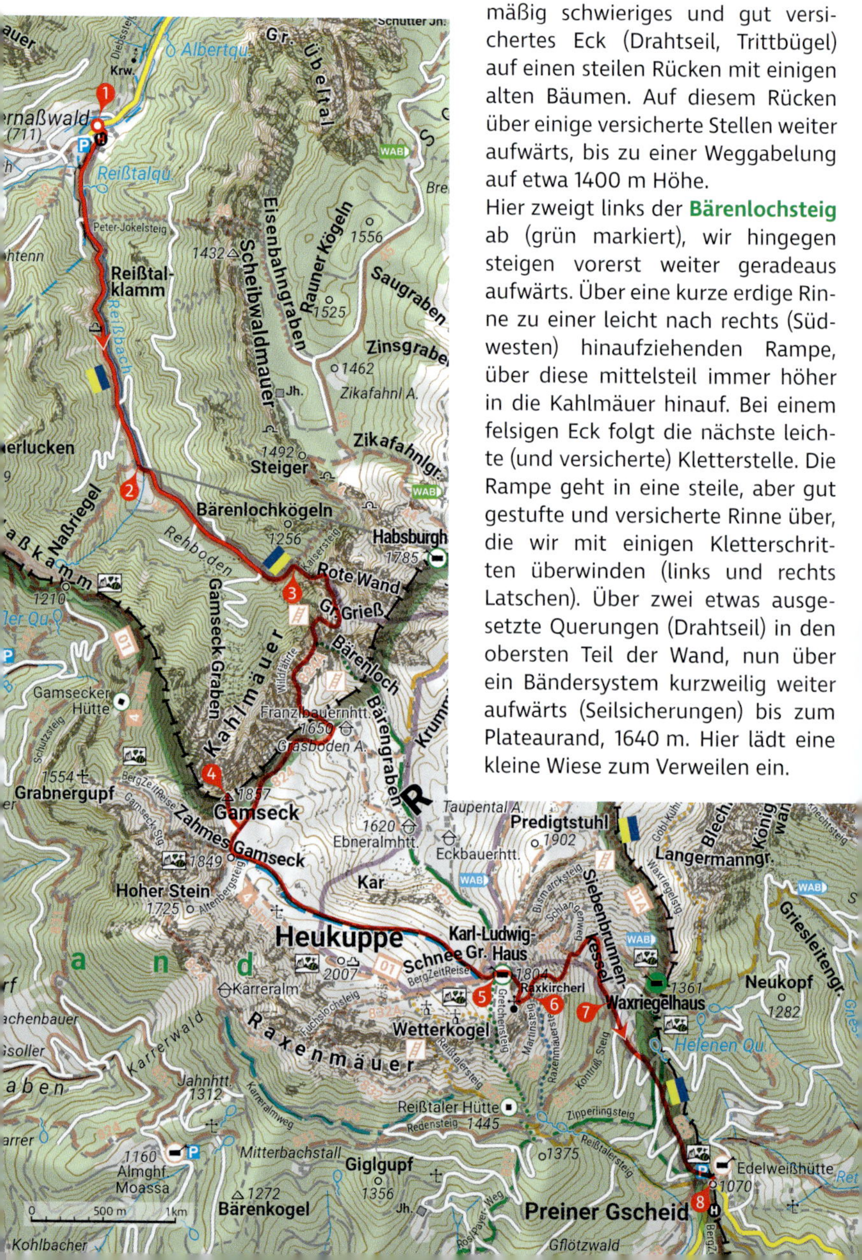

Nun (weiterhin rot markiert) rechts durch Latschen, über einen schwach ausgeprägten Graben zu einer Wegkreuzung. Hier rechts Richtung Gamseck. Über die blumenreichen Wiesen der Grasbodenalm, die stellenweise von Latscheninseln durchsetzt sind, weiter hinauf bis in einen Sattel und bei einer meist mit Wasser gefüllten Mulde nach rechts auf ein unmarkiertes Steiglein. Diesem folgend in wenigen Minuten auf die wiesenbewachsene Gipfelkuppe des **Gamseck** ❹ mit Kreuz und Vermessungszeichen (schöne Rundsicht).

Zurück in den Sattel und nun wieder auf dem markierten Steig weiter. Nach etwa 100 m bei einer Wegkreuzung nach links, nun der blauen Markierung (am Boden) folgend auf einen anfangs nur schwach erkennbaren, bald aber guten Steig etwas links vom Aufstieg Richtung Heukuppe. Zuerst leicht ansteigend (bis auf etwa 1910 m), dann eben, schließlich moderat fallend durch die wiesenbewachsene Nordflanke der Heukuppe.

Beim **Karl-Ludwig-Haus** ❺ nach rechts und – nun auf rot markiertem Weg – bis zum nahen Rand der Hochfläche, unweit der obersten beiden Stützen der Materialseilbahn des Karl-Ludwig-Hauses (Wegweiser). Auf Serpentinen mittelsteil bergab, bis zu einer Verzweigung, hier nach rechts (!) auf den Raxenmäuersteig (etwas missverständliche Beschilderung). Über einen kurzen Quergang zur nächsten Wegkreuzung. Hier links auf den ebenfalls rot markierten **Karl-Kantner-Steig** ❻. Durch einen Kessel steigen wir nach Südosten ab, stellenweise von Trittbügeln und -stiften, Ketten und Geländern unterstützt. Schließlich nach rechts aus dem Kessel hinaus und über ein Schotterfeld in eine Latschengasse.

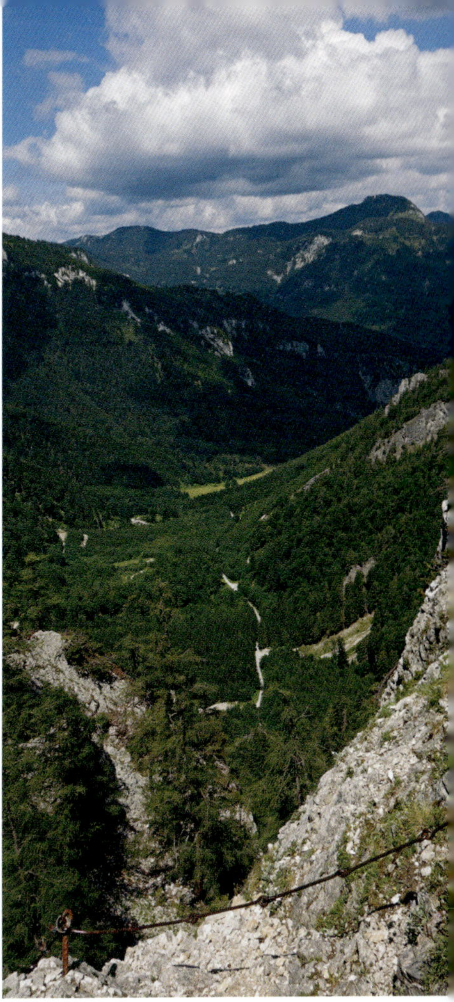

Blick von der Wildfährte ins Reißtal.

Es folgt eine seichte Rinne, in der wir über drei kurze, versicherte Steilstufen abklettern. Der Einstieg in die mittlere Stufe kann – vor allem nach Regenfällen – rutschig sein. Nach der letzten Steilstufe markant nach links und unterhalb einer kleinen Felswand, später zwischen Latschen weiter bergab, den Karlgraben querend, zum Schlangenweg. Über dessen untersten Teil zur **Siebenbrunnenwiese** ❼ und nun, wie bei Tour 26, weiter zum **Preiner Gscheid** ❽.

28 Heukuppe, 2007 m
Vom Preiner Gscheid

TOP | 6.15 Std. | 13,3 km | ↗1170 m | ↘1170 m

Durch die Raxenmäuer auf die höchste Erhebung der Raxalpe
Die Heukuppe fällt nach Süden mit den von ihrer Felshöhe zwar nicht besonders mächtigen, aber dennoch sehr eindrucksvollen Raxenmäuern steil ab. Durch diese stark gegliederten Wände führen mehrere versicherte Steige, so auch der Reißtalersteig, der den direktesten Anstieg vom Preiner Gscheid auf die Heukuppe vermittelt. Eine sehr schöne Runde ergibt sich, wenn wir den Reißtalersteig und den Altenberger Steig im Südwesten der Rax miteinander kombinieren. Das Preiner Gscheid stellt dafür mit seinen 1070 m Seehöhe einen idealen Ausgangspunkt dar. Die Aussicht vom höchsten Punkt der Rax ist umfassend. Bei guter Fernsicht blicken wir nicht nur über den Neusiedlersee bis weit in die ungarische Tiefebene, sondern im Süden zum slowenischen Pohorje-Gebirge (Bachergebirge) und sogar zu einigen nordkroatischen Mittelgebirgserhebungen, im Südwesten bis zu den – ebenfalls größtenteils in Slowenien liegenden – Steiner Alpen und zu den Karawanken, im Westen zum Dachstein und zum Toten Gebirge. Nach dem Abstieg in »das besonders schöne und liebliche steirische Land vor der Rax« (so die Alpinistin und Autorin Liselotte Buchenauer) lädt der Almgasthof Moassa zur Einkehr ein. Frisch gestärkt ist der nun folgende Gegenanstieg Richtung Preiner Gscheid zügig absolviert, und alles, was jetzt noch vor uns liegt, ist ein fast müheloses »Auslaufen« bis zum Endpunkt unserer Bergwanderung.

Am oberen Reißtalersteig.

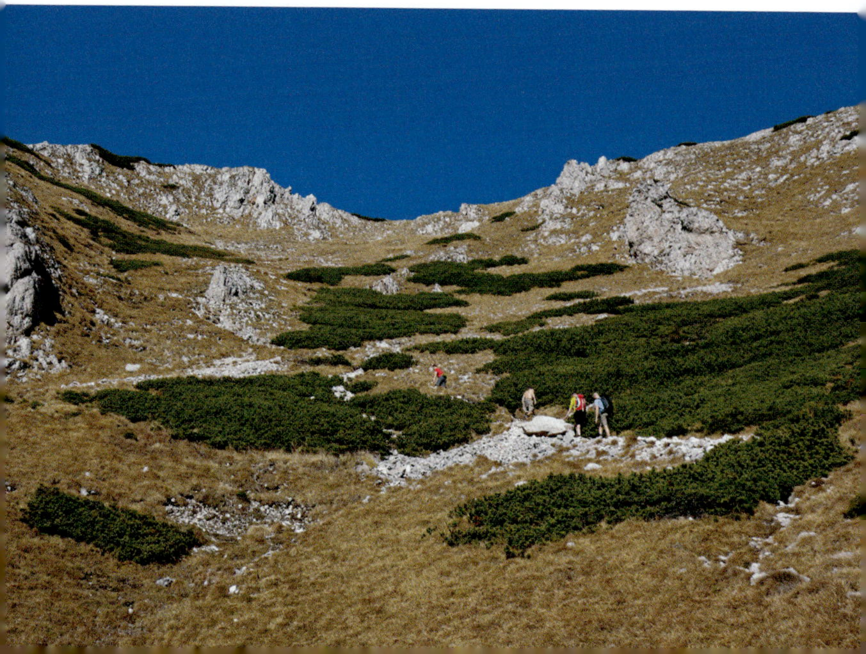

Ausgangs- und Endpunkt: Bushaltestelle Preiner Gscheid Passhöhe, 1070 m.
Anfahrt: Auf der Südbahnstrecke über Wiener Neustadt nach Payerbach-Reichenau, weiter mit Bus 342 (Saisonverkehr: 2. Sa im April–1.11.). Zwei Früh- bzw. Vormittagsverbindungen. Dauer: 1.40–1.50 Std.
Rückfahrt: Wie Tour 26.
Anforderungen: Längere Tagestour. Reißtalersteig: Klettersteigabschnitt mit Schwierigkeit A/B, Steinschlaghelm, für weniger Geübte komplettes Klettersteigset. Ansonsten keine Kletterstellen. Im Frühjahr erst nach dem Abschmelzen der Schneewechten im obersten Teil des Reißtalersteiges begehbar.
Einkehr/Übernachtung: **Almgasthof Moassa**, Fr–So, Tel. +43/676/748 18 08, almgasthof-moassa.at; 7 Zimmer mit 25 B. – Am Preiner Gscheid: **Edelweißhütte.**
Varianten: Anstieg über den **Gretchensteig** (etwas leichter), Zustieg: bei der Wegkreuzung unterhalb der Reißtalerhütte nach rechts. Auf der Hochfläche weiter über den Wetterkogel zur Heukuppe. – Kürzerer Abstieg von der Karreralm direkt zum Preiner Gscheid (Gehzeit 45 Min. geringer, Höhenunterschied um etwa 200 m), dann keine Einkehrmöglichkeit im Almgasthof Moassa. – Ebenfalls sehr empfehlenswert ist der **Abstieg vom Moassa** 7 zur Bushaltestelle **Altenberg/Rax Ort**, der allerdings etwas Orientierungssinn erfordert: Von der Kreuzung oberhalb des Almgasthofs auf einem Forstweg Richtung »Altenberg«, ein paar Meter aufwärts, dann fallend bis zu einer

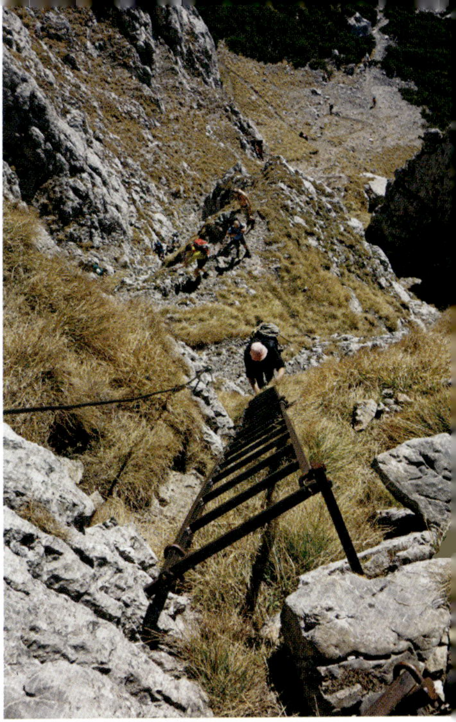

Versicherte Passagen am Reißtaler Steig.

Rechtskurve. Hier links haltend auf einen Pfad, zu einem Forstweg hinunter, dem wir leicht ansteigend zu einer Kreuzung folgen. Nun rechts, deutlich bergab, vor dem Gehöft Karrer links. Am Wiesenrand entlang, dann in den Wald hinein, schließlich rechts auf den Kaisersteig, der den weiteren Abstieg vermittelt. Im Ortsgebiet rechts und nun noch 200 m zur Haltestelle (Rückfahrt Bus 189, 1.5.–1.11. täglich, nach Mürzzuschlag, weiter auf der Südbahnstrecke).

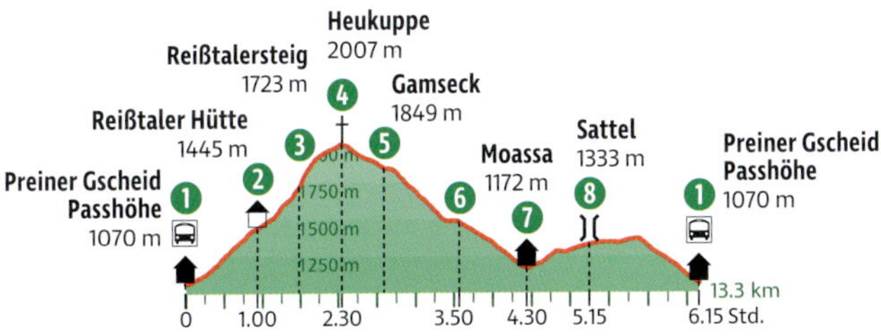

Von der Bushaltestelle **Preiner Gscheid Passhöhe** ❶ zum oberen Parkplatz und hier bei einer Verzweigung nach links Richtung »Heukuppe«. Etwa 20 m danach bei einer Weggabelung rechts und auf dem gelb markierten Reißtalersteig bergwärts. Im Aufstieg queren wir einen Forstweg, wenig später einen kleinen Bach. Nach einem hohlwegartigen Wegabschnitt mündet von rechts der grün markierte Zipperlingsteig ein, der ebenfalls vom Gscheid heraufführt. Kurz darauf an einer Quelle vorbei. Unser Steig quert eine breite Forststraße, wenig später leiten ein paar Baumstämme über eine schlammige Stelle. Über zwei Lichtungen, dann durch Fichtenwald zu einer Wegkreuzung, bei der der Gretchensteig nach rechts abzweigt, hier geradeaus und bald schon auf einen Forstweg, unterhalb der nicht bewirtschafteten **Reißtaler Hütte** ❷ vorbei, dann nach rechts auf einen moderat steigenden Waldweg (Wegweiser, weiter gelb markiert).

Nun durch die Flanke unterhalb des Wettersteins und der östlichen Raxenmäuer. Eine Abzweigung zum Moassa bleibt links liegen, wenige Meter später an der nächsten Wegkreuzung scharf rechts (Wegweiser) und nun in Serpentinen Richtung Raxenmäuer hinauf. Bald haben wir den Latschengürtel erreicht, der bis unter die Felsmauern zieht.

Weiter durch Latschengassen aufwärts, an der Imhofrast vorbei. Eine Abzweigung zum Karl-Ludwig-Haus bleibt rechts liegen. Wir passieren eine kleine Hütte und erreichen auf ca. 1730 m Höhe den Einstieg zum Klettersteigabschnitt des **Reißtalersteigs** ❸. Über ein erstes Felswandl (Drahtseil, Trittbügel, Griffe) in einen Kessel, an dessen rechter Seite in gut gestuftem Gelände (Drahtseil) bis zu einer Rippe hinauf. Zwei Leitern (Drahtseilsicherung) vermitteln den Überstieg über eine teils felsige, teils grasbewachsene Steilstufe in den oberen Teil des Kessels. Am Naglschmid-Kreuz links vorbei (Markierungspfeil), wenig später bei einer Wegkreuzung links haltend (Wegweiser) und weiter zur Hochfläche hinauf, zuletzt nach links zu den sanften Grasmatten der Heukuppe. Von rechts mündet der Anstiegsweg vom Karl-Ludwig-Haus ein (jetzt rot markiert). Ab hier noch 10 Min. bis zur **Heukuppe** ❹.

Abstieg über Grasmatten nach Nordwesten (am Beginn ein Steinmann mit Markierungsstange, rot markiert) zu einer Wegkreuzung nahe des **Gamseck** ❺. Hier scharf links

Heukuppe.

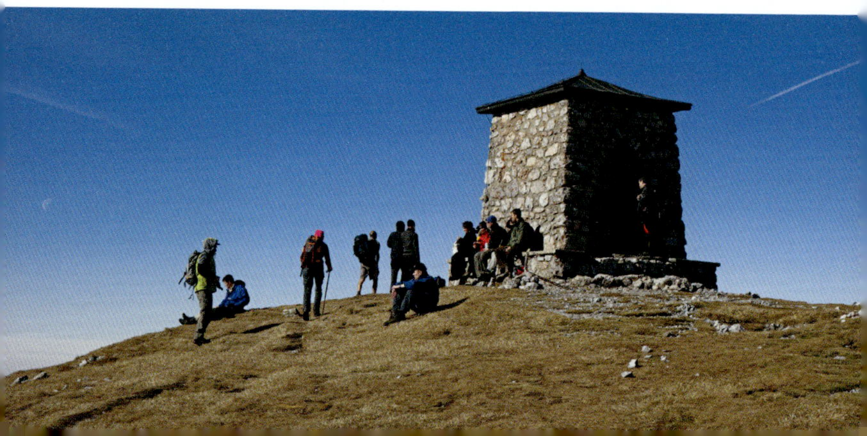

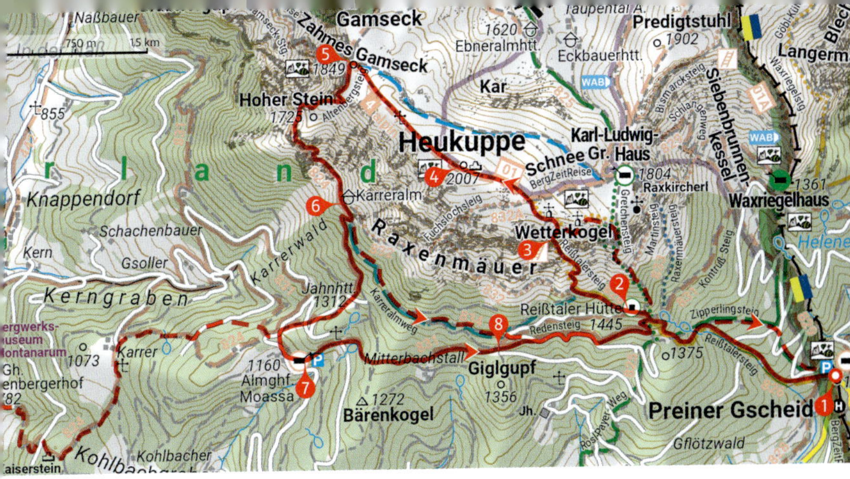

auf den ebenfalls rot bezeichneten Altenberger Weg. Am Hohen Stein vorbei in südwestlicher, dann in südöstlicher Richtung talwärts. Über etliche Kehren bis auf ca. 1480 m hinunter. Nun queren wir ein Kar und erreichen die **Karreralm** ❻.

Weiter abwärts zum Almgasthof Moassa, zuerst auf einem grasbestandenen Fahrweg, der einige Meter unterhalb der Karreralm beginnt. Im unteren Teil rechts auf einen Steig, nun zuerst durch Wald, dann über eine Wiese, zuletzt links haltend, zum **Almgasthof Moassa** ❼.

Vom Moassa Richtung Preiner Gscheid, oberhalb des Gasthofs (Wegweiser) auf einem rot markierten Forstweg in den Wald hinauf bis zu einer Wiese. Hier nach links (Wegweiser, Durchschlupf). Bald rechts haltend über einen Schlag, dann durch Wald weiter aufwärts. Bei einer kleinen Lichtung durch ein Gatter rechts auf einen Forstweg (Wegweiser). Bei einer Verzweigung links, nun leicht ansteigend; rechts unten inmitten einer Wiese der Mitterbachstall.

Weiter auf dem Forstweg in die nördlich des Giglgupfs liegende **Einsattelung** ❽. Von hier zwei Wege zum Gscheid. Der obere (Wegweiser) führt über die Reißtaler Hütte. Wir aber wählen den unteren Weg: weiter geradeaus auf einem ganz leicht steigenden Forstweg (alte rote Markierungen), der bald in eine Forststraße mündet. Bei einer Verzweigung links (Forstweg, Wegweiser Preiner Gscheid) und an einem Hochstand vorbei. Bei einer weiteren Verzweigung ebenfalls links halten. Am Ende des Forstwegs geradeaus auf einen Steig. Bei einer Wegkreuzung weiter geradeaus (Wegweiser Preiner Gscheid) zum **Reißtalersteig** und damit zur Aufstiegsroute (gelb). Talwärts bis zu der Kreuzung, bei der sich der Weg zum Gscheid in zwei Stränge teilt. Nun entweder auf dem Anstiegsweg (gelb) oder auf dem etwas weiter nordöstlich verlaufenden Zipperlingsteig (grün) zum Preiner Gscheid. In beiden Fällen beträgt die verbleibende Gehzeit 20–25 Min. Beim Abstieg über den Zipperlingsteig queren wir mehrfach einen Güterweg. Kurz oberhalb des Gscheids mündet dieser Steig in den Fußweg ein, der von der Siebenbrunnenwiese herunterzieht, wenig später stößt von rechts der Reißtalersteig dazu. Schließlich über die Parkflächen zur Bushaltestelle **Preiner Gscheid Passhöhe** ❶.

29 Preinerwand, 1783 m
Rundtour von Prein an der Rax

6.30 Std. | 13,0 km | ↗1120 m | ↘1120 m

Auf der Sonnenseite der Rax

Die Preinerwand ist das Kletter-Eldorado auf der Südseite der Raxalpe. Etliche Routen verschiedenster Schwierigkeitsgrade führen durch diese Wand. Hier finden sich auch die zwei schwierigsten Klettersteige im Wiener Raum, der Hans-von-Haid-Steig und der noch anspruchsvollere Königschusswandsteig (hier erfordert schon der Zustieg über den unteren Malersteig Kletterfertigkeit im oberen zweiten Schwierigkeitsgrad). Diese Anstiege sind sehr erfahrenen Bergsteigern vorbehalten. Aber auch für den etwas ambitionierteren Bergwanderer gibt es einen eindrucksvollen und lohnenden Anstieg: den Preinerwandsteig, einen Klettersteig mit dem Schwierigkeitsgrad A/B, der durch die Südflanke der Preinerwand verläuft, unterhalb der Gipfelwände nach Nordosten quert und schließlich zur Hochfläche hinaufzieht, die er unweit des Preinerwand-Gipfels erreicht. Für den Abstieg bietet sich der Göbl-Kühn-Steig über das Waxriegelhaus an. Alternativ können wir vom Gipfel der Preinerwand nach Osten zum Ottohaus wandern und von dort ins Tal absteigen. Diese Tour lässt sich vom Frühjahr bis in den späten Herbst durchführen. Solange allerdings noch Altschnee in jenen Rinnen liegt, die der Göbl-Kühn-Steig quert, ist dem Abstieg über das Ottohaus der Vorzug zu geben.

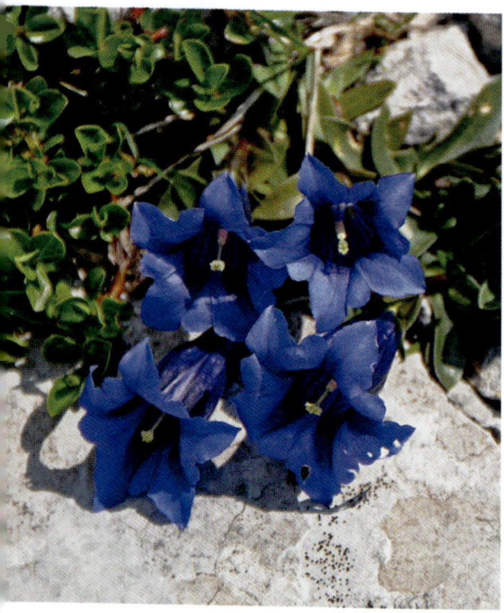

Stengelloser Enzian.

Ausgangs- und Endpunkt: Bushaltestelle Prein/Rax Berta-Heller-Straße, 703 m.

Anfahrt: Auf der Südbahnstrecke über Wiener Neustadt nach Payerbach-Reichenau, weiter mit Bus 342. Zwei Früh- bzw. Vormittagsverbindungen. Dauer: 1.30–1.40 Std.

Rückfahrt: Bus 342 nach Payerbach-Reichenau, weiter auf der Südbahnstrecke über Wiener Neustadt. Zwei Verbindungen am Nachmittag. Dauer: 1.30–1.40 Std.

Anforderungen: Längere Tour. Preinerwandsteig Klettersteig Schwierigkeit A/B. Nur bei gutem Wetter ratsam. Altschnee in den Rinnen des Göbl-Kühn-Steiges bis Mai.

Einkehr/Übernachtung: **Neue Seehütte**, Mai–Okt. Mi–So geöffnet, Tel. +43/677/642 80 848, neue-seehuette.at; keine Nächtigung. – **Waxriegelhaus** siehe Tour 26. – **Alpengasthof Oberer Eggl** am Ausgangs- bzw. Endpunkt der Tour.

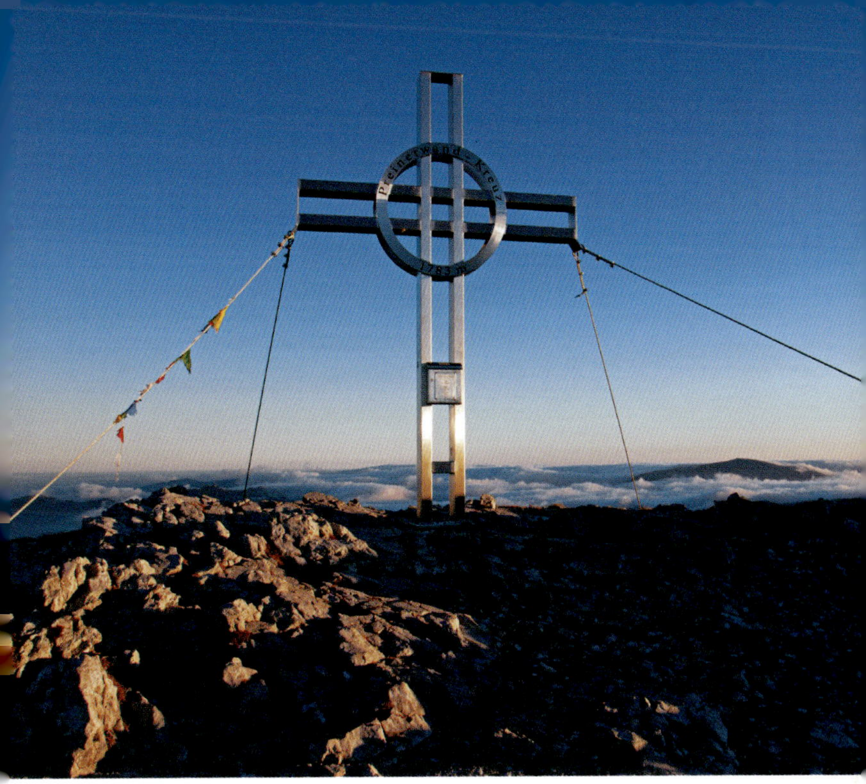

Preinerwand im Licht der Abendsonne.

Von der Bushaltestelle **Prein/Rax Berta-Heller-Straße** ❶ dem Wegweiser Richtung Bachingerbründl folgend (Gatter) auf einem rot markierten Forstweg über zwei Kehren zu einer Wiese hinauf. Hier weglos nach rechts auf die Wiese (Markierungspfeil) zu einem Überstieg über einen Weidezaun (Markierungen). Weiter in der Falllinie aufwärts bis zu einem großen Laubbaum (Markierungen), hier rechts haltend zu einem weiteren Überstieg am Waldrand (Markierungen). Kurz auf einem Forstweg durch eine Linkskehre, dann nach 242 rechts auf einen Steig in den Wald hinauf (Wegweiser Holzknechthütte/Neue Seehütte, Preinerwand). Wir queren den Wanderweg, der vom Griesleitenhof nach Sonnleiten/Dörfl führt, und steigen auf Waldpfaden, zwischendurch auch auf Forst- und Karrenwegen, den Markierungen folgend, weiter bergwärts. Dabei wird ein Schlag gequert, kurz darauf wendet sich die Route nach rechts in den Wald hinauf. Schließlich, auf etwa 1020 m Höhe rechts auf eine Forststraße, bereits nach einigen Metern aber nach links auf einen Forstweg (Wegweiser). Bei einer Verzweigung geradeaus. Wir erreichen einen Forstweg, auf den wir nach links einbiegen. Bei drei Forstwegkreuzungen jeweils geradeaus weiter (kaum bezeichnet). Bei einer vierten Kreuzung ebenfalls geradeaus (Wegweiser), hier geht unser Weg in einen Karrenweg über und beginnt spürbar zu steigen. Wir wandern jetzt bereits durch die unterste Südflanke der Preinerwand. Wenige Meter vor dem **Bachingerbründl** ❷

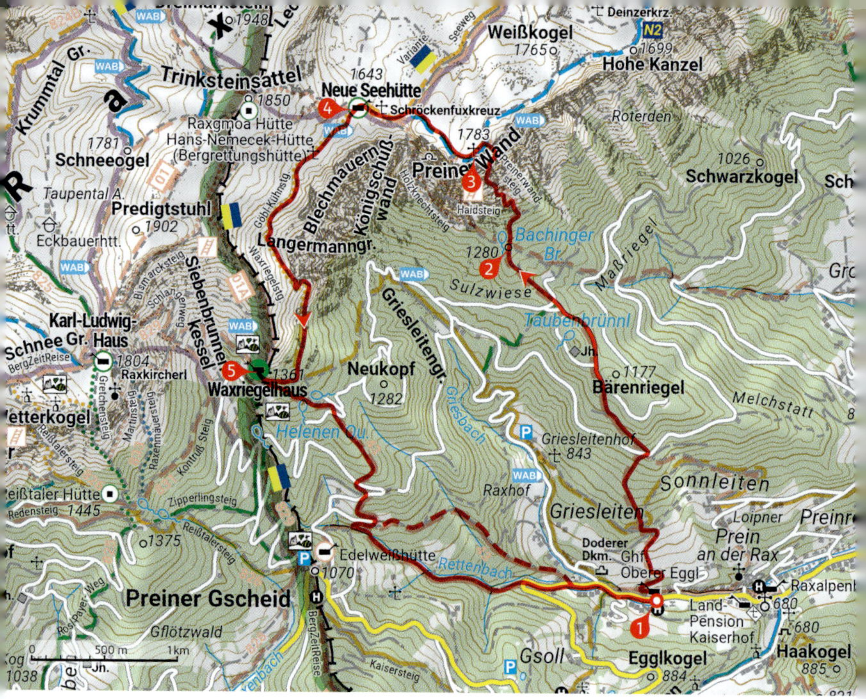

bei einer Wegkreuzung nach rechts Richtung Preinerwandsteig (weiter rot markiert).

Zunächst weiter durch die bewaldete Südflanke der Preinerwand, dann durch den Latschengürtel, der hier von mehreren Schotterrinnen durchzogen ist. Im Zickzack durch Latschengassen aufwärts, mehrfach eine der Schotterrinnen querend. Geröll macht den Aufstieg stellenweise etwas mühsam. Nach oben hin wird das Gelände felsiger. Einige leichte Kletterstellen und versicherte Passagen (Drahtseile) folgen. Im mittleren Teil über zwei teils felsige Rippen weiter aufwärts.

Schließlich nach links in die schrofige Flanke, bis unter den felsigen Gipfelaufbau der Preinerwand. Unter den Felswänden nach rechts und um ein etwas ausgesetztes felsiges Eck (Versicherungen), danach neuerlich Schrofengelände. Nach dem Ende der Felswände links hinauf zur Hochfläche, die nahe dem Gipfel der **Preinerwand** ❸ mit Kreuz und Buch erreicht wird.

Nun auf blau markiertem Steig hinunter zur Neuen Seehütte. Von

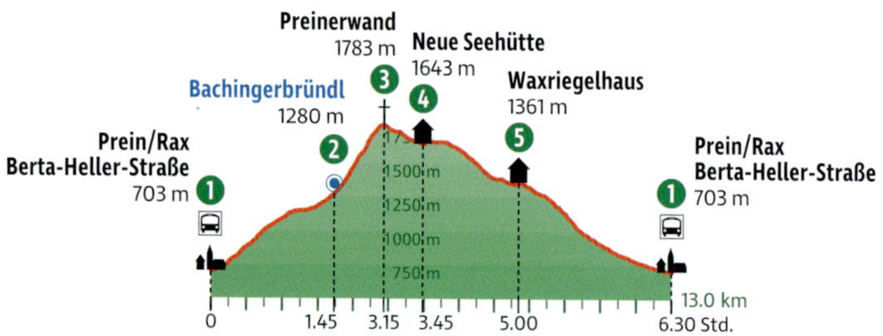

rechts mündet der Seeweg ein. Die Abzweigung zum Holzknechtsteig bleibt links liegen, rechter Hand wenig später das Schröckhenfux-Kreuz. Bei der **Neuen Seehütte** ❹ auf den gelb markierten Göbl-Kühn-Steig (Wegweiser), der durch die mit Latschen bewachsene Flanke Richtung Waxriegel zieht. Zuerst kurz ansteigend, dann eben, schließlich fallend über mehrere Rinnen, später über einige Kehren weiter abwärts und zum Waxriegelhaus hinüber. Eine erste Abzweigung nach Prein bleibt links liegen.

Wenige Meter vor dem **Waxriegelhaus** ❺ erreichen wir eine Quellfassung (steinernes Häuschen mit grünem Dach). Hier mündet von links der von Prein heraufziehende rot markierte Steig ein. Entweder statten wir dem Waxriegelhaus einen Besuch ab oder biegen bereits hier scharf nach links Richtung Prein hinunter.

Nun zuerst durch lockeren Wald abwärts, an einer zweiten Quellfassung vorbei, über einen Forstweg, wenig später dann auf ihm. Wo er sich nach rechts wendet, auf einem Waldweg geradeaus weiter talwärts, zuerst auf einem Rücken, dann durch eine Bergflanke absteigend. Mehrfach überqueren wir Forstwege. Bei einem Haus teilt sich der Weg; beide Abstiege (Wegweiser) führen nach Prein.

Entweder vor dem Haus rechts hinunter zum Rettenbachgraben und weiter zur Preiner-Gscheid-Straße, nun noch einige Minuten auf der Straße nach **Prein** zur Bushaltestelle **Berta-Heller-Straße** ❶ folgen. (Achtung: Rettenbachgraben bei Schneeschmelze oder Hochwasser nicht begehbar.) Fahren wir mit einem Bus zurück, der vom Preiner Gscheid herunterkommt, so können wir auch schon an der Haltestelle Prein/Rax Abzw. Griesleiten einsteigen.

Oder aber oberhalb des Hauses zuerst eben, dann mäßig, schließlich etwas stärker fallend in Richtung Prein hinunter. Nahe dem Beginn der Stichstraße nach Griesleiten trifft auch dieser Steig auf die Preiner-Gscheid-Straße.

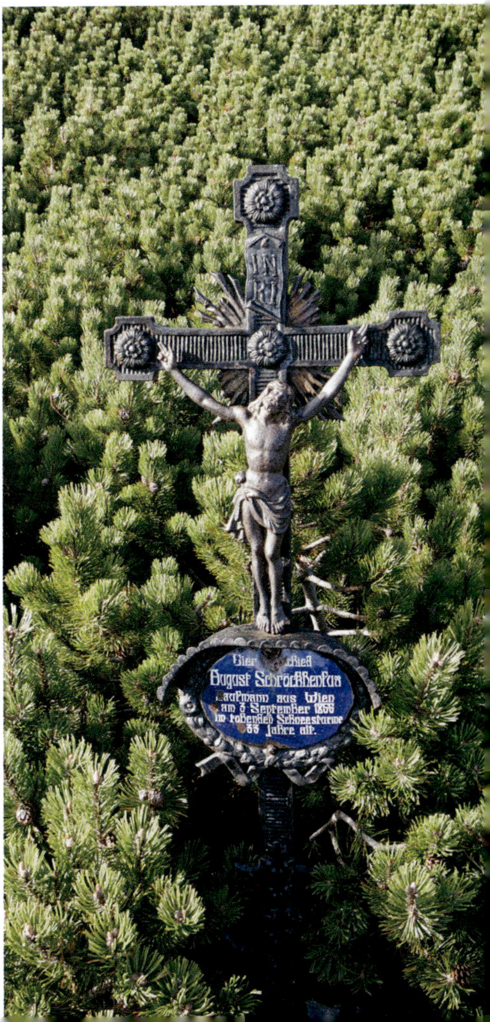

Schröckhenfux-Kreuz.

30 Brandschneide und Törlweg

Von Kaiserbrunn über die Rax nach Hirschwang

6.45 Std. | 13,3 km | ↗1220 m | ↘1240 m

Zwei klassische Steige im Bereich der östlichen Raxalpe

Unbeschwertes Wandervergnügen auf gut gebahnten Wegen durch eindrucksvolle Berglandschaft bietet diese lohnende Bergwanderung am Ostrand der Raxalpe. Die Tour ist nicht sonderlich anstrengend. Der Camillo-Kronich-Steig vermittelt den Aufstieg von Kaiserbrunn über den Kamm der Brandschneide zur Bergstation der Raxseilbahn. Schöne Ausblicke zum Schneeberg und zum Krummbachstein begleiten uns auf diesem technisch einfachen, kaum ausgesetzten Weg auf das Raxplateau. Über das Gatterlkreuz wandern wir weiter zum Ottohaus und auf den nahen Jakobskogel. Der Abstieg erfolgt über den Törlweg. Dazu steuern wir vom Ottohaus auf den künstlichen Durchgang durch eine Felswand am Rand der Hochfläche zu, der diesem Steig seinen Namen gegeben hat. Unser Abstieg führt auf angenehm trassierten Wegen nach Hirschwang an der Rax. In seinem unteren Abschnitt wandern wir durch altes Bergbaugebiet. Das Huthaus, in dem sich einst die Bergknappen versammelten, gibt davon noch heute Zeugnis, ebenso erinnert der Name des Knappenhofs (Hotel) an diese längst vergangene Zeit. An Sonn- und Feiertagen im Sommer und Frühherbst besteht die Möglichkeit, mit der Höllentalbahn (Museumsbahn) von Hirschwang nach Payerbach zurückzufahren.

Ausgangspunkt: Bushaltestelle Höllental Kaiserbrunn, 527 m.
Anfahrt: Wie Tour 22.
Endpunkt: Bushaltestelle Hirschwang/Rax Emil-von-Linhart-Gasse, 505 m.
Rückfahrt: Bus 341 nach Payerbach-Reichenau, weiter auf der Südbahnstrecke über Wiener Neustadt. Drei bis vier Verbindungen am Nachmittag bzw. am frühen Abend. Dauer: 1.20–1.30 Std. – Rückfahrt mit der Höllentalbahn an So/Fei von Anf. Juli–Ende Okt. (Fahrplan:

Gatterlkreuz und Schneeberg.

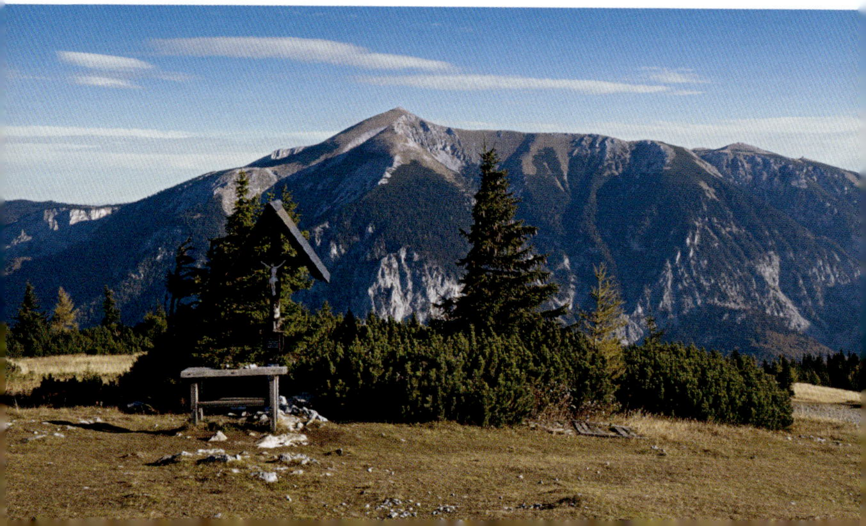

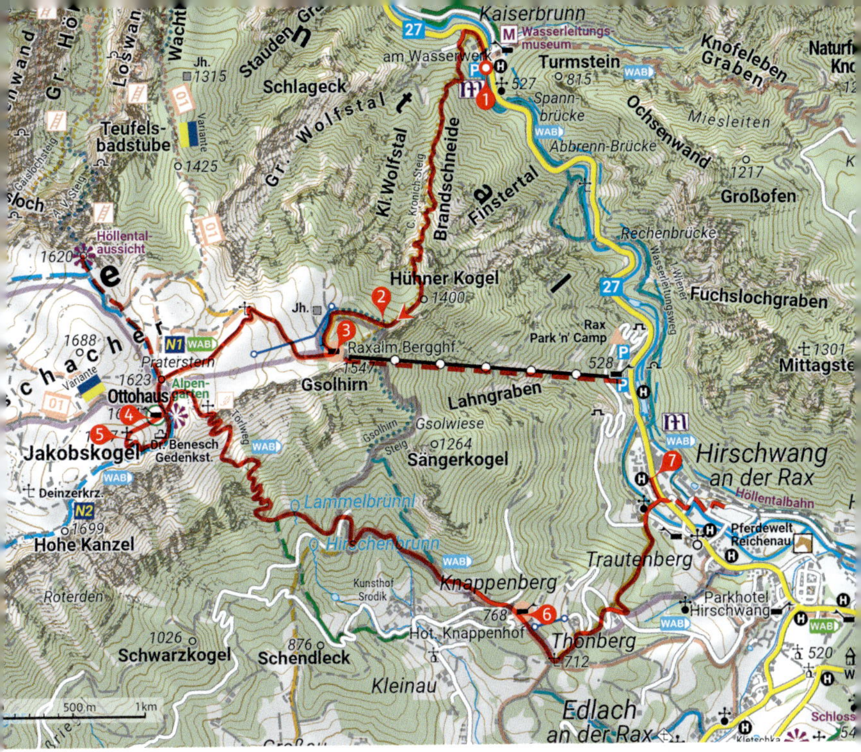

lokalbahnen.at/hoellentalbahn/mitfahren/fahrplan, Tel. +43/2666/524 23 12) von Hirschwang nach Payerbach: Weg zum Bhf. Hirschwang: Von der Bushaltestelle Hirschwang Fabrik auf der Höllental-Straße etwa 300 m Richtung Reichenau, bis zur Hans-Beran-Straße, hier links und über einen Nebenarm der Schwarza. Die Straße wendet sich nach rechts, wir biegen bei nächster Gelegenheit (asphaltierter Fahrweg) links ab und stoßen bald auf die Schienen der Höllentalbahn, der Bhf. befindet sich rechts (Gehzeit etwa 15 Min.). Ab Payerbach zu Fuß weiter zum nahen Bhf. Payerbach-Reichenau (wie bei Tour 22).

Anforderungen: Längere Tagestour. Kurze versicherte Kletterstellen auf der Brandschneide (Schwierigkeitsstufe A). Sonst Gehgelände.

Einkehr/Übernachtung: **Ottohaus**, Anf. Mai–Anf. Nov., in den Wintermonaten bei Bedarf an Sa/So, Tel. +43/2666/524 02, alpenverein.at/ottohaus, 34 B, 28 L. – **Hotel Restaurant Knappenhof**, Tel. +43/2666/536 33, knappenhof.at; Zimmer.

Variante: Lohnend ist ein Abstecher zur **Höllentalaussicht** (Abzweigung etwa 250 m nördlich des Ottohauses bei der Wegkreuzung Praterstern, zusätzlich etwa 40 Min., blau markiert). – **Berg- oder Talfahrt** mit der **Raxseilbahn**: Betriebszeiten 9–16.30 Uhr, während der Wandersaison bereits ab 8/8.30 bzw. bis 17/17.30 Uhr, April und Nov. 2–3 Wochen geschlossen, Intervall max. 30 Min. (raxalpe.com/rax-seilbahn, Tel. +43/2666/524 97). An schönen Herbstwochenenden sehr großer Andrang. Reservieren Sie Ihr Ticket online und planen Sie einen Zeitpuffer ein, um den Bus sicher zu erreichen. Gehzeit von der Talstation zur Bushaltestelle 5–10 Min.

Tipp: Abstieg auch nach Edlach möglich, am besten via Peterhof zur Bushaltestelle Edlach an der Rax Feuerwehr (Bus 342).

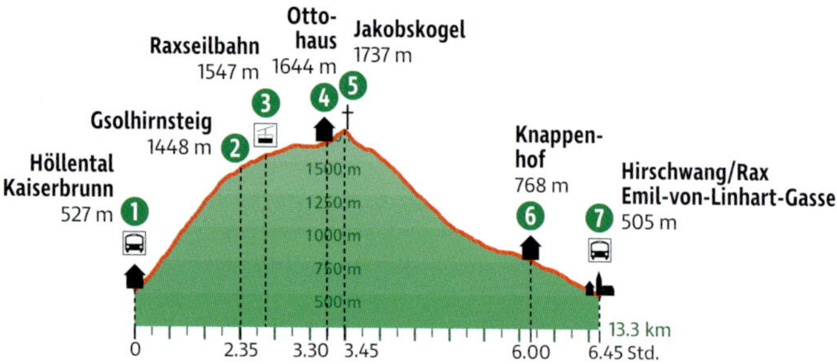

Von der Bushaltestelle **Höllental Kaiserbrunn** ❶ etwa 150 m auf der Höllental-Straße taleinwärts, dann links auf den gelb markierten Steig Richtung Brandschneide (Wegweiser). In den Wald hinein, kurz einem Karrenweg folgend, bald aber neuerlich nach links auf einen Steig (Markierungen). Über einen bewaldeten Rücken, Lichtungen passierend, aufwärts. Auf 920 m Höhe die erste von mehreren Versicherungen (Drahtseil). Der Rücken ist hier nur schütter mit Nadelbäumen bewachsen. Auf 970 m an einer Felskanzel rechts des Weges vorbei (schöne Aussicht Richtung Schneeberg).

Nun in die linke Flanke des Rückens und im Zickzack weiter aufwärts. Durch einen kleinen Kessel (wieder Drahtseile, dann Leiter), über ein kurzes, etwas ausgesetztes Band, das ebenfalls seilversichert ist. Auf 1210 m erreicht der Steig wieder den Rücken, weicht aber wenig später nochmals in die linke Flanke aus (Schotterrinne, Leiter), bevor er neuerlich den Rücken gewinnt. Das Gelände wird bald flacher, wir passieren einen großen Schlag, danach mündet von links der **Gsolhirnsteig** ❷ ein. Der weitere Weg ist blau markiert, wendet sich zuerst nach rechts und erreicht schließlich in einem großen Linksbogen die Bergstation der **Raxseilbahn** ❸.

Nun auf einem rot markierten Fahrweg zuerst leicht ansteigend, dann eben, zuletzt wieder leicht an Höhe gewinnend Richtung Ottohaus. Auf halbem Wege am Gatterlkreuz vorbei (Blick zum Schneeberg), später an der Wegkreuzung Praterstern (Abzweigung zur Höllentalaussicht).

Vom **Ottohaus** ❹ weiter auf den nahen Jakobskogel, der blauen Markierung Richtung Preinerwand folgend. Nach der Hütte am Benesch-Denkmal und an der Vilma-Haid-Aussicht vorbei. Am Rande des Plateaus aufwärts, bei einer Verzweigung rechts zum Gipfelkreuz des **Jakobskogels** ❺. Entweder auf demselben Weg zum Ottohaus zurück oder vom Gipfel nach Nordosten auf einem unmarkierten, aber gut ausgetretenen Steig in wenigen Minuten praktisch in Falllinie zum **Ottohaus** ❹.

Nun folgen wir dem Wegweiser (Törlweg) und steigen auf rot markiertem Weg in die Mulde vor der Hütte ab. Hier können wir dem nahen Alpengarten einen Besuch abstatten (Abzweigung nach rechts, hölzerner Wegweiser).

In der Mulde nach rechts und durch das Felsentor. Nun in etlichen Serpentinen talwärts, teils durch Wald, teils über Freiflächen. Eine Abzweigung nach Großau und Kleinau bleibt rechts liegen. Beim Lammelbrünnel (Lamplbründl) beginnt eine längere Waldpassage. Kurz links auf eine Forststraße, dann nach rechts auf einen Steig hinunter, der bald in einen Forstweg übergeht. Durch eine markante Linkskurve, an einer weiteren Abzweigung nach Großau und Kleinau vorbei, über einen Bach (Wasserreservoir mit zwei Hütten). Auf dem Forstweg weiter nach Knappenberg, am Huthaus und wenig später am **Hotel-Restaurant Knappenhof** ❻ vorbei.

Auf einem Fahrweg zwischen zwei Häusern hindurch und weiter geradeaus in den Wald hinunter, danach am Rand einer Wiese entlang. An deren Ende bei einer Wegkreuzung links Richtung Hirschwang (geradeaus nach Edlach). Wenig später teilt sich der Weg neuerlich, wir folgen dem linken, gelb markierten Ast. Vor einem Gehöft rechts (alter hölzerner Wegweiser mit der Aufschrift »Postauto«), kurz einen asphaltierten Fahrweg berührend, gleich aber wieder rechts auf einen Steig, in den Wald hinunter. Den asphaltierten Fahrweg queren, ein Gehöft bleibt rechts liegen. Weiter absteigend über einen Bach, durch zwei Durchschlupfe (Weidezäune) und nach einem weiteren kurzen Waldabschnitt ins Ortsgebiet von Hirschwang. An der Henriettenkapelle vorbei und über die Schwarza zur Hauptstraße. Wenige Meter linker Hand liegt die Bushaltestelle **Hirschwang/Rax Emil-von-Linhart-Gasse** ❼.

Blick durch das Felsentor am Törlweg zum Ottohaus.

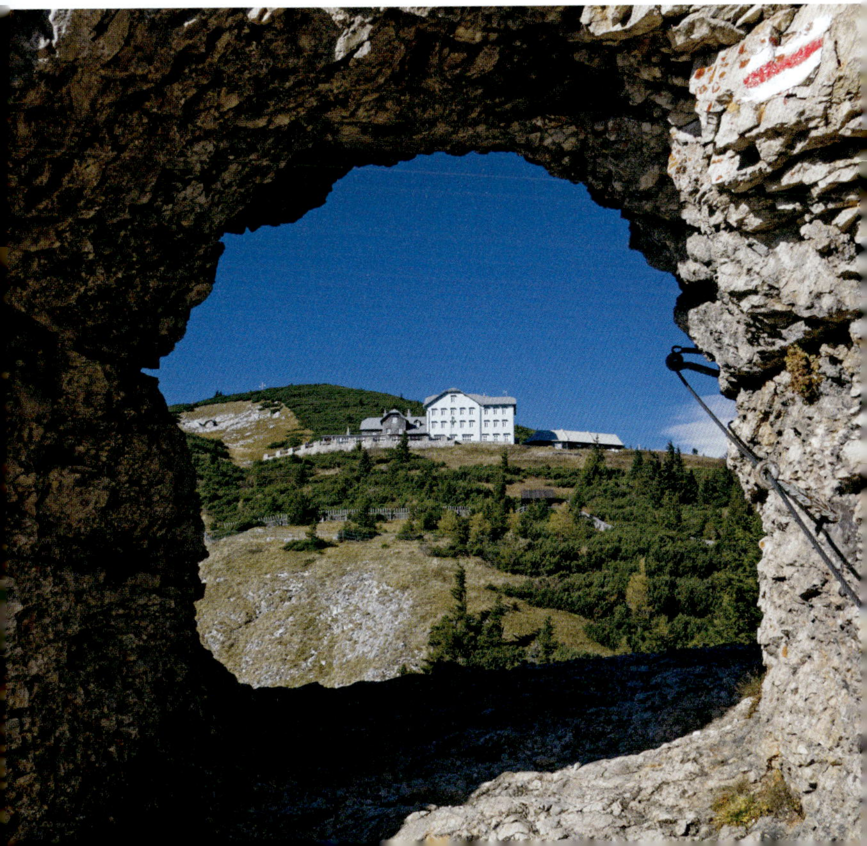

31 Hochwechsel, 1743 m

Zwischen Mönichkirchen und Mariensee

6.30 Std. | 16,8 km | ↗ 890 m | ↘ 990 m

Aussichtsreiche Höhenwanderung am Ostrand der Alpen

Im Wechselgebirge, das seit einigen Jahren auch an Wochenenden und Feiertagen mit Bahn und Bus gut erreichbar ist, finden sich die östlichsten höheren Gipfel des Alpenbogens. Bei »Wanderungen über die schier endlosen Urgesteinskämme des Wechsels« tauchen wir in eine »an subarktische Verhältnisse (Islandmoose) gemahnende Landschaft« ein, »die im starken Kontrast zum gewohnten Kalksteinszenarium der Wiener Hausberge steht« – so sehr treffend Franz und Rudolf Hauleitner in ihrem Rother-Wanderführer »Wiener Hausberge«. Besonders schön sind die Touren an klaren, windarmen Tagen im späten Frühjahr und im Herbst. Die Aussicht vom Wechsel-Höhenzug ist äußerst umfassend. Die Sicht reicht zu den Kleinen Karpaten in der Slowakei, bis weit in die pannonische Tiefebene, es zeigen sich nordkroatische Berge ebenso wie das slowenische Pohorje-Gebirge und einige Karawanken-Gipfel. Dazu kommen fast alle namhaften Gipfel im Osten des Alpenbogens, von den Lavanttaler Alpen bis zu Rax und Schneeberg. Als Talorte bieten sich Mönichkirchen und Mariensee an. Unterwegs gibt es etliche Einkehrmöglichkeiten in Gasthöfen, Schutzhäusern und Schwaigen.

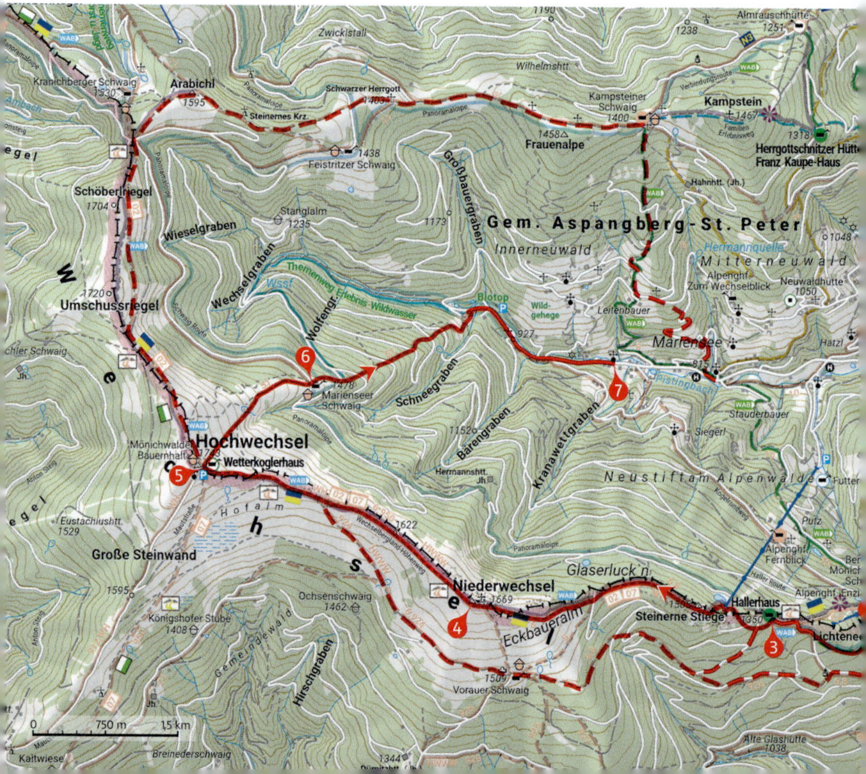

Ausgangspunkt: Bushaltestelle Mönichkirchen Hotel Thier, 957 m (oder Mönichkirchen Erlebnisalm, 1001 m).
Anfahrt: Auf der Südbahnstrecke nach Wiener Neustadt, weiter mit der Aspangbahn nach Aspang Markt, dann Bus 371. Zwei Früh- bzw. Vormittagsverbindungen. Dauer: 1.15–1.35 Std.
Endpunkt: Bushaltestelle Mariensee Almbauer, 859 m.
Rückfahrt: Bus 372 (2. Sa im April–1.11. täglich) nach Aspang Markt, von dort mit der Aspangbahn nach Wiener Neustadt, weiter auf der Südbahnstrecke. Eine Verbindung am Nachmittag. Dauer: 1.25–1.35 Std.
Anforderungen: Etwas längere Wanderung auf guten Wegen und Steigen, keine technischen Schwierigkeiten. Moderate Steigungen; sowohl flachere (»blau«) als auch etwas steilere (»rot«) Abstiegsoption. Der Wechsel ist aufgrund seiner exponierten Lage besonders anfällig für Wetterstürze und Stürme.
Einkehr/Übernachtung: **Berggasthof Mönichkirchner Schwaig**, Mai–Okt. Do–So (Juli–Aug. Mi–So) sowie bei Skibetrieb, Tel. +43/2649/295 und +43/650/809 00 08, moenichkirchner-schwaig.at; keine Einzelnächtigungen. – **Alpengasthof Enzian**, durchgehend geöffnet (Betriebsurlaub im April und Nov.), Tel. +43/2649/8008, enzianwirt.at; 19 B, 20 L. – **Hallerhaus**, Fr Ruhetag (außer bei Skibetrieb), Tel. +43/2649/230, hallerhaus.at; 25 B, 30 L. – **Stoa-Alm**, Sommer Sa/So, Winter bei Liftbetrieb täglich, Tel. +43/676/965 78 95 und +43/676/447 19 19, kulinarik-stoaalm.at; 45 B. – **Wetterkoglerhaus**, 20.5.–31.10. (Di/Mi Ruhetag), Tel. +43/3336/4224 (Hütte) und +43/680/225 75 55 (Tal), alpenverein.at/wetterkoglerhaus; 9 B, 26 L (Nächtigungen Do–So möglich). – **Marienseer Schwaig**, Ende Mai–Mitte Sept., Tel. +43/664/426 15 42; keine Nächtigung.

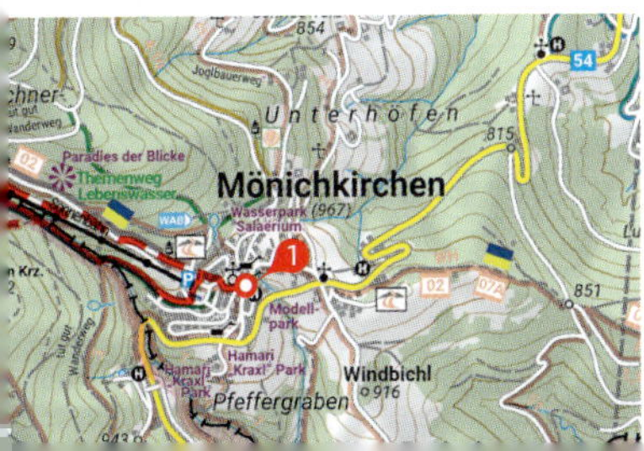

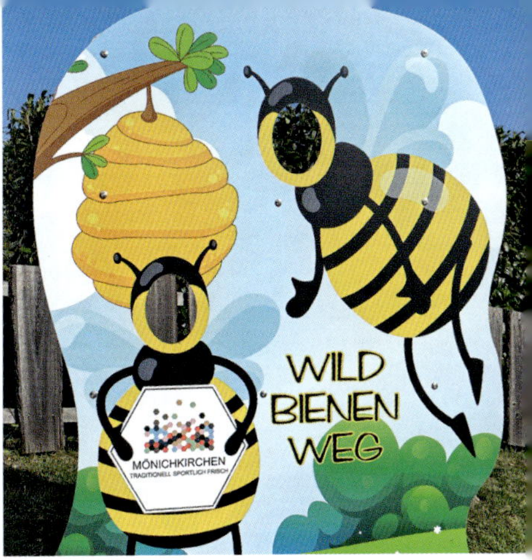

Liebevoll gestalteter Wildbienenweg in Mönichkirchen.

Varianten: Anreise bis zur Bushaltestelle **Mönichkirchen Erlebnisalm** und Auffahrt mit dem Sessellift zur Mönichkirchner Schwaig (etwa 45 Min. Zeitersparnis). – Tour auch in die Gegenrichtung gut machbar, ebenso der **Abstieg** vom Hochwechsel zurück **zum Ausgangspunkt**: Über die Vorauer Schwaig und weiter über das Studentenkreuz oder das Hallerhaus, sodann auf dem Anstiegsweg oder, weniger attraktiv, entlang der Liftanlage (Rückfahrten ab Mönichkirchen ganzjährig bis am frühen Abend). – **Rundwanderung von Mariensee:** Aufstieg über Kampsteiner Schwaig, Arabichl und das Dreiländereck auf den Hochwechsel, Abstieg auf der Hauptroute. Diese Route ist wohl die schönste und lohnendste Tour im Wechselgebiet, als Tagestour mit ÖV-Anreise allerdings nur für sehr flotte Geher machbar (Zeitfenster zwischen erster Ankunft und letzter Rückfahrt nur rund 6 Std.); sehr empfehlenswert ist eine Übernachtung im Wetterkoglerhaus. Start bei der Bushaltestelle Mariensee Gh. Haidbauer, Einstieg in den grün-weiß markierten Wanderweg etwa 300 m taleinwärts beim Wanderparkplatz; ab der Kampsteiner Schwaig rot markiert.

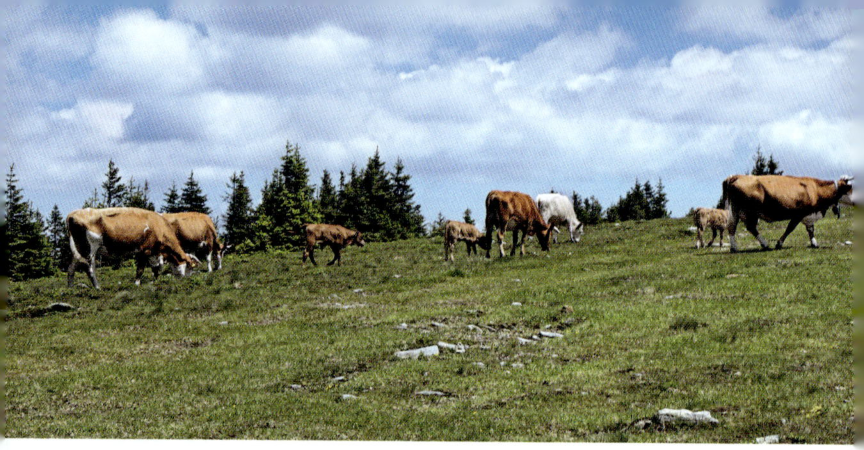

Weidezeit im Wechselgebiet.

Von der Bushaltestelle **Mönichkirchen Hotel Thier** ❶ am Kirchenwirt vorbei, geradeaus hinauf, über eine Wiese, rechter Hand die Kirche, zu einer höher gelegenen Straße, die gequert wird. Weiter durch den Jenseitspark hinauf zu einer zweiten Wiese (Wildbienenweg). Dort links und über einen Parkplatz und eine Straße querend zu einem Atelier (»Bergluft«). Links an dem Haus vorbei, dann unterhalb eines »Troadkastens« vorbei zu einer Straße. (Hierher, kurz absteigend, auch von der Bushaltestelle Mönichkirchen Erlebnisalm; direkter Einstieg in die Hauptroute über die Wiese unterhalb des Parkplatzes im Jahr 2023 nicht gestattet.) Weiter, einem Wegweiser folgend, in eine Nebenstraße und an deren Ende geradeaus weiter (»tut gut«-Route), Schranken.

Der Weg zieht in ein Tal, durch das der **Grenzbach** fließt. Über den Bach und auf der anderen Talseite weiter taleinwärts. Bei einem Wasserreservoir nach links auf einen Forstweg, der aber schon bald wieder nach rechts verlassen wird (Wegweiser). Kurz darauf eine Verzweigung, hier geradeaus weiter. Durch den Wald, schließlich in einem Rechtsschwenk auf die Wiesen der **Mönichkirchner Schwaig** (im Winter Skipisten). Auf einem breiten Wanderweg bergwärts, bei einer Verzweigung links und zum Berggasthof bzw. zum dahinterliegenden **Gasthof Enzian** ❷. (Hierher auch in wenigen Gehminuten von der Sessellift-Bergstation.)

Vor dem Gasthof links und auf einem Forstweg unter einem Skilift in den Wald. Bald nach rechts hinauf Richtung Hallerhaus (Wegweiser, grün markiert). Durch den Wald aufwärts, zuerst auf einem Wander-, dann auf einem Forstweg, der in eine Forststraße mündet, der wir nun folgen (nun auch rot markiert). Auf einen Schlag hinaus. Bei einem Hochstand schwenkt die Forststraße nach rechts und erreicht eine Kreuzung. Hier links zum **Hallerhaus** ❸.

Nun wieder links, Richtung Wetterkoglerhaus. Durch den Wald aufwärts zur Stoa-Alm. Nahe der Bergstation der Panoramabahn auf einem Wanderweg weiter. Über die Steinerne Stiege, sodann in leichtem Auf und Ab weiter auf dem Höhenzug. Schließlich wieder spürbarer steigend über Almwiesen, die mit Bäumen und kleinen Baumgruppen durchsetzt sind, durch mehrere Durchschlüpfe auf einen Vorgipfel des Niederwechsels. Nach einer kur-

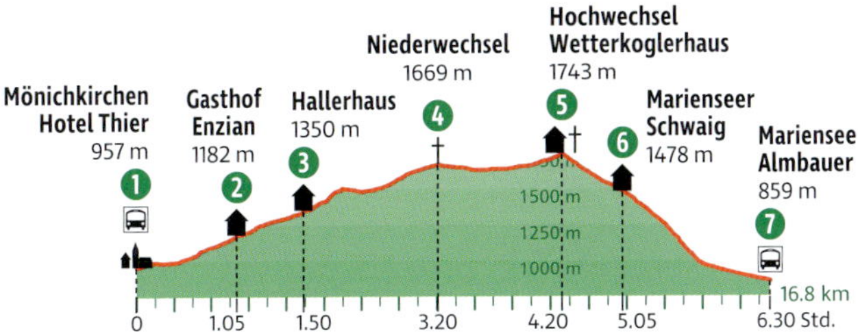

zen ebenen Passage (von links zieht ein Weg von der Vorauer Schwaig herauf) über einen letzten Aufschwung auf den **Niederwechsel** ❹, Soldatenfriedhof.

Durch einen Durchschlupf zuerst praktisch eben, dann steigend weiter. Von links mündet neuerlich ein Zustieg von der Vorauer Schwaig ein. Weiter zum Hochwechsel-Gipfel mit dem **Wetterkoglerhaus** ❺. Hier rechts und – nach wie vor rot markiert – auf einem Wanderweg über Almwiesen zur **Marienseer Schwaig** ❻ hinunter.

Zwischen den Almgebäuden hindurch und weiter absteigend Richtung Mariensee. Bald durch Wald, mehrere Forstwege kreuzend, zu einer Gabelung. Hier entweder geradeaus (rot markiert) über den abschnittsweise mittelsteilen Schindlsteig (auch: Schindelsteig) weiter talwärts oder etwas flacher links auf dem Almweg (blau) weiter. Beide Wege kommen auf 1060 m Höhe wieder zusammen.

An einer Wiese entlang und in einem Linksbogen zu einem Haus, kurz auf einem Fahrweg, dann rechts über eine Wiese in den Wald hinunter, in den unteren Wechselgraben. Hier rechts und nun noch 15–20 Min. auf einem asphaltierten Fahrweg leicht fallend zum Beginn des Ortsgebietes von Mariensee und zur Bushaltestelle **Mariensee Almbauer** ❼.

Etliche Einkehrmöglichkeiten erwarten uns auf dieser Tour.

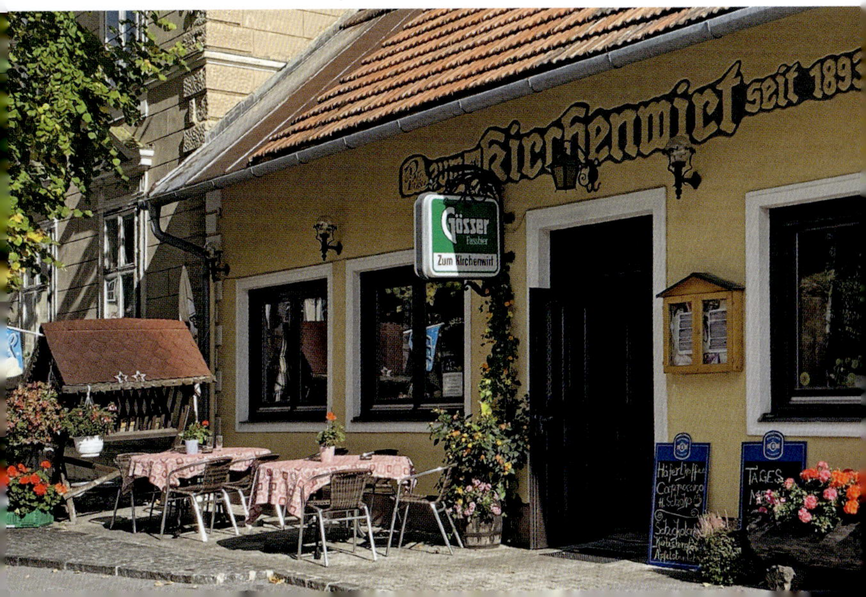

32 Kreuzberg und Speckbacherhütte, 1094 m

Von Payerbach nach Breitenstein

3.45 Std. | 9,4 km | ↗ 640 m | ↘ 340 m

Ebenso leichte wie lohnende Wanderung im Semmeringgebiet

Ruhige Wälder, aussichtsreiche Bergwiesen, eine gastliche Hütte, Einblicke in den Verlauf der Semmering-Bergbahn – all dies erwartet Sie auf der gemütlichen Wanderung vom Bahnhof Payerbach-Reichenau über den Höhenrücken des Kreuzbergs nach Breitenstein. Sobald Sie vor Ort und »auf Tour« sind, werden Sie Alfred Kölbel zustimmen, der in seinem Buch »Wunderbar wanderbar mit der Bahn« schreibt: Hier zeigt sich das Semmeringgebiet »von seiner schönsten und lieblichsten Seite«. Besonders attraktiv ist der Abschnitt über die Stojerhöhe, von deren Wiesenmatten sich ein prächtiger Blick zu Rax und Schneeberg öffnet. Ein zweiter ausgezeichneter Aussichtspunkt liegt unterhalb der Speckbacherhütte, wo man vom Wiesenrand zum Kurort Semmering mit seinen Hotels und Villen blickt, mit Sonnwendstein, Erzkogel, Dürrriegel und Pinkenkogel als Bergkulisse. Die Speckbacherhütte selbst bietet gute Hausmannskost in behaglicher Atmosphäre. Diese leichte Tour lässt sich auch an einem kurzen Spätherbsttag gut unterbringen. Ebenso lohnt sie im Frühjahr; die erwachende Vegetation, gepaart mit den Blicken auf die noch winterlich verschneiten Höhenzüge von Rax und Schneeberg, hat einen besonderen Reiz. Selbst im Winter ist sie zu empfehlen, sofern nicht zu viel Schnee liegt.

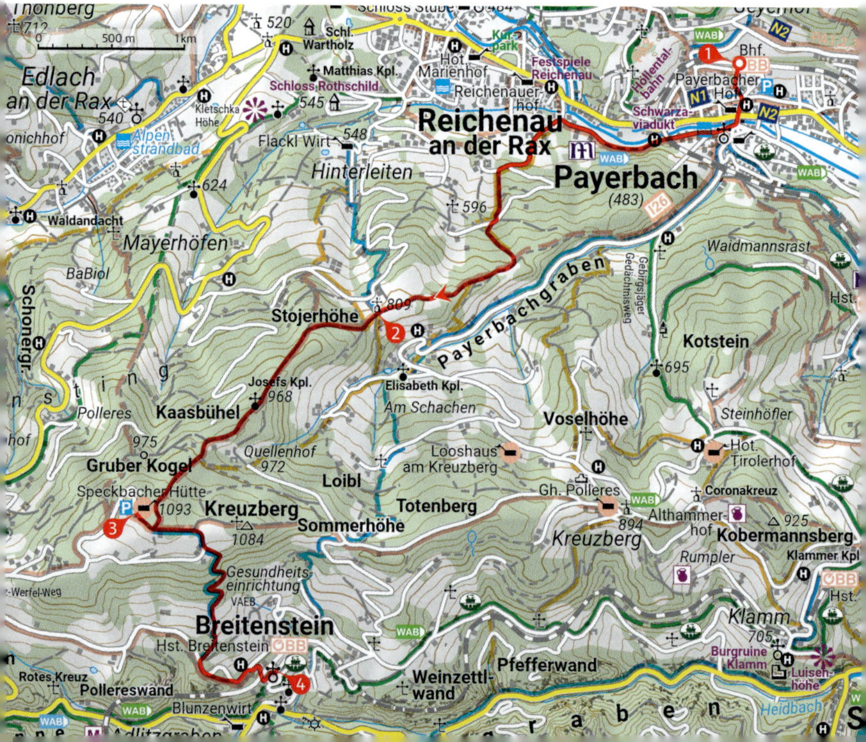

Ausgangspunkt: Bhf. Payerbach-Reichenau, 494 m.
Anfahrt: Auf der Südbahnstrecke über Wiener Neustadt. In der Früh und am Vormittag zwei Verbindungen pro Stunde. Dauer: 0.50–1.10 Std.
Endpunkt: Bhf. Breitenstein, 790 m.
Rückfahrt: Auf der Südbahnstrecke über Payerbach-Reichenau und Wiener Neustadt; nach Payerbach-Reichenau auch per Rufbus. Verbindungen bis am Abend, Zweistundentakt (Zug), Sa/So/Fei nachmittags bzw. abends zwei zusätzliche Direktzüge. Dauer: 1.15–1.30 Std.
Anforderungen: Leichte Halbtagstour auf guten Wegen.
Einkehr/Übernachtung: **Speckbacherhütte**, 9–18 Uhr (Do/Fr Ruhetag), bei Schlechtwetter ggf. geschlossen, Tel. +43/2664/210 96, die-speckbacher.at; 30 B.
Variante: Die Tour kann ebenso gut in die Gegenrichtung unternommen werden. Dadurch halbiert sich die Anzahl der Aufstiegshöhenmeter, die Wanderung bekommt somit den Charakter eines ausgedehnten Spaziergangs.
Tipps: Der Einstieg in die Tour ist auch von der Haltestelle Reichenau/Rax Kurtheater (Bus 341 und 342) möglich. – Außerdem sind Sie in den Sommermonaten mit dem RUFbus Semmering-Rax (Tel. +43/660/900 88 22, semmering-rax.com/rufbus) in der Tourenregion mobil; auch die Speckbacherhütte wird angefahren.

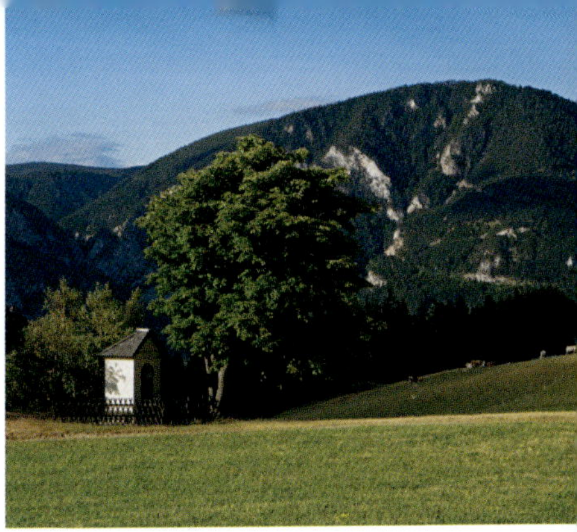

Auf der Stojerhöhe.

Vom Vorplatz des Bahnhofs **Payerbach-Reichenau** ❶ der blauen Markierung folgend über die Bahnhofstiege hinunter zur Anton-Weiser-Straße. An deren Ende kurz nach links, dann rechts auf der Bahnhofstraße ins Zentrum von Payerbach. Über die Schwarza, nun – unmarkiert – nach rechts in den Park (grünes Tor). Entlang der Schwarza, vorbei am Musikpavillon (Wegweiser »Fischerpromenade«), an einigen schönen Villen, später an einer Minigolfanlage, einem Tennisplatz und einer Eisstockbahn. Durch das imposante **Schwarzaviadukt** der Semmeringbahn auf der Fischerpromenade an der Schwarza entlang ins Siedlungsgebiet von Reichenau.
Bei einer Kreuzung über eine Brücke (Grünstingbach) nach links (nun gelb markiert), wenig später – der Markierung folgend – neuerlich links (asphaltierter Güterweg Hinterleiten). Unser Weg beginnt nun spürbar anzusteigen. Wir überqueren eine Wiese (Wegweiser). Der Fahrweg wendet sich nach rechts in einen Wald hinein. Bei einer Verzweigung geradeaus. Unmittelbar vor Ende des Waldes links auf einen Wanderweg (Markierungen). Zwischen mächtigen Buchen nahe dem Waldrand aufwärts, später auf einem Forstweg weiter bergauf. Über zwei asphaltierte Fahrwege zu einer Kreuzung mit sechs Forst- und Karrenwegen.

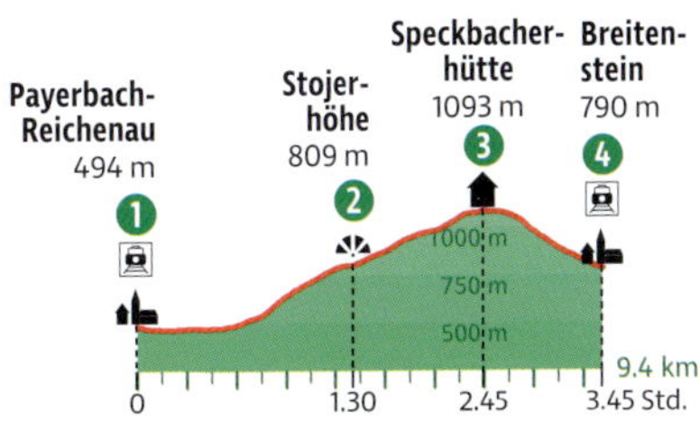

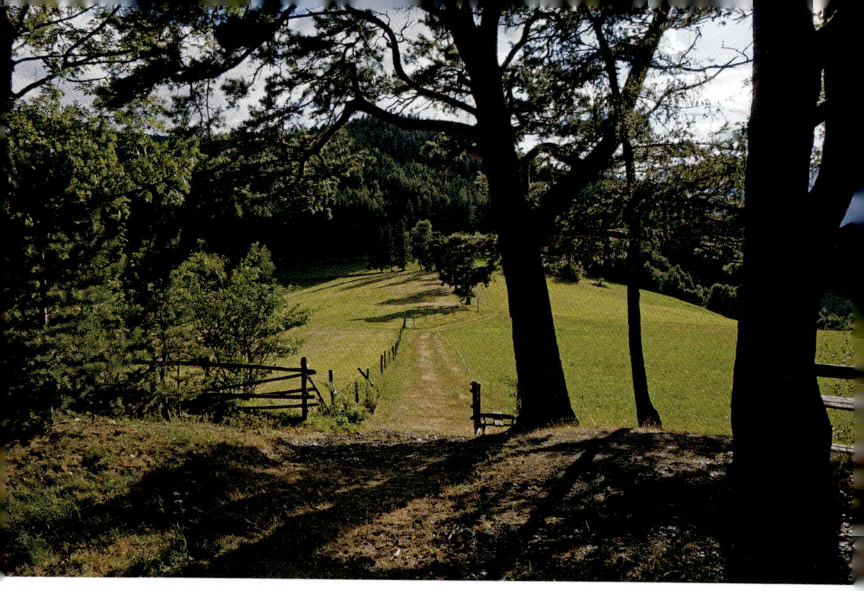

Kurz vor der Stojerhöhe.

Hier – den nun gelben und roten Markierungen folgend – links und zuerst noch auf einem Forstweg, später auf einem Steig weiter aufwärts. Nahe einer Wiese (Giefingfeld) mündet der aus dem Payerbachgraben heraufziehende Steig ein. Hier rechts Richtung Speckbacherhütte (Weg 834). Über einen Rücken weiter aufwärts. Ein Steig, der über die Sommerhöhe nach Breitenstein führt, zweigt nach links ab. Wir aber folgen weiter dem jetzt nur mehr rot markierten Kammweg zu den Wiesen der **Stojerhöhe ❷**.

Bei einer Wegkreuzung (rechts eine Kapelle) geradeaus weiter und wieder in den Wald. Bei einer Verzweigung rechts. Unser Weg gewinnt an Höhe. Bei einer Verzweigung rechts, an einem Schranken und der Josefskapelle vorbei. Über die Anhöhe des Kaasbühels weiter, kurz eine Wiese berührend (links der Quellenhof). Am Waldrand, dem roten Markierungspfeil folgend, auf einen Karrenweg. Es folgt der letzte Aufschwung zur Speckbacherhütte. Von links mündet ein gelb markierter Steig ein. Über eine Forststraße und weiter – den roten Markierungen folgend – durch eine bewaldete Flanke aufwärts, bis zu einer Wegkreuzung. Hier rechts und am Rand einer Wiese zur nahen **Speckbacherhütte ❸**.

Nun wieder zur letzten Kreuzung zurück, weiter am Rücken (Richtung Breitenstein), den blauen Markierungen folgend. Bei einer Lichtung rechts haltend und bald in einem großen Rechtsbogen über eine ausgedehnte Wiese an einem Gehöft vorbei in den Wald hinunter. Über mehrere Kehren auf einem Karren-, dann auf einem Forstweg durch den Wald. Schließlich am Rand einer Wiese weiter bergab, nun schon mit guter Sicht auf Breitenstein. Noch einmal in den Wald, bei einer Verzweigung rechts, wenig später links in die Orthofstraße (ab hier auch rot markiert). Auf der Straße, teils auch auf einem Waldweg rechts von ihr zu den ersten Häusern und wenig später, zuletzt der Hauptstraße folgend, zum Bahnhof von **Breitenstein ❹**.

Semmering-Bahnwanderweg

Bahnhof Semmering – Payerbach-Reichenau

33

6.00 Std. | 20,1 km | ↗ 550 m | ↘ 950 m

TOP

In mehreren Abschnitten entlang des Welterbes Semmeringbahn

Die Semmeringbahn zwischen Mürzzuschlag und Gloggnitz wurde zwischen 1848 und 1854 unter der Leitung von Carl Ritter von Ghega erbaut, dabei waren insgesamt 20.000 Arbeiter im Einsatz. Sie war die erste vollspurige Gebirgsbahn der Welt und ist bis heute weitgehend unverändert geblieben. Die Strecke weist 15 Tunnels und 16 aus gemauerten Brückenbögen bestehende, teils zweistöckige Viadukte auf. Die Semmering-Bergstrecke fasziniert nicht nur Eisenbahnfreunde. Dies liegt wohl vor allem daran, dass Ghega bestrebt war, die Bahnlinie harmonisch in die Landschaft einzufügen, Natur und Technik zu einem Gesamtkunstwerk zu verschmelzen. Dass ihm dies gelungen ist, bezeugt nicht zuletzt die Entscheidung der UNESCO, die Semmeringbahn zum Welterbe zu erklären. Unsere Wanderung folgt dem niederösterreichischen Teil des Semmering-Bahnwanderwegs. Zahlreiche Aussichtspunkte auf die Bahntrasse säumen unseren Weg durch die anmutige Landschaft des Semmeringgebietes. Besonders hervorzuheben ist der Panoramablick von der Doppelreiter-Warte, aber ebenso die Aussicht vom »20-Schilling-Blick« (welcher auf der Rückseite des Geldscheins zu sehen ist, der zwischen 1968 und 1989 im Umlauf war). Eindrucksvoll sind auch die Blicke zur Burgruine Klamm im mittleren Teil unserer Wanderung. Diese Ruine, die auf einem über 100 Meter hohen Felsen thront, stammt aus dem 12. Jahrhundert. Der Bahnwanderweg verläuft überwiegend auf Steigen und Fußwegen, der Fahrweg- und Straßenanteil ist zwar nicht unerheblich, der motorisierte Verkehr hält sich jedoch in Grenzen. Die Route ist durchgehend mit Wegweisern bzw. mit dem Bahnwanderwegsymbol (stilisierte Dampflok auf Viadukt) beschildert. Etliche Schautafeln informieren über den Bau der Semmering-Bahnstrecke und den Bahnverkehr. Der Bahnwanderweg kann selbstverständlich auch in Etappen begangen werden.

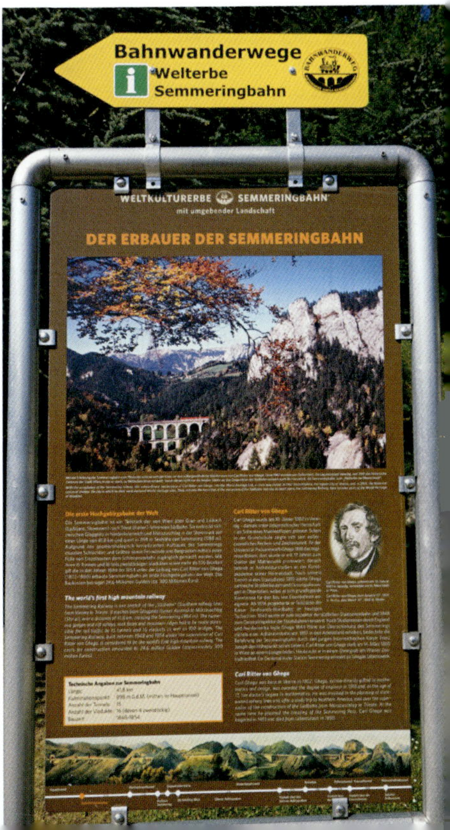

Eine von vielen informativen Schautafeln am Semmering-Bahnwanderweg.

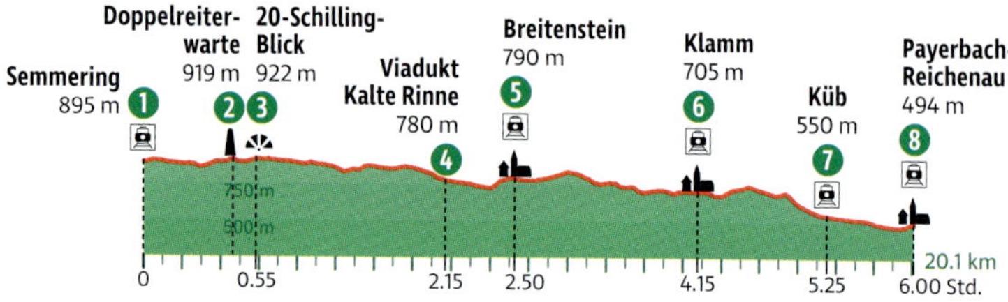

Ausgangspunkt: Bhf. Semmering, 895 m.

Anfahrt: Auf der Südbahnstrecke. In der Früh und am Vormittag Stundentakt. Dauer: 1.10–1.15 Std.

Endpunkt: Bhf. Payerbach-Reichenau, 494 m.

Rückfahrt: Wie Tour 22.

Anforderungen: Nicht sonderlich anstrengende Tour auf guten Wegen, Gesamtbegehung erfordert eine gewisse Ausdauer.

Einkehr/Übernachtung: Gasthöfe in **Breitenstein** und **Klamm**.

Varianten: Begehung von **Teilabschnitten** mit Beginn/Ende an allen Stationen der Semmeringbahn (Semmering, Breitenstein, Klamm-Schottwien, Küb). Rückfahrt per Zug (oder Rufbus) nach Payerbach-Reichenau, weiter wie oben. Zweistundentakt (Zug), Sa/So/Fei nachmittags und abends zwei zusätzliche Direktzüge mit Halt in Breitenstein und Klamm-Schottwien. – Auch ein **Abstieg nach Schottwien** ist möglich; von dort mit Bus 343 nach Gloggnitz und weiter auf der Südbahnstrecke über Wiener Neustadt. – Oder **Abstieg zum Bhf. Gloggnitz**.

Tipps: Von Mai bis September zwischen 9.00 und 18.30 Uhr fährt der RUFbus Semmering-Rax (Tel. +43/660/900 88 22, semmering-rax.com/rufbus) zahlreiche Haltepunkte am Semmering-Bahnwanderweg an. – Informationszentrum über die Semmeringbahn und den Bahnwanderweg im Bahnhofsgebäude Semmering (im Sommerhalbjahr geöffnet).

Vom Vorplatz des Bahnhofs **Semmering** 1 auf einem Wanderweg (Wegweiser) oberhalb der Bahntrasse Richtung Norden. Vor einem Tunnel durch eine Unterführung auf die andere Seite der Bahntrasse. An einem Haus vorbei, bei einem zweiten links in den Wald. Bei der Bahnhaltestelle Wolfsbergkogel ins Siedlungsgebiet und kurz auf einer schmalen Asphaltstraße in einer Linkskurve rechts, bald darauf bei einer Verzweigung neuerlich rechts (jeweils Wegweiser). Unter dem desolaten Kurhaus Semmering vorbei und ge-

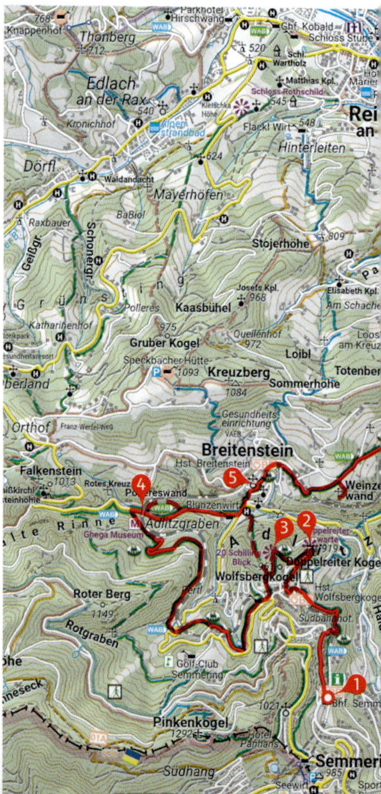

radeaus weiter über einen Parkplatz auf einen Waldweg. Über einen föhrenbestandenen Rücken zur **Doppelreiterwarte** ❷ (eindrucksvoller Blick auf die Bahntrasse, zu Schneeberg und Rax). Nun zuerst kurz, aber ziemlich steil absteigend, dann links und ohne große Höhenveränderung durch die Nordflanke des Wolfsbergkogels zum **20-Schilling-Blick** ❸, Holzterrasse oberhalb des Weges. Weiter durch Wald, nahe einer Grundstückseinfahrt (Kurhausstraße 4) rechts, kurz darauf links. (Von hier alternativ direkter Abstieg über das Spiestal in die Adlitzgräben.)

In einem lang gezogenen Linksbogen zu einer asphaltierten Straße, der wir etwa 200 m folgen. Dann rechts auf einen Waldweg (Wegweiser). Etwa 10 Min. später berühren wir die Adlitzgrabenstraße, biegen aber schon bald rechts in die Weberkogelstraße ab. Am Golfhaus Geiger vorbei und wieder in den Wald. Es folgen einige Häuser, das erste ist die »Labestation Hinterholz 9« (Verkauf von Getränken und Broten mit Aufstrich).

Zum Unteren Adlitzgraben-Viadukt hinunter, bei einer Verzweigung rechts. Im Graben kurz einer Asphaltstraße taleinwärts folgend unter dem Viadukt hindurch, schon bald aber wieder rechts auf einen Forstweg, wenig später auf einen Wanderweg. Nun durch die Föhrenwaldflanke oberhalb der Bahntrasse aufwärts. Über einen Schlag, dann weiter im Fichtenwald zum **Ghega-Museum**.

Auf einer Forststraße in die Adlitzgräben hinunter, sodann auf einer Landstraße talauswärts Richtung

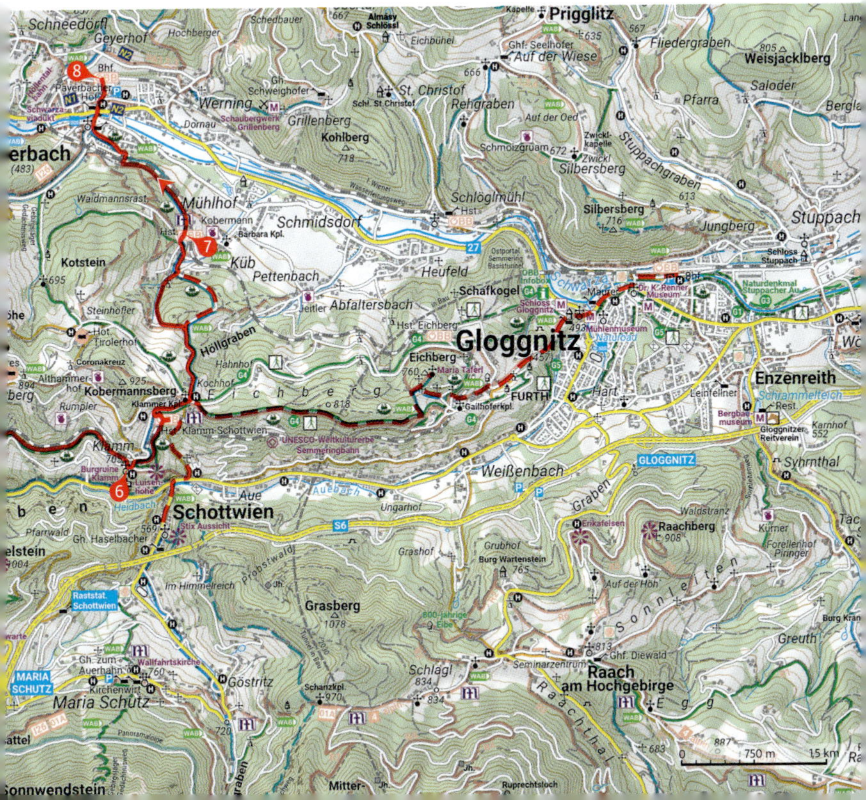

Breitenstein. Unter dem **Viadukt Kalte Rinne ❹** hindurch, hier Beginn des Abstechers Polleros- bzw. Pollereswand-Runde, die auf Höhe des Krauselklausenviadukts wieder in die Hauptroute des Bahnwanderwegs einmündet. Weiter ins Siedlungsgebiet, bei einer Kreuzung links über eine Brücke (Straße Richtung Breitenstein). Unmittelbar danach neuerlich links auf einen Waldsteig und ins Zentrum von Breitenstein hinauf. Der Weg mündet in die Hauptstraße des Ortes, der wir bergwärts folgen. Kurz nach dem Gemeindeamt bei einer Kreuzung geradeaus in die Lindenstraße (Wegweiser Richtung Bahnhof Klamm). Der Bahnhof **Breitenstein ❺** befindet sich nur wenige Meter oberhalb dieser Kreuzung.
Auf einem Pfad in den Wald, bis zur Unteren Bahnstraße, der wir bergwärts folgen. Bei einer Kreuzung geradeaus weiter, bald auf einem Feldweg. Über Wiesen in einen schwach ausgeprägten Sattel (nach rechts kurzer Abstecher zur Weinzettlwand).
Im Sattel auf eine schmale asphaltierte Straße. Nun talwärts, bei einer Gabelung rechts und auf dem »Blauen Einschnitt« (Fahrweg) bergab. Bald endet der Asphalt. Nach einem Waldabschnitt durch eine Unterführung auf die Südseite der Semmeringbahn. Unmittelbar danach links auf einen schmalen Steig (Drehkreuz), der zwischen der Bahntrasse und einer Wiese verläuft. Über einige Kehren zum Gamperlgraben-Viadukt hinunter, auf mittlerer Höhe durch einen Viaduktbogen und nun auf der Nordseite der Bahntrasse bis in den Grabengrund, hier wieder auf die Südseite der Trasse, kurz auf einem Fahrweg, dann links (Durchschlupf) und unterhalb der Bahn auf einem schönen Steig durch die bewaldete Bergflanke zum **Wagnergrabenviadukt**. Wieder steil in den Graben hinunter, auf einer Brücke über ein Bächlein und dann ebenso steil

20-Schilling-Blick.

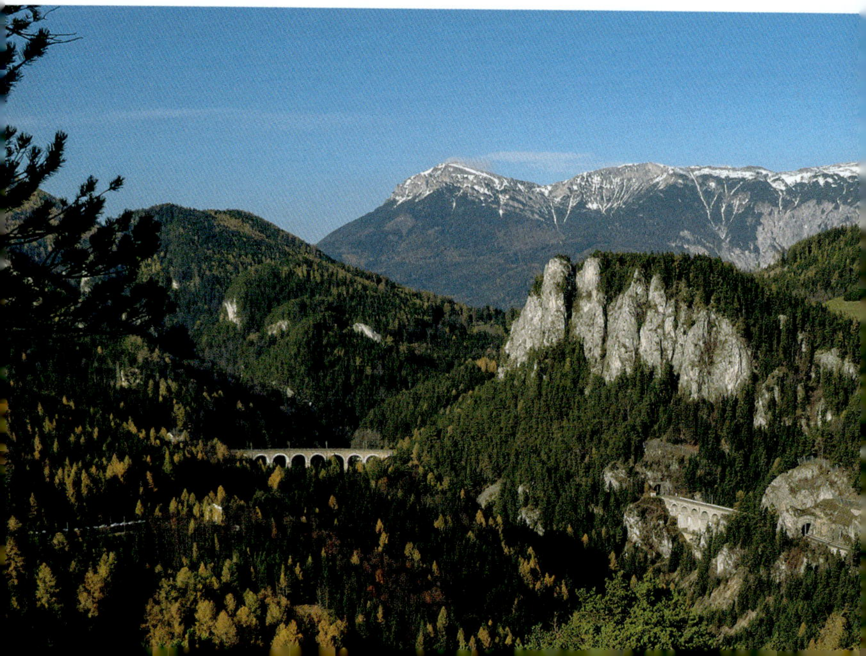

wieder hinauf zum ersten Haus der Ortschaft Klamm. Nun auf dem bald asphaltierten Musikerweg bis zur Kirche von **Klamm** ❻, rechts dahinter die nicht öffentlich zugängliche Burgruine. Hier links in die Klammer Straße, nach wenigen Metern aber wieder rechts in den Deiningerweg (Richtung Bahnhof Klamm). Schon bald wieder durch Wald, bei einer markanten Linkskurve den Forstweg nach rechts verlassen und auf einem Steig bis zu einer Unterführung. Hier links (Wegweiser nach Payerbach). Unter der Südbahn hindurch (Zugang zum Bahnhof Klamm rechts) und über den Bahnhofweg (asphaltiertes Sträßlein) mittelsteil drei Kehren hinauf, bis zur Klammer Straße und auf dieser (nun moderater steigend) in den Sattel östlich des Kobermannberges. Hier nach links, sofort wieder nach rechts (Wegweiser) und auf einem asphaltierten Fahrweg talwärts (blau markiert).

Bald endet der Asphalt und wir tauchen in Wald ein. Die nun geschotterte Forststraße führt mittelsteil abwärts, ein Gehöft bleibt links liegen. Bei einer Wiese teilt sich der Weg, hier links (rot markiert) weiter nach Küb. Es folgt eine kurze Gegensteigung. Vor einem Gehöft – der Markierung folgend – rechts auf einen alten Fahrweg, am Rand einer Wiese bergab (rechts Föhrenwald). In einen tief eingeschnittenen Graben hinunter, durch dessen rechte Flanke im Fichtenhochwald weiter bergab bis ins Siedlungsgebiet von Küb. Am Ortsbeginn rechts eine Kapelle. Nun auf Asphalt weiter talwärts, zuerst auf der Küber Straße, bis zur Waldwinkelstraße.

Alternativ bei der erwähnten Weggabelung rechts (vorerst blau markiert, in einer Linkskurve aber auf der Schotterstraße weiter und nicht den

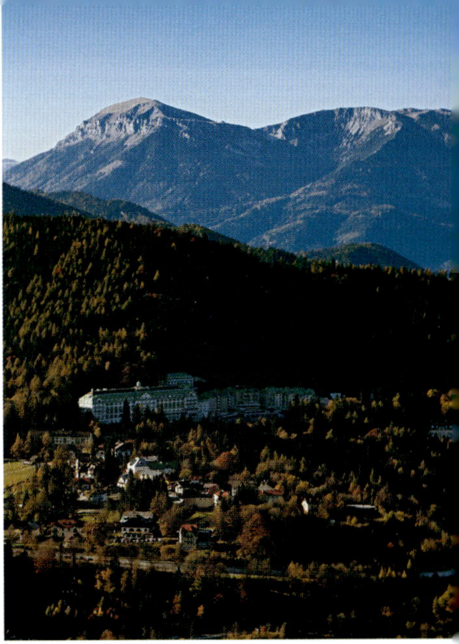

Hotel Panhans am Semmering, im Hintergrund die Rax.

geradeaus nach Pettenbach leitenden Markierungen folgen).

Bei der Kreuzung Küber Straße/ Waldwinkelstraße mündet von rechts wieder die Wegvariante ein. Hier links bzw. wenn man zuvor der Variante gefolgt ist, weiter geradeaus (Bahnwanderwegtafel). Über ein Bächlein, dann über eine Straße und nun auf geschottertem Weg zur Bahnhaltestelle **Küb** ❼. Weiter an der Semmeringbahn entlang.

Nahe einer Unterführung auf einen Forstweg und weiter zu einer zweiten Unterführung, hier unter der Südbahn hindurch zur Weinwegsiedlung. Links, wenig später leicht rechts haltend weiter talwärts bis hinunter ins Zentrum von Payerbach. Über den Ortsplatz, dann über die Schwarza und, weiter geradeaus, die Hauptstraße kreuzend in die Bahnhofstraße. Sodann halb links auf dem Bahnhof-Weg direkt zum Bahnhof **Payerbach-Reichenau** ❽ hinauf.

34 Sonnwendstein, 1523 m

Runde ab Maria Schutz – oder zum Semmering

4.30 Std. | 9,9 km | ↗780 m | ↘780 m

Leicht erreichbarer Gipfel mit gemütlicher Hütte

Der Sonnwendstein gilt als besonders schöner Aussichtsberg. Von der kleinen Plattform vor dem Eingang des Sonnwendstein-Kircherls bietet sich ein umfassendes Panorama nach Osten und Norden. Über die Bucklige Welt und das Wiener Neustädter Becken schweift der Blick bis zum Neusiedler See. An klaren Tagen zeigen sich am Horizont die Kleinen Karpaten; Schneeberg, Rax und der Tiefblick zum Ort Semmering komplettieren das Bild. Nach Westen und Süden sehen wir am besten von der Wiese unterhalb der ORF-Sendeanlage. Von den Mürzsteger Alpen über den Hochschwab, die Eisenerzer Alpen, die Seckauer Tauern, die Seetaler Alpen, die Fischbacher Alpen bis zum Hochwechsel reicht hier die Bergszenerie. Die Pollereshütte knapp unterhalb des Gipfels lädt zu Rast und Stärkung ein; ihre Terrasse wartet ebenfalls mit schönen Ausblicken auf. Der Gebirgsjägersteig, der in Maria Schutz beginnt, vermittelt den zünftigsten Anstieg auf den Sonnwendstein. Auch an warmen Tagen ist dieser Steig durch die bewaldete und daher schattige Nordflanke des Sonnwendsteins durchaus zu empfehlen. Wollen wir wieder nach Maria Schutz zurück, so bietet sich der Almsteig an, um die Wanderrunde zu schließen. Ebenso gut können wir aber auch Richtung Semmering absteigen.

Herbstliche Almwiesen am Sonnwendstein.

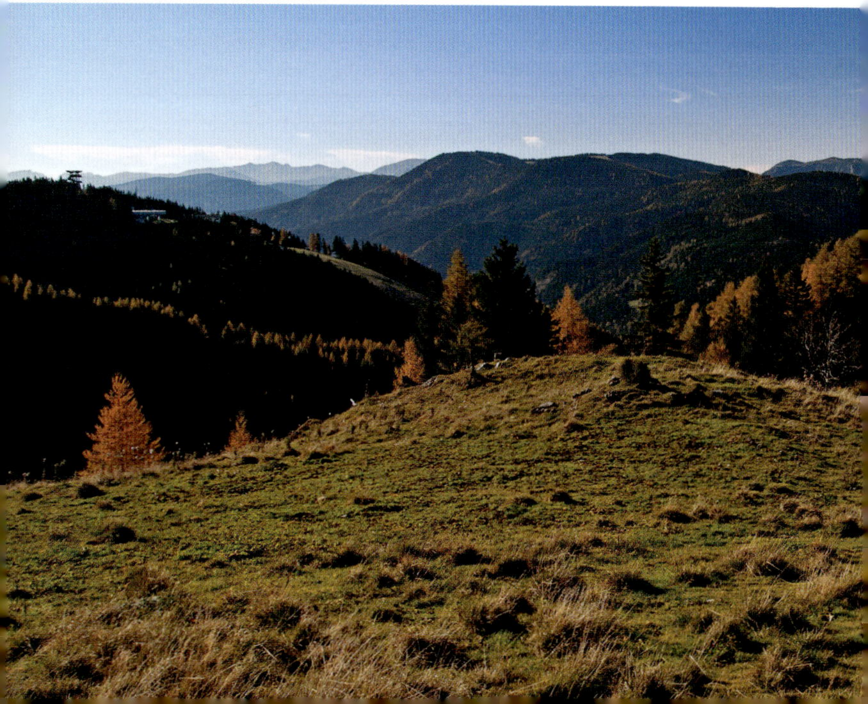

Ausgangs- und Endpunkt: : Bushaltestelle Maria Schutz Kirche, 760 m.
Anfahrt: Auf der Südbahnstrecke über Wiener Neustadt nach Gloggnitz, weiter mit Bus 343. In der Früh bzw. am Vormittag Zweistundentakt. Dauer: 1.20–1.30 Std.
Rückfahrt: Bus 343 nach Gloggnitz, weiter auf der Südbahnstrecke über Wiener Neustadt. Mo–Fr bis am späteren Nachmittag etwa eine Verbindung pro Stunde, Sa/So/Fei bis am frühen Abend im Zweistundentakt. Dauer: 1.20–1.30 Std.
Anforderungen: Mittellange Wanderung auf guten, abschnittsweise aber schmalen und etwas steileren Wegen.
Einkehr: **Pollereshütte**, Mai–Okt. Do–So 9–17 Uhr, Tel. +43/2664/2282, sonnwendstein.com; keine Nächtigung. – **Bergrestaurant Liechtensteinhaus** (Variante Abstieg Semmering), Sommer/Winter täglich, Frühling/Herbst bei Liftbetrieb, Tel. +43/2664/8038, semmering.com/content/56/restaurant-liechtensteinhaus; keine Nächtigung. – Gasthäuser und Restaurants in **Maria Schutz** und am **Semmering**.
Varianten: Zweiter Einstieg in den Gebirgsjägersteig beim Parkplatz des **Feuerwehrhauses Maria Schutz.** – Rückfahrt mit Bus 343 auch von der Haltestelle Maria Schutz Feuerwehr ❹. – **Abstieg zum Semmering:** Über den Erzkogel, dann auf dem Hochalmweg über den aussichtsreichen Dürrriegel in eine Einsattelung und in kurzer Gegensteigung hinauf zum **Hirschenkogel** (Warte). Von hier entweder weiter zu Fuß auf dem Erzherzog-Johann-Steig zur Semmering-Passhöhe hinunter oder Talfahrt mit der Kabinenbahn. Betriebszeiten: semmering.com oder Tel. +43/2664/8038. Rückfahrt mit Bus 343 nach Gloggnitz oder – nach weiteren 20 Gehminuten zum Bhf. Semmering – mit dem Zug. Auch in umgekehrter Richtung ab Passhöhe Semmering oder ab Bergstation Hirschenkogel-Gondelbahn gut durchführbar.
Tipp: Abstieg auch nach Greis (Bus 343) bzw. von dort weiter zum Bhf. Semmering möglich.

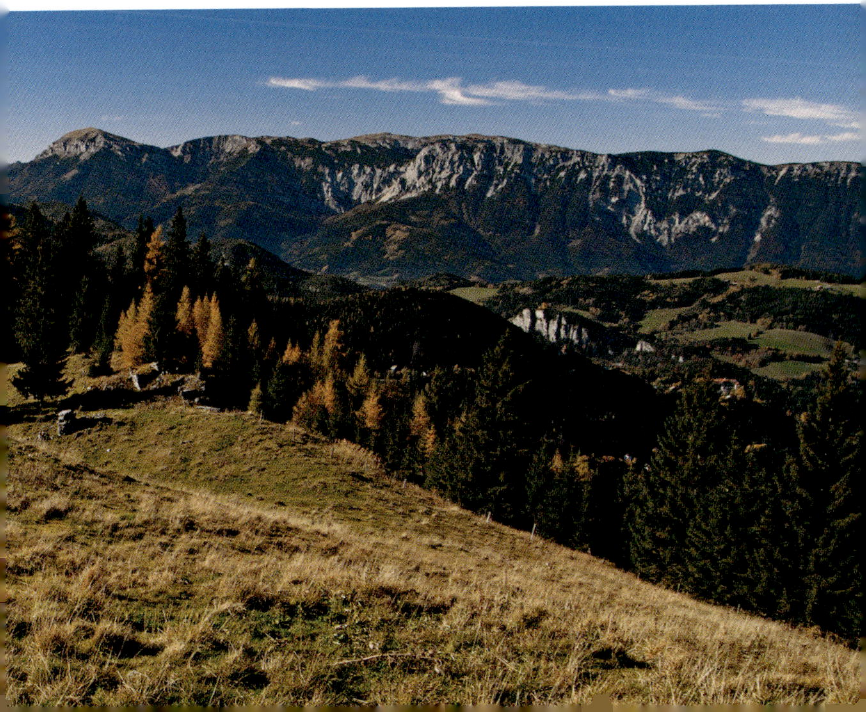

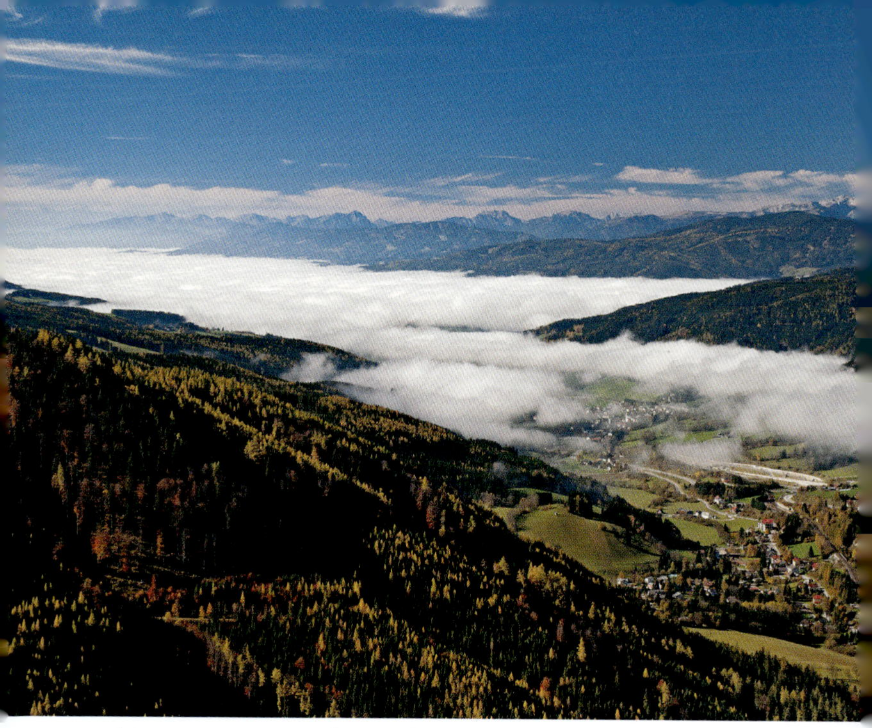

Blick vom Hirschenkogel (Variante) ins Steirische.

Von der Bushaltestelle **Maria Schutz Kirche ❶** etwa 150 m entlang der Hauptstraße von Maria Schutz Richtung Schottwien. Halb rechts auf einen asphaltierten Fahrweg (Wegweiser). Gegenüber einer Bank nach rechts in den Wald hinauf auf den Gebirgsjägersteig (etwas versteckte Holztafel oben an einem Baum). Auf einem Waldsteig nach rechts und moderat steigend, später eben, dann einige Meter absteigend zu einer Wegkreuzung. Von rechts mündet hier der Zustieg vom Feuerwehrhaus Maria Schutz ein.

Der Gebirgsjägersteig zieht in etlichen Serpentinen durch die bewaldete Nordflanke des Sonnwendsteins hinauf. Er ist grün-weiß markiert, im unteren Bereich allerdings nur spärlich (weiter oben Edelweißsymbole auf grünem Grund sowie grüne Markierungsplättchen). Anfangs einige Wurzelwerk-Passagen, insgesamt aber gut zu begehen. Auf 840 m Höhe kreuzt der Weg eine Asphaltstraße, die für den Bau des Semmering-Basistunnels errichtet wurde (in diesem Abschnitt einige blaue Markierungspunkte).

Im weiteren Verlauf queren wir zwei Forstwege, etwas weiter oben dann die ehemalige Skipiste und immer wieder auch die Trasse des ehemaligen Sesselliftes von Maria Schutz nach Sonnwendstein (schöne Blicke nach Schottwien und zur Burgruine Klamm). Im oberen Teil des Steiges dominieren lichte Nadelwälder. Auf etwa 1400 m Höhe nach rechts (hölzerner Wegweiser), kurz darauf nach links und über die letzten Kehren des Steigs zur **Pollereshütte ❷**.

Bei der Hütte wandern wir weiter zum Bergkircherl, das auf dem höchsten Punkt des **Sonnwend-**

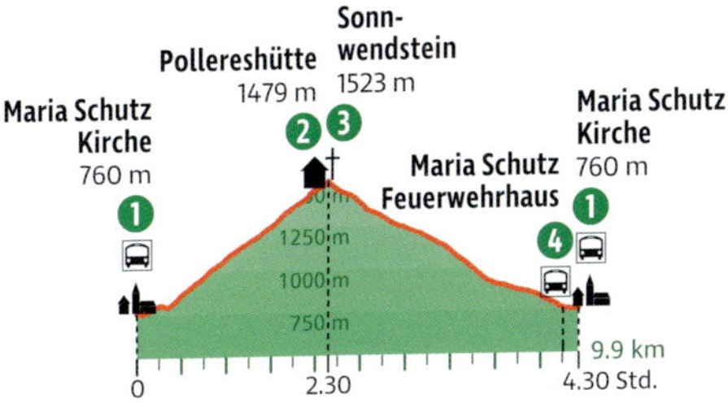

steins ❸ steht und binnen weniger Minuten erreicht wird. Nun wieder zur **Pollereshütte** ❷ hinunter und auf einem Forstweg – vorerst Richtung Semmering – an der Schoberhütte vorbei bis zur Peterhütte. Dort nach rechts auf den blau markierten Almsteig, der den Abstieg nach Maria Schutz vermittelt.

Zuerst über eine Almwiese hinab, an deren unterem Ende geht es nach rechts auf einen Forstweg. Nach einer Linkskehre nach rechts hinunter in den Wald und nun über etliche Serpentinen bergab. Auf 1000 m Höhe kreuzt der Steig einen Forstweg, kurz darauf trifft er auf eine Forststraße, die wir nach rechts überqueren. Auf nun breiterem Weg wandern wir weiter Richtung Maria Schutz; von links mündet der Weg vom Semmering ein.

Nun rot markiert und schon bald wieder auf einem Waldsteig – nur mehr leicht fallend – Richtung Maria Schutz. Auf Höhe der ehemaligen Skipiste über die für den Tunnelbau angelegte Asphaltstraße. Beim Feuerwehrhaus erreichen wir das Ortsgebiet von Maria Schutz. Über den Parkplatz und rechts vom **Feuerwehrhaus** ❹ auf einigen hölzernen Stufen hinunter zur Ortsstraße. Hier rechts und nun noch ca. 200 m zur Bushaltestelle nahe der Kirche von **Maria Schutz** ❶.

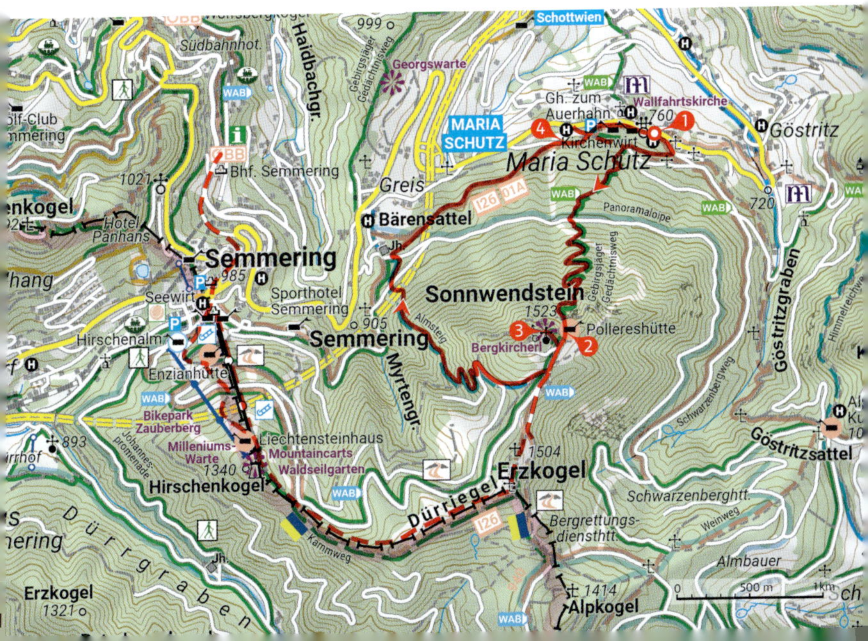

35 Kampalpe, 1534 m
Von Spital am Semmering

4.30 Std. | 9,2 km | ↗780 m | ↘780 m

Aussichtsreicher Berg an der niederösterreichisch-steirischen Grenze

Das Stuhleck und die Kampalpe sind die Hausberge von Spital am Semmering. Während die Ersteigung des Stuhleck von Spital eine tagesfüllende Unternehmung ist (siehe Tour 37), lässt sich die Kampalpe in deutlich kürzerer Zeit erwandern. Die hier vorgestellte Rundtour – mit Aufstieg über den Probststeig und Abstieg über den Saurücken – stellt dabei die wohl ansprechendste Route dar. Eine abwechslungsreiche Flora und Fauna trägt wesentlich zum Reiz dieser Tour bei. Im Frühsommer können wir – unterhalb der Bärenwand – Feuerlilien bewundern. Weiter oben erwartet uns naturnah bewirtschafteter Wald. Einige knorrige Bergahornbäume ziehen die Blicke der Bergwanderer besonders auf sich. Kleinere Felsbildungen im Gipfelbereich und in der steil ins Fröschnitztal abfallenden Südflanke beleben das Landschaftsbild. Auch das Gipfelkreuz steht auf einer Felskanzel, die in Richtung Fröschnitztal vorgeschoben und damit besonders aussichtsreich ist. Der höchste Punkt der Kampalpe liegt übrigens etwa 150 m weiter nordwestlich direkt an unserem Weg, praktisch gleich hoch ist der Bergrücken auch bei der nicht weit entfernten Abzweigung zum Drahtekogel. Bei gutem Wetter erschließt sich von der Kampalpe eine überraschend schöne Aussicht über das Mürztal hinweg nach Westen und Südwesten. Einkehrmöglichkeiten gibt es auf dieser Tour keine, wohl aber viele nette Pausenplätze, die sich bestens für ein Picknick unter freiem Himmel eignen.

Blick von der Kampalpe zu den Fischbacher Alpen.

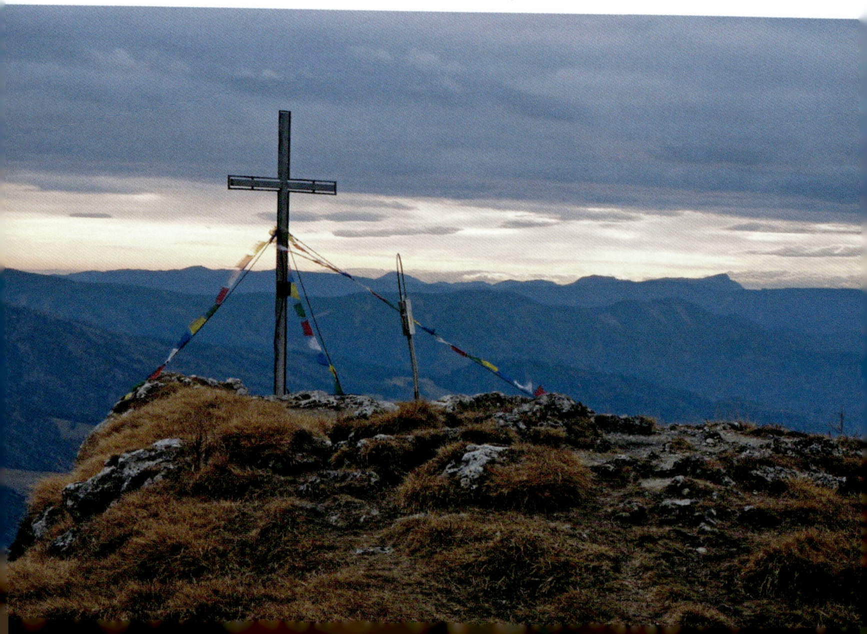

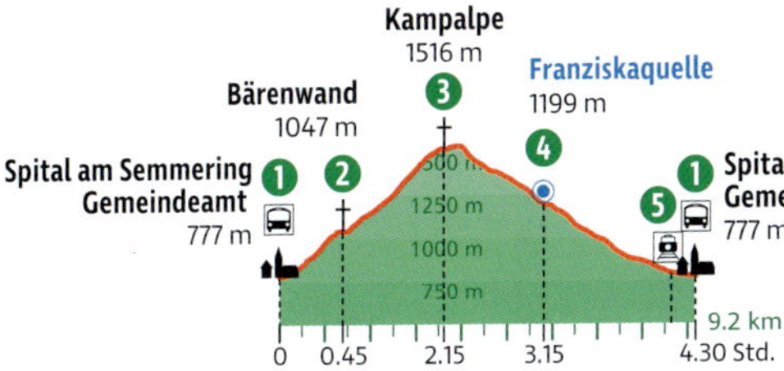

Ausgangs- und Endpunkt: Bushaltestelle Spital am Semmering Gemeindeamt, 777 m, bzw. Bhf. Spital am Semmering, 789 m.
Anfahrt: Auf der Südbahnstrecke über Wiener Neustadt und Semmering bzw. nach Mürzzuschlag und zurück nach Spital am Semmering; ab Mürzzuschlag auch mit Bus 187. Etwa eine Verbindung pro Stunde in der Früh bzw. am Vormittag, Sa/So/Fei zwei Direktzüge. Dauer: 1.30–1.50 Std.
Rückfahrt: Auf der Südbahnstrecke über Semmering und Wiener Neustadt bzw. über Mürzzuschlag; bis Mürzzuschlag auch mit Bus 187. Verbindungen bis am Abend, etwa eine Fahrt pro Stunde, an Sa/So/Fei nachmittags bzw. abends zwei Direktzüge. Dauer: 1.30–1.50 Std.
Anforderungen: Eher kurze, kaum anstrengende Tour. Gut trassierte Steige. Im Aufstieg einige mittelsteile Passagen.
Einkehr: Keine.

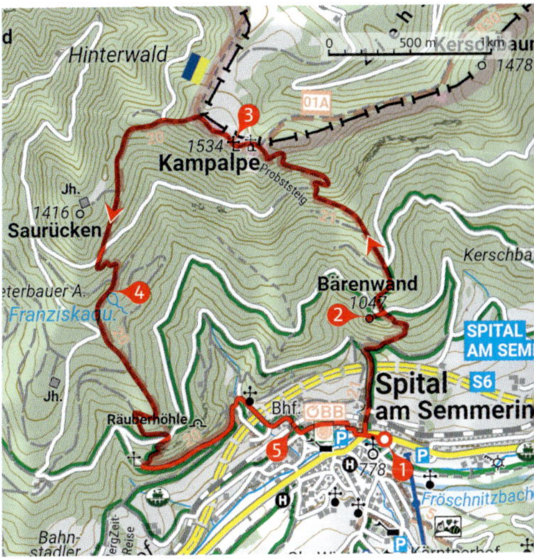

Von der Bushaltestelle **Spital am Semmering Gemeindeamt** ❶ am ehemaligen Hotel Hirschenhof vorbei, unmittelbar danach nach rechts (vom Bahnhof über den Hochweg hierher, siehe unten) und auf einem Sträßlein neben einem Bach bergwärts. Hier ein erster Wegweiser zur Kampalpe. Der weitere Weg zur Kampalpe (Weg Nr. 21) ist – ebenso wie der nachfolgende Abstieg (Weg Nr. 20) – rot markiert. Schon bald auf einem Wanderweg durch eine Unterführung unter der Südbahn hindurch, dann noch einmal einige Meter auf einem asphaltierten Fahrweg (kurzer Rechtsschlenker). Kurz darauf aber halb rechts auf einen anfangs recht schmalen Steig und durch den Schüttgraben aufwärts, vorerst weiter dem Bach folgend.
Nach einer hohlwegartigen Passage nach rechts in die Südflanke der Bärenwand. Wir überqueren einen Forstweg und steigen nun im Hochwald auf einem Pfad mittelsteil aufwärts. Dieser wendet sich nach einigen Gehminuten nach links. Durch Buschwerk, das mit einigen Fichten durchsetzt ist, weiter aufwärts bis auf einen Rücken, dann links in die Hochwaldflanke. Über vier Kehren

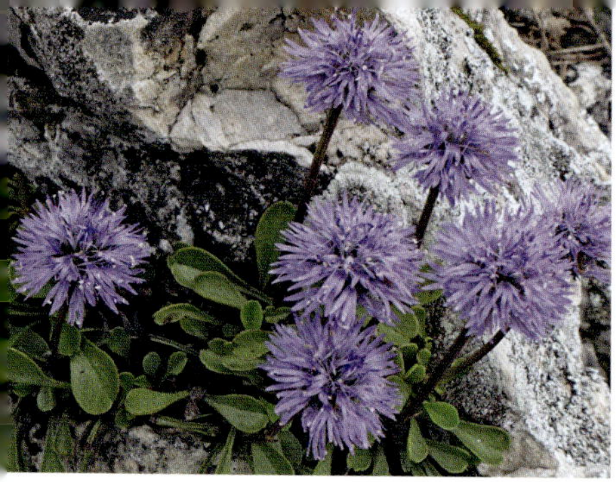

Kugelblume.

zu einer Forststraßenverzweigung. Hier beginnt der Abstecher zur Bärenwand: 30 m auf der nach Westen ziehenden Forststraße, dann nach links auf ein gut sichtbares Steiglein und binnen einer Gehminute auf die **Bärenwand ❷** hinauf.

Wieder zurück und nun (Wegweiser) über einen Rücken bzw. links davon auf Serpentinen in angenehmer Steigung durch Waldgelände aufwärts. Über eine zuwachsende Lichtung zu einer weiteren Forststraße. Diese überqueren wir (Wegweiser) und wandern nun auf einem Forstweg, der dem Rücken folgt, weiter aufwärts. Wir queren eine Forststraße, unser Weg verjüngt sich zu einem Pfad. Schließlich unterhalb von Felswänden nach links **(Probststeig)**. Durch die felsdurchsetzte, teils mit Hochwald, teils mit Jungwald bewachsene, recht steile Südflanke der Kampalpe aufwärts. Unser Steig ist so trassiert, dass es weder Kletterstellen noch ausgesetzte Passagen gibt. Über zwölf Kehren auf die Hochfläche der Kampalpe.

Auf einer Bergwiese zu einer Wegkreuzung, von rechts mündet der Weg vom Semmering ein; wir halten uns links. Über Almböden, die auch von einigen Fichten bewachsen sind, zu einer Felskanzel, auf der das Gipfelkreuz der **Kampalpe ❸** steht. Weiter über Wiesen zum **höchsten Punkt**, 1534 m, und zwischen einigen Bäumen an einer weiteren Felskanzel vorbei auf eine kleine Wiese (Abzweigung zum Drahte-, auch Tratte- oder Tratenkogel und weiter zur Großen Scheibe bzw. zum Preiner Gscheid). Hier geradeaus (Wegweiser).

Unser Abstiegsweg zurück nach Spital verläuft über den Saurücken. Zuerst auf einem Wiesenstreifen recht steil bergab. Nach 70 Hm wird das Gelände flacher. Über einen Schlag, bald auf einem Forstweg, dem wir nun talwärts folgen, bis er auf einen weiteren Forstweg trifft. Hier links auf einen Steig (Wegweiser), der zu einer Forststraße hinunterführt (Riegelwegblick, zwei Bankerl). Auf dieser weiter talwärts durch eine bewaldete Flanke, bereits wenig später vorbei an der **Franziskaquelle ❹**.

Über einen Rücken weiter talwärts. Schon bald leicht nach links auf einen Karrenweg, der in weiterer Folge einen Forstweg quert. Bei einer Kreuzung auf etwa 1020 m Höhe scharf links in den von unten heraufziehenden Forstweg (Markierungen). Wenig später queren wir neuerlich eine Forststraße. Hier geradeaus (Markierung), nun auf einem Waldpfad zu einer weiteren Forststraße hinunter, in die wir nach links einbiegen (Wegweiser, 920 m).

Nun leicht fallend abwärts, an einem Schranken und einem verlassenen Haus vorbei, und weiter zu den ersten Häusern von **Spital**. Durch die Obere Bahnstraße hinunter Richtung Ortszentrum und unter der Südbahn hindurch, hier auch der **Bahnhof ❺**. Gleich darauf links in den Hochweg und zuerst auf einer schmalen Straße, dann auf einem asphaltierten Gehweg, den Markierungen folgend, zum Hirschenhof und zur Bushaltestelle **Spital am Semmering Gemeindeamt ❶**.

Große Scheibe, 1473 m

Auf den Hausberg von Mürzzuschlag

4.30 Std. | 12,1 km | ↗800 m | ↘800 m

Stiller Waldberg mit behaglicher Gipfelhütte

Die Große Scheibe ist der westliche Eckpfeiler einer Kette von Waldbergen, die der Raxalpe südlich vorgelagert ist und sich von Kapellen bis zum Semmering zieht. Eine Wanderung auf diesen Gipfel ist eine sehr lohnende Unternehmung. Der Aufstieg von Mürzzuschlag führt durch die waldreiche Südflanke der Großen Scheibe, immer wieder aber finden sich Aussichtspunkte, die Blicke zu den Fischbacher Alpen und ins Mürztal freigeben; im oberen Teil des Anstiegs zeigen sich auch die weiter entfernten Triebener Tauern und einige Hochschwabberge. Vom Gipfel haben wir einen schönen Blick hinunter nach Mürzzuschlag; knapp unterhalb steht die einfache, aber sehr gastfreundlich bewirtschaftete Scheibenhütte. Sie wurde bereits im späten 19. Jh. errichtet und zählt somit zu den ältesten Berghütten im Semmeringgebiet. Die Scheibenhütte ist eine bescheidene, kleine Hütte geblieben – und strahlt immer noch etwas von der Atmosphäre der Schutzhütten aus der Frühzeit des Alpinismus aus. Auf der Großen Scheibe wurden einst Warnfeuer entzündet, um die lokale Bevölkerung über herannahende Gefahren, wie etwa den Einfall fremder Truppen, in Kenntnis zu setzen. Positiv zu vermerken ist die gute Erreichbarkeit: Mit dem Schnellzug von Wien fahren Sie in weniger als 90 Minuten über die attraktive Semmering-Strecke direkt nach Mürzzuschlag.

Ausgangs- und Endpunkt: Bhf. Mürzzuschlag, 680 m.
Anfahrt: Auf der Südbahnstrecke. Ganztags Stundentakt. Dauer: 1.25–1.30 Std.
Rückfahrt: Auf der Südbahnstrecke. Verbindungen bis am Abend, Stundentakt. Dauer: 1.25–1.30 Std.
Anforderungen: Weder sonderlich lange noch anstrengende Tour, nur im Aufstieg kurze mittelsteile Passagen. Im Ortsgebiet asphaltierte Wege und Straßen, ansonsten gut trassierte Steige bzw. auch kürzere Forstwegabschnitte.
Einkehr/Übernachtung: Scheibenhütte, Sa/So/Fei einfach bewirtschaftet (1.11. und 24./25.12. geschlossen), Tel. +43/676/975 94 24, alpenverein.at/scheibenhuette; 10 L.
Hinweis: Die ersten 150 Höhenmeter durch den Stadtteil Pernreit können auch mit dem Taxi zurückgelegt werden (etwa 10 Euro).
Tipp: Überschreitung der Großen Scheibe auch von oder nach Kapellen (Bus 189, 1.5.–1.11. täglich) gut möglich. – Im Winter ist der Anstieg von Mürzzuschlag auf die Große Scheibe oft gespurt. Der Gipfel ist daher zu jeder Jahreszeit – außer nach starken Schneefällen – eine interessante Tourenoption.

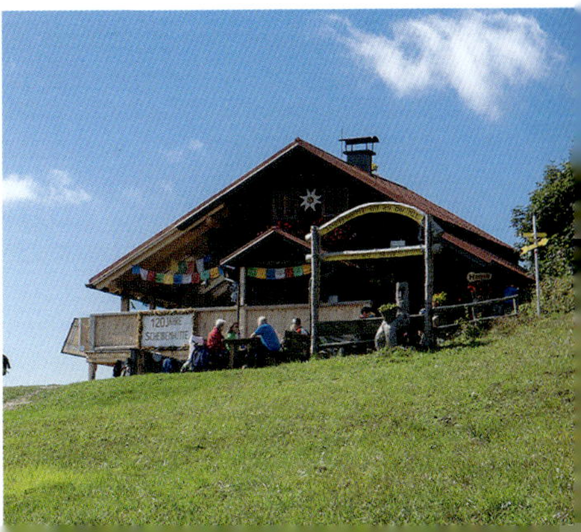

Die Scheibenhütte.

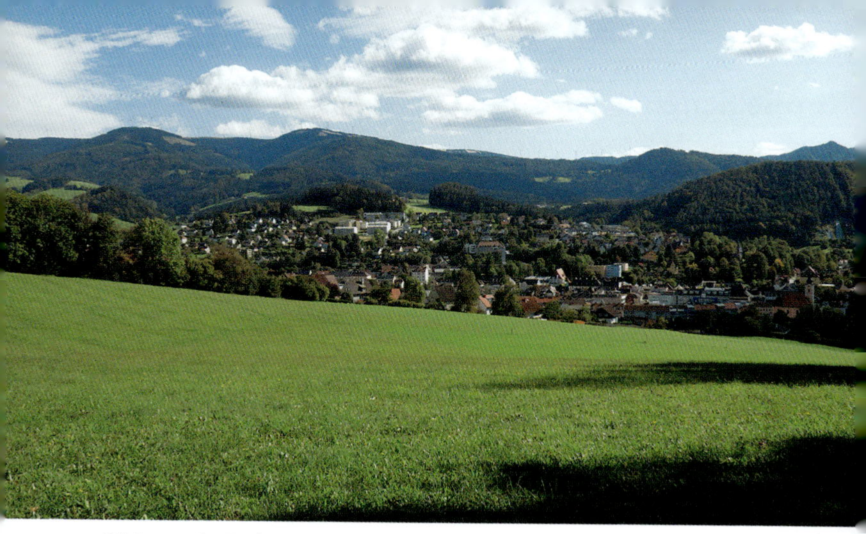

Blick von der Fuchswiese nach Mürzzuschlag und in die Fischbacher Alpen.

Von den Bahnsteigen des Bahnhof **Mürzzuschlag** ❶ durch die Unterführung zum Ausgang »Heizhausgasse«, über die Obere Bahngasse in die Untere Sackgasse (erste rote Markierungen, Wegweiser »Scheibenhütte 2.30 Std., Weg 821«), bereits nach 25 m aber rechts auf den Scheibenweg. Durch den Ortsteil Pernreit mittelsteil bergauf. Am Ende des Siedlungsgebiets leicht nach rechts und sogleich (auf Höhe des Hauses Scheibenweg 40) wieder etwas nach links (Markierung) auf einem asphaltierten Fahrweg (Am Steirerhof) in den Wald hinauf (Wegweiser).

Wenige Meter nach Beginn des Waldes halb rechts auf einen alten Hohlweg und weiter an einer Quellfassung – links die **Streicherstiege** ❷ – vorbei in den Bürgerwald. Auf ca. 870 m bei einer Verzweigung rechts (Markierung). Bald schon im lichten Hochwald, abschnittsweise auch über Schläge, bergwärts, weiter dem Steig (kurz auch Karren- bzw. Forstweg) folgend über mehrere Forststraßen. Durchblicke zu Stuhleck und Kreuzschober sowie zu unserem Gipfelziel sorgen für Abwechslung.

Auf knapp 1100 m Höhe überschreiten wir neuerlich eine **Forststraße** ❸, die Markierung biegt hier nach rechts auf diese Straße ab, wir aber folgen weiter (geradeaus) dem Hohlweg, welcher wenig später in einen Steig übergeht. Auf deutlichen Steigspuren, kurz auch Fahrspuren, weiter aufwärts, bald spürbar steigend, über eine weitere Forststraße; weiter mittelsteil, über kleine Serpentinen im Wald aufwärts. Auf ca. 1330 m Höhe links auf eine Forststraße.

Bei einer **Verzweigung** ❹ rechts und gleich wieder links (ab hier wieder markiert, Weg 821, 822). Zuerst durch Wald, dann über einen großen Schlag (Tiefblicke nach Mürzzuschlag, Fernsicht zu Hochschwab und Hoher Veitsch) auf einen weiteren Forstweg (Wegweiser) und auf den östlichen Gipfelrücken der Großen Scheibe hinauf. Zuerst auf einem Steig, dann auf einem Fahrweg auf einen Schlag hinaus und schon bald auf die Gipfelwiese der **Großen Scheibe**, 1473 m, an deren westlichem Ende wenige Meter unterhalb des höchsten Punktes die **Scheibenhütte** ❺ steht.

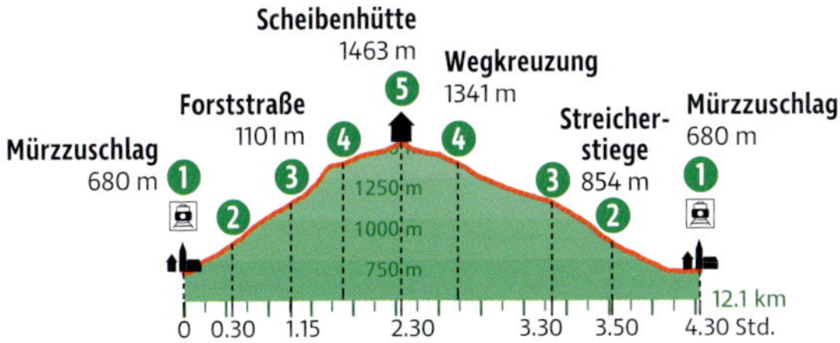

Nach einer Einkehr besuchen wir das Gipfelkreuz (Buch, Bank, Aussicht nach Mürzzuschlag und in die Fischbacher Alpen, im Norden die Raxenmäuer und die Heukuppe). Der Abstieg folgt dem Anstiegsweg, wir bleiben bei der **Verzweigung 4** nun aber auf dem markierten Steig und umgehen so den steileren Wegabschnitt, den wir im Aufstieg bewältigt haben. Unterhalb des großen Schlages im Wald auf einem Karrenweg, teils auch auf einem Forstweg talwärts, an der Abzweigung zum Beeralplstall vorbei zu einer Forststraße, die zuerst nach Osten führt, sich später aber nach Westen wendet (Abkürzung auf einem Waldsteig möglich). Auf knapp 1100 m Höhe erreichen wir wieder den **Aufstiegsweg 3**, über den wir nun vorerst weiter absteigen.

Im untersten Teil unseres Abstiegs weichen wir neuerlich vom Aufstiegsweg ab. Bei der Quellfassung rechts und über die **Streicherstiege 2** hinunter. Dieser Weg ist unmarkiert, jedoch nicht zu verfehlen. Es folgt ein kurzer Jungwaldabschnitt, der Durchblicke zur Schneealpe gewährt. Bei einer Kreuzung (linker Hand zwei Gatter) leicht rechts, kurz auf einem Forstweg, bei einer Verzweigung links und über einen Karrenweg, bei einer weiteren Verzweigung wieder links haltend, binnen weniger Minuten zur nordwestlichen Ecke der Fuchswiese. Von hier sehr ansprechender Blick nach Mürzzuschlag, im Mittelgrund der Ganzstein, dahinter die Fischbacher Alpen.

Über die Wiese, bald etwas rechts haltend, auf guten Steigspuren zu einer weißen Villa mit großem Wintergarten aus Holz hinunter und auf einem asphaltierten Fahrweg weiter absteigend zur Mariazeller Straße. Ins Ortsgebiet von Mürzzuschlag, unter der Südbahn hindurch, unmittelbar danach bei einem Kreisverkehr (in dessen Mitte Nachbildung einer Kaplan-Turbine) nach links in die Frachtenstraße und in wenigen Minuten zum Bahnhof **Mürzzuschlag 1**.

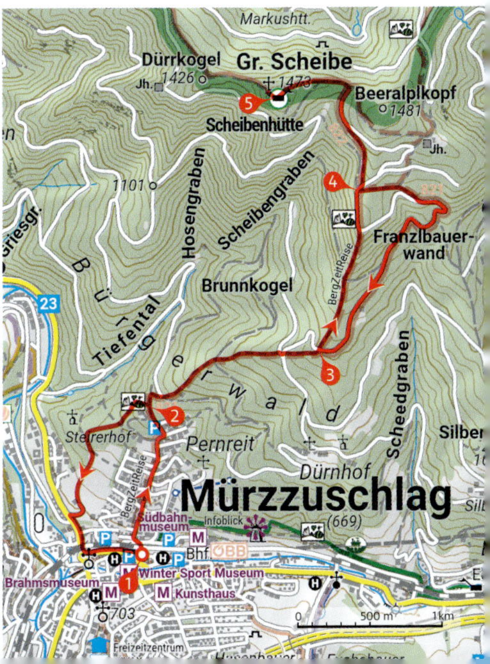

37 Stuhleck, 1782 m
Von Steinhaus oder Spital nach Mürzzuschlag

7.15 Std. | 21,0 km | ↗1020 m | ↘1210 m

Auf die höchste Erhebung der Fischbacher Alpen
Vom Stuhleck, der höchsten Erhebung der Fischbacher Alpen, bietet sich eine der umfassendsten Aussichten am östlichen Alpenrand. Bis zu den niederen Tauern und einigen Bergen der Ankogelgruppe in den Hohen Tauern, zum Hochschwab und zu den Ennstaler Alpen im Westen, weit in die ungarische Tiefebene im Osten, zu Schneeberg, Rax und Schneealpe im Norden und zum Pohorje-Gebirge (Bachergebirge) und den Karawanken im Süden reicht bei klarem Wetter unser Blick. Der wohl schönste Anstieg auf das Stuhleck beginnt in Steinhaus am Semmering und führt am Hocheck vorbei zum Gipfel. Über die Wiesen der Bergbauernhöfe steigen wir zu einem ausgedehnten Waldgürtel auf, der bis auf etwa 1600 m Seehöhe hinaufreicht. Es folgen weite Almmatten, über sanfte Rücken zieht unser Steig hinauf zum gemütlichen Alois-Günther-Haus, das nur wenige Meter vom höchsten Punkt entfernt steht. Der Abstieg nach Mürzzuschlag, früher oft begangen, ist heute fast in Vergessenheit geraten, jedoch ähnlich reizvoll wie unsere Aufstiegsroute. Der Weg führt zunächst weiter über baumfreie Bergrücken, dann durch Almgelände und Wald, schließlich über die Wiesen der Schöneben, mit feinem Blick hinunter auf unser nicht mehr allzu fernes Ziel Mürzzuschlag.

Das Alois-Günther-Haus am Stuhleck.

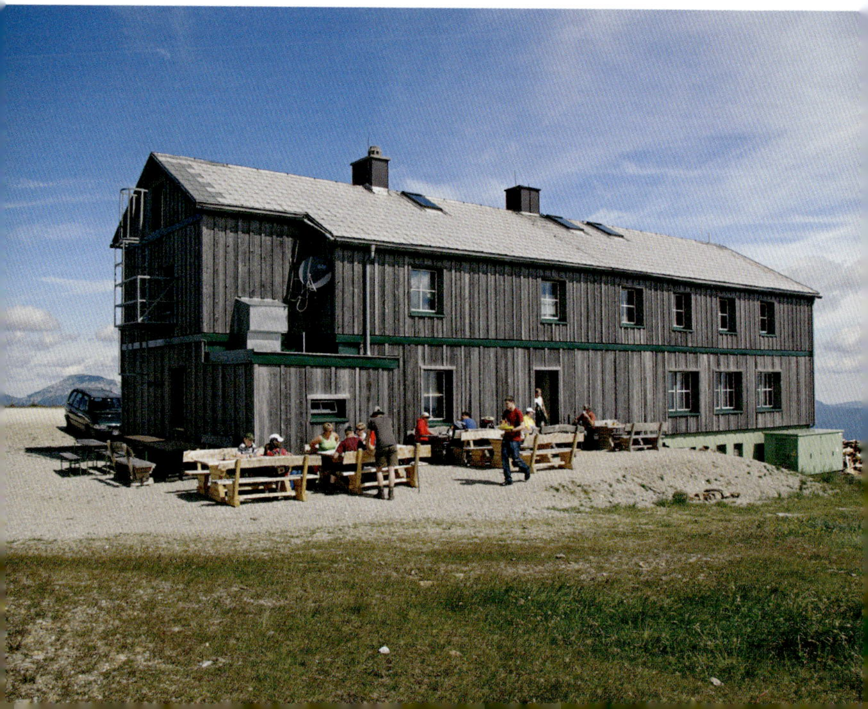

Ausgangspunkt: Bushaltestelle Steinhaus Stuhleckblicksiedlung, ca. 870 m, bzw. Steinhaus am Semmering Schmelzriegel, 826 m, oder Bahnhof Steinhaus am Semmering, 840 m.
Anfahrt: Auf der Südbahnstrecke über Wiener Neustadt und Semmering bzw. nach Mürzzuschlag und zurück nach Steinhaus; ab Mürzzuschlag auch mit Bus 187. Etwa eine Verbindung pro Stunde in der Früh bzw. am Vormittag. Dauer: 1.35–1.50 Std.
Endpunkt: Bhf. Mürzzuschlag, 680 m.
Rückfahrt: Wie Tour 36.
Anforderungen: Längere Tagestour auf guten Wegen. Keine steileren Aufstiege, keine Kletterstellen. Nur bei gutem Wetter ratsam.
Einkehr/Übernachtung: **Alois-Günther-Haus**, Juni–Okt. und Dez.–März (Mo/Di zumeist Ruhetag), Tel. +43/3853/300, aloisguentherhaus.at; 17 B, 30 L. – **Schwarzriegelalm**, im Sommer fallweise einfach bewirtschaftet, kein Telefon, keine Übernachtung.
Variante: Aufstieg von Spital am Semmering; Anfahrt siehe Tour 35.
Hinweis: Der auf manchen Landkarten noch eingezeichnete direkte Anstieg von Steinhaus westlich der Schmolllifte wurde aufgelassen.
Tipps: Abstieg ab Gehöft Schaller auch zur Haltestelle Edlach möglich (Bus 187, nicht bezeichnet). – In Mürzzuschlag Besuch des Südbahnmuseums (suedbahnmuseum.at) und des Wintersportmuseums (wintersportmuseum.com).

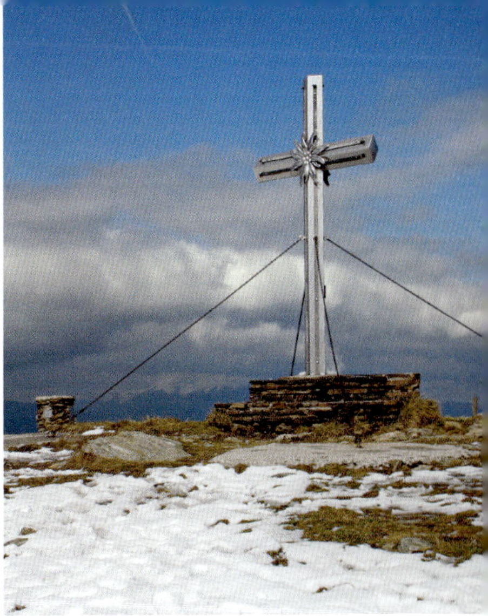

Stuhleck-Gipfelkreuz.

Von der Bushaltestelle **Steinhaus Stuhleckblicksiedlung** ❶ über den Viaduktweg (hierher auch vom Bahnhof Steinhaus) zur Ortsmitte hinunter. Ab hier rot markiert. Auf der Straße Richtung Pfaffensattel zur Bushaltestelle **Steinhaus Schmelzriegel** ❷ und weiter taleinwärts. An der Alberthütte (Schmelzofen aus dem Jahr 1838) vorbei und 50 m danach rechts auf einen Fahrweg ins Hasental (Wegweiser Richtung Alois-Günther-Haus/Stuhleck, Weg Nr. 4, weiter rot markiert). Zuerst im Talboden aufwärts, bei einem Haus durch eine Rechtskurve (Wegweiser) zu einer Verzweigung, hier auf den oberen Güterweg (Markierung etwas versteckt), der am Waldrand entlang weiter aufwärts zieht. Bei einem alten Skilift geradeaus auf einem Forstweg weiter (der Güterweg hingegen wendet sich vor dem Skilift nach links).
Bald in den Wald und wenig später links auf einen Steig hinauf (Wegweiser, Markierung). Am Ende einer Lichtung wieder rechts auf den Güterweg, dem wir schon zuvor gefolgt sind. An einem Holzhäuschen (Wegkreuz) vorbei. Nun auf dem Nord- bzw. Nordwestrücken des Hocheck weiter bergwärts. Der Güterweg zieht bald nach links in den Wald hinunter, wir hingegen wandern nun zum Teil auf Steigen, zum Teil auf alten Karrenwegen weiter den Rücken hinauf. Ein Steig von Spital mündet von rechts ein (ab hier Weg 5). Mehrfach queren wir Forstwege oder fol-

gen ihnen kurz, bevor wir neuerlich auf den am Rücken entlangführenden Steig wechseln. Auf etwa 1460 m bei einer Verzweigung halten wir uns leicht links (Markierung).

Der höchste Punkt des **Hocheck** bleibt rechts liegen, der Rücken verflacht, der Weg fällt vorübergehend leicht. Wir erreichen die Wegkreuzung, bei der rechts der Weg zum Lechnerhaus abzweigt. Wir aber folgen weiter dem Rücken aufwärts (nun Weg Nr. 2, ebenfalls rot markiert), steigen bald über einen Schlag weiter auf, queren einen Forstweg und stoßen in etwa 1600 m Höhe – bereits nahe der Baumgrenze – auf die obere Bergstraße, einen geschotterten Fahrweg, der vom Pfaffensattel zum Alois-Günther-Haus hinaufführt.

Auf diesem Fahrweg nach rechts und bis zu einer markanten Rechtskurve. Hier kommt von links der Wanderweg vom Pfaffensattel herauf, dem wir nun (Wegweiser) an einem Weidezaun entlang bis zum **Alois-Günther-Haus** und dem wenige Meter weiter westlich liegenden Gipfel des **Stuhleck** ❸ mit Kreuz folgen.

Unser Abstieg verläuft zuerst am Rücken vom Stuhleck Richtung Pretul (Weg 740, ebenfalls rot markiert). Eine Stangenmarkierung erleichtert die Orientierung bei schlechten Sichtverhältnissen. Bei gutem Wetter hingegen ist dieser Wegabschnitt, so wie auch schon der oberste Teil

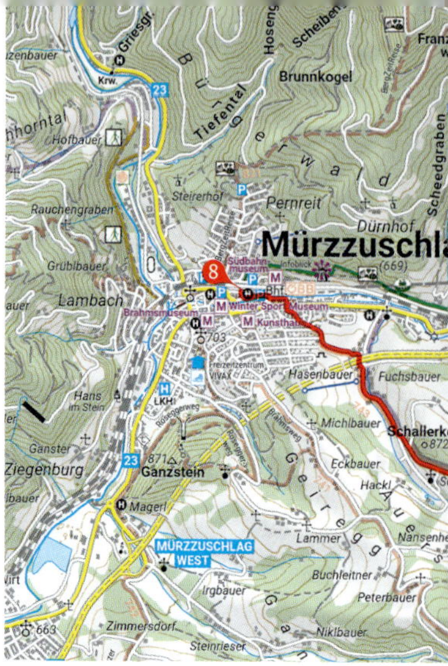

des Aufstiegs, sehr aussichtsreich. Zum **Schwarzriegel** ❹ hinab, eine Abzweigung nach Rettenegg bleibt links liegen. Weiter auf dem Höhenrücken entlang, nun vorübergehend leicht steigend, zu einer Wegkreuzung (Durchschlupf), hier Abstecher zum nahen Schwarzriegelmoos (Hochmoor) möglich. Von der Kreuzung halb rechts nach Mürzzuschlag (rot markierter Weg 743). Über Almböden, unterhalb von Windrädern vorbei, einen Fahrweg kreuzend, zur **Schwarzriegelalm** ❺ hinunter.

Auf der Alm bei einer MTB-Info-Tafel durch einen Durchschlupf nach rechts (kein Wegweiser, aber alte Markierung) auf einen nur spärlich bezeichneten Almweg (»Kanonenrohr«). Einen Forstweg querend, über

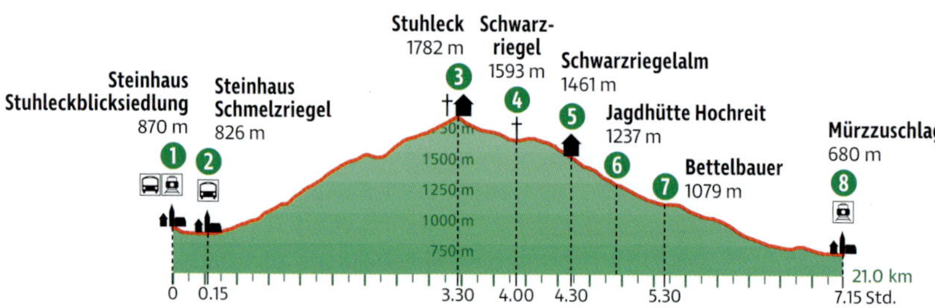

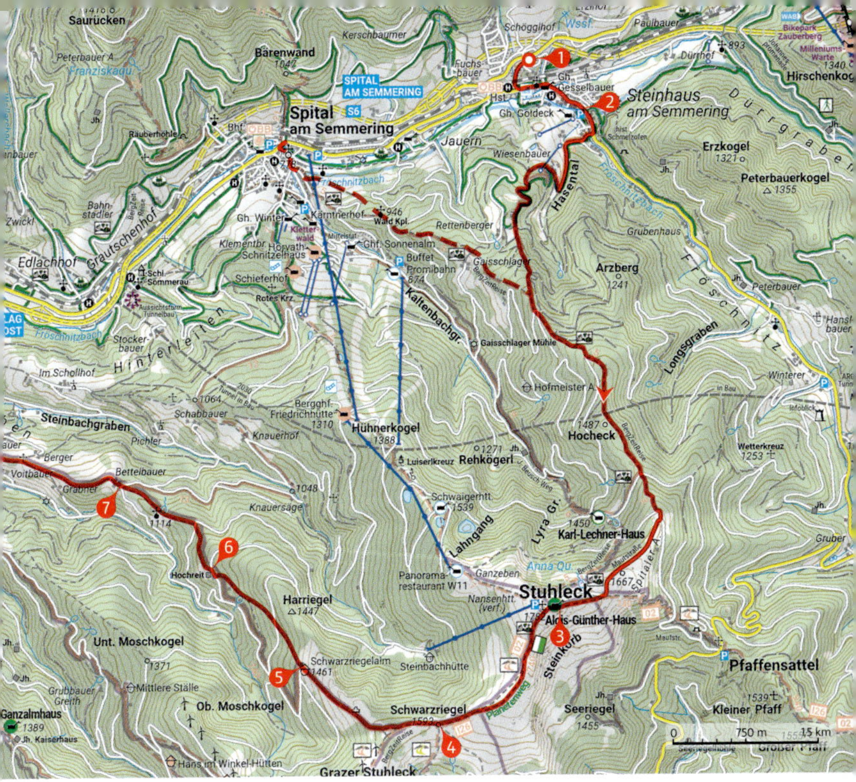

drei kleine Bachläufe zur **Jagdhütte Hochreit ⑥**. (Von der Alm nach Hochreit auch – weniger schön – auf einer zuerst nach Süden, dann nach Nordwesten ziehenden Forststraße.) Ab Hochreit wieder gut markiert. Am Nebengebäude der Jagdhütte vorbei, über eine Wiese (Durchschlupf), dann durch Wald bergab, neuerlich über ein Bächlein, sodann über einen Forstweg. In einer Einsattelung an einer Kapelle vorbei (rechter Hand ein Brunnen) und wenig später zum **Gehöft Bettelbauer ⑦**. Ab hier (Gatter) auf dem Rücken der Schöneben weiter talwärts. Bald schon über herrliche Wiesen (Mürzzuschlag-Blick), später auch an deren Rand – immer auf dem Rücken bleibend – bergab, an zwei Wegkreuzen vorbei, bis zum Gehöft Schaller (Hochspannungsleitung).

Hier links auf einen asphaltierten Fahrweg hinunter ins **Auersbachtal**. Ein kurzer Abschnitt des Fahrwegs lässt sich rechts auf einem Forstweg umgehen. Im Auersbachtal auf einer Straße talauswärts. Unter der S 6 auf dem linken Straßenast hindurch. Unmittelbar nach den beiden Brücken nach links (Markierung) und vorübergehend leicht ansteigend weiter (nun Güterweg). Über eine Wiese ins Ortsgebiet von Mürzzuschlag. Auf der Stuhleckstraße zur Wiener Straße hinunter, zuletzt – der Markierung folgend – links haltend in eine schmale Seitenstraße. Über die Wiener Straße (Markierung), vor dem Fröschnitzbach nach links und bis zu einer Brücke, hier über den Bach, dann nach links in die Alleegasse und schließlich auf der Frachtenstraße zum Bahnhof **Mürzzuschlag ⑧**.

38 Gippel, 1669 m, und Göller, 1766 m

Von Schwarzau im Gebirge nach Kernhof

2 Tage | 28,8 km | ↗ 2500 m | ↘ 2140 m

Zweitägige Höhenwanderung in den Mürzsteger Alpen

»Die Überschreitung des gesamten Höhenzuges vom Göller über den Gippel bis zum Obersberg ist eine der großartigsten Wanderungen der gesamten Voralpen«, so Adolf Mokrejs in seinem Standardwerk »Die Wiener Hausberge«. Und in der Tat, diese ausgiebige Höhenwanderung bietet landschaftlichen Hochgenuss. Reizvoll ist zum einen das stete Wechselspiel von Wald, Almgelände, Latschen und Fels. Zum anderen haben wir von den Erhebungen des Höhenzuges, aber auch von vielen anderen Kammabschnitten umfassende Rund- und Fernsichten. Die Waldberge der Voralpen sowie Schneeberg, Rax, Schneealpe, Veitsch und Hochschwab werden so zu unseren ständigen Begleitern. Vom Göller, aber auch vom Schnalzstein reicht der Blick bei klarer Sicht sogar bis zum Dachstein. Insgesamt besteigen wir auf dieser Tour nicht weniger als neun benannte Erhebungen – mit dem Kleinen Göller, der nur wenige Gehminuten oberhalb des Weges liegt, sind es sogar zehn. Die hier vorgestellte Überschreitung ist eine gestandene Zwei-Tages-Tour. Nächtigen können wir in der Waldfreundehütte, auf der Gippel- und der Hofalm sowie in der Göllerhütte. Am besten unternehmen wir diese Tour an einem Sommerwochenende – dann sind nämlich alle vier Hütten geöffnet, idealerweise bei stabilem, aber nicht zu heißem Wetter. Sehr lohnend ist es auch, Teilabschnitte des Höhenzuges als Tagestouren zu begehen.

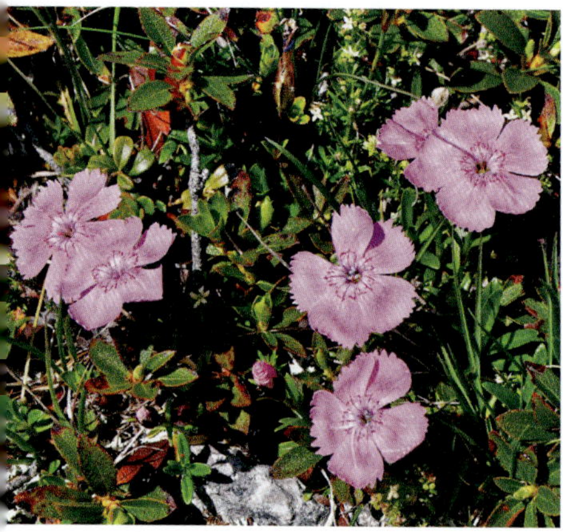

Alpennelken.

Ausgangspunkt: Bushaltestelle Schwarzau/Geb. Ortsmitte, 608 m.
Anfahrt: Auf der Südbahnstrecke über Wiener Neustadt nach Payerbach-Reichenau, weiter mit Bus 341; von Wiener Neustadt auch mit der Piestingtalbahn nach Pernitz-Muggendorf, weiter mit Bus 339. Eine bis zwei Früh- bzw. Vormittagsverbindungen. Dauer: 1.50–2.10 Std.
Endpunkt: Bushaltestelle Kernhof Gscheid 4, 970 m.
Rückfahrt: Bus 696 nach St. Pölten (Saisonverkehr: 1.5.–26.10. Sa/So/Fei, in den Sommerferien auch Mo–Fr), weiter auf der Westbahnstrecke. Eine Verbindung am Nachmittag. Dauer: 2.15–2.20 Std.
Anforderungen: Lange, aber technisch unschwierige Wanderung. Konditionell fordernd.
Einkehr/Übernachtung: **Waldfreundehütte Obersberg**, Mitte Mai–Mitte Sept., Sa 9 bis So 16 Uhr, Fei 9–16 Uhr, Tel. Hüttenwarte +43/2667/319 und +43/2667/350 47; 24 B. – **Gippelalm**,

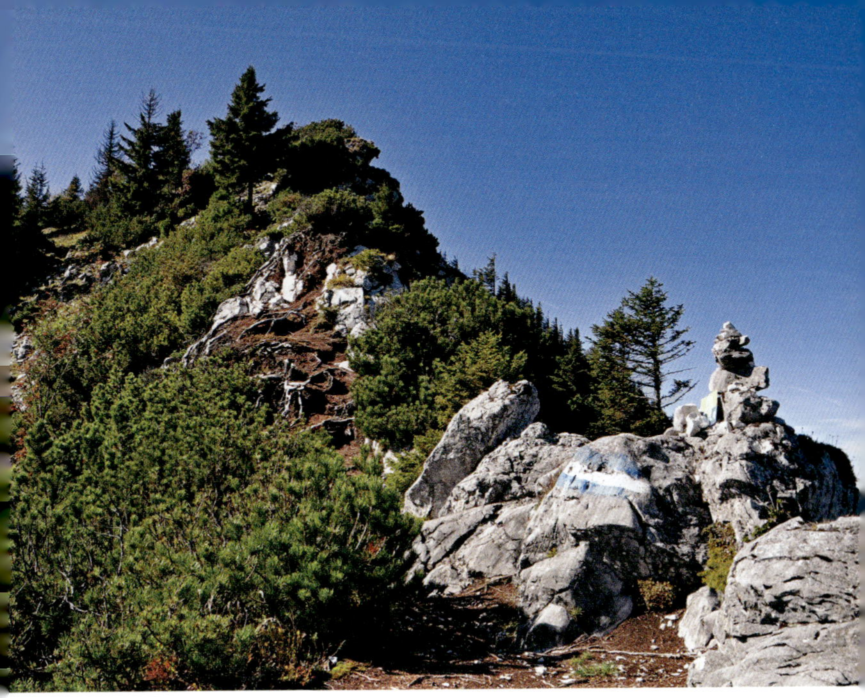

Am Weg zum Schwarzauer Gippel.

etwa 15 Min. ab Gippeltörl ❹, Mitte Juni–Mitte Sept. einfach bewirtschaftet (Mi Ruhetag), Tel. +43/664/212 00 61; 16 L. (nach telefonischer Reservierung). – **Hofalm**, Mitte Juni–Mitte Sept. einfach bewirtschaftet (Ruhetage: Mo Abend bis Mi Früh), Tel. +43/664/333 89 80; Nächtigungsmöglichkeit (nach telefonischer Reservierung). – **Göllerhütte**, Fr ab 16 Uhr/Sa/So von Pfingsten–Ende Okt. (Jagdsperre Mitte Sept.–Mitte Okt.), Tel. +43/664/988 22 75 (zu Hüttenöffnungszeiten), Tel. Hüttenwarte +43/664/511 54 74 und +43/680/209 36 16, goellerhuette.at; 10 B, 20 L (Nächtigung nach telefonischer Voranmeldung). – Am Ende der Tour **Gschoadwirt** und **Wirtshaus Göllerblick**.

Varianten: Abstieg vom Göller auf dem Anstiegsweg zum Waldhüttsattel ❽ und weiter zur Haltestelle **Kernhof Abzw. Thalerl** (Bus 691 und 696, tägliche Verbindungen bis am Abend). – Obersberg, Gippel und Göller lassen sich auch im Zuge von Tagestouren ersteigen. **Obersberg:** Bis zum Preinecksattel ❸ wie unten beschrieben, Abstieg nach Weißenbach und weiter nach St. Aegyd Haltestelle Alter Bahnhof (Bus 691); ab dem Grieshof links des Weißenbaches. Oder zum Gippeltörl ❹ mit Abstieg über den Treibsteig, ebenfalls nach Weißenbach und weiter nach St. Aegyd. – **Gippel:** Von St. Aegyd über den Treibsteig zum Gippeltörl ❹; Abstieg vom Waldhüttsattel ❽ nach Kernhof. Oder Überschreitung von Lahnsattel Ort (Frühverbindung Bus 189, 1.5.–1.11. täglich) nach St. Aegyd. – **Göller:** Von Kernhof oder Lahnsattel Ort via Waldhüttsattel ❽, Abstieg zum Kernhofer Gscheid oder nach Kernhof.

Tipp: Lohnend ist der direkte Abstieg vom Gippel über den Südwestgrat/-rücken zur Pollwischalm (Bergrettungssteig, einige Markierungen und Steinmännchen, Stellen I, zwei kurze versicherte Gegenanstiege A/B), nur für erfahrene Bergsteiger mit Orientierungssinn.

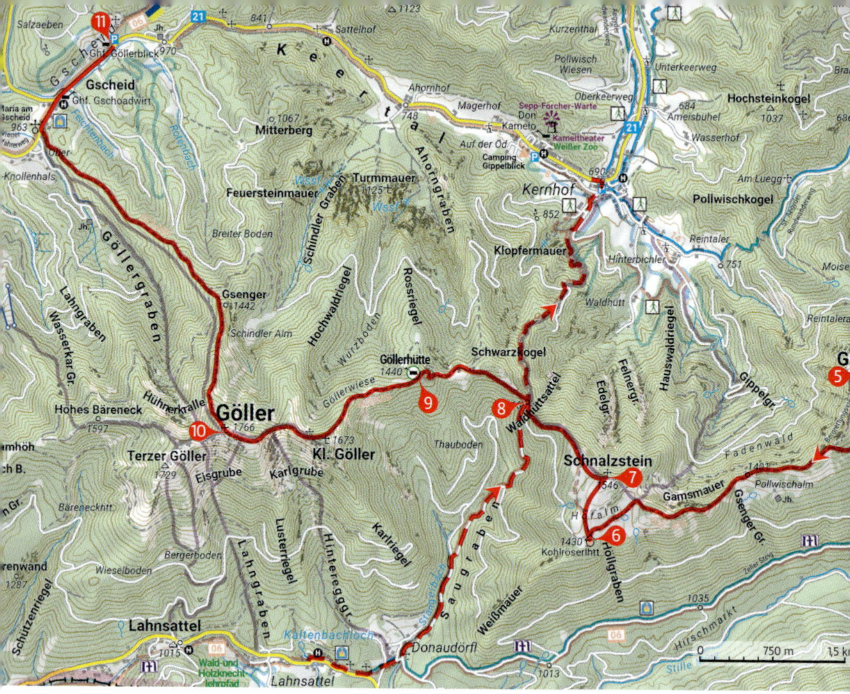

1. Tag:

Von der Bushaltestelle **Schwarzau/ Geb. Ortsmitte** ❶ auf einem asphaltierten Sträßlein (Wegweiser »Obersberg«) zur Kirche hinauf, dort rechts (Wegweiser, rot markiert). Zuerst entlang einer Baumreihe über eine Wiese, dann am Waldrand weiter geradeaus. Über eine Forststraße, wenige Meter oberhalb links auf einen Steig (Markierungen), in Serpentinen durch schütteren Wald, zu einem Forstweg nahe einer Einsattelung, hier rechts. Wo sich der Forstweg teilt, geradeaus auf einen Steig (Markierung, etwas weiter oben ein Wegweiser) und jetzt zuerst durch die Südwestflanke des Hirschkogels, dann auf den Ost- bzw. Südostrücken des Obersbergs. Zumeist auf dem Rücken, zwischendurch kurz auch in der obersten linken Flanke des Rückens. Wir überqueren zwei Forstwege. Schließlich über die Gipfelwiese zur Waldfreundehütte und zum nahen Gipfelkreuz des **Obersbergs** ❷.

Nun in stetem Auf und Ab über Bergwiesen, Schläge und durch Wald die Mistelbacher Höhe entlang (weiter rot markiert). An einigen kleinen Gratfelsen vorbei. Über Bärenköpfl, Preineckkogel und Eder-Kreuz in den **Preinecksattel** ❸. Hier wechselt die Markierung auf blau, Markierungspfeil und »Gi«, weitere Wegweiser fehlen, aber die Wegführung ist eindeutig: Wir wandern am Rücken weiter. Bald steiler durch

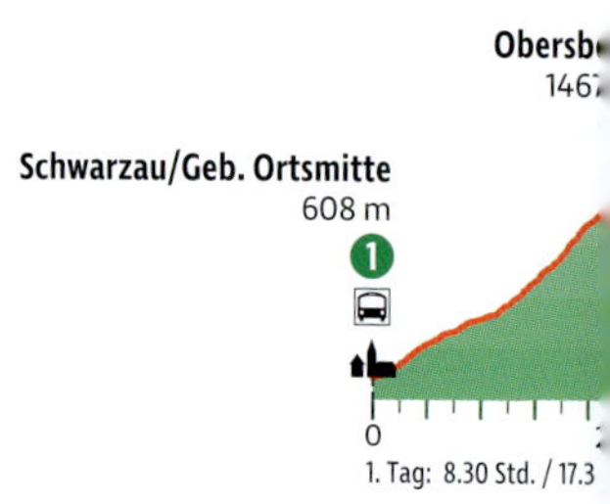

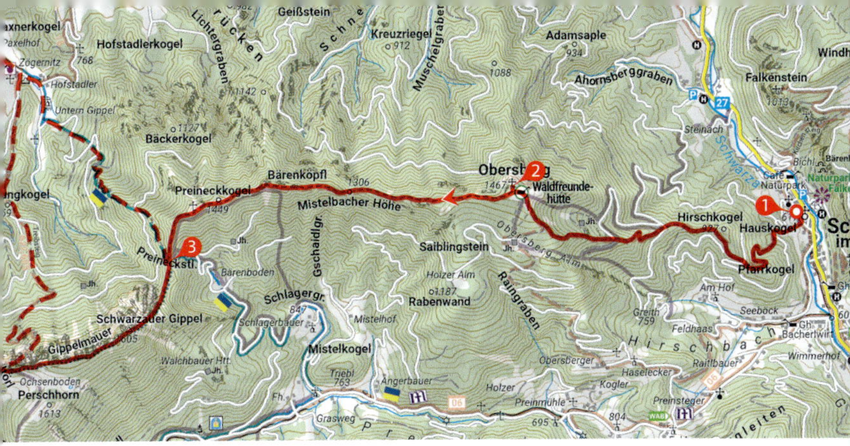

einen felsdurchsetzten, mit urwaldähnlichem Wald bewachsenen Rückenabschnitt, dann über einen Steilaufschwung von fast 200 Hm. Hier stützen wir uns stellenweise mit unseren Händen ab, richtig klettern müssen wir aber nicht. Ab 1500 m Höhe betreten wir die Latschenzone. Schließlich wieder flacher zum Gipfel des Schwarzauer Gippel. Weiter durch felsdurchsetzte Latschengassen über den First der Gippelmauer Richtung **Gippeltörl** ❹. Hier befindet sich die Abzweigung zur **Gippelalm** (links zu einem Forstweg hinunter, zuletzt leicht steigend zur Alm).

Es folgt der Aufstieg zum Gippel (nun wieder rot markiert). Kurze felsige Wegpassagen, jedoch keine Kletterstellen. Bei einer Verzweigung (Wegweiser) rechts und in wenigen Minuten auf den höchsten Punkt des **Gippel** ❺.

Auf dem Aufstiegsweg wieder zur Verzweigung zurück, hier rechts hinunter. Über einige Kehren hinab, auf etwa 1460 m unterhalb von Felsfluchten querend in Richtung Pollwischalm (Roman-Majewski-Steig). Über eine Gegensteigung auf den hier bereits sanften Südwestrücken des Gippel. Zuerst eben, dann leicht fallend über ehemalige Almwiesen auf 1400 m hinab (falsche Höhenangabe auf Wegweiser). Nun hinauf zur **Gamsmauer**, die wir über ihren Nordostrücken ersteigen. Im obersten Teil vorübergehend in die linke Flanke, dann über eine kurze felsige Rinne wieder auf die Grathöhe und wenig später zum höchsten Punkt.

Über Wiesen- und Latschengelände – mit kurzer Gegensteigung – zu einem Hochtal südöstlich des Schnalzsteins. Hier dreht unser Steig nach links (nur schwache Trittspuren) und

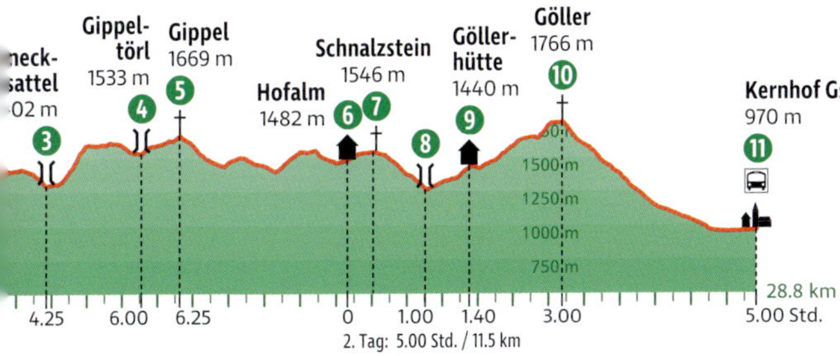

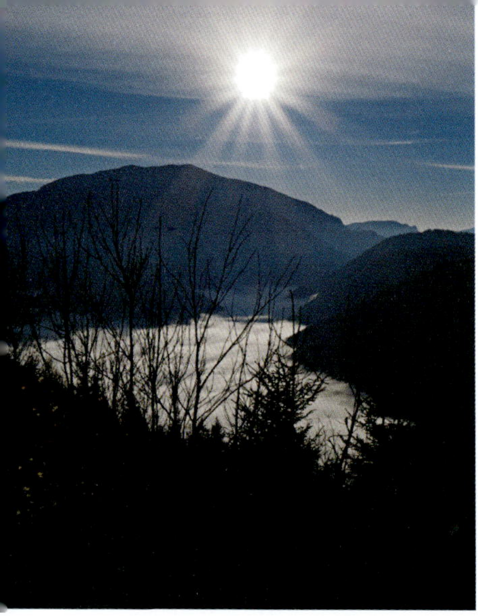

Blick vom Obersberg-Aufstieg zum herbstlichen Schneeberg.

zieht auf der linken Seite des Hochtals zur Hofalm hinunter. An einem Teich mit Brunnen vorbei, dann auf Fahrspuren zur **Hofalm 6**.

2. Tag:

Von der Alm über Wiesen nach Norden, zuerst auf dem markierten Weg. Nach wenigen Gehminuten verlassen wir den bezeichneten Pfad nach rechts. Weglos zum Gipfelkreuz des **Schnalzsteins 7**. Vom Gipfel zuerst in südwestlicher Richtung, dann in einem Rechtsbogen zum rot markierten Weg Nr. 52 und auf ihm über schöne Grasmatten bergab. Am Waldrand Überstieg über einen Weidezaun. Im Zickzack hinunter in den **Waldhüttsattel 8**.

Hier geradeaus auf einem Forstweg weiter Richtung Göllerhütte (Wegweiser). Leicht steigend durch die Südflanke des Rückens, der zum Göller hinüberzieht (rot markiert, Weg 53, 622, 655). Über einen Weiderost auf eine Wiese (rechts Holzhütte). An der Talstation der Materialseilbahn der Göllerhütte vorbei, nun etwas steiler auf der schmäler werdenden Wiese zwischen Bäumen aufwärts. Über einige Kehren zur **Göllerhütte 9** und weiter (Durchschlupf) auf dem Gippel-Göller-Kamm, zuerst leicht fallend, dann moderat steigend, teils auch eben durch Wald und Wiesen: vor uns der Kleine Göller. Über die aussichtsreiche Göllerwiese und nun steiler in den Latschengürtel. Durch eine Latschengasse durch die Nordflanke des Kleinen Göller aufwärts. Links zweigt ein Steig ab, über den unermüdliche Gipfelsammler den **Kleinen Göller** erreichen können (nur etwa 30 zusätzliche Hm!). Zum Göller-Hauptgipfel geradeaus weiter, westlich des Kleinen Göller wieder auf einem Rücken. Eine kurze, etwas schmälere Gratstelle ist seilversichert, allerdings weder schwierig noch ausgesetzt. Nun über den letzten Aufschwung hinauf zum Gipfelplateau des **Göller 10** mit umfassendem Panorama.

Abstieg Richtung Gscheid (Wegweiser), ebenfalls rot markiert, in nordwestlicher, dann nördlicher Richtung über Bergwiesen und durch Latschen. Der höchste Punkt des Gsenger bleibt rechts liegen (Abstecher möglich). Der Weg dreht neuerlich nach Nordwest und führt im Bereich eines bewaldeten Rückens zum Gscheid hinunter. Bei der Kirche Maria am Gscheid treffen wir auf die Bundesstraße, der wir nach rechts folgen. Zuerst am Straßenrand entlang, ab dem Gschoadwirt auf einem Fuß- und Radweg neben der Straße zur Bushaltestelle **Kernhof Gscheid 4 11** nahe dem Gasthaus Göllerblick. Die am Gipfel angegebene Gehzeit zum Gscheid (1.30 Std.) setzt ein recht sportliches Tempo voraus; besser 1.45 Std. einplanen sowie weitere 15 Min. zur Bushaltestelle.

Windberg, 1903 m

Im Mürzer Oberland

39

7.00 Std. | 14,8 km | ↗ 1240 m | ↘ 1270 m

Facettenreiche Überschreitung der Schneealpe

Seit 2023 ist das Mürzer Oberland von Mai bis Anfang November nicht nur an Arbeitstagen, sondern auch an Wochenenden und Feiertagen per Bus gut erreichbar. Damit eröffnen sich zahlreiche neue Öffi-Wandermöglichkeiten, so auch Touren auf der Schneealpe (Schneealm). Ihr Name leitet sich, laut Fritz Benesch, von den Schneeresten in den Dolinen auf der Hochfläche ab, die bis weit in die warme Jahreszeit hinein anzutreffen sind. Eine – aber beileibe nicht die einzige – attraktive Schneealpen-Wanderung nimmt ihren Ausgang in Altenberg an der Rax und führt über den Lohm- und den Blarergraben auf die Hochfläche der Schneealpe hinauf. Hier überschreiten wir den aussichtsreichen Windberg, die höchste Erhebung des Gebirgsstocks, bevor wir durch den Karlgraben ins Mürztal hinunterwandern, das wir unweit von Neuberg erreichen. Mit dem Schneealpenhaus und der Michlbauerhütte gibt es auf dieser Tour zwei gute Einkehrmöglichkeiten. Auch nächtigen können wir hier. Wie Rax und Schneeberg gehört die Schneealpe zum Quellgebiet der I. Wiener Hochquellenleitung: Kurz vor dem Ende der Tour kommen wir an den Sieben Quellen vorbei, die seit den späten 1960er-Jahren zur Versorgung Wiens mit Trinkwasser beitragen.

Auf dem Hochplateau der Schneealpe, mit Blick zur Hohen Veitsch.

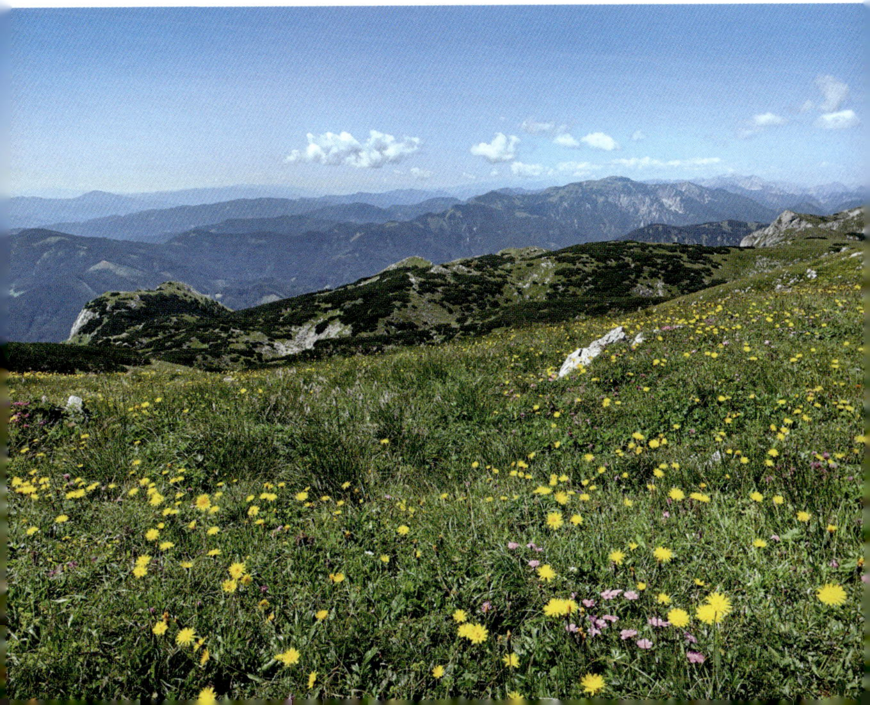

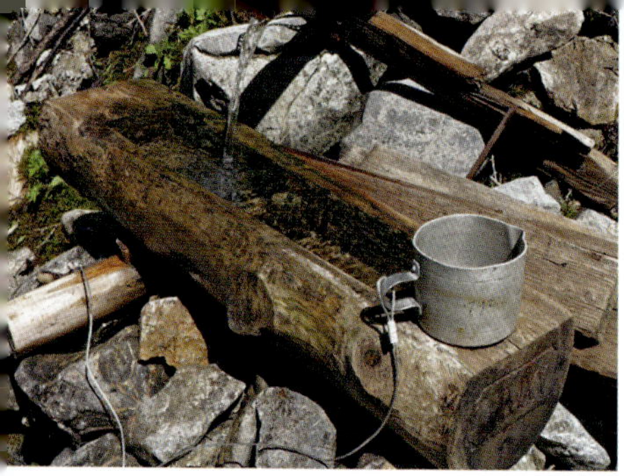

Karlbründl.

Ausgangspunkt: Bushaltestelle Altenberg/Rax Ort, 782 m.
Anfahrt: Auf der Südbahnstrecke nach Mürzzuschlag, weiter mit Bus 189 (1.5.–1.11. täglich). Eine Früh- bzw. Vormittagsverbindung. Dauer: 1.50–2.00 Std.
Endpunkt: Bushaltestelle Krampen Abzw Karlgraben, 748 m.
Rückfahrt: Bus 189 (1.5.–1.11. täglich) nach Mürzzuschlag, weiter auf der Südbahnstrecke. Verbindungen bis am späteren Nachmittag, zwei Rückreisemöglichkeiten. Dauer: 1.55–2.05 Std.
Anforderungen: Etwas längere Wanderung mit steileren Abschnitten. Gute Ausdauer vorteilhaft. Technisch unschwierig. Nur bei guter Sicht ratsam.
Einkehr/Übernachtung: **Schneealpenhaus** (nahe der Route), Ende Mai–Ende Okt. durchgehend geöffnet, Tel. +43/3857/2190 und +43/699/172 526 01, alpenverein.at/schneealpenhaus; 16 B, 18 L. – **Michlbauerhütte** (nahe der Route), Anf. Mai–Ende Okt. (außer bei hartnäckigem Schlechtwetter), Tel. +43/664/923 59 00, ich-informiere.de/michlbauerhuette; 9 B, 16 L.
Varianten: Wer dem Autoverkehr zum Parkplatz Lohmgraben ausweichen will, startet bei der Bushaltestelle **Altenberg/Rax Kapelle** und wandert auf spärlich rot markierter Route nördlich am Erzberg vorbei auf einen Rücken. Nach Querung einer Wiese bei einer Verzweigung am Waldrand rechts. Kurz darauf, auf Höhe einer Jagdhütte, links und so, zuletzt etwas absteigend, zur Hauptroute. – Tour auch in die **Gegenrichtung** gut möglich.
Tipps: Übernachtung am Schneealpen-Plateau. – Besuch des Münsters in Neuberg. – Erlebnisweg Klimawandeln sowie Montanrundweg in Altenberg.

Start bei der Bushaltestelle **Altenberg/Rax Ort ❶**. Die Tour ist durchgehend rot markiert. Wir wandern auf einem Asphaltsträßlein in den Lohmgraben hinein, an den ersten Stationen des Klimawandeln-Lehrpfads vorbei, der sich unterhalb des Gehöfts Lurgbauer nach rechts wendet. Wir aber gehen hier geradeaus weiter. Bei einer Verzweigung rechts (Wegweiser »Schneealpe-Windberg über Blarergraben«) und am Lurgbauer-Hof vorbei.

Auf einer Forststraße in den nun großteils bewaldeten Graben hinein. Am Parkplatz **Lohmgraben** vorbei weiter aufwärts. Von rechts mündet der Weg von Altenberg Kapelle ein (Variante). Auf 1060 m Höhe endet die Forststraße, ein Wanderweg schließt an, der durch die westliche Flanke des Grabens aufwärtsführt, zumeist durch Gebüsch, dazwischen auch Wiesenabschnitte. Ab 1270 m Höhe folgt eine Passage im Hochwald, bald darauf geht es bei einer **Kreuzung ❷** nach links (Richtung Windberg).

Vorerst noch im Hochwald, dann über Bergwiesen, durch Gebüsch und Latschen weiter aufwärts. Mehrere Rinnen werden gequert. Eine Leiter hilft über eine kurze steilere Passage. Durch den Blarergraben weiter aufwärts. An einem kleinen Bründl vorbei. Kurz unterhalb der Hochfläche teilt sich der Weg. Links geht es zum Schneealpenhaus (kleiner Umweg), geradeaus auf direktem Weg zur Hochfläche, die wir bald darauf erreichen. Bei einer Kreuzung geradeaus, über einen Fahrweg, und

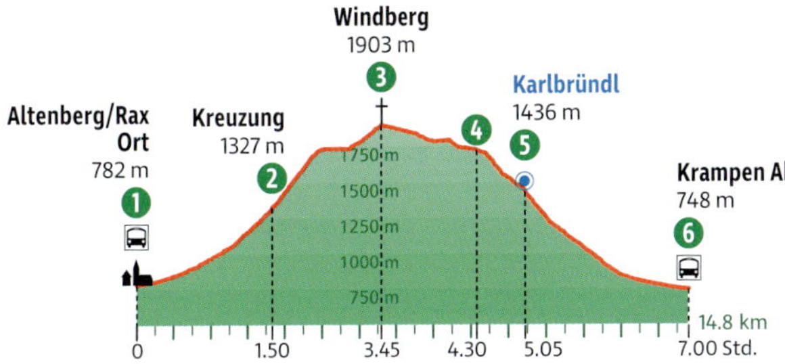

zu einer Almhütte (linker Hand die Michlbauerhütte, Abstecher möglich). Hier rechts; es beginnt der Aufstieg zum Windberg, der über seinen Ost- bzw. Nordost-Rücken verläuft; eine Abzweigung Richtung Kleinbodengraben und Gasthaus Leitner bleibt rechts liegen.

Vom Gipfel des **Windbergs** ❸, Kreuz, nach Westen, Richtung »Hinteralm«. Bei einer Verzweigung nahe der Kramerin wählen wir den »Sommerweg« und steigen zur Knopperwiese ab. Dort links und in leichtem Auf und Ab, am Karleck vorbei, bis kurz vor eine Jagdhütte. Hier bei einer **Kreuzung** ❹ rechts (Wegweiser); die hier angegebene Abstiegszeit von 3 Std. ist großzügig bemessen. Der Steig zieht Richtung Karlgraben hinüber und beginnt bald deutlich zu fallen. Über eine Wiese erreichen wir bewaldetes Gelände, das nahe der Waldgrenze durch Latschen, Lichtungen und Buschwerk unterbrochen ist. Auf etwa 1500 m wendet sich der Weg nach links, es folgt eine nur wenig fallende Passage, dann geht es wieder deutlicher bergab. Am **Karlbründl** ❺ vorbei durch Wald mittelsteil abwärts. Schließlich im Grabengrund weiter talauswärts.

Ein Forstweg schließt an den Wanderweg an, durch den Äußeren Krampengraben, an der Barbarakapelle vorbei (Rastplatz). Linker Hand sechs der **Sieben Quellen** (I. Wiener Hochquellenleitung), die siebte befindet sich ein wenig weiter talauswärts. Bald auf einem Fahrweg, an einigen Häusern vorbei zur Mürztal-Bundesstraße. Hier rechts und über eine Brücke zur Bushaltestelle **Krampen Abzw Karlgraben** ❻, Fahrtrichtung Mürzzuschlag auf der gegenüberliegenden Straßenseite.

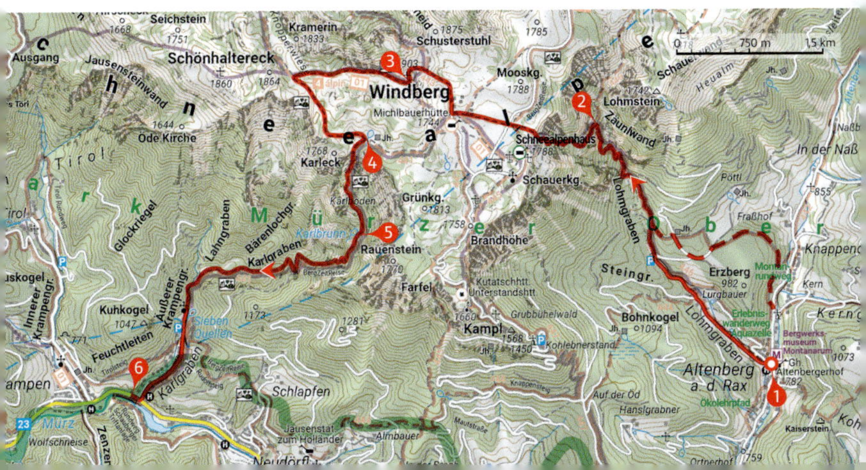

40 Kreuzschober, 1410 m
Von Mürzzuschlag nach Langenwang

4.30 Std. | 12,9 km | ↗800 m | ↘820 m

Unschwierige Voralpenwanderung über dem Mürztal
Im Winter ist der Kreuzschober ein beliebtes Ziel der Skitourengeher. Von Frühjahr bis Herbst geht es auf diesem südwestlichen Vorposten der Mürzsteger Alpen hingegen deutlich ruhiger zu. Eine lohnende Unternehmung ist die Besteigung dieses Berges aber auch in der schneefreien Zeit allemal – vor allem, wenn wir sie als Streckenwanderung von Mürzzuschlag nach Langenwang anlegen. Wir sind in abwechslungsreicher Mittelgebirgslandschaft unterwegs, geprägt von Bergbauernfluren, Wald und Almgelände. In vielen Abschnitten wandern wir auf alten Steigen, der Forststraßenanteil hält sich erfreulicherweise in Grenzen. Unterwegs öffnen sich immer wieder schöne Blicke in die Fischbacher Alpen und zum Semmering, von einer Lichtung nahe dem Gipfel zeigen sich Schneealpe, Hohe Veitsch, Tonion und Rax sowie im Hintergrund der Dürrenstein. Im Abstieg lädt die Hönigsberger Alm während der Weidezeit zur Einkehr ein.

Ausgangspunkt: Bhf. Mürzzuschlag, 680 m.
Anfahrt: Wie Tour 36.
Endpunkt: Bushaltestelle Langenwang Pretulstraße, 663 m.
Rückfahrt: Bus 181 nach Mürzzuschlag, weiter auf der Südbahnstrecke. Mo–Fr bis am Abend zumeist eine Verbindung pro Stunde (teils mit Wartezeit in Mürzzuschlag), Sa bis zum frühen Abend vier, So/Fei zwei Verbindungen. Dauer: 1.45–2.20 Std.
Anforderungen: Unschwierige mittellange Wanderung.
Einkehr: **Hönigsberger Alm**, Mitte Mai–Mitte Sept. bewirtschaftet, keine Nächtigung. (Die **Kaarlhütte** ist während der Wandersaison nicht bewirtschaftet.)
Varianten: **Rückfahrt vom Bhf. Langenwang** (mit Wartezeit beim Umsteigen in Mürzzuschlag): Auf der Wiener und der Grazer Straße durch den Ort, schließlich rechts (Wegweiser) in die Bahnhofstraße und zum Bhf. – **Abstieg über das Eichhorntal**: Von der Kaarlhütte über einen unmarkierten Wanderweg nach Ostnordost, über die Wiesen des Eichhorntals zum Seppbauer, nun auf einem Güterweg durch die Südflanke des Eichhorntals zum Hofbauer, auf einem Fahrweg weiter bis vor eine Brücke über die Mürz, am rechten (westlichen) Mürzufer auf einem Fußweg nach Mürzzuschlag.

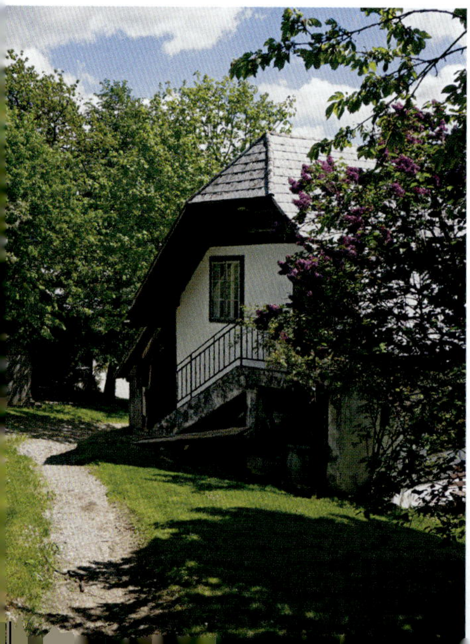

Seppbauer oberhalb von Langenwang.

Vom Bahnhof **Mürzzuschlag** ❶ westwärts auf die Frachtenstraße (Wegweiser Kaarlhütte, erste rote Markierungen, Weg Nr. 489) durch die Kirchengasse zur Stadtpfarrkirche und über die Mariazeller Straße hinüber. Nun auf einem Fahrrad-/Fußweg am Ufer des Fröschnitzbaches entlang. Auf einem Steg über die Mürz. Rechts in den Auweg (Wegweiser), unter der Südbahn hindurch, dann links (Markierungen). Über einen Parkplatz zu einem asphaltierten Weg, der nach Lambach hinaufführt (Wegweiser).

In **Lambach** auf wenig befahrenen Straßen, zwischendurch auch kurz auf einem Fußweg, bergauf Richtung Wald (Untere Waldrandsiedlungsgasse bzw. Lambachstraße). Unmittelbar nach dem obersten Gehöft scharf rechts (Wegweiser) auf einen Karren-/Wanderweg und nun teils durch Hoch-, teils durch Jungwald zuerst eher steil (zwei Kehren), später vorübergehend eben bzw. leicht fallend, dann moderater steigend, zwei Forstwege querend, auf den Nordostrücken des Stürzerkogels.

Bei der Höhenkote 989 m berühren wir kurz einen Forstweg, biegen aber schon nach wenigen Metern wieder nach links in den hier recht dichten Wald hinauf. Bald folgt ein Schlag, dann ein Hochwaldabschnitt. Der höchste Punkt des **Stürzerkogels** ❷ bleibt links liegen. Der weitere Weg zur Kaarlhütte steigt nur mehr leicht

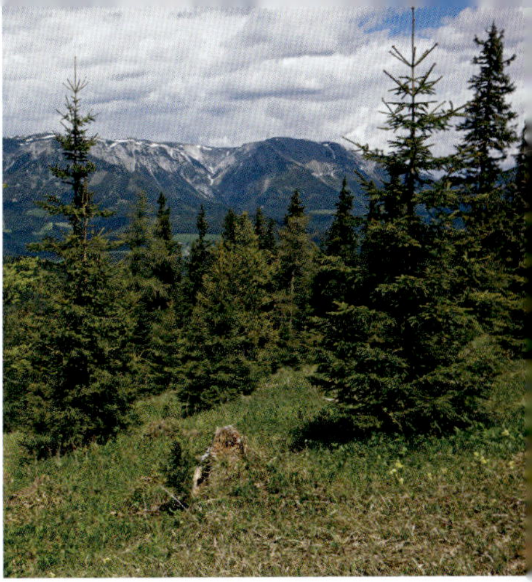

Blick vom Kreuzschober zur Schneealpe.

an. Kurz auf einem Forstweg, dann ein wenig nach links (Markierung) auf einen Steig, durch Nadelwald, später auf einem Karrenweg, hernach einer Forststraße folgen. Dann neuerlich auf einem Karrenweg, schließlich auf einem Forstweg – zuletzt leicht absteigend – zur **Kaarlhütte** ❸.

Nun auf Steigspuren erst Richtung Nordwesten, dann Richtung Norden über ein 10 bis 20 m breites Wiesenband knapp 100 Hm bis zum Gipfel des **Kreuzschober** ❹ hinauf (Bank mit Gipfelbuchlade). Dieser Wegabschnitt ist nicht markiert, aber kaum zu verfehlen. Die Aussicht vom höchsten Punkt nach Norden ist etwas eingeschränkt. Von einer Lichtung wenige Minuten nordöstlich des Gipfels öffnet sich jedoch der Blick zur Schneealpe, aber auch zur

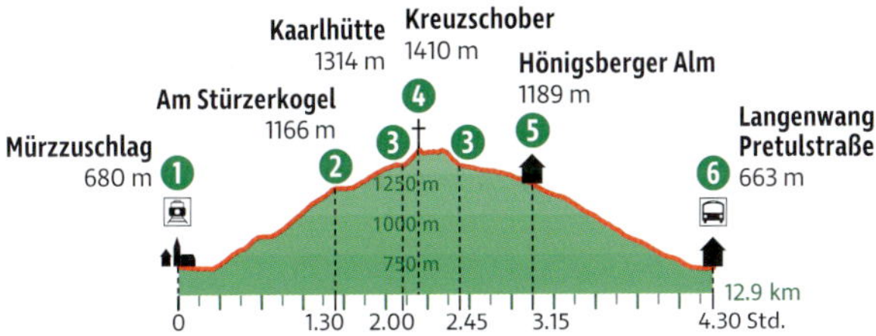

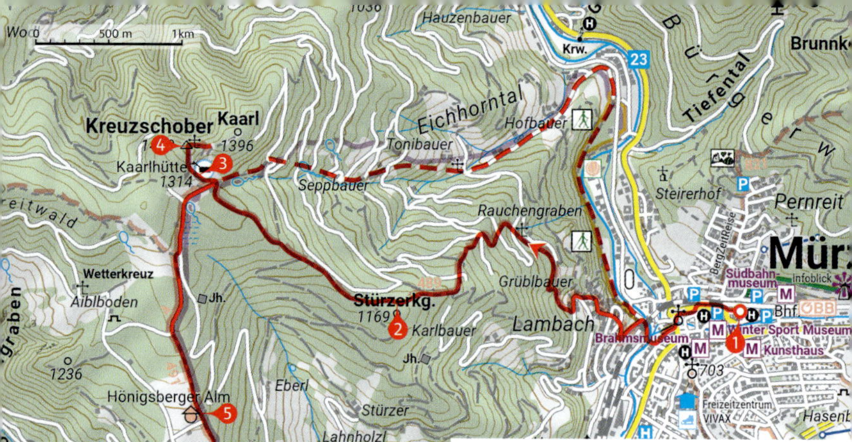
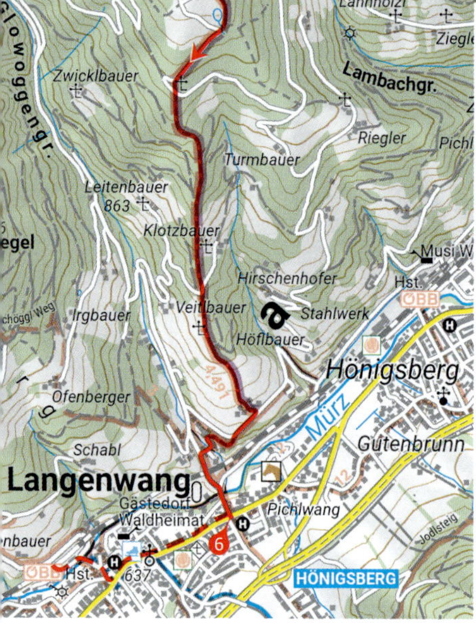

Rax weiter im Osten und zur Veitsch und zum Hochschwab im Westen.

Vom Kreuzschober auf dem Anstiegsweg wieder zur **Kaarlhütte ❸**, bei der Hütte nach rechts auf einen Forstweg (Weg 491, rot markiert). Leicht an Höhe verlierend über Almwiesen und durch Wald, unmittelbar nach einem Gatter rechts, an der Abzweigung zum Rosskogel vorbei, auf einem schmalen Karrenweg am Rande einer idyllischen Almwiese geradeaus weiter, dann auf einer Forststraße in den Wald. Dort, wo sich die Forststraße nach rechts wendet, geradeaus auf einem Karrenweg weiter, zu den Wiesen der **Hönigsberger Alm ❺** hinunter. Am Rande des Almgeländes an der Halterhütte vorbei zu einem Forstweg, über diesen wieder in den Wald. Schon bald aber, der Markierung folgend, nach links auf einen Waldsteig und an einem Kreuz mit drei Querbalken vorbei.

Weiter auf einem Rücken, der nach Süden ins Mürztal hinunterzieht. Über einen alten Hohlweg, zwischendurch zweimal auch auf einem Forstweg, zu den Wiesen beim Gehöft Seppbauer. Nun auf einem Feldweg weiter talwärts und zwischen den Gebäuden des Gehöfts hindurch. Jetzt auf einem asphaltierten Fahrweg, bei einer bald folgenden Kreuzung scharf rechts. Wo sich der Fahrweg nach rechts wendet, nach links auf einen markierten Waldsteig in den Talgrund des **Glowoggengrabens**. Im Talboden an einigen Häusern vorbei zu einem Fahrweg und auf diesem nun talauswärts nach Langenwang (Mürzgasse). Auf zwei Brücken über die Südbahn und über die Mürz ins Ortsgebiet. Bei der Wiener Straße wenige Meter nach rechts zur Bushaltestelle **Langenwang Pretulstraße ❻**.

Hohe Veitsch, 1981 m

Auf den höchsten Gipfel der Mürzsteger Alpen

2 Tage | 24,6 km | ↗ 1710 m | ↘ 1340 m

In zwei Tagen von Mürzsteg zur Seebergalm

Im Zentrum der Mürzsteger Alpen liegt der Kalkstock der Hohen Veitsch, umgeben von weitläufigen Alm- und Waldgebieten. Eine Überschreitung dieses Plateaugebirges gehört zu den besonders lohnenden Bergwanderungen in der östlichen Obersteiermark. Die hier vorgestellte Zwei-Tages-Tour von Mürzsteg zum Seeberg verläuft durch reizvolle Gebirgslandschaften und wartet mit mehreren Vorzügen auf. Durch schattig-kühlen Mischwald steigen wir von Norden zur Hochfläche der Veitsch auf. Wir nächtigen im hoch gelegenen Graf-Meran-Haus und haben so die Möglichkeit, auf dem aussichtsreichen Gipfel der Hohen Veitsch einen eindrucksvollen Sonnenuntergang mitzuerleben. Am zweiten Tag führt unsere Route wieder in Mittelgebirgslagen hinunter. Über mehrere Almen und den Turntaler Kogel wandern wir bis zur Seebergalm. Besonders empfehlenswert ist diese Streckenwanderung Ende Mai und im Juni, wenn die Bergblumen zu blühen beginnen – oder am Ende des Sommers, wenn die Heidelbeersträucher zwischen Rotsohl- und Turnauer Alm zum ausgiebigen Naschen einladen. Seit 2023 ist die Nordseite der Veitsch während der Wandersaison auch an Wochenenden und Feiertagen per Bus gut erreichbar. Damit eröffnen sich neue Möglichkeiten, diesen schönen Berg auch im Zuge von Tagestouren zu besuchen.

Das Plateau der Hohen Veitsch im Frühwinter, im Hintergrund die Heukuppe.

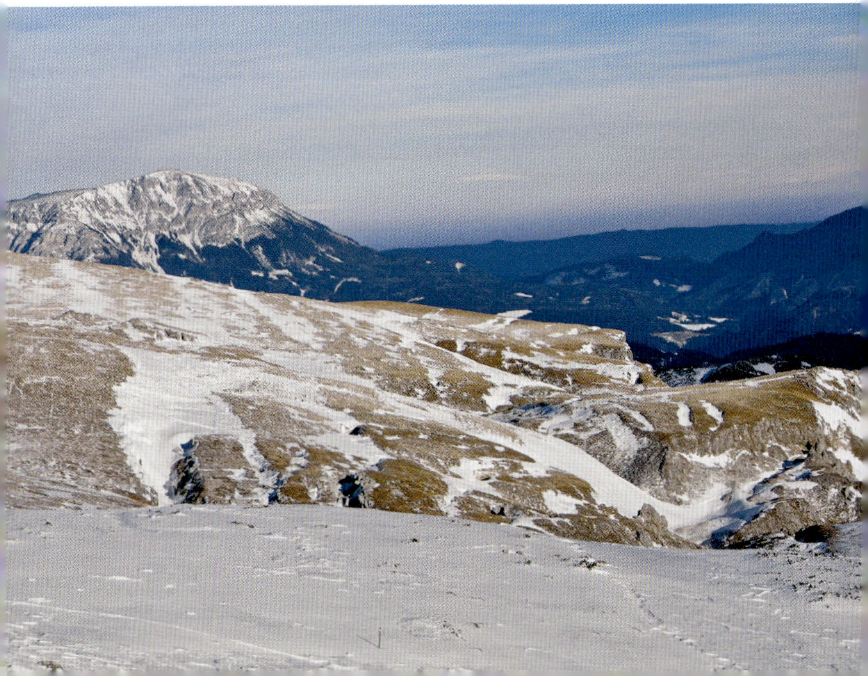

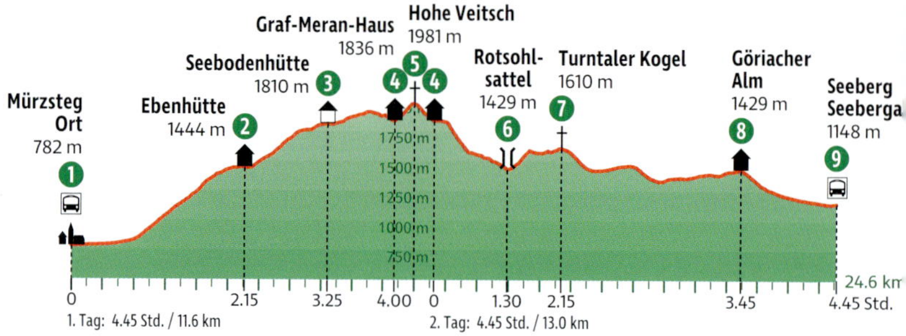

Ausgangspunkt: Bushaltestelle Mürzsteg Ort, 782 m, oder Dobrein Brunntal, 798 m.
Anfahrt: Auf der Südbahnstrecke nach Mürzzuschlag, weiter mit Bus 189 (nach Mürzsteg 1.5.–1.11. täglich, nach Dobrein 1.5.–1.11. Sa/So/Fei). Nach Mürzsteg zwei Früh- bzw. Vormittagsfahrten, nach Dobrein eine Frühverbindung. Dauer: 2.00–2.10 Std.
Endpunkt: Bushaltestelle Seeberg Seebergalm, 1148 m.
Rückfahrt: Bus 170/171 bzw. 173 nach Kapfenberg, weiter auf der Südbahnstrecke; auch über Mariazell: Bus 170/171 bzw. 173, dann Mariazellerbahn und Westbahnstrecke oder direkt mit Bus 169. Mehrere Verbindungen bis am Abend. Dauer: 3.00–3.45 Std.
Anforderungen: Zwei mittellange, insgesamt etwas anstrengende Tagesetappen. Teufelssteig: Steil und schottrig; Trittsicherheit. Keine Quellen auf der Hochfläche. Nur bei stabilem Wetter und guter Sicht. Bei Nebel ist die Orientierung auf der Hochfläche problematisch.
Einkehr/Übernachtung: **Ebenhütte**, Anf. Juni–Mitte Sept. Tel. +43/3856/2977 und +43/664/941 40 24; 4 B. – **Graf-Meran-Haus**, Anf. Juni–Mitte Okt. durchgehend, ansonsten an Wochenenden geöffnet (von 1.11. bis Weihnachten geschlossen), Tel. +43/664/151 32 20, bergsteigen.com/huetten/graf-meran-haus; 20 B, 36 L. – **Rotsohlalm**, Anf. Juni–Mitte Sept., Tel. +43/664/271 64 63; 20 L. – **Schutzhaus Turnauer Alm**, Mitte Mai–Mitte Sept. sowie Okt. Do–So, fallweise auch im Winter geöffnet, Tel. +43/664/127 06 76; 12 B, 20 L. – **Göriacher Alm** (Stroblhütte), Anf. Juni–Mitte Sept., im Okt. an Wochenenden, Tel. +43/3863/2192 und +43/650/827 28 34, keine Nächtigung.
Varianten: Von der Ebenhütte 2 auf einem Güterweg in westlicher Richtung in einem Hochtal, nach ca. 1,5 km bei

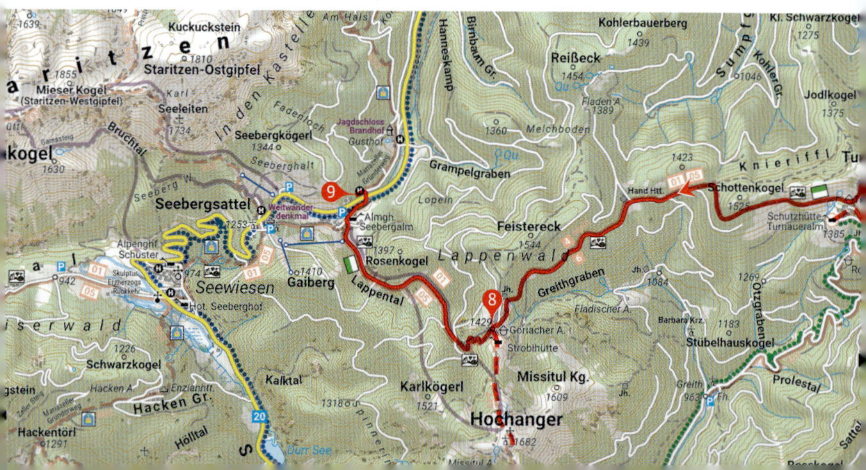

einer Kreuzung (Teich) rechts auf einen rot markierten Steig, der den Güterweg kurz darauf kreuzt und ihn später nochmals berührt. Bei einer Kreuzung rechts und bald auf dem Güterweg zur Hauptroute ❹. – **Südliche Umgehung des Turntaler Kogels:** von der Rotsohlalm ❻ auf einem Almsteig, zwischendurch auch auf einem Fahrweg, direkt zur Turnauer Alm (etwa 30 Min. und 100 Hm weniger). – Konditionsstarke und zügige Geher können diese Tour auch als Tagestour durchführen und von der Seebodenhütte ❸ direkt zur Hohen Veitsch aufsteigen (Zeitersparnis ca. 15 Min.), Gesamtgehzeit dieser Variante bei Umgehung des Turntaler Kogels: 9.00 Std. – Besteigung des **Hochanger** ab Göriacher Alm ❽: Auf rot bezeichnetem Weg Richtung Süden über einen Rücken (Wiesengelände, einige Bäume) auf den Gipfel (Kreuz, Gedenkstein), am selben Weg wieder zurück. Zeitaufwand: 1.15–1.30 Std. – **Abstieg** über die Sohlenalm zur **Niederalpl-Passhöhe** (Bus 189, Saisonverkehr: 1.5.–1.11. Sa/So/Fei, Rückfahrt am späteren Nachmittag), rot markiert, als Tagestour gut machbar. – Aufstieg von Niederalpl Ort (Bus 189, Frühverbindung 1.5.–1.11. Sa/So/Fei, täglich in den Sommer-/Herbstferien) über die Rodel, kurz an der Straße entlang, nach ca. 200 m links über den Bach (Steg) und auf einem Forstweg, dann auf einer Forststraße zum rot markierten Wanderweg. – Sehr lohnende **Tagestouren**: Aufstieg via Ebenhütte oder Rodel, Abstieg zur Niederalpl-Passhöhe, auch in die Gegenrichtung gut machbar.

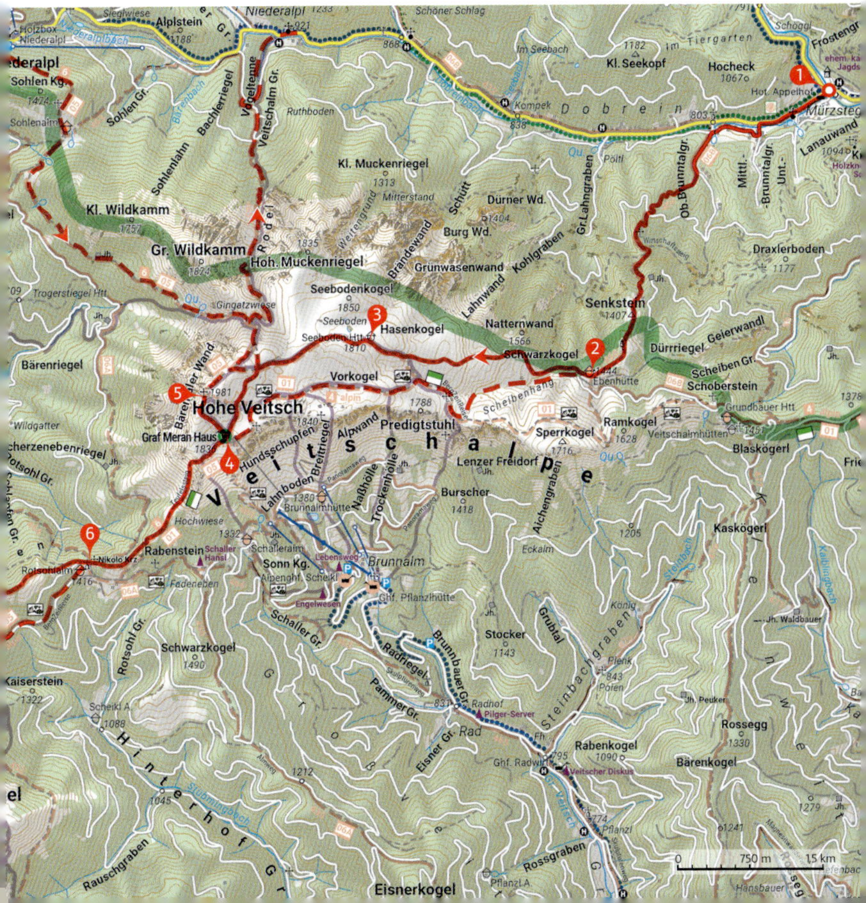

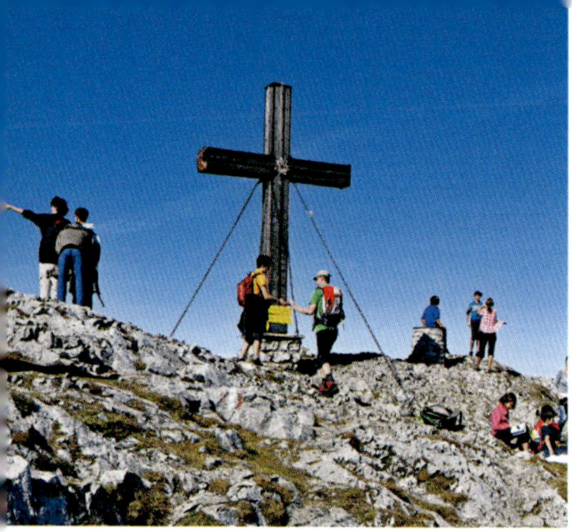

Am Gipfel der Hohen Veitsch.

1. Tag:

In **Mürzsteg** ❶ vom Ortskern auf der Niederalpl-Straße Richtung Westen. Noch vor dem Ortsende, bei der Bushaltestelle Dobrein Brunntal, die aber nur von den Buskursen über das Niederalpl angefahren wird, links (Fahrweg) über den Dobreinbach (Wegweiser »Simmerlweg« sowie Tafel »2. Brunntalstraße«), nach zwei Häusern aber gleich wieder rechts (Wegweiser »Niederalplweg«). Auf einem Fahrweg zu einer Brücke, dort nach links auf den Forstweg, der in den Oberen Brunntalgraben (Brunntalstraße) führt, ab hier rot markiert (Weg 466). Bei einem Wildgatter halb rechts (Wegweiser), zunächst noch auf einem Fahrweg, aber schon bald auf einem Fußweg, mittelsteil durch einen Graben, später über eine bewaldete Flanke aufwärts. Auf etwa 1000 m Höhe queren wir einen Forstweg. Weiter bergauf über einen Schlag (schöne Blicke zur Schneealpe) und nach rechts in die bewaldete Nordflanke des Senksteins.

Auf 1340 m erreichen wir beim Ende einer Forststraße Alm- und Wiesengelände (links eine Jagdhütte). Über eine Wiese Richtung Süden hinauf zum Senkstein und nun nur mehr leicht steigend zur **Ebenhütte** ❷ mit schönen Blicken in die nördlichen Steilabbrüche der Veitsch. Weiter auf einem nicht markierten, vorerst aber guten Steig Richtung Westen, anfangs genau auf den Schwarzkogel zuhaltend. Dann durch die Südflanke des Schwarzkogels in eine nach Südosten offene Mulde. Leicht ansteigend um diese herum zum Ost- bzw. Südostrücken des Hasenkogels, über den der weitere Aufstieg zur Hochfläche erfolgt (Steigspuren, Wiesengelände mit vereinzelten Latschen, stellenweise Pflockmarkierung). Über einen Vorgipfel zu einem Fahrweg und nun auf diesem bzw. auf einem Steig rechts davon (Markierungsstangen) zur unbewirtschafteten **Seebodenhütte** ❸. Weiter auf einem Steig – an den Seebodenlacken vorbei – über die Hochfläche zu einer Wegkreuzung, 1915 m. Dort halb links und nun in leichtem Auf und Ab, zuletzt etwas fallend zum **Graf-Meran-Haus** ❹.

Von der Hütte auf rot markiertem Steig (auch Markierungsstangen) in nordwestlicher Richtung bis zum Gipfelrücken und weiter zum bereits nahen Gipfel der **Hohen Veitsch** ❺ hinauf. Von hier umfassender Rundblick, im Süden bis zum Pohorje-Gebirge (Bachergebirge) und den Steiner Alpen, beide bereits zur Gänze oder überwiegend in Slowenien, bei besonders guter Fernsicht auch bis zum 190 Kilometer entfernten Triglav, im Westen bis zum Toten Gebirge. Besonders schön zeigt sich das nahe Hochschwabgebirge.

Auf dem Anstiegsweg wieder zum **Graf-Meran-Haus** ❹ hinunter.

2. Tag:

Auf rot bzw. gelb markiertem Steig (Weg 401 und 405) vom **Graf-Meran-Haus** ❹ eben zum westlichen Rand des Hochplateaus und nun über den schottrigen Teufelssteig durch die Westflanke der Veitsch (Wiesen, zwischendurch Latschen und Buschwerk) steil hinunter auf die Hochwiese. Ab hier nur mehr leicht fallend. Rechts am felsigen Rabenstein vorbei (kurze Gegensteigung). Über Wiesen und Wald in den **Rotsohlsattel** ❻ mit Bildstock und Kreuzen (Abzweigung zur Umgehung des Turntaler Kogels) und zur nahen **Rotsohlalm**.

Von der Alm zurück in den Rotsohlsattel und nun kurz auf einem Forstweg, jedoch schon bald rechts davon auf einem unmarkierten Weglein, das den Aufstieg zum Turntaler Kogel vermittelt, Richtung Westen, immer direkt auf dem Bergrücken (Heidelbeersträucher, Zaun). Über einige Kuppen auf den Gipfel des **Turntaler Kogels** ❼ hinauf. Das Kreuz steht westlich des höchsten Punkts. Der Abstieg erfolgt über Almwiesen (stellenweise Steigspuren) direkt zur **Turnauer Alm** (Almdorf und Schutzhaus).

Nun wieder auf dem markierten Weg 401 bzw. 405 weiter Richtung Göriacher Alm. Zuerst auf einem Fahrweg, später auf einem Almsteig bis auf 1470 m Höhe ansteigend, durch die bewaldete Süd-, dann die Westflanke des Schottenkogels. Nun wieder absteigend, bis zu einem Forstweg, 1360 m. Auf diesem in 30 Min. in den Lappenwald (bei zwei Abzweigungen geradeaus). Bereits nahe der Göriacher Alm bei einem Wegweiser nach rechts auf einen Steig, der zuerst bergauf in einen Hochwald führt und dann – an mehreren Brunnen vorbei – eben bzw. leicht steigend zur **Göriacher Alm** ❽ zieht, linker Hand die Stroblhütte.

Auf der Alm bei einer Wegkreuzung weiter Richtung Seebergalm (Variante: links hinauf zum Hochanger). Zunächst etwa 200 m auf einem Forstweg, dann nach rechts auf einen Karrenweg und über drei Serpentinen, ab 1310 m auf einer Forststraße, durch Mischwald ins Lappental hinunter (Schranken). Im Talgrund über Almwiesen bis zur **Seebergalm** (Skilift) und nun noch wenige Minuten Richtung Nordosten auf einer asphaltierten Nebenstraße zur Bushaltestelle **Seeberg Seebergalm** ❾.

Jagdhütte unterhalb des Senksteins.

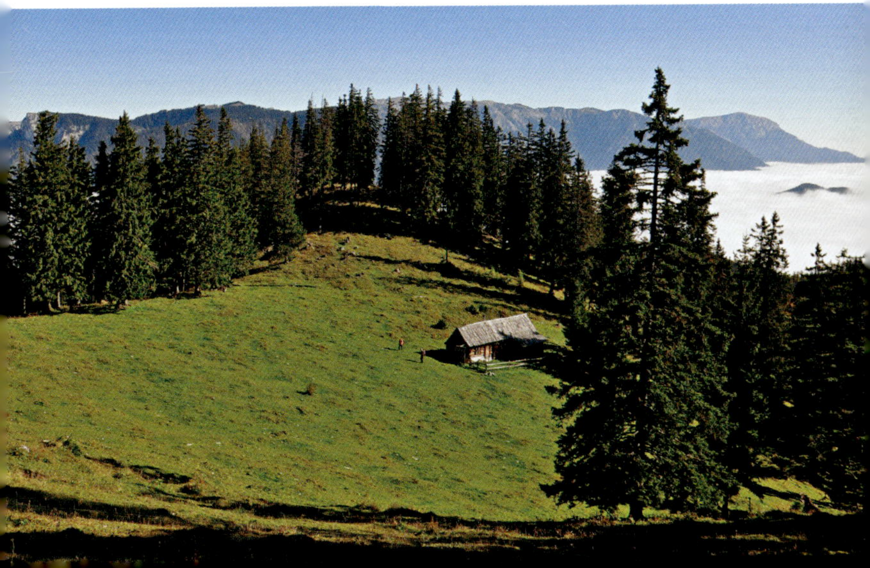

42 Rennfeld, 1629 m

Von Pernegg nach Kapfenberg

7.15 Std. | 17,2 km | ↗1250 m | ↘1210 m

Großzügige Überschreitung im westlichsten Teil der Fischbacher Alpen

Das Rennfeld, der Hausberg der Kapfenberger und Brucker, ist mit dem Schnellzug auch von Wien aus gut erreichbar. Zwar ist das Rennfeld »nur« ein 1600er. Da die Talorte aber auf nicht mehr als 450 bis 500 Meter Seehöhe liegen, ergibt sich doch eine recht ausgiebige Tagestour. Wir erwandern dafür auf dieser Route fast den gesamten Bergzug des Rennfeldes und gewinnen so ein besonders gutes Gesamtbild dieses westlichsten Vorpostens der Fischbacher Alpen. Unterwegs laden sowohl am Gipfel als auch beim Abstieg mehrere Hütten und Gasthöfe zur Einkehr ein. Vom Gipfel des Rennfeldes bietet sich ein großartiger Blick zum Hochschwab. Weit im Westen lässt sich bei bester Sicht die 160 Kilometer entfernte Hochalmspitze erkennen. Sie werden dem Autor Bernd Orfer Recht geben, wenn er sagt: Der Ausblick vom Rennfeld zählt »ohne Zweifel zu den schönsten Aussichtsplätzen in den gesamten Ostalpen«. Natürlich können Sie diese Tour auch auf zwei Tage aufteilen, im gipfelnahen Kernstock-Haus übernachten, Sonnenunter- und -aufgang am Berg erleben, und nächtens auf die Lichter der mehr als 1100 Höhenmeter tiefer liegenden Städte Bruck und Kapfenberg hinunterschauen.

Frauenberg mit der Kirche Maria Rehkogel im Spätherbst.

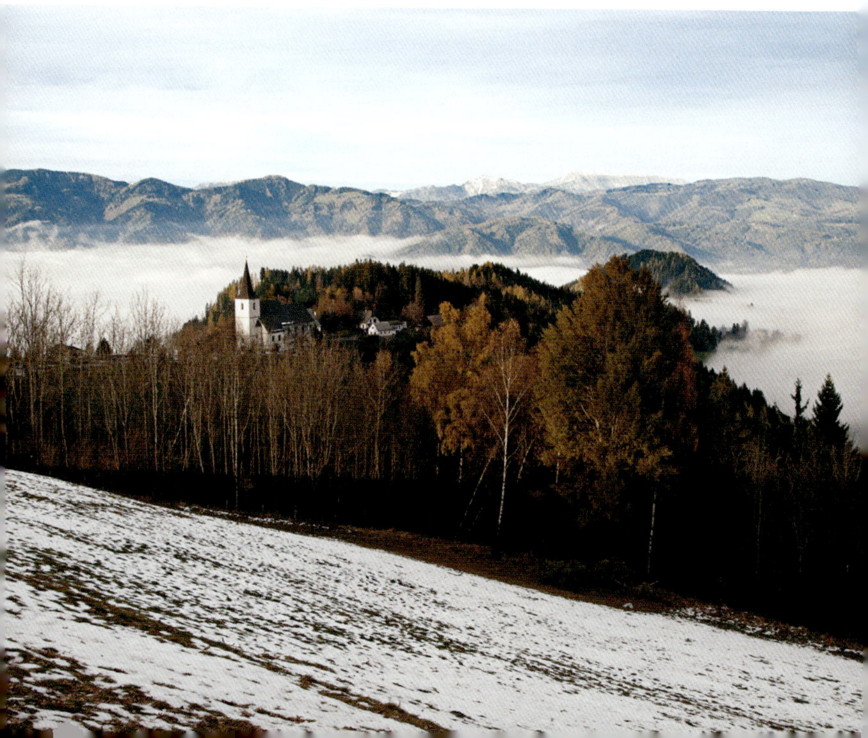

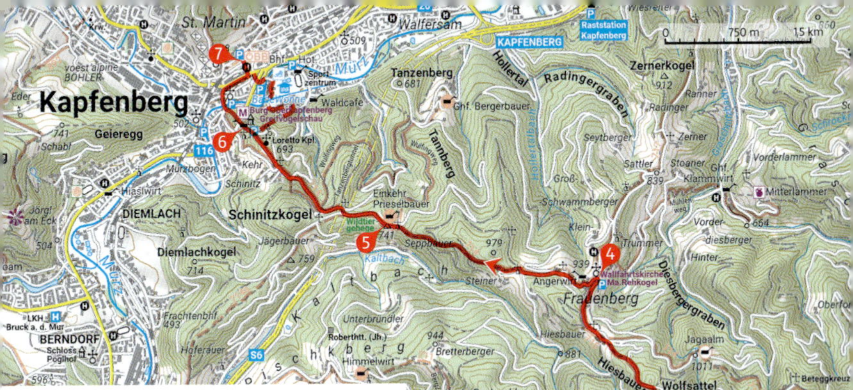

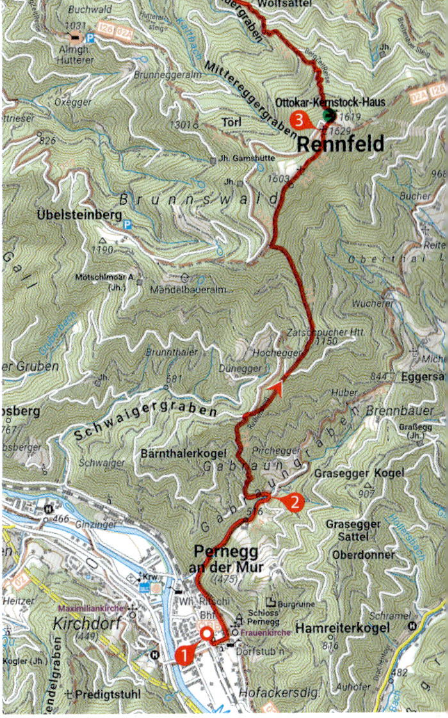

Ausgangspunkt: Bhf. Pernegg, 463 m.
Anfahrt: Auf der Südbahnstrecke über Bruck/Mur. Ganztags Stundentakt, Mo–Fr zeitweise zwei Verbindungen pro Stunde. Dauer: 2.10–2.20 Std.
Endpunkt: Bhf. Kapfenberg, 505 m.
Rückfahrt: Auf der Südbahnstrecke. Verbindungen bis am Abend, Stundentakt. Dauer: 1.45–1.55 Std.
Anforderungen: Ausgiebige Tagestour, gute Kondition erforderlich. Oder gemütliche 2-Tages-Tour mit Übernachtung am Ottokar-Kernstock-Haus. Ziemlich steile Passagen im Aufstieg zum Rennfeld.
Einkehr/Übernachtung: **Ottokar-Kernstock-Haus**, 1.5.–31.10. Mi Ruhetag, 1.11.–30.4. Sa–Mo, Tel. +43/3864/6761 bzw. +43/676/672 62 24, alpenverein.at/ottokarkernstockhaus; 16 B, 11 L. – **Gasthaus Prieselbauer**, Fr–Mo, ab 10.30 Uhr, Tel. +43/664/525 39 74, prieselbauer.com; keine Nächtigung. – **Burgheuriger Burg Oberkapfenberg**, Mi–So 10.30–21.00 Uhr, Tel. +43/664/316 35 10, burg-oberkapfenberg.at; keine Nächtigung.
Variante: An So/Fei während der steirischen Sommerferien lässt sich diese Tour bereits in **Maria Rehkogel** beenden: Bus 182 nach Kapfenberg am späteren Nachmittag. An diesen Tagen ist es auch möglich, das Rennfeld von Maria Rehkogel aus zu besteigen (zwei Verbindungen zur Anreise, eine zur Heimfahrt); in dieser Variante mit der ersten Anreisemöglichkeit auch gut für Kinder geeignet.

Vom Bahnhof **Pernegg** ❶ über eine Unterführung nach links (Wegweiser »Pernegg« und »Rennfeld«, Weg 713), in einem Bogen zur Allee und auf ihr ins Ortszentrum. Vor der Kirche links in die Schlossstraße (Wegweiser). Nach dem Ortsende wendet sich das Sträßlein nach rechts in den Gabraungraben. Nun noch etwa 15 Min. im Talboden, dann links (Wegweiser

»Rennfeld über 72-Reihen-Steig«) und auf einer Holzbrücke über den **Gabraunbach** ❷. An einem Steinbruch vorbei in den Wald. Bei einem Schranken nach rechts auf den rot markierten 72-Reihen-Steig Richtung Rennfeld (Wegweiser). Recht steil im Zickzack aufwärts, über mehrere Schläge. Schließlich rechts durch eine Bergflanke und weiter zu einer Forstwegkreuzung.

Hier rechts, nach wenigen Metern aber wieder links. Unmittelbar danach verlassen wir die markierte Route bei einer Holzstange nach rechts und steigen neben einer Sandgrube auf den Rücken hinauf. Nun auf gut ausgetretenem Steig an einem Schlag entlang (Gedenkkreuz), dann durch Wald und über einen zweiten Schlag zum nächsthöheren Forstweg und diesen querend weiter auf dem Rücken bergwärts. Auf ca. 1070 m mündet von links wieder der markierte Weg ein.

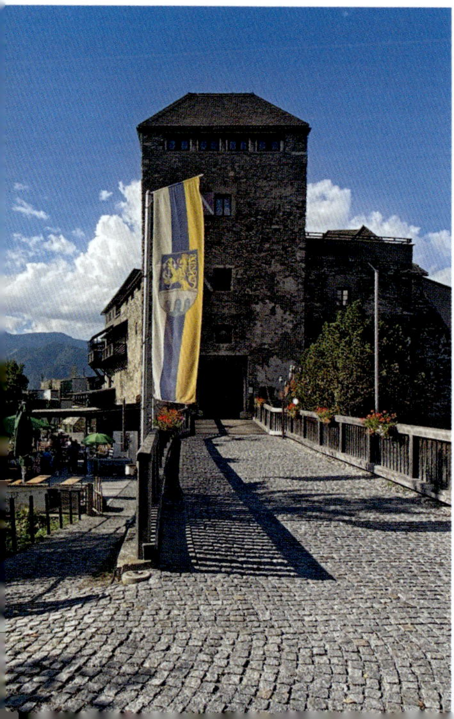

Auf Karren- und Forstwegen weiter auf dem Rücken bergwärts. Auf ca. 1070 m mündet von links wieder der markierte Weg ein. Nun auf Karrenwegen weiter auf dem Rücken aufwärts, mehrere Forststraßen querend. Auf etwa 1300 m kurz auf einer Forststraße, dann rechts auf einen Karrenweg (Markierung). Über einen großen Schlag ziemlich steil aufwärts. Schließlich in den Wald, nun wieder deutlich flacher, von links mündet der von der Pischkalm kommende Steig ein. Über einen weiteren großen Schlag neuerlich in den Wald und über einen letzten kurzen Aufschwung auf die Hochfläche des Rennfelds. Nun eben, zum Schluss noch einmal kurz ansteigend zum großen Gipfelkreuz des **Rennfelds** ❸ hinauf. Unweit des Gipfels das gastliche **Ottokar-Kernstock-Haus**.

Abstieg auf ebenfalls rot markiertem Weg 715 Richtung Frauenberg. Über die idyllische Märchenwiese (Gedenkkreuz), dann nach links in die Nordflanke des Rennfelds (»Götterquergang«). Auf dem Rudi-Wendlandt-Steig über einen aussichtsreichen Schlag, dann wieder in den Wald. Durch die Flanke in Serpentinen, teils auch direkt talwärts, dreimal Forstwege berührend. Auf 1140 m treffen wir auf eine Forststraße, der wir kurz talwärts folgen. Wo sich diese nach rechts wendet, weiter geradeaus (Markierung und Pfeil) auf einem Wanderweg hinunter zum **Peintingerkreuz**.

Nun kurz auf einem Güterweg, dann aber nach rechts (Markierungspfeil) über eine Wiese in den Wald hinunter. Zuerst noch absteigend, dann eben nach **Frauenberg** ❹ hinaus (Gatter). Vor der Kirche Maria Rehkogel scharf nach links auf

Burg Oberkapfenberg.

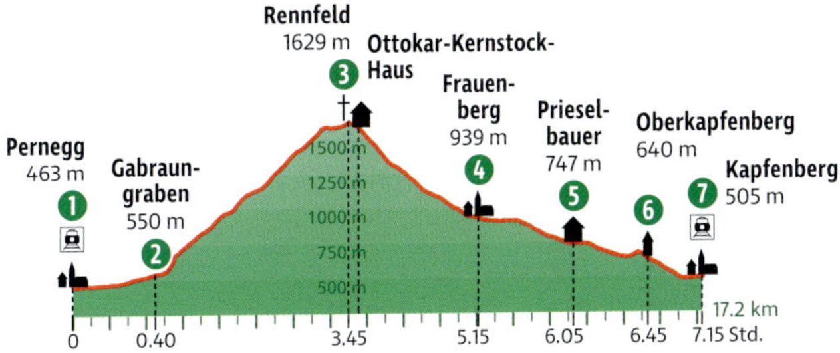

dem asphaltierten Bruckerweg aus dem Siedlungsgebiet von Frauenberg und in einen Sattel. Hier, dem Wegweiser »Burg Oberkapfenberg« folgend, halb rechts auf einen Steig, an einem weißen Marterl vorbei und zu einer Verzweigung. Nun links auf einen Forstweg (Wegweiser nach Kapfenberg) und in den Wald hinein. Kurz darauf neuerlich links auf einen Steig, der zu einem tiefer liegenden Forstweg führt. Auch diesen Forstweg verlassen wir bald nach links: Auf einem Steig in den Wald hinunter und zum **Gasthaus Prieselbauer** **5**.

Nun wieder auf einem Fahrweg, eine Kehre wird auf einem Waldweg abgekürzt. Bald auf einer asphaltierten Straße weiter Richtung Burg Oberkapfenberg (auf diesem Abschnitt dem »Wulfingweg« folgend). In einem Sattel bei einer Kreuzung nach rechts in eine Sackgasse, kurz darauf bei einer Verzweigung nach links auf einen anfangs asphaltierten Fahrweg und durch Buchenwald, die letzten Meter auf einem Fußweg (Wegweiser) zur Lorettokapelle hinauf. Um diese herum und über eine Holzstiege zu einem Fahrweg hinab, dem wir kurz folgen, dann aber nach rechts auf einen Steig. An einem Brunnen vorbei, dann durch eine Linkskurve zu einer asphaltierten Straße, scharf rechts und zur nahen **Burg Oberkapfenberg** **6** hinunter. Von hier zwei empfehlenswerte Wege nach Kapfenberg:

Unmittelbar vor der Burg nach links (Wegweiser »Stadt«) auf einen Fußweg, über einige Stufen talwärts. Nach 25 m scharf rechts (!) und unter der Burg am Waldrand bzw. im Wald entlang bis in die Nordflanke des Burgberges. Nun über anfangs weit ausholende Serpentinen nach Kapfenberg zum Rosegger-Denkmal hinunter. Über die Mürzbrücke und die Wiener Straße zum Europaplatz. Nach dem Postamt links und über den Bahnhofplatz zum Bahnhof **Kapfenberg** **7**.

Zweite Möglichkeit: Von der Burg auf einer schmalen Asphaltstraße nach Osten. Nach etwa 100 m nach links auf einen unmarkierten Steig (Wegweiser »HTL«). Durch Hochwald, weiter unten durch Buschwerk (Geländer) hinab, kurz vor Beginn eines asphaltierten Fahrwegs links (Steig) zu einer Straßenkreuzung. Hier scharf links in die Viktor-Kaplan-Straße, an der HTL vorbei und beim E-Werk rechts. Über einen Nebenarm der Mürz zur Johann-Brandl-Straße. Nach ca. 100 m links, auf einer Brücke über die Mürz und dem Rad- und Fußweg durch eine Unterführung unter der B 116 (Grazer Straße) folgend zur Wiener Straße. Bei einem Fußgängerübergang auf die andere Seite und vor der Post nach rechts zum **Bahnhof** **7**.

43 Bärenschützklamm / Hochlantsch, 1720 m

Rundwanderung von Mixnitz

TOP | 8.00 Std. | 19,0 km | ↗1320 m | ↘1320 m

Durch die wilde Klamm auf die höchste Erhebung des Grazer Berglandes

Die Bärenschützklamm ist eine äußerst sehenswerte, wasserführende Felsklamm – ein Besuch dieses Naturjuwels ist ein Muss für jeden ostösterreichischen Bergwanderer. Die Schlucht weist eine Höhe von 350 m und eine Länge von 1300 m auf und wurde bereits am Beginn des 20. Jh. vom Grazer Alpenclub mit einer Steiganlage begehbar gemacht. Heute wird die Anlage, die aus mehr als 100 Brücken und etwa 50 Leitern besteht, von der ÖAV-Sektion Mixnitz betreut. Nach einem Felssturz wird der Anstieg durch die Klamm umfassend instandgesetzt, die Wiedereröffnung erfolgt voraussichtlich im Jahr 2024. Oberhalb der Klamm erhebt sich der Hochlantsch. Haben wir den Aufstieg durch die Schlucht gut gemeistert, so ist der höchste Gipfel des Grazer Berglandes fast schon zum Greifen nah. Wer noch genügend Kraftreserven für die verbleibenden 500 Höhenmeter hat, sollte unbedingt weiter bergwärts wandern – denn der Hochlantsch lohnt die Mühen des Anstiegs allemal. Bei klarem Wetter bietet sich eine umfassende Aussicht bis zur Ankogelgruppe, zu den Steiner Alpen und den östlichen Karawanken. Aber auch die Einblicke in die nahen Lantschmauern, durch die der Naturfreundesteig (Klettersteig) führt, sind beeindruckend. Spätestens auf dem Rückweg ist es hoch an der Zeit, beim »Steirischen Jockl« oder beim »Guten Hirten« die steirische Gastlichkeit zu genießen und sich für den verbleibenden Abstieg zu stärken. Und wenn es etwas länger dauert, bis wir wieder in Mixnitz eintreffen, so ist dies auch kein Malheur: Zahlreiche Verbindungen von und nach Wien vom frühen Morgen bis in die Abendstunden sorgen für eine gute Erreichbarkeit dieses attraktiven Tourenzieles.

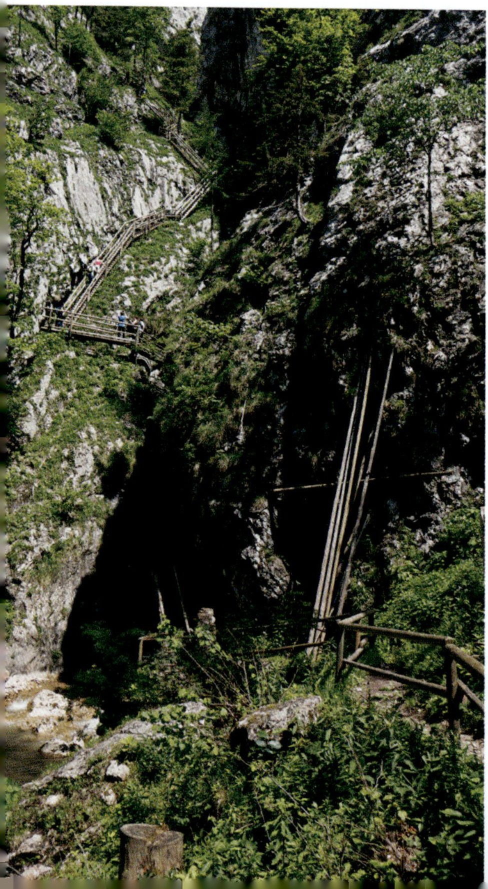

Einstieg in die Bärenschützklamm (vor dem Felssturz 2020).

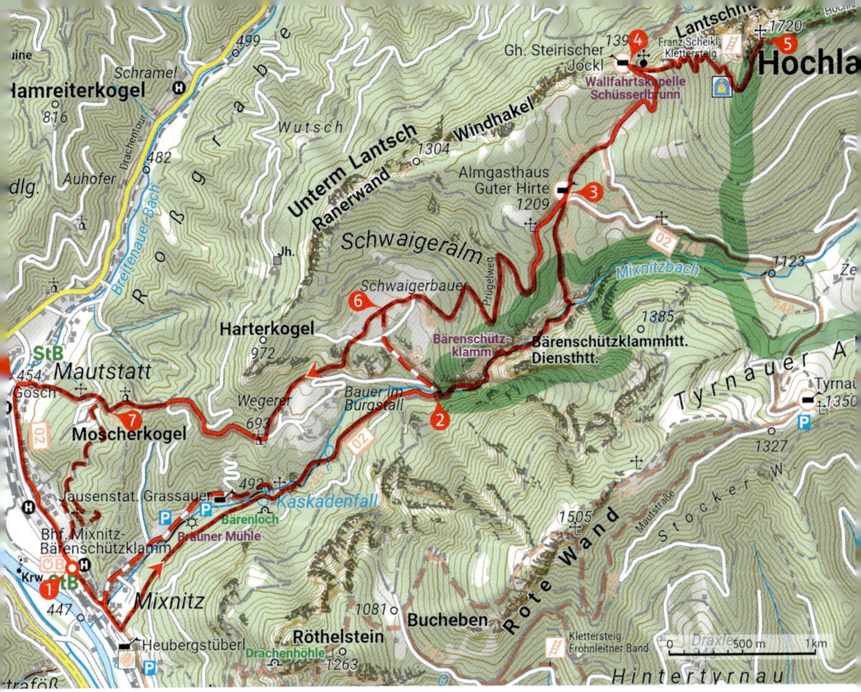

Ausgangs- und Endpunkt: Bhf. Mixnitz-Bärenschützklamm, 455 m.

Anfahrt: Auf der Südbahnstrecke über Bruck/Mur. Ganztags Stundentakt, Mo–Fr teilweise zwei Verbindungen pro Stunde. Dauer: 2.15–2.25 Std.

Rückfahrt: Auf der Südbahnstrecke über Bruck/Mur. Verbindungen bis am Abend, Stundentakt, Mo–Fr zumeist zwei Fahrten pro Stunde. Dauer: 2.15–2.30 Std.

Anforderungen: Lange Tagestour, die gute Kondition voraussetzt. Die Steiganlage durch die Bärenschützklamm erfordert ein Mindestmaß an Trittsicherheit. Unmittelbar nach stärkeren Regenfällen ist die Tour nur eingeschränkt zu empfehlen, da das Terrain dann sehr rutschig ist.

Einkehr/Übernachtung: **Jausenstation Zum Guten Hirten**, Mai–Okt., Tel. +43/664/163 60 46, keine Nächtigung. – **Almgasthaus Steirischer Jockl**, Mai–Okt., Tel. +43/664/152 68 45; keine Nächtigung. – **Café Stoabock** in den Naturwelten Steiermark und **Wander-Station Mixnitz** (Mo–Sa 16–21 Uhr) sowie Unterkünfte im Ort.

Varianten: **Rückfahrt** von der Bushaltestelle **Mautstatt Ort** (Bus 100 bzw. 167 zu den Bahnhöfen Mixnitz-Bärenschützklamm oder Bruck/Mur). – Aufstieg nur bis Zum Guten Hirten oder zum Steirischen Jockl (dann auch kindertauglich). – **Abstieg:** Bei der Weggabelung auf der Schwaigeralm nach links (Wegweiser) und auf rot markiertem Weg zum Eingang der Bärenschützklamm hinunter. Weiterer Rückweg wie Anstiegsweg.

Hinweis: Die Bärenschützklamm (Eintrittsgebühr) wird nach der Wiedereröffnung voraussichtlich von 1.5. bis 31.10. geöffnet sein. In den ersten Wochen der Saison ist eine Begehung besonders spektakulär, weil die Klamm im späten Frühjahr überdurchschnittlich viel Wasser führt.

Tipp: Die Tour kann durch eine Zufahrt mit dem Sammeltaxi Oststeiermark (SAM), oststeiermark.at/SAM, etwas abgekürzt werden, Haltepunkt Mixnitz Bärenschützklamm (am Ende der Straße Richtung Klamm), eine Rückfahrt ist vom Haltepunkt Mautstatt Ort möglich.

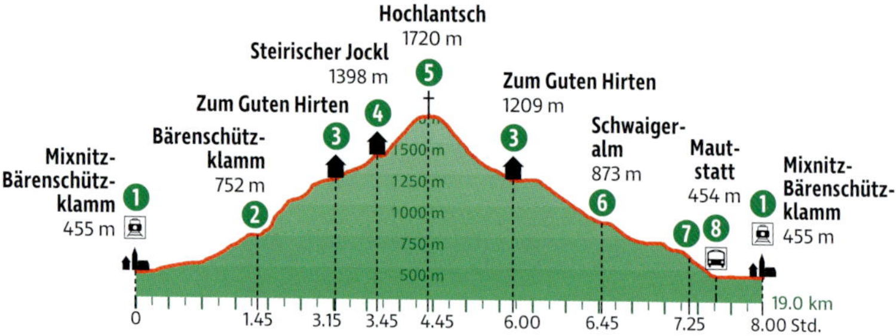

Vom Bahnhof **Mixnitz-Bärenschützklamm** ❶ nach rechts in die Grazer Straße (Wegweiser, rot markiert), bei einem Kreisverkehr geradeaus (Info-Tafeln) zur Abzweigung Richtung Bärenschützklamm. Biegen wir hier links ab, so gehen wir ca. 15 Min. auf einer Asphaltstraße taleinwärts. Schöner ist es, der Heubergstraße etwa 300 m weiter geradeaus bis zum Haus Nr. 13 zu folgen. Hier nach links auf einen unmarkierten, aber nicht zu verfehlenden Steig. Zumeist leicht steigend oder eben, zuerst am Waldrand entlang, dann durch den Wald. Über zwei Lichtungen und durch ein Quellschutzgebiet (Steg), dann trifft der Steig nahe dem **Kaskadenfall** auf den rot markierten Wanderweg zur Bärenschützklamm.
Nun auf diesem Weg weiter aufwärts, vorbei an einem Aussichtspunkt (Kreuz). Zweimal über den Bach, an einem Brunnen vorbei und – zuletzt wieder auf einem Fahrweg – zum Eingang (Häuschen, Info-Tafeln) der **Bärenschützklamm** ❷. Nun durch die Klamm empor, die zuerst eher breit ist. Senkrechte Felsmauern und Wasserfälle dominieren hier das Bild. Weiter oben wird die Klamm enger, im obersten Teil dann flacher und lieblicher. Zuletzt über den Bach und eine Geländestufe in ein bewaldetes Tal hinauf. Leicht steigend auf einem Karrenweg zur **Jausenstation Zum Guten Hirten** ❸.
Geradeaus in den Wald, später über eine Wiese weiter hinauf, bei einer Kreuzung links, später wieder links haltend. Nach einer kurzen Waldpassage erreichen wir eine Wegkreuzung unmittelbar vor dem **Gasthof Steirischer Jockl** ❹. Hier links zum Gasthof oder rechts Richtung Hochlantsch, vorerst eben auf einem Bergrücken. Nach einem Durchschlupf beginnt unser Weg wieder zu steigen. Durch urwaldähnlichen Hochwald, zwischendurch auch über eine Lichtung weiter aufwärts, über einige felsdurchsetzte (aber unschwierige) Passagen auf den Südrücken und über einen Vorgipfel auf den Hauptgipfel des **Hochlantsch** ❺.
Auf dem Anstiegsweg wieder bis zum **Guten Hirten** ❸ hinab. Bei der Jausenstation nach rechts auf eine Forststraße, nun eben, abschnittsweise sogar leicht ansteigend. Einige Gehminuten nach einem alten Wegkreuz rechts haltend auf einen alten Almsteig und hinunter zur Schwaigeralm (Prügelweg, spärlich rot markiert). Auch hier etliche kleine Felspartien, jedoch unschwierig.
Über die **Schwaigeralm**, nun engmaschiger markiert, bei einer **Abzweigung** ❻ rechts (Wegweiser »Burgstall – Mautstatt«), von links mündet ein anderer Forstweg ein, am Ende des Almgeländes links auf einen Waldsteig, der bald in einen Forstweg übergeht, und hinunter zu

den Wiesen der Gehöfte Bauer im Burgstall und Wegerer.

Beim Gehöft Wegerer weiter am Wiesenrand entlang (Überstiege) und bei einer Kapelle leicht nach rechts auf eine Forststraße (Wegweiser). Wo sich die Forststraße nach links ins Tal wendet, geradeaus eben auf einem Forstweg weiter (Wegweiser). Ein paar Meter später bei der nächsten Forstwegverzweigung links (Markierungsstange). Bald darauf rechts auf einen Waldweg (Markierung). Zunächst eben, dann kurz steigend durch die oberste Nordflanke des Moscherkogels zum Gosch-Lang-Kreuz, hier beginnt unser Weg deutlich zu fallen. Durch Hochwald talwärts zu einem **Güterweg** ❼. Von hier weiter der Markierung folgend nach **Mautstatt** ❽ hinunter und von dort an der Grazer Straße (Bushaltestelle Mautstatt Ort) entlang, zwischenzeitig auch durch die Siedlung Neue Welt, zum Bahnhof **Mixnitz-Bärenschützklamm** ❶.

Alternativ unmarkiert, aber kürzer nach links auf den Güterweg zu einem bereits sichtbaren Gatter (oberhalb: Überstieg). Kurz darauf bei einer Stallung links auf einen Forstweg. Durch ein Gatter (Durchschlupf) wieder in den Wald. Bald endet der Forstweg. Weiter auf einem Steiglein, das zu einem tiefer liegenden Forstweg hinunterzieht. Auf diesem zu einer Forststraße, in die wir rechts einbiegen und talwärts wandern. Durch eine Linkskehre, aus dem Wald (Schranken) auf Wiesengelände hinaus; rechts der Lokalbahnhof Mixnitz (Breitenauer Bahn). Auf der Forststraße durch eine Rechtskurve ins Siedlungsgebiet (Sonnenriegel), links in die Grazer Straße und in 2 Min. zum Bahnhof **Mixnitz-Bärenschützklamm** ❶.

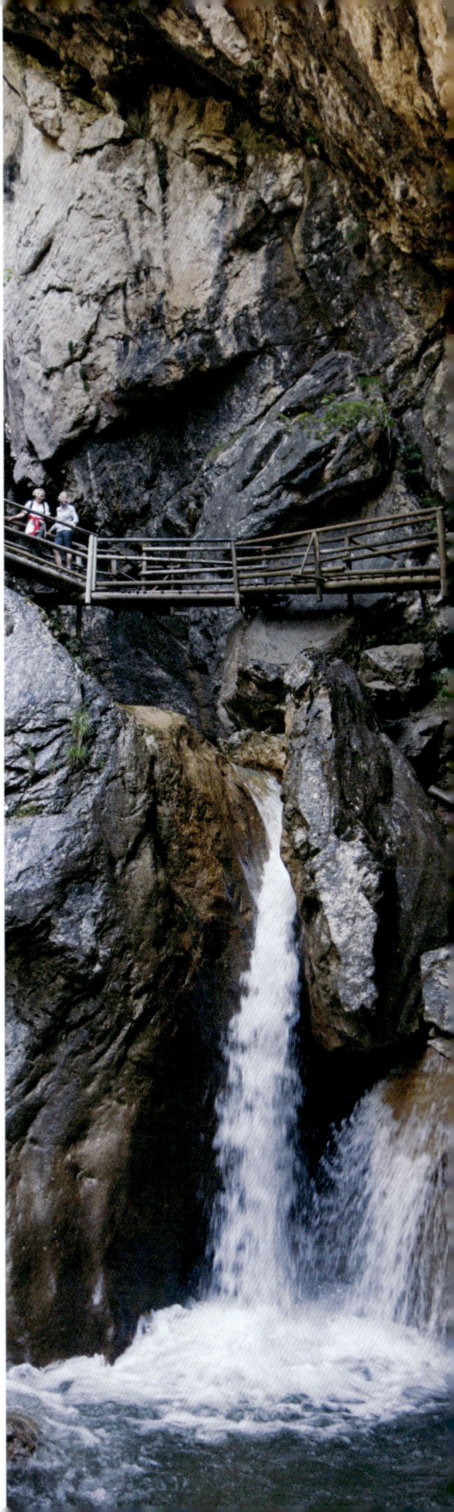

Im unteren Teil der Klamm.

44 Drachenhöhle und Rote Wand, 1505 m

Aus dem Murtal

7.15 Std. | 18,1 km | ↗ 1280 m | ↘ 1280 m

»Ein Ziel für Feinschmecker«

Rund um Mixnitz gibt es neben der Bärenschützklamm noch einige weitere lohnende Bergziele. Besonders reizvoll ist es, einen Besuch der Drachenhöhle mit einer Wanderung auf die Rote Wand zu verbinden. Den Gipfel des Röthelsteins können wir dabei ohne großen Umweg »mitnehmen«. Die Drachenhöhle befindet sich in der Westflanke des Röthelsteins auf ca. 950 m Seehöhe. Ihr Portal ist 12 m hoch und 20 m breit. Archäologische Funde belegen, dass diese Höhle schon in der Urzeit ein Zufluchtsort für Mensch und Tier war. Heute wird die Höhle von einer der größten Fledermauspopulationen Österreichs bewohnt und darf von 31. Oktober bis 15. Mai nicht betreten werden; in der restlichen Jahreszeit kann das Höhleninnere im Rahmen einer Führung besichtigt werden. Ab der Drachenhöhle ist der Steig unmarkiert, jedoch mit etwas Orientierungssinn leicht zu finden. Die Einsattelung der Bucheben trennt den Röthelstein von der Roten Wand. »Ein Ziel für Feinschmecker«, so bezeichnet die Autorin Liselotte Buchenauer die Rote Wand, einen etwa 3 km langen Bergzug, der nach Südosten mit mächtigen – teils rotfarbenen – Wänden ins Tyrnauer Tal abfällt. Auf unserer Wanderung können wir diese Wandfluchten aus unterschiedlichen Perspektiven näher betrachten. Die Bergwiesen der Roten Wand hingegen sind für ihren Blumenreichtum bekannt. Aber auch für das leibliche Wohl ist gesorgt: Während der Wandersaison lädt die Tyrnauer Alm zur Einkehr ein.

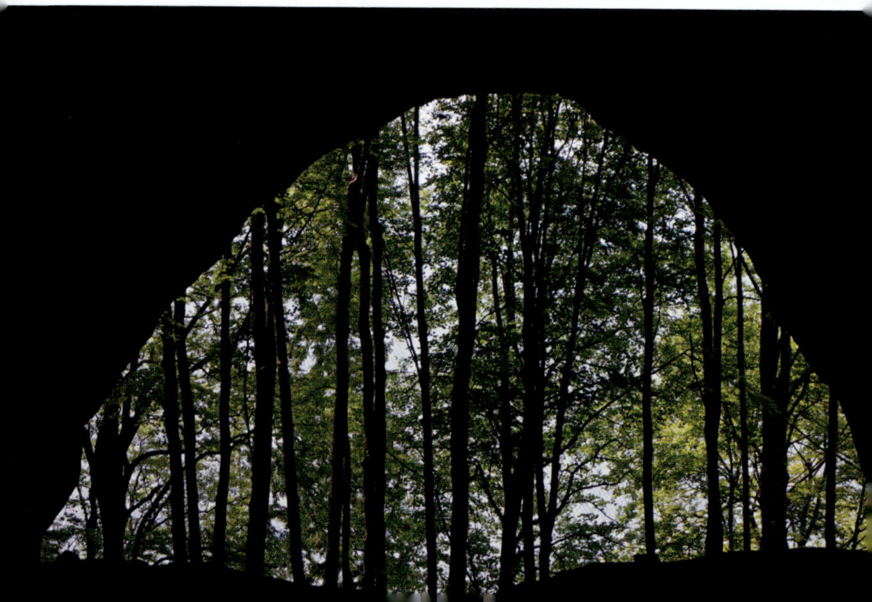

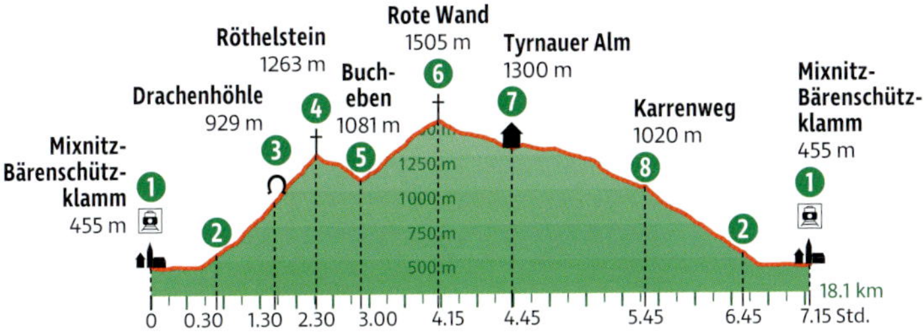

Ausgangs- und Endpunkt: Bhf. Mixnitz-Bärenschützklamm, 455 m.
Anfahrt: Wie Tour 43.
Rückfahrt: Wie Tour 43.
Anforderungen: Etwas längere Tagestour. Zwischen Drachenhöhle und Bucheben nicht durchgängig bezeichneter, aber unschwierig zu findender Steig. Beim Aufstieg zur Drachenhöhle kurze felsige Passage (Kettensicherung, Achtung Steinschlaggefahr). Ansonsten unschwierig, zumeist gut trassierte Steige.
Einkehr/Übernachtung: **Heubergstüberl** bei Mixnitz, ab 14 Uhr (Mo Ruhetag), Tel. +43/650/506 61 66, keine Übernachtung. – **Tyrnauer Alm**, Anf. Mai–Ende Okt. Tel. +43/664/260 37 25, almerich.at; keine Nächtigung. – **Café Stoabock** in den Naturwelten Steiermark und **Wander-Station Mixnitz** (Mo–Sa 16–21 Uhr) sowie Unterkünfte im Ort.
Variante: Drachenhöhle und Röthelstein lassen sich auch **ohne Besuch der Roten Wand** erwandern. Dazu auf der Bucheben rechts und über einen Güterweg nach etwa 10 Min. auf den Weg, der von der Tyrnauer Alm nach Mixnitz hinunterzieht (ca. 2.15 Std. kürzer).
Hinweis: Führungen durch die Drachenhöhle in den Sommer- und Herbstmonaten zweimal pro Monat (alternierend Sa/So). Treffpunkt beim Heubergstüberl. Nähere Infos sowie (verpflichtende) Anmeldung: Tel. +43/676/630 84 74.
Tipp: Zufahrt zum Heubergstüberl auch mit dem Sammeltaxi Oststeiermark (SAM), Haltepunkt Mixnitz Drachenhöhle, oststeiermark.at/SAM.

Vom Bahnhof **Mixnitz-Bärenschützklamm** ❶ nach rechts in die Grazer Straße (Wegweiser, rot markiert), bei einem Kreisverkehr geradeaus (Info-Tafeln), bald darauf bei der Abzweigung Richtung Bärenschützklamm neuerlich geradeaus, in die Heubergstraße. Etwa 100 m nach dem Heubergstüberl nach links (Wegweiser, Info-Tafeln, Weg 748) und nun auf einem – ebenfalls rot markierten – Karrenweg durch die bewaldete Westflanke des Röthelsteins hinauf. An einer Quellfassung vorbei.
Wenig später über einen Forstweg und zu einer **Weggabelung** ❷, hier links (Wegweiser Drachenhöhle). Durch Wald und über einen Schlag zu einem Forstweg, dem wir ca. 150 m folgen (Wegweiser). Beim Burger-Kreuz (Bankerl) nach rechts hinauf und auf einem – zum Teil etwas steinigen – Steig bergwärts. Über einen Schlag und wieder in den Wald hinein, kurz unterhalb von Felswänden entlang, bald aber nach rechts und auf etlichen Kehren weiter aufwärts. Am aussichtsreichen Rand eines Abbruchs vorbei, dann zu einer Schlucht, die den weiteren Aufstieg vermittelt (Eisenkette, unschwierig; Achtung auf Steinschlag). Weiter oben wird die Schlucht breiter, und wir erreichen – im Zickzack

Drachenhöhle.

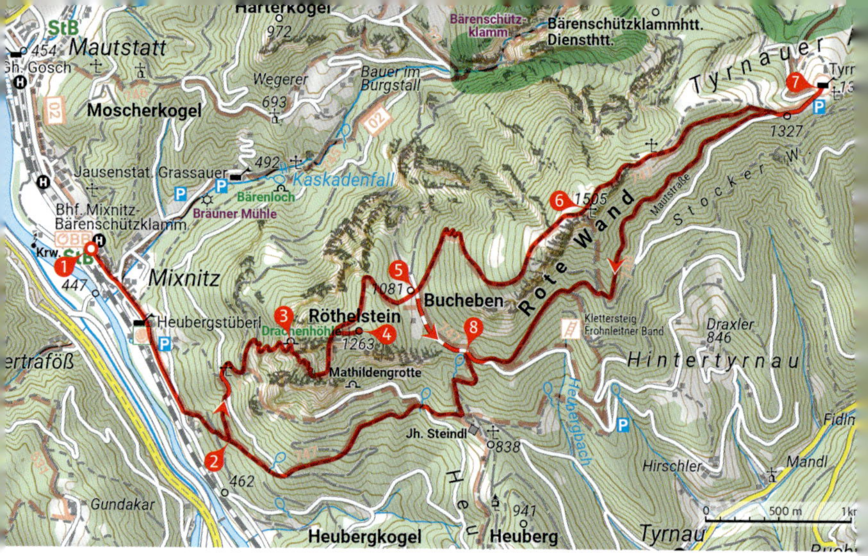

aufsteigend – den Eingang der **Drachenhöhle** ❸.

Auf einem gut ausgetretenen Pfad rechts der Höhle weiter aufwärts (bald blaue Markierungspunkte). Auf einen Rücken, dann ein Kar querend und weiter durch eine bewaldete Flanke aufwärts. Schließlich in einer Einsattelung auf eine Wiese hinaus. Über die Wiese weiter aufwärts, um eine felsige Rippe herum und schließlich in den Wald zu einer weiteren Einsattelung. Zuerst links, dann rechts, dann wieder links an einem schadhaften Wildzaun entlang weiter aufwärts. An einer Felsstufe vorbei in einen dritten Sattel (Wiese). Von hier sind Abstecher zum Röthelstein-Westgipfel (lohnend, Steig auf der Nordseite des Bergkammes) und zum Hauptgipfel des **Röthelsteins** ❹ möglich (Steigspuren, 50 Hm). Danach weiter auf dem bereits zuvor verfolgten, nun unmarkierten Steig. Während sich der Wildzaun bald bergwärts wendet, erreicht unser Steig – zumeist leicht fallend – den Nordrücken des Röthelsteins. Auf etwa 1170 m Höhe dreht er – nahe einem schönen Aussichtspunkt – energisch nach rechts und zieht zur **Bucheben** ❺ hinunter. Ab dort auf dem rot markierten Weg 747 zuerst moderat steigend durch die Westflanke der Roten Wand, später in vielen kleinen Kehren deutlich an Höhe gewinnend und schließlich in einem großen Bogen auf den Südwestrücken der Roten Wand hinauf.

Aussichtsreiche Bergwiesen wechseln hier mit Waldabschnitten. Über eine Almwiese zum höchsten Punkt der **Roten Wand** ❻.

Durch Wald und über Almböden (drei Überstiege) zu einer Kreuzung (Wegweiser) hinunter, hier geradeaus, 50 m danach durch ein Gatter (Durchschlupf) und noch kurz auf einer Almstraße zur **Tyrnauer Alm** ❼. Auf dieser Straße nach dem Besuch der Alm wieder zu dem Gatter, 50 m später bei der zuvor erwähnten Weggabelung links Richtung Mixnitz und nun zuerst meist eben auf schönem – ebenfalls rot markiertem – Waldsteig teils fallend, teils eben durch die Südostflanke der Roten Wand. Wir kreuzen schräg einen Forstweg (Markierungen). Schließlich über einen Schlag, dann kurz auf einem Rü-

cken (Wegweiser), bald aber in einem Bogen nach rechts in die Südflanke der Roten Wand.
Über einen weiteren Forstweg hinweg, nun stärker fallend, bald nach rechts auf einen Karrenweg. An dessen Ende links auf einen Waldpfad, an einem markanten Bergahornbaum (Bach, Wegweiser) vorbei und neuerlich auf einen Forstweg. Bei einer Verzweigung rechts (kleine Gegensteigung), bald aber, unmittelbar nach einem Gatter, links auf einen **Karrenweg** ❽ und in den Wald hinunter (Wegweiser), an einem Holzgatter vorbei. In einen Graben, bei einer Weggabelung (Wegweiser) aber wieder nach rechts auf einen Rücken hinaus. Vor einem Zaun rechts hinunter in die Südflanke des Röthelsteins (Wegweiser). Über drei Forstwege hinweg, am (nicht immer wasserführenden) **Wenig-Eben-Bründl** vorbei zu der **Weggabelung** ❷, bei der wir im Aufstieg zur Drachenhöhle abgebogen sind.
Der weitere Abstieg zum Bahnhof **Mixnitz-Bärenschützklamm** ❶ folgt dem untersten Teil unseres Aufstiegswegs.

Blick in die Felsfluchten der Roten Wand.

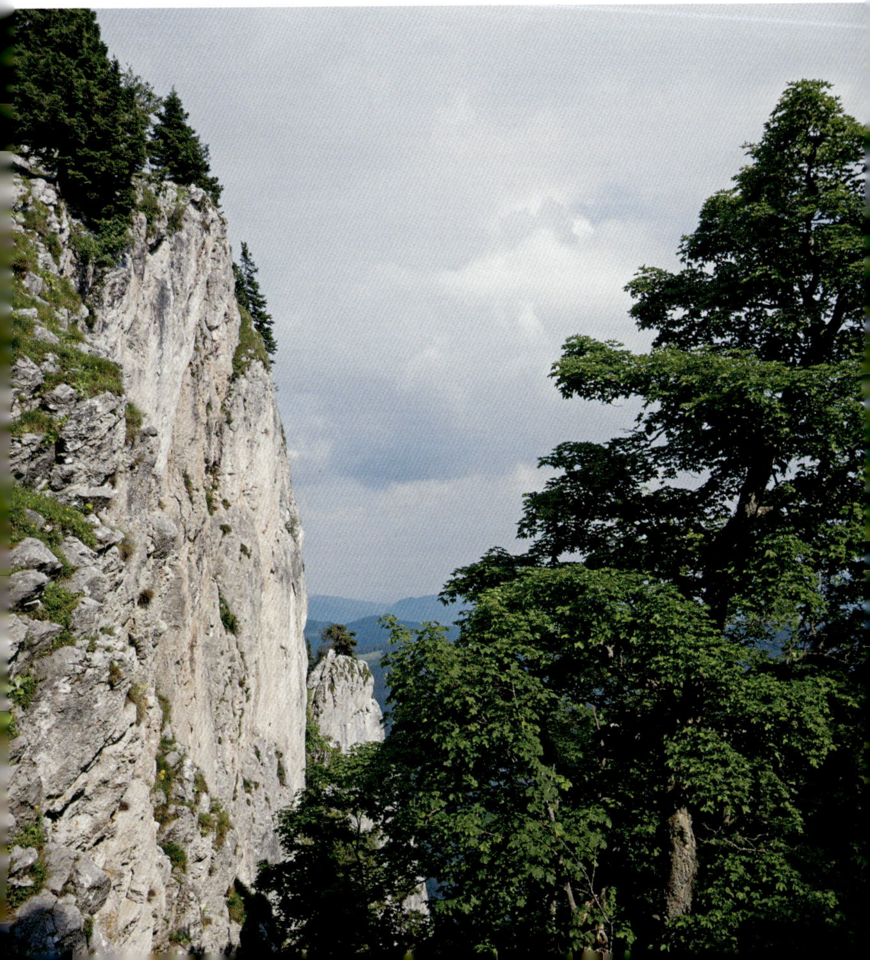

45 Ötscher, 1893 m / Kleiner Ötscher, 1552 m

Ötschergräben und Rauher Kamm

TOP | 2 Tage | 21,4 km | ↗1600 m | ↘1570 m

Ötscher-Überschreitung auf besonders lohnender Route

Der Ötscher, dessen Name aus dem Slawischen stammt und »Vaterberg« bedeutet, dominiert die Voralpenlandschaft des Mostviertels. Zahlreiche Mythen und Sagen ranken sich seit alters her um diesen Berg. Heute zieht der Ötscher vor allem Bergwanderer, im Winter auch Skitourengeher und Skifahrer in seinen Bann. Die Faszination dieses Berges wird wohl am besten spürbar, wenn wir ihn aus den canyonartigen Ötschergräben, einer – im Osten Österreichs einzigartigen – Schluchtenlandschaft, besteigen. Am romantischen Mirafall vorbei, über die idyllische Bergwiese »Beim Jägerherz«, dann durch schönen Wald wandern wir zum Geldloch hinauf, schließlich unterhalb des Taubenlochs vorbei – beide Höhleneingänge führen in das größte bekannte Höhlensystem Niederösterreichs hinunter. Über den felsigen Rauhen Kamm steigen wir zum Gipfel des Ötscher auf. Das Panorama, das sich von hier öffnet, ist äußerst umfassend. Am Gipfel treffen wir auf jene Wanderer, die von der Lackenhofer Seite hierher aufgestiegen sind. Auf ihren Spuren wandern wir nun zum Ötscher-Schutzhaus hinunter. Nach der Übernachtung rundet die Besteigung des Kleinen Ötscher unsere Zwei-Tages-Tour ab, der Abstieg erfolgt nach Lackenhof Weitental. Schon die Anreise zu dieser Tour ist ein Erlebnis. Mit der 1907 eröffneten Mariazellerbahn, einer der schönsten Schmalspur-Bergbahnen Europas, fahren wir aus dem Pielachtal hinauf in die Bergwelt der Türnitzer und Ybbstaler Alpen; die Ausblicke aus dem Zugfenster zum Ötscher und zur Gemeindealpe sind jedes Mal aufs Neue ein Erlebnis. Die etwas umständlichen Rückfahrtmöglichkeiten sollten Sie übrigens keinesfalls von dieser überaus lohnenden Überschreitung abhalten: Die Busse im Mostviertel verkehren sehr pünktlich, die Anschlüsse an das Zugnetz »halten« daher in aller Regel problemlos.

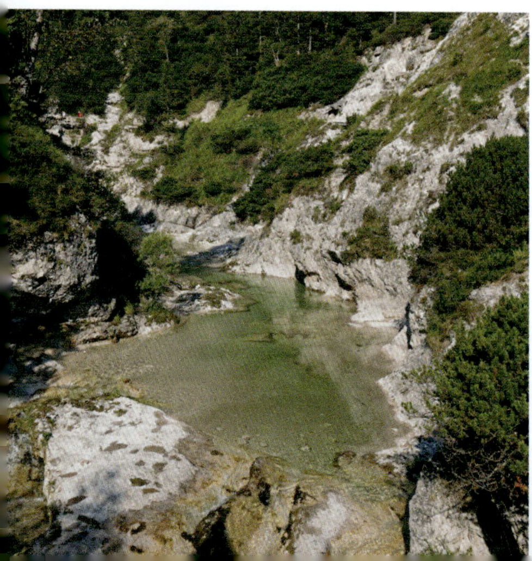

Ausgangspunkt: Bahnhaltestelle Erlaufklause, 814 m.

Anfahrt: Auf der Westbahnstrecke nach St. Pölten, weiter mit der Mariazellerbahn. 1.5.–1.11. zwei Frühverbindungen, ansonsten eine Fahrt. Dauer: 2.45–2.55 Std.

Endpunkt: Bushaltestelle Lackenhof am Ötscher Weitental, 844 m.

Rückfahrt: Bus 653 und 655 über Grubberg nach Scheibbs, weiter mit der Erlauftalbahn nach Pöchlarn, sodann auf der Westbahn-

In den Ötschergräben.

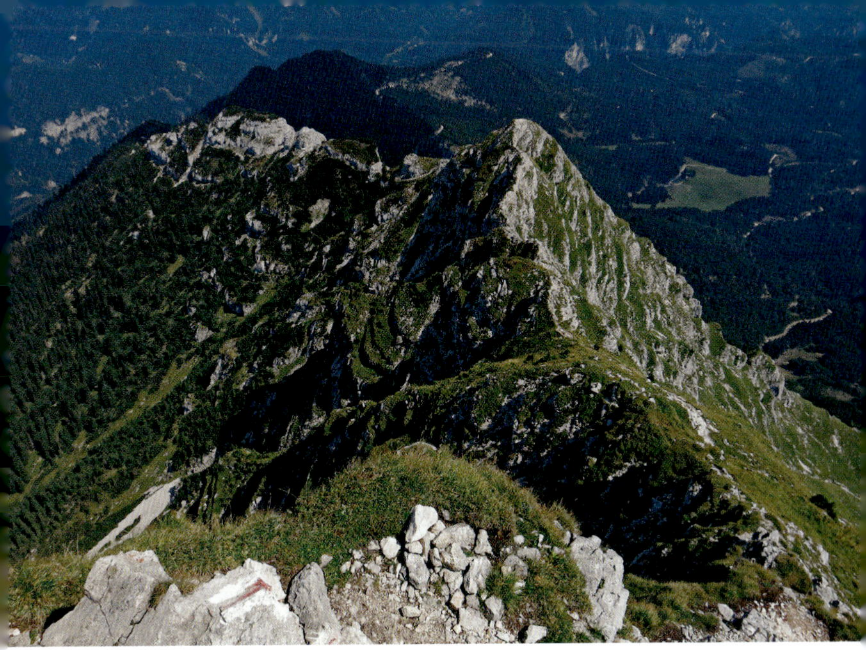

Aufstieg über den Rauhen Kamm.

strecke. Mo–Fr drei Verbindungen am Nachmittag, Sa/So/Fei eine Mittags- und eine Nachmittagsverbindung (letzte Abfahrt jeweils bereits um 16.30 Uhr). Dauer: 2.55–3.10 Std.

Anforderungen: Gute Ausdauer. Rauher Kamm: einige Kletterstellen im ersten Schwierigkeitsgrad, passagenweise etwas ausgesetzt. Absolute Trittsicherheit und Schwindelfreiheit. Nur bei sicherer Wetterlage und trockenen Bedingungen begehen. Bei Nebel, Altschnee oder Gewittergefahr nicht in den Rauhen Kamm einsteigen, sondern nordseitig absteigen und nach Raneck/Lackenhof wandern.

Einkehr/Übernachtung: **Jausenstation Ötscherhias**, 1.5.–26.10. von 9.00 bis 17 Uhr (bei Schönwetter), Tel. +43/664/275 98 88; keine Nächtigung. – **Ötscher-Schutzhaus**, im Hochsommer und im Winter bei Liftbetrieb durchgehend, Mai/Juni und Sept./Okt. Do–So geöffnet, Tel. +43/7480/5249; 80 B.

Varianten: **Direkter Abstieg** vom Ötscher-Schutzhaus oder Talfahrt per **Sessellift** nach Lackenhof Weitental. Betriebszeiten: Ende Mai–Ende Juni an Sa/So/Fei bei Schönwetter, täglich Anf. Juli–Mitte Sept., danach Sa/So bis zweite Okt.-Hälfte, 8.30–12.15 und 13.00–16.30 Uhr, an Sa/So/Fei bis 17.00 Uhr, oetscher.at. Nicht bei Schlechtwetter. Sehr gute, zügige Geher können diese Variante (mit Sessellift-Talfahrt) auch als Tagestour ins Auge fassen.

1. Tag:

Von der Bahnstation **Erlaufklause** ❶ auf einem Asphaltsträßlein Richtung Ötscher/Ötschergräben hinunter zum Erlaufstausee und in den Naturpark Ötscher-Tormäuer. Auf einem Fahrweg, nun rot markiert (Wegweiser), durch Wald Richtung Ötscherhias, bis zum Hagengut leicht steigend, danach vorerst leicht fallend. Nach einer Linkskurve rechts auf einen Steig (Wegweiser). Über einen Bach und vorbei an einer Wassermühle zum **Ötscherhias** ❷ hinunter. Beim Ötscherhias auf einer Brücke über die Ötschergräben, dann links

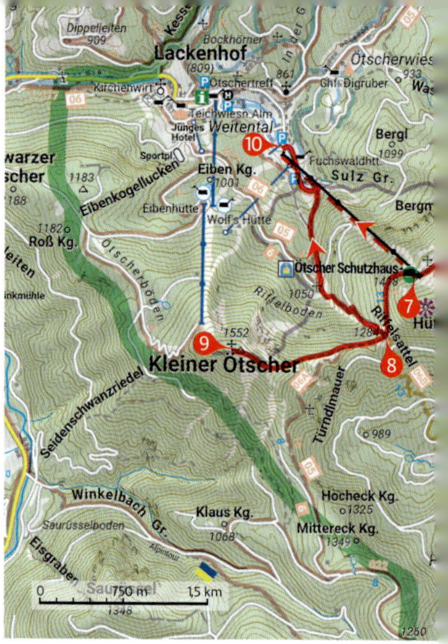

(Wegweiser »Ötscher über Rauher Kamm«; Weg 15). Über mehrere Seitengräben hinweg, am Mirafall vorbei. Schließlich bei einer Wegkreuzung rechts in den Mois(s)engraben (Wegweiser). Zuerst auf rot markiertem Steig (Weg 15b) im Grabengrund aufwärts, über den Bach, dann mittelsteil durch die linke Flanke in Kehren auf einen Rücken. Über diesen oder ein wenig rechts davon weiter aufwärts, bis das Gelände auf etwa 830 m Höhe verflacht. In diesem Streckenabschnitt dominiert Wald. Unser Pfad mündet schließlich in einen Forstweg. Auf diesem bis zum **Jägerherz** ❸, einer Wiese mit Wirtschaftsgebäude.

Hier rechts auf einen schmalen, blau markierten Steig (»Ötscher über Rauher Kamm«, Weg 15a). Über die Wiese hinauf in einen großflächigen Hochwald, dann durch Jungwald und Buschwerk, schließlich durch Buchenwald in Kehren bis auf etwa 1300 m Höhe. Über Bergwiesen weiter aufwärts, dann unterhalb der vom Rauhen Kamm abfallenden Felswände am **Geldloch** ❹ und unterhalb des Taubenlochs vorbei und weiter auf den Nordostrücken des Ötscher.

Bei der **Wegkreuzung** ❺ links auf den Steig, der über den Rauhen Kamm auf den Ötscher führt (rot markiert, Weg 4a). Zuerst am Rücken, dann in der obersten Nordflanke, einen felsigen Gratabschnitt umgehend. Schließlich wieder kurz am Rücken, aber gleich wieder in die Nordflanke, einem Felsturm ausweichend. In einem Bogen auf einen zweiten Felsturm, jedoch vor dem Gratrücken neuerlich in die oberste Nordflanke, bald über einen kurzen Riss wieder auf den Gratrücken. Ein dritter Felsturm wird ebenfalls nordseitig umgangen, dann neuerlich auf den Gratrücken. Über einen Felskopf auf einen ebenen, aber felsigen Gratabschnitt. Danach ein weiterer felsiger, mit drei Eisenstiften versicherter Aufschwung. Schließlich in die Südflanke und über eine kurze Kletterstelle zum letzten felsigen

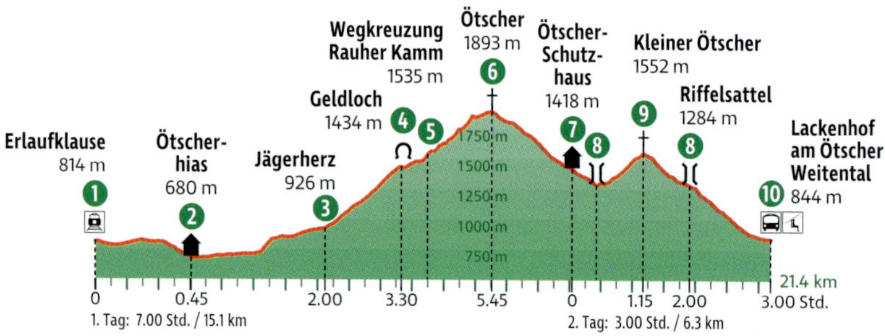

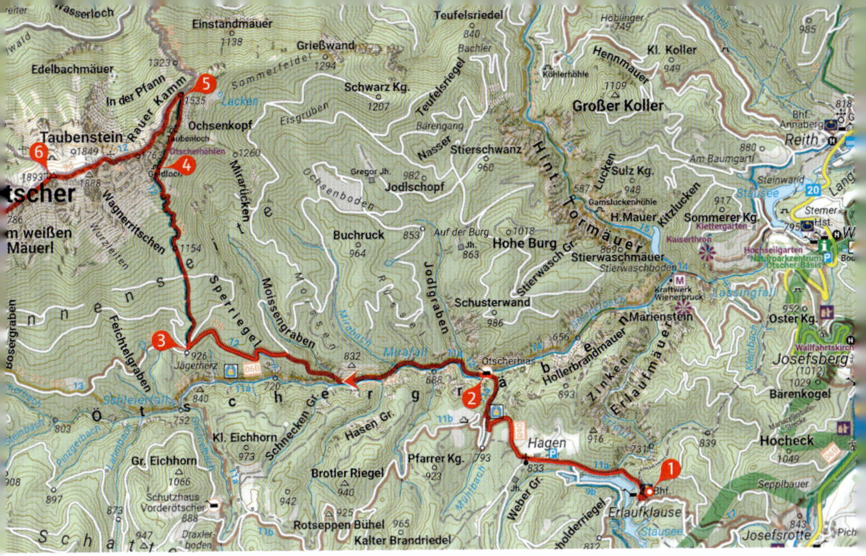

Aufschwung und weiter auf den Vorgipfel (Steigbuch). Von hier binnen 10 Min. über die Hochfläche auf den Hauptgipfel des **Ötscher ❻**. Am Westrücken auf einem unschwierigen, stellenweise aber etwas steinigen Steig (Weg 4) hinunter bis zum Gleitflieger-Startplatz, sodann in etlichen Kehren durch die Nordflanke weiter talwärts, schließlich über eine Wiese zum **Ötscher-Schutzhaus ❼**.

2. Tag:

Vom **Schutzhaus ❼** weiter auf Weg 4 (rot markiert) in Richtung Lackenhof/Riffelsattel, bald auf einen Fahrweg (im Winter Skipiste). Über diesen hinunter zum **Riffelsattel ❽** mit Kreuz und Wegweiser. Nun vorerst Richtung Gemeindealpe/Terzerhaus (Weg 4b, einige alte rote und blaue Markierungen) auf dem Ostrücken des Kleinen Ötscher aufwärts, über Wiesen, vorbei an einzelnen Baumgruppen. Bei einer Verzweigung (Wegweiser »Kleiner Ötscher«) weiter am Rücken, also rechts haltend (während der Steig zur Gemeindealpe in die Südflanke des Kleinen Ötscher zieht). Auf einem Pfad (fallweise rote Markierungspunkte) weiter über Wiesen, dann mittelsteil durch Latschengassen, zuletzt wieder über Wiesen flacher zum Gipfel des **Kleinen Ötscher ❾**.

Am selben Weg zurück zum **Riffelsattel ❽**. Nun neuerlich auf Weg 4 (rot) Richtung Lackenhof. Zuerst auf einem Forstweg, dann daneben mittelsteil über eine Wiese abwärts, noch einmal kurz auf dem Fahrweg, schließlich nach links auf einen Steig hinunter Richtung Weitental-Lackenhof (Wegweiser). Über Kehren zu einer zweiten Skipiste, die den weiteren Abstieg vermittelt (Fahrspuren). Wir queren einen Fahrweg (Wegweiser), von dem wir weiter oben abgezweigt sind, und steigen auf Weg 5a (ebenfalls rot) weiter über die Skipiste ab. Bei einer Verzweigung leicht nach rechts (Markierung), binnen einiger Minuten zu einem Fahrweg und wenig später zum obersten Haus von Weitental. Nun noch kurz auf einem asphaltierten Fahrweg, unter dem Ötscher-Sessellift hindurch, schließlich links zur Talstation und zur Bushaltestelle **Lackenhof Weitental ❿**.

46 Dürrenstein, 1878 m

Aus dem Oistal (Ybbstal)

2 Tage | 22,1 km | ↗ 1600 m | ↘ 1580 m

Bergwanderfreuden in den Ybbstaler Alpen

Der Dürrenstein ist das größte Bergmassiv der Ybbstaler Alpen. Die Aufstiege auf die verkarstete Hochfläche sind ziemlich steil, der Weg bis in die Gipfelregion weit. Die Ybbstaler Hütte am westlichen Rand der Dürrenstein-Hochfläche dient als wichtiger Stützpunkt – denn als Tagestour ist der Dürrenstein nur besonders zügigen Gehern anzuraten. Für den An- und Abstieg auf das Hochplateau bieten sich Höllgraben und Lechnergraben an. Der Weg über den Höllgraben ist der kürzere, die Route über den zerklüfteten Lechnergraben punktet hingegen mit besonderer landschaftlicher Attraktivität. Auf dem Weg von der Ybbstaler Hütte zum Lechnergraben kommen wir am Grünloch vorbei – einer großen Doline auf der Karsthochfläche, die einer der Kältepole Zentraleuropas ist. Wenn wir am ersten Tourentag nach dem Aufstieg zur Ybbstaler Hütte noch unternehmungslustig sind, so stellt eine Besteigung des 1640 m hohen Noten eine sehr lohnende Erweiterung unserer Tour dar. Der Noten ist aber auch für sich alleine genommen ein sehr ansprechendes Gipfelziel und überdies gut als Tagestour machbar. Vom Gipfel des Dürrensteins, den wir am zweiten Tag besteigen, lässt sich an besonders klaren Tagen sogar der fast 200 km entfernte Großglockner erkennen.

Almwiesen im Dürrenstein-Massiv, etwas abseits der Route; im Hintergrund der Ötscher.

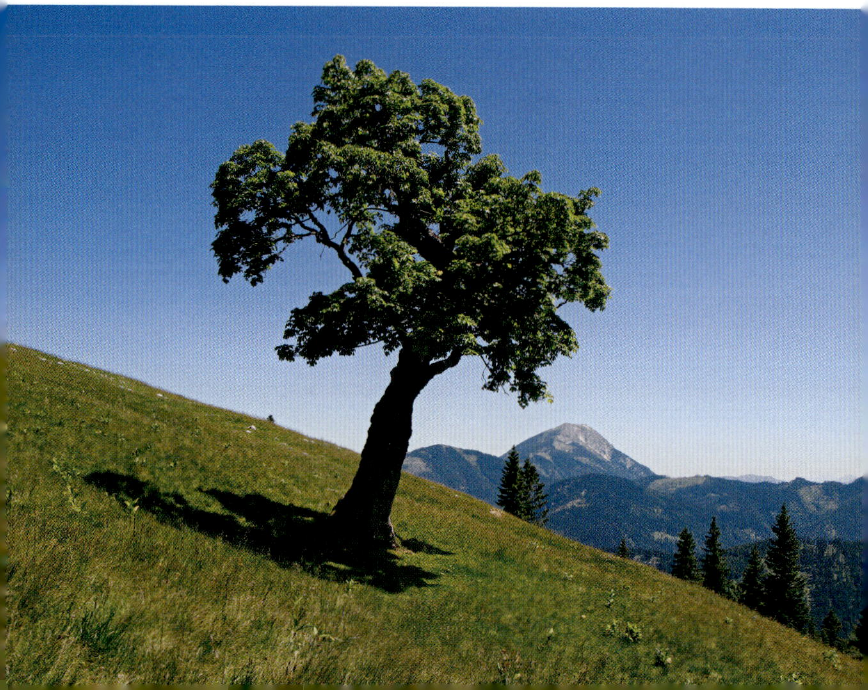

Ausgangspunkt: Bushaltestelle Stiegengraben Ybbsbrücke, 550 m.
Anfahrt: Auf der Westbahnstrecke über St. Pölten nach Pöchlarn, weiter mit der Erlauftalbahn nach Scheibbs, dann mit Bus 655; oder auf der Westbahnstrecke nach Amstetten, weiter mit der Rudolfsbahn nach Waidhofen/Ybbs, dann mit Bus 640; außerdem auch Busse ab St. Pölten bzw. Amstetten. Mo–Fr drei, Sa/So/Fei zwei Früh- bzw. Vormittagsverbindungen. Dauer: 2.30–2.55 Std.
Endpunkt: Bushaltestelle Kasten/Ybbs Töpperbrücke, 573 m.
Rückfahrt: Bus 655 nach Scheibbs, weiter mit der Erlauftalbahn nach Pöchlarn, von dort auf der Westbahnstrecke; oder Bus 640 nach Waidhofen/Ybbs, weiter mit der Rudolfsbahn nach Amstetten, von dort auf der Westbahnstrecke. Mehrere Verbindungen am Nachmittag und am frühen Abend. Dauer: 2.40–3.00 Stunden.
Anforderungen: Zwei-Tages-Tour mit Übernachtung in der Ybbstaler Hütte. Keine technischen Schwierigkeiten, aber hinreichende Ausdauer und guter Orientierungssinn hilfreich.
Einkehr/Übernachtung: **Ybbstaler Hütte**, Mitte Mai–26.10., im Winter fallweise geöffnet, Tel. +43/664/988 68 01, ybbstalerhuette.info; 4 B, 43 L.
Varianten: Besteigung des **Noten**, 1640 m, ab Ybbstaler Hütte ❸, rot markiert, zusätzlich 300 Hm, ca. 2 Std. – Die gesamte Tour kann auch in **Gegenrichtung** gut absolviert werden (Anstieg Lechnergraben, Abstieg Stiegengraben).
Tipp: Abstieg vom Dürrenstein auch über das Leonhardikreuz, das Seetal und den Lunzer See (Südufer) nach Lunz am See.

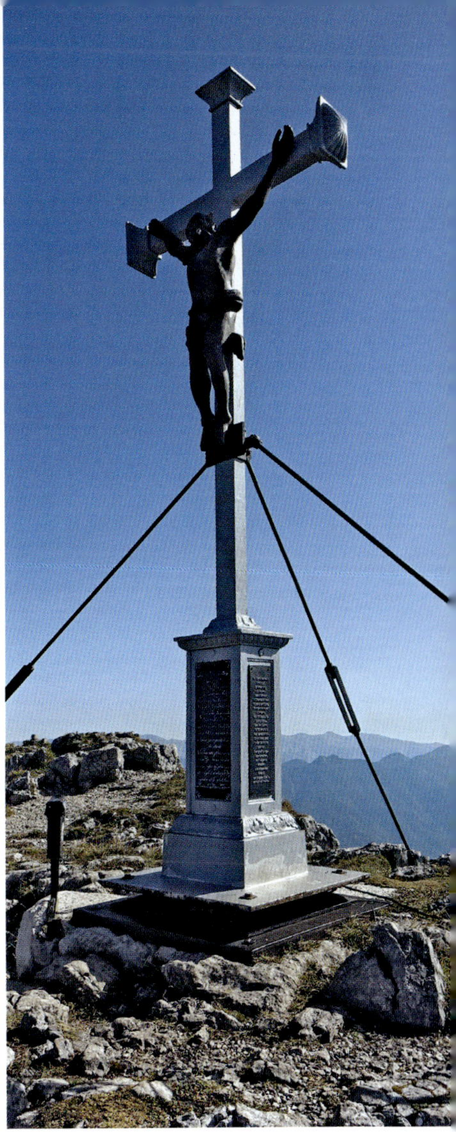
Am Dürrenstein-Gipfel.

1. Tag:

Von der Bushaltestelle **Stiegengraben Ybbsbrücke** ❶ Richtung Ybbstaler Hütte (wie die gesamte Tour rot markiert). Auf einem Feldweg durch einen Graben aufwärts, bei einer Kreuzung geradeaus (Wegweiser), nun auf einem Forstweg, bis zu einem überdachten Holzlagerplatz in der Nähe eines Gehöfts (Überstieg). Hier teilt sich der Weg, wir aber steigen geradeaus über eine Wiese einige Meter weglos zu einem etwas höher gelegenen Fahrweg auf (Wegweiser, Markierung), der am Waldrand entlangführt (Gatter). Wo

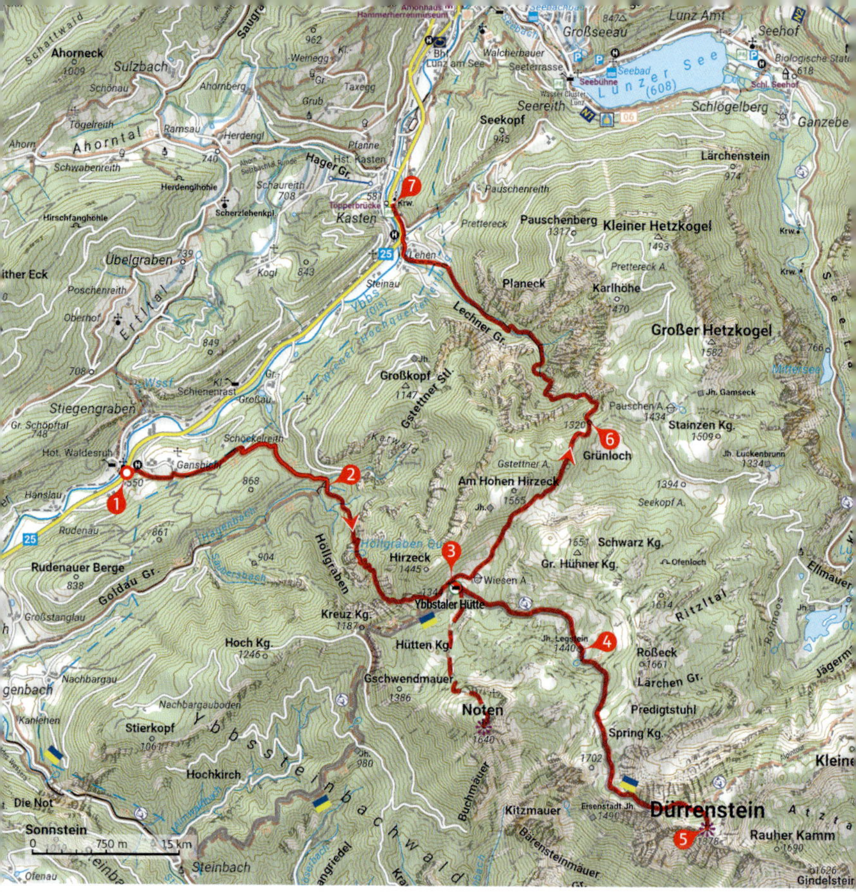

der Forstweg nach rechts schwenkt, geradeaus und auf einem grasbewachsenen Karrenweg (Markierung), zuerst weiter am Wiesenrand, dann in den Wald (Durchschlupf). Bei einem Sendemast scharf nach rechts auf eine Forststraße, nun zuerst steigend (Schranken), dann fallend bis zu einer Wegkreuzung nahe dem **Hagenbach ❷** (Sommerhof).

Hier weiter in den Höllgraben (Wegweiser zur Ybbstaler Hütte und zum Dürrenstein), an einem Teich und einer kleinen Schottergrube vorbei. Bald geht unser Weg in einen Steig über. Durch Wald aufwärts, bei einer Verzweigung links (Markierung) und in der Westflanke des Höllgrabens – mehrere Gräben querend, zuletzt das nicht immer wasserführende Höll(graben)bründl passierend – zu einem Schlag hinauf. Im Zickzack weiter aufwärts in einen bewaldeten Graben und so zur Hochfläche der Dürrensteinalm, auf der auch die Ybbstaler Hütte liegt. Über einen ausgedehnten Schlag, von rechts mündet der Weg aus dem Steinbachtal ein, zuletzt über einen Fahrweg und auf einem Karrenweg zur **Ybbstaler Hütte ❸**.

Wer noch Zeit und Lust hat, kann den formschönen Noten besteigen. Dieser bietet gute Sicht zum Dürrenstein-Hauptgipfel, aber auch sehr ansprechende Fernblicke.

2. Tag:
Am nächsten Tag von der Hütte Richtung Dürrenstein. Anfangs über den Schlag, kurz auch auf einer Fahrspur, dann über einen teils bewaldeten Graben auf einen Forstweg. Wir passieren ein Gatter. Nun nach rechts auf einen Steig, dann wieder zurück auf den Forstweg. Auf einer Almwiese mit den Markierungen rechts neuerlich auf einen Steig, bald in den Latschengürtel und weiter zur **Bergrettungshütte Legstein** ❹ und der etwas oberhalb stehenden Legstein-Jagdhütte (dazwischen die Legsteinquelle).

Ab hier zusätzlich Stangenmarkierung. Über Latschengassen, abschnittsweise auch über Bergwiesen, weiter aufwärts. Der Springkogel bleibt links, der Eisenstadt-Gipfel rechts liegen. Auf den Westnordwestrücken des Dürrensteins, bald aber wieder in seine Nordflanke. Von links mündet der Steig von der Herrenalm ein. Unser Weg wendet sich nun nach rechts und überwindet in einigen kleineren Kehren die oberste Nordflanke. Vom Gipfel des **Dürrensteins** ❺ haben wir eine herrliche Rundsicht.

Über den Anstiegsweg wieder bis zur **Ybbstaler Hütte** ❸. Hier rechts (Wegweiser) und auf gutem Steig Richtung Lechnergraben. Zuerst zu den nahen Hütten der Dürrensteinalm und nun über die Wiesenalm, später durch Wald, der mit Wiesen- und Latschenflecken durchsetzt ist, in einen Sattel zwischen dem Hohen Hirzeck und dem Großen Hühnerkogel hinauf (Zaun).

Jetzt mit einigem Auf und Ab, zum Schluss etwas steiler absteigend zum Rand der Hochfläche nordwestlich des **Grünlochs** ❻. Hier beginnt der Abstieg in den wildromantischen Lechnergraben. Im Zickzack Richtung Grabengrund. In die linke Grabenflanke, auf etwa 945 m Höhe über einen Bach und in etlichen kleinen Serpentinen in den unteren Grabenabschnitt.

Nun im Grabengrund entlang des Baches talwärts. Weiter unten fließt der Bach einige Hundert Meter unterirdisch. Zweimal über den Bach, dann auf einen Forstweg, der den weiteren Abstieg vermittelt. Wir stoßen auf einen Fahrweg, halten uns hier ein wenig nach links auf einen Karrenweg, der zwischen zwei Wiesen verläuft, schließlich nach links zieht und – einen Bach überquerend – ein Anwesen der Ansiedlung Lehen erreicht.

Hier rechts auf einen asphaltierten Fahrweg, bei der Ybbstal-Bundesstraße neuerlich rechts. Auf der Straße etwa 400 m Richtung Lunz am See, zur Bushaltestelle **Kasten/Ybbs Töpperbrücke** ❼.

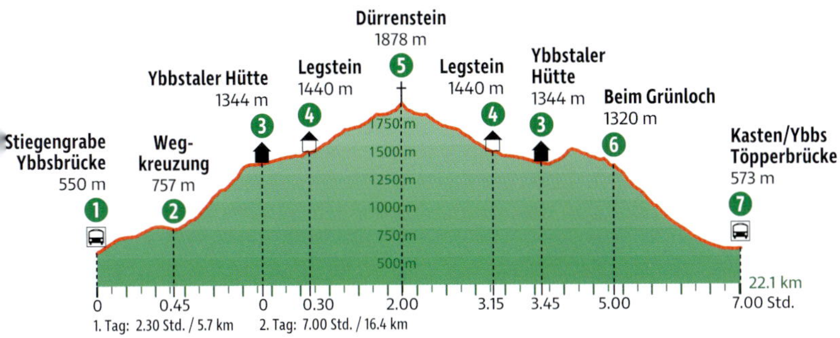

47 Hochschwab, 2277 m

Von Eisenerz nach Seewiesen

TOP | 2–3 Tage | 43,0 km | ↗ 2460 m | ↘ 2180 m

Großzügige West-Ost-Überschreitung des Hochschwab-Gebirges

Der Hochschwab ist ein Plateaugebirge im Herzen der Obersteiermark, das sich in Ost-West-Richtung vom Seebergsattel bis zum Ennstal erstreckt. Im Süden wird es von der Mur-Mürz-Furche, im Norden vom Salzatal begrenzt. Die Durchquerung des Hochschwab ist eine der großen alpinen Unternehmungen in den östlichen Ostalpen. Zwei Tage sind für diese Königstour auf jeden Fall zu veranschlagen, noch besser ist es, sich drei Tage Zeit zu nehmen. Über den Leopoldsteiner See wandern wir in das bezaubernd schöne Fobis-Hochtal hinauf. Wir überschreiten das größte zusammenhängende Almgebiet der Steiermark, das von der Pfaffingalm im Westen bis zur Häuslalm im Osten reicht, und steigen ins hochalpine Ödland hinauf. Hier spüren wir die ganze Weite des Hochschwab-Gebirgsstocks. Die eindrucksvolle Rundsicht vom Hauptgipfel lädt zu längerem Verweilen ein. Das Schiestlhaus, die erste »Passivhaus-Schutzhütte« im hochalpinen Raum, ist unser nächstes Ziel. Beim Abstieg in die Obere Dullwitz haben wir die imposante Hochschwab-Südwand direkt im Blick. Über der neu errichteten Voisthaler Hütte ragen die bizarren Edelspitzen auf. Durch die Untere Dullwitz wandern wir ins Seetal hinunter und weiter nach Seewiesen. Von der Seeau bis zur Sonnschienhütte ist diese außerordentlich lohnende Tour recht einsam, danach werden wir deutlich mehr Wanderern begegnen, denn wir sind nun auf einigen der beliebtesten Hochschwab-Routen unterwegs.

Ausgangspunkt: Bushaltestelle Münichtal Schulen, 653 m.
Anfahrt: Auf der Südbahnstrecke nach Leoben, weiter mit Bus 820; an Sa/So/Fei auch auf der Westbahnstrecke nach Amstetten, von dort mit der Rudolfsbahn nach Hieflau, weiter mit Rufbus 920 (Anmeldung Tel. +43/664/332 86 10 oder +43/3848/3095). Zwei bis drei Früh- bzw. Vormittagsverbindungen. Dauer: 2.50–3.10 Std.
Endpunkt: Bushaltestelle Seewiesen Dullwitz, 930 m.
Rückfahrt: Bus 170/171 bzw. 173 nach Kapfenberg, weiter auf der Südbahnstrecke; auch über Mariazell: Bus 170/171 bzw. 173, dann Mariazellerbahn und Westbahnstrecke oder direkt mit Bus 169. Mehrere Verbindungen bis am Abend. Dauer: 3.10–3.25 Std.
Anforderungen: Konditionell sehr anspruchsvolle Tour. Keine Kletterstellen, dennoch nur für erfahrene Bergwanderer. Nur bei stabilem Wetter und guter Sicht.
Einkehr/Übernachtung: **Androthalm**, Mitte Juni–Mitte Sept., keine Nächtigung. – **Sonnschienhütte**, Anf. Mai–Mitte Sept. durchgehend bewirtschaftet, 15.9.–15.10. Jagdsperre, auch Jän.–März geöffnet (Mo Ruhetag), Tel. +43/664/199 22 08, alpenverein.at/sonnschienhuette; 22 B, 36 L. – **Sackwiesenalm**, Anf. Juni–Anf. Sept., Tel. +43/664/253 03 69; 14 L. – **Häuslalm**,

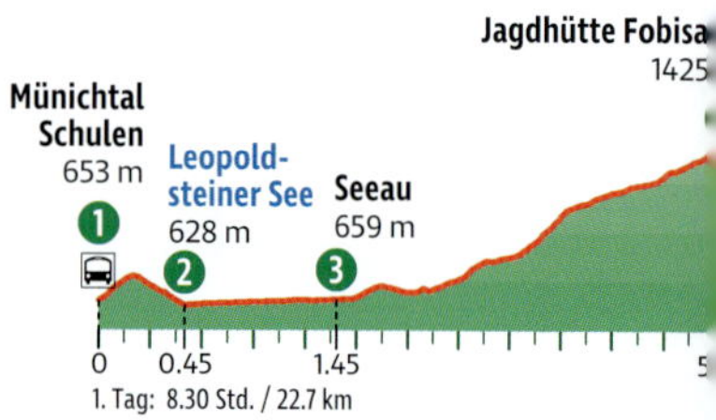

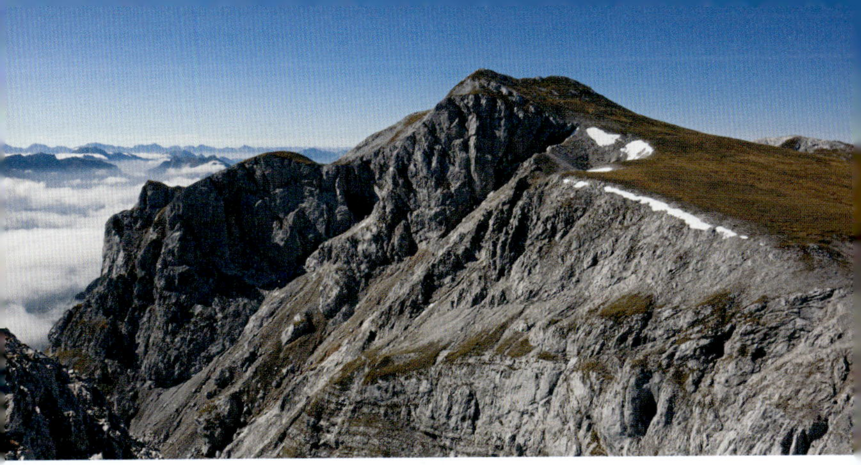

Zagelkogel, der zweithöchste Hochschwabgipfel.

Anf. Juni–Mitte Sept. durchgehend, Mitte Okt.–Ende Mai Do–So (Silvester bis 6.1. durchgehend), Tel. +43/650/781 20 18, haeuslalm.at; 4 B, 12 L. – **Schiestlhaus**, Mitte Mai–26.10., Tel. +43/699/10 81 21 99, schiestlhaus.at; 23 B, 76 L. – **Voisthaler Hütte**, 1.5.–26.10., Tel. +43/3861/24 184, alpenverein.at/voisthalerhuette; 48 B/L. – **Florlhütte**, Anf. Juli–Mitte Sept. fallweise geöffnet, Tel. +43/664/373 74 17; keine Nächtigung. – **Seeberghof** in Seewiesen.

Hinweis: Die Fleischer-Biwakschachtel westlich des Hochschwab-Hauptgipfels ist ein Notunterstand (keine Schlafplätze, keine Heizmöglichkeit).

Varianten: Aufteilung auf 3 Tage; erste Übernachtung in der Sonnschienhütte ❻, die zweite am Schiestlhaus ❿. – **Uferwanderung am Leopoldsteiner See:** Dazu starten wir – je nach Verbindung – von der Bushaltestelle Münichtal Abzw. Leopoldsteiner See (Bus/Rufbus 920) oder Münichtal Kaiserschildstraße (Bus 820), im letzteren Fall zuerst 500 m an der Bundesstraße Richtung Hieflau entlang zur Abzweigung Leopoldsteiner See. Auf einer steinernen Brücke über einen Bach und nun auf einem asphaltierten Fuß- und Fahrradweg neben der Straße, zum Schluss kurz auf der Straße in einem Rechtsbogen zum Leopoldsteiner See. Weiter geradeaus (Wegweiser »Sonnschienhütte«, rote Markierung) am südlichen Ufer entlang (alternativ auch am Nordufer) bis zur Hauptroute.

Tipp: Bei der Sonnschienhütte und bei der Häuslalm können wir die Überschreitung abbrechen und nach Tragöß-Oberort zur Bushaltestelle Grüner See absteigen.

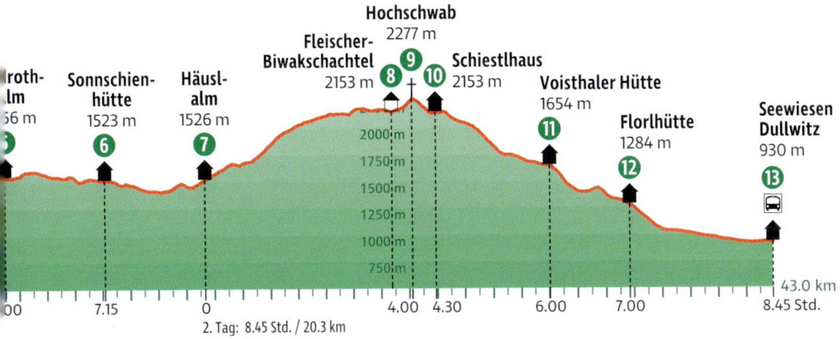

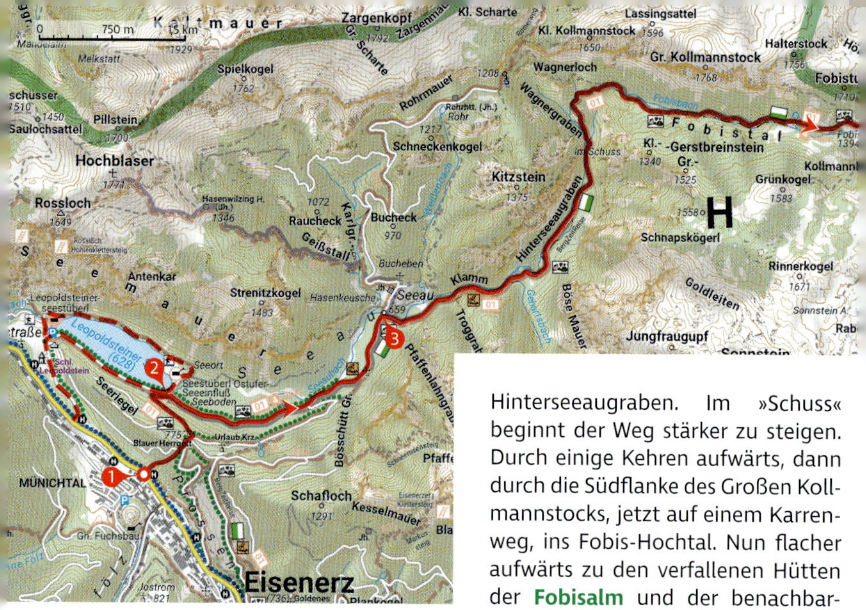

1. Tag:

Von der Bushaltestelle **Münichtal Schulen** ❶ auf einer Brücke über den Erzbach und zwischen den Häusern Hieflauer Straße 110 und 112 geradeaus auf einem Steig in den Wald hinauf. Zuerst in einem Graben, dann links davon aufwärts zum Blauen Herrgott (Wegkreuzung). Nun 50 m auf einem Forstweg Richtung Seeau, dann scharf nach links auf einen weiteren Forstweg, wenige Meter später aber halb rechts auf einen rot markierten Steig, der zum **Leopoldsteiner See** ❷ hinunterführt (Wegweiser, Weg 801). Auch die gesamte restliche Tour ist rot markiert und trägt die Wegnummer 801. Kurzer Abstecher zum Seeufer (oder zur nahen Jausenstation). Dann auf einem Güterweg zur **Seeau** ❸. Nach einem Wildzaun (Drehkreuz und Tür) auf einen Güterweg nach rechts (Wegweiser Sonnschienalm/Hochschwab) und oberhalb der Klamm in den waldreichen Hinterseeaugraben. Im »Schuss« beginnt der Weg stärker zu steigen. Durch einige Kehren aufwärts, dann durch die Südflanke des Großen Kollmannstocks, jetzt auf einem Karrenweg, ins Fobis-Hochtal. Nun flacher aufwärts zu den verfallenen Hütten der **Fobisalm** und der benachbarten **Jagdhütte** ❹. Hier erste Latschen. Bei der Jagdhütte (Brunnen) geradeaus Richtung Androth- und Sonnschienalm. Südlich am Großen Brandstein vorbei, über das Fobistörl und die Brandwiese, dann über das Androthtörl zur **Androthalm** ❺.
Hier halb links. In stetem Auf und Ab zwischen Androthkogel und Kulmwiese weiter, vom Weidegebiet der Androthalm in jenes der Sonnschienalm. Nach einem Abstieg in eine Mulde bei einer Wegkreuzung (Stoanbrunn) halb links Richtung »Sonnschien«. An einem Jagdhaus vorbei, nun wieder auf einem Güterweg, bei einer Wegverzweigung links zur **Sonnschienhütte** ❻.

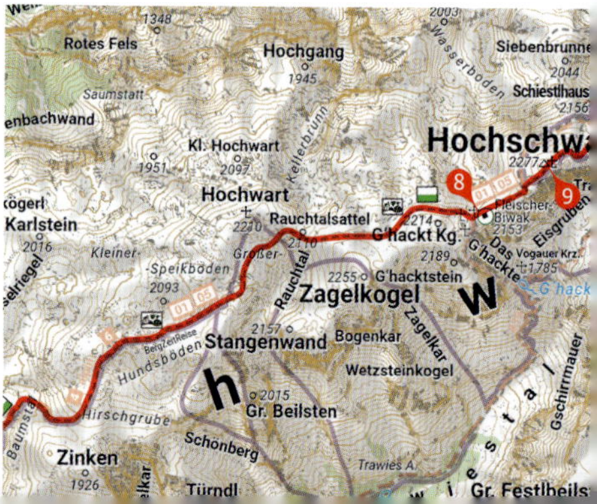

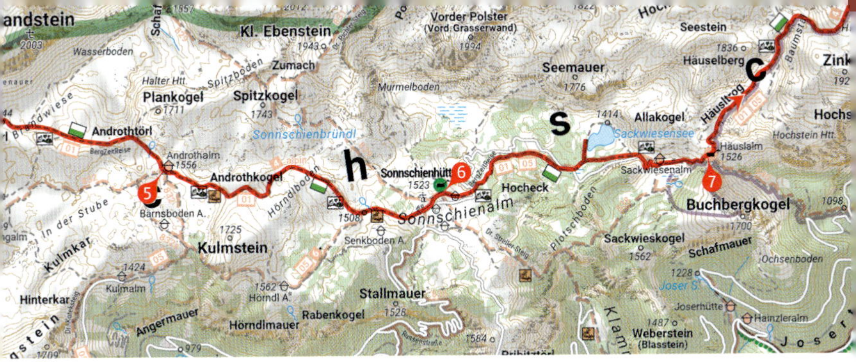

Weiter Richtung Hochschwabgipfel auf einem Almsteig, zuerst leicht fallend ins Filzmoos, dann ins Rotmoos. Hier kurz auf einem Güterweg, bald aber neuerlich auf einen Almsteig (Wegweiser »Sackwiesenalm«). Bei einer Weggabelung links zum **Sackwiesensee**. Wieder zurück zum Almsteig. Durch den Sackwald über einen Sattel (Fahrweg) zur Sackwiesenalm und auf einem Güter- bzw. Karrenweg, nun wieder ansteigend zur **Häuslalm** ❼.

2. Tag:

Von der **Häuslalm** ❼ weiter Richtung Hochschwabgipfel. Durch den latschenbewachsenen Häuseltrog hinauf, links am Baumstall (große Mulde) vorbei. Über die Hirschgrube hinauf zu den Speikböden, nun schon auf der Hochschwab-Hochfläche. Durch die Südflanke des Hochwart (hier kurz versichert), in den Rauchtalsattel hinunter, gleich aber wieder ansteigend, nördlich an Zagelkogel und Ghacktkogel vorbei in einen Sattel, in dem die **Fleischer-Biwakschachtel** ❽ steht. Von hier in knapp 30 Min. über den Westrücken zum Hauptgipfel des **Hochschwab** ❾ mit phänomenaler Rundsicht.

Abstieg nach Osten zum **Schiestlhaus** ❿; weiter Richtung Voisthaler Hütte. Bei einer Weggabelung rechts und in die Hintere Dullwitz hinunter, wo von rechts der Steig vom Trawiessattel einmündet. Nun leicht fallend bis zur **Voisthaler Hütte** ⓫. Unweit der Hütte zwei Quellen.

Durch die Voisthaler Gasse in die Untere Dullwitz hinunter, sodann kurze Gegensteigung zum Höllkampl (Franzosenkreuz). Dann wieder abwärts, an der **Florlhütte** ⓬ vorbei und über eine Lawinenbahn in den Wald. Ab dem Lettanger auf einem Güterweg durch das Seetal nach Seewiesen. Zuletzt nach rechts auf die Bundesstraße und zur nahen Bushaltestelle **Seewiesen Dullwitz** ⓭.

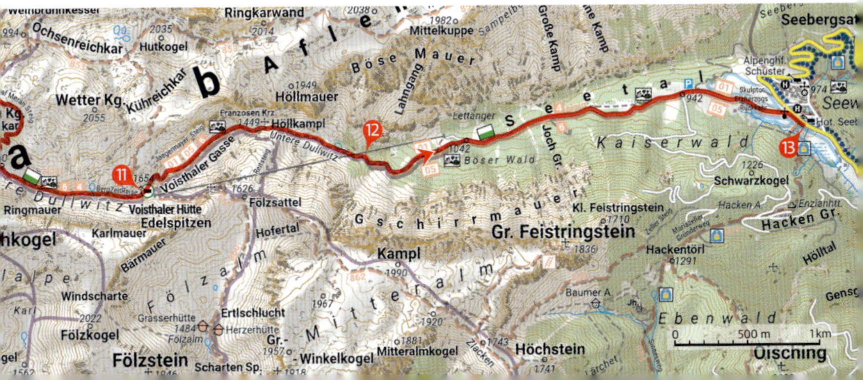

48 Aflenzer Staritzen, 2006 m / Mitteralm

Start am Seebergsattel, Ziel in Seewiesen

2 Tage | 25,3 km | ↗ 1620 m | ↘ 1940 m

Zwei-Tages-Tour im östlichen Hochschwabgebiet

Der östliche Hochschwab ist ein äußerst dankbares Tourengebiet, das zudem recht gut an das öffentliche Verkehrsnetz angebunden ist. Unsere Runde beginnt am Seebergsattel, von dem wir auf den Höhenzug der Aflenzer Staritzen aufsteigen. Am Gipfelkreuz der Seeleiten laden die Rosegger-Worte »Ein bisschen mehr Ruhe und weniger Streit, Ein bisschen mehr Güte und weniger Neid« zum Nachdenken ein. Über weitläufige Bergwiesen wandern wir nun in einigem Auf und Ab über die Staritzen, besuchen den Gipfel der Hochweichsel. Auf unserem weiteren Weg über die Staritzen dominieren Ringkamp und Hochschwab-Hauptgipfel zunehmend das Bild. Besonders packend sind die Tiefblicke in den faszinierenden Felskessel des Oberen Ringes. Auch der wild gezackte Höllkamp-Grat weiß zu begeistern. Über das Ochsenreichkar und das Kühreichkar steigen wir in die Obere Dullwitz ab und erreichen so die 2020/21 neu erbaute Voisthaler Hütte. Hier klingt unser erster Tourentag gemütlich aus. Am nächsten Morgen wandern wir unterhalb der Edelspitzen zum Fölzsattel und steigen zur Hochfläche der Mitteralm auf. Unser Weg führt über die sattgrünen Matten des Hochplateaus und dann in den Zlackensattel hinunter. Dieser Winkel des Hochschwab ist recht einsam, erst ab der Hackenalm treffen wir wieder auf einige Wanderer und Almgeher. Nun ist Seewiesen, der Endpunkt unserer Tour, nicht mehr weit. Besonders schön ist diese Tour im Herbst, solange die Voisthaler Hütte geöffnet ist und auf den Höhenzügen und in der Querung unterhalb der Edelspitzen noch kein Schnee liegt.

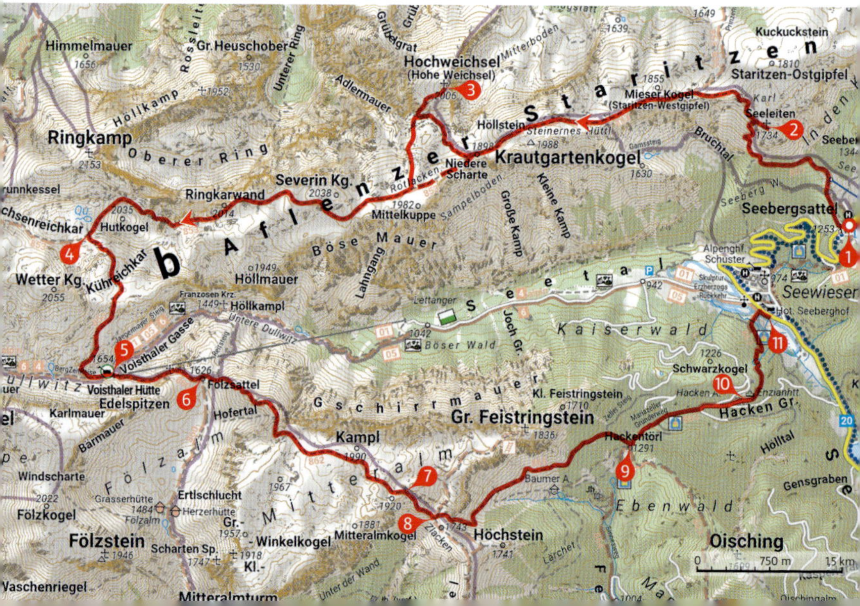

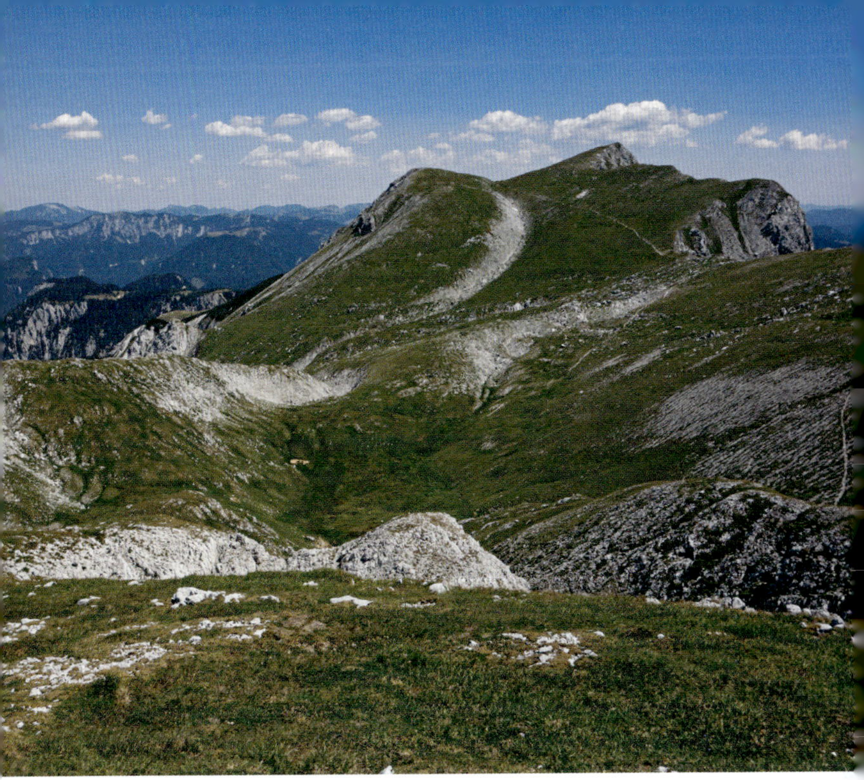

Auf den Aflenzer Staritzen.

Ausgangspunkt: Bushaltestelle Seeberg Passhöhe, 1246 m.
Anfahrt: Auf der Südbahnstrecke nach Kapfenberg, weiter mit Bus 170/171 bzw. 173. Eine Frühverbindung. Dauer: 3.05–3.10 Std.
Endpunkt: Bushaltestelle Seewiesen Dullwitz, 930 m.
Rückfahrt: Wie Tour 47.
Anforderungen: Eher lange Etappe am ersten, etwas kürzere am zweiten Tag. Gute Ausdauer erforderlich. Durchgehend Gehgelände, keine Kletterstellen. Nur bei stabilem Wetter unternehmen. Wetterstürze oder Nebel auf den Hochflächen können sehr gefährlich werden.
Einkehr/Übernachtung: Voisthaler Hütte, siehe Tour 47. – Seeberghof in Seewiesen.

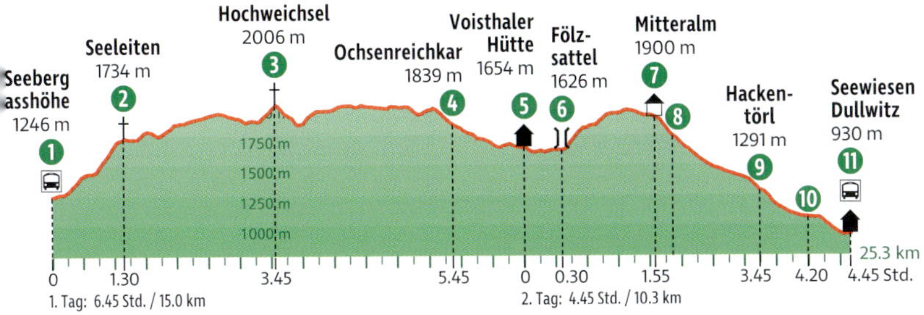

1. Tag:

Von der Bushaltestelle **Seeberg Passhöhe ❶** auf dem rot markierten Dr.-Ludwig-Wagner-Steig (Weg 855) zuerst durch Hochwald, dann über die Wiesen der Seebergalm aufwärts. Auf etwa 1400 m wieder in bewaldetes Gelände. Der Weg wendet sich nun nach links und quert in die Südflanke der Seeleiten. Nach einem längeren, fast ebenen Wegabschnitt beginnt unser Pfad wieder anzusteigen. Der Wald ist hier bereits latschendurchsetzt. Weiter oben über eine aussichtsreiche Bergwiese, dann wieder durch Latschengelände, schließlich neuerlich ein Wiesenabschnitt. An markanten Felsen vorbei weiter aufwärts und auf die Hochfläche. Hier kurzer Abstecher zum östlich (rechts) gelegenen Gipfel der **Seeleiten ❷**.

Es folgt die Höhenwanderung über die Staritzen. In mehrfachem Auf und Ab Richtung Westen, bei einer ersten Einsattelung mündet von rechts der Weg von der Graualm ein. Nach einem mittelsteilen Aufschwung weniger stark ansteigend zur Einsattelung zwischen Krautgartenkogel und Höllstein (»Steinernes Hüttl«; Flurname, kein Häuschen).

Halb rechts unser nächstes Gipfelziel, die Hochweichsel. Noch etwa 700 m auf dem Staritzen-Höhenweg, dann bei einer Wegkreuzung rechts auf den ebenfalls rot markierten Steig Richtung Hochweichsel (Niedere Scharte). Zum Südwestrücken und über Grasmatten die letzten 120 Hm auf den Gipfel der **Hochweichsel ❸**. Auch der Abstieg erfolgt über den Südwestrücken. Entweder auf dem Anstiegsweg zurück zum Staritzen-Höhenweg. Oder auf dem Rücken bis in eine Mulde hinab, dann über einen Rücken in südlicher Richtung zu den Rotlacken hinauf und zum Staritzen-Höhenweg. Diese Variante ist kürzer, allerdings weglos und unmarkiert.

Am Severinkogel und an der Ringkarwand vorbei bis in den Sattel zwischen dem Hutkogel und dem Südostrücken des Ringkamp. Nun auf schottrigem Steig ins Ochsenreichkar hinunter (Quelle ca. 150 m rechts des Weges). Bei der Wegkreuzung im **Ochsenreichkar ❹** nach links zur Voisthaler Hütte hinunter. Auf gutem Pfad ins Kühreichkar hinab, vor uns die eindrucksvollen Felstürme der Edelspitzen. Schon bald wird die Hütte sichtbar. Wir müssen aber noch durch zwei Karböden auf- und absteigen, bevor wir die Obere Dullwitz erreichen. Hier links auf den Weg, der vom Schiestlhaus herunterzieht, und in wenigen Minuten zur **Voisthaler Hütte ❺**, unserem Tagesziel.

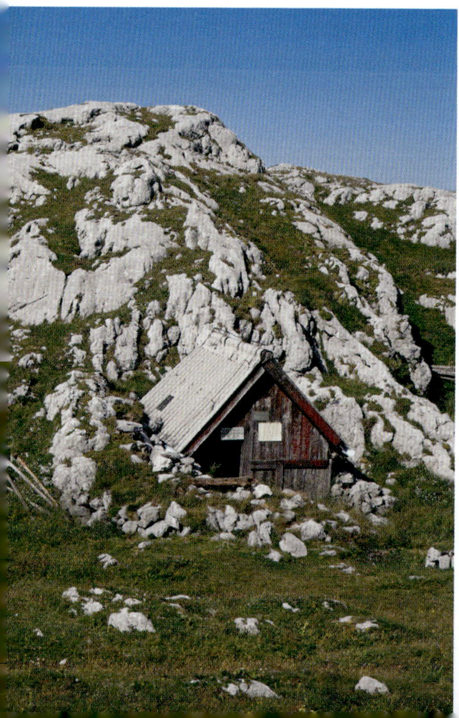

Unterstandshütte auf der Mitteralm.

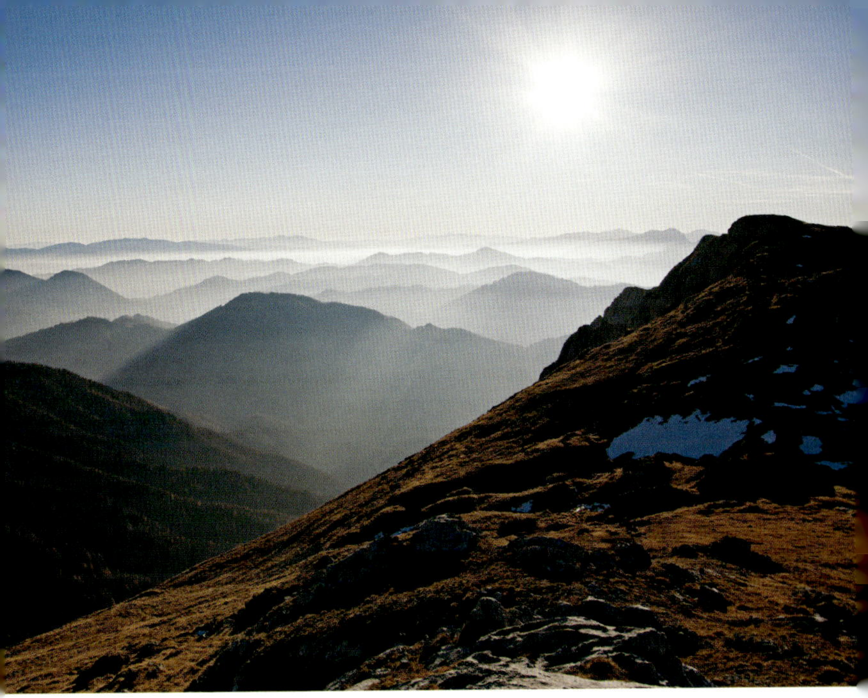

Hochschwab: Spätnachmittagsstimmung im November.

2. Tag:
Am nächsten Morgen von der **Voisthaler Hütte** ❺ in östlicher Richtung (Materialseilbahn) zuerst ab-, später wieder aufsteigend unter den Edelspitzen hinüber Richtung **Fölzsattel**. Schließlich auf die andere Bergseite und neuerlich fallend über Wiesen und Latschengassen in den **Sattel** ❻. Hier weiter Richtung Mitteralm/Hackentörl. Über einen schottrigen Rücken aufwärts, unterhalb eines großen Felskopfes in eine Einschartung (schöner Blick zum Hofertalturm).
Weiter zur Hochfläche der **Mitteralm**. Über satte Almwiesenböden zur **Unterstandshütte** ❼. Auf einem Rücken in den **Zlackensattel** ❽ hinunter, hier bei einer Wegkreuzung nach links Richtung Seewiesen. In einen Talboden, dort auf den Steig, der vom Endriegel herunterzieht. Auf diesem Steig weiter talwärts, durch die Südostflanke des Feistringsteinkammes ins **Hackentörl** ❾.
Über eine mit Laubbäumen bewachsene und von einigen Gräben durchzogene Flanke weiter Richtung Hackenalm. Im Hackengraben auf einem Forstweg talwärts. Bei einer Wegkreuzung der Markierung folgend auf die andere Grabenseite und nun auf einer Forststraße Richtung Hackenalm. Bei einer ersten Weggabelung rechts, bei einer zweiten links, zum relativ kleinen Almgelände der **Hackenalm** ❿.
Geradeaus auf einem Fahrweg in die Ostflanke des Schwarzkogels, schon bald aber auf einem alten Almsteig talwärts, zuerst durch dichten Nadelwald, weiter unten durch lockeren Mischwald. Auf einem hölzernen Steg über einen Bach und über eine Wiese zur Bundesstraße, hier rechts zur nahen Bushaltestelle **Seewiesen Dullwitz** ⓫.

49 Grete-Klinger-Steig, 2010 m

Von Vordernberg zum Präbichl

7.00 Std. | 12,2 km | ↗1420 m | ↘990 m

Hochalpine Überschreitung am östlichen Rand der Eisenerzer Alpen
Der Grete-Klinger-Steig über die Vordernberger Mauern begeistert als ebenso abwechslungsreiche wie anspruchsvolle Tour in einer landschaftlich besonders schönen Umgebung. Schon im ersten Teil der Tour genießen wir prächtige Ausblicke in die Eisenerzer Alpen, aber auch in den westlichen Hochschwab. Bald wird der Anstieg alpiner und unterstützt von Versicherungen steigen wir zum felsigen Fahnenköpfl, der südlichsten Erhebung im Kamm der Vordernberger Mauern auf. Hier beginnt der Grete-Klinger-Steig, der mit etlichen versicherten Passagen zumeist auf der Grathöhe über die Erhebungen der Vordernberger Mauern führt. Spektakuläre Tiefblicke hinunter zum fast 1000 m tiefer liegenden Vordernberg begleiten uns. Die Schlüsselstelle des Steiges kann großräumig in der Westflanke des Höhenzuges umgangen werden. Auf etwa 1900 m Höhe weicht der Fels hochalpinen Matten. Wir überschreiten nun den Vordernberger Zinken, einen wuchtigen Grasberg; vor uns die steile Südflanke des Eisenerzer Reichensteins. Beim Abstieg vom Rottörl zum Präbichl kontrastiert die finstere Nordostseite des Reichensteins mit dem Grün der Wiesen und Wälder rund um die Passhöhe und den dahinter aufragenden hellen Kalkgipfeln des westlichen Hochschwab.

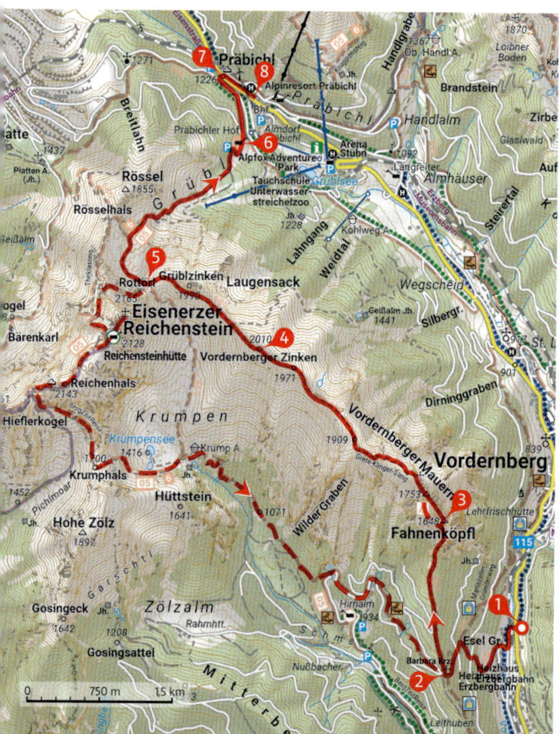

Ausgangspunkt: Bushaltestelle Vordernberg Böhlerstraße, 781 m.
Anfahrt: Auf der Südbahnstrecke nach Leoben, weiter mit Bus 820. Zwei Früh- bzw. Vormittagsverbindungen. Dauer: 2.30–2.40 Std.
Endpunkt: Bushaltestelle Präbichl Passhöhe, 1213 m.
Rückfahrt: Bus 820 nach Leoben, weiter auf der Südbahnstrecke. Mehrere Verbindungen am Nachmittag und am frühen Abend. Dauer: 2.45–3.00 Std.
Anforderungen: Im Anstieg zum Fahnenköpfl versicherte Stellen Schwierigkeitsgrad A/B. Am Grete-Klinger-Steig eine Stelle B/C (gut gesichert, aber sehr ausgesetzt), ansons-

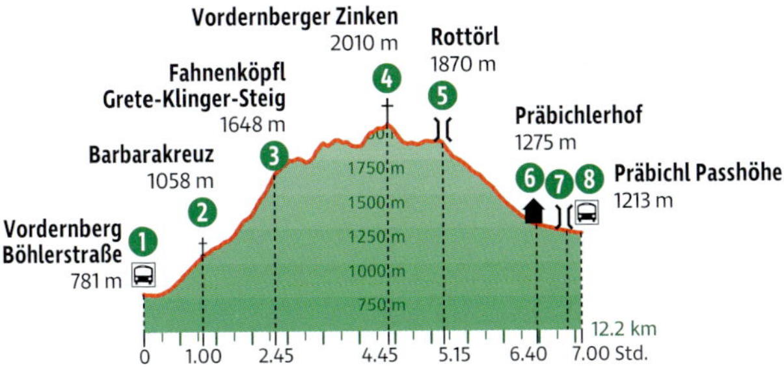

ten A/B. Bei westseitiger Umgehung der Schlüsselstelle nicht schwerer als A/B. Vollständige Klettersteigausrüstung am Grete-Klinger-Steig unumgänglich. Nur für wirklich Geübte!
Einkehr/Übernachtung: **Präbichlerhof**, Dez.–März Mo Ruhetag, Mai–Okt. Mo/Di Ruhetag, April und Nov. geschlossen, Tel. +43/3849/21 960, praebichlerhof.at; 55 B. – **Reichensteinhütte** (Variante), Ende Mai–Ende Okt., Tel. +43/664/983 61 64, alpenverein.at/reichensteinhuette; 20 B, 30 L. – **Hirnalm** (Variante), Ende Mai–Ende Okt., außer bei Schlechtwetter, Tel. +43/660/529 05 03; keine Nächtigung.
Variante: Zwei-Tages-Tour: Aufstieg vom Rottörl ❺ zur Reichensteinhütte (kurze felsige, versicherte Rinne), Übernachtung, Eisenerzer Reichenstein, Abstieg zum Präbichl (Rückfahrt wie Hauptroute) oder über Reichhals, Krumphals und Barbarakreuz ❷ nach Vordernberg Süd (Rückfahrt wie Anreise).
Tipp: Vom Präbichlerhof auch über den Bhf. Präbichl (Museumsbahn) zur Bushaltestelle Präbichl Passhöhe (nicht bezeichnet).

Von der Bushaltestelle **Vordernberg Böhlerstraße** ❶ folgend über einen Bahnübergang zum Radwerk XIV (ehemaliges Dampfmaschinen- und Gebläsehaus einer Eisenschmelzanlage), hier rechts auf einen Nebenast der Böhlerstraße (Wegweiser Richtung Eselsgraben und Barbarakreuz, nun rot markiert). Bei Haus Nr. 18 (Wegweiser) neuerlich rechts auf einen Steig, der sich nach wenigen Metern nach links wendet und über eine Wiese zum Wald hinaufzieht. Auf der Wiese Durchschlupf durch einen Zaun, dann eine Viehtränke, am Waldrand rechts entlang, noch ein Durchschlupf.
Im Wald weiter aufwärts, über eine Forststraße (Wegweiser) und auf etwa 960 m Höhe nach links auf einen Karrenweg. Noch zweimal über die Forststraße. Beim **Barbarakreuz** ❷ rechts und auf dem Rücken Richtung Norden (Wegweiser »Fahnenköpfl« und »Rottörl«). Auf etwa 1320 m zieht unser Steig in die Ostflanke des Fahnenköpfls. Es geht an einem Felsenloch vorbei, zum Teil steil und felsdurchsetzt, stellenweise drahtseilgesichert durch die Flanke aufwärts, kurz unterhalb des Fahnenköpfls wieder auf den Rücken und schließlich zum **Fahnenköpfl** ❸ hinauf.
Hier beginnt der **Grete-Klinger-Steig**. Dieser ist bestens versichert, aber dennoch anspruchsvoll, denn er ist teilweise sehr ausgesetzt. Dies gilt insbesondere für die etwa 10 m lange schmale Gratschneide und den darauf folgenden ca. 15 m hohen felsigen Steilaufschwung (Schlüsselstelle), wenige Gehminuten oberhalb des Fahnenköpfls.

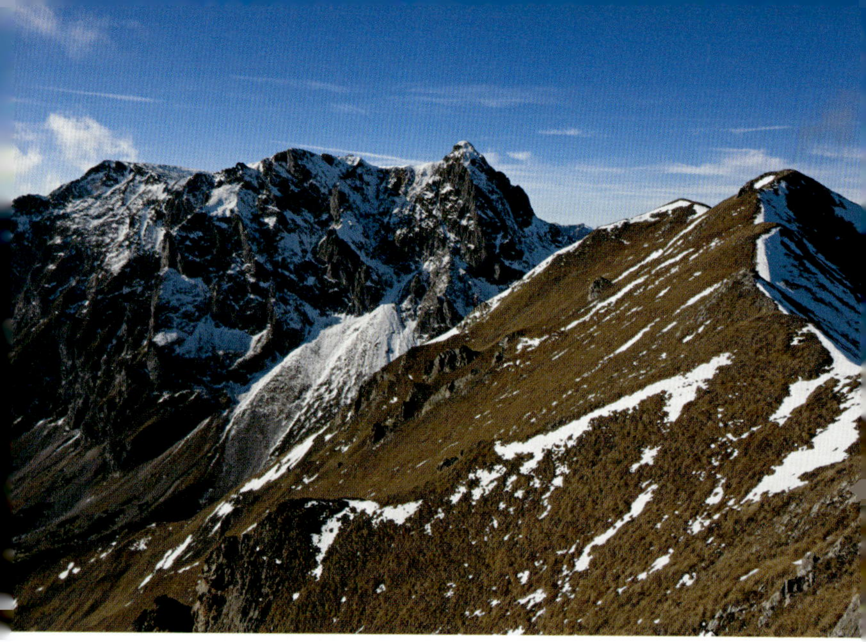

Am Weg zum Vordernberger Zinken, hinten der Eisenerzer Reichenstein.

Dieser schwierige Abschnitt kann – deutlich leichter – in der Westflanke des Fahnenköpfls umgangen werden. Dazu biegen wir, sobald wir den obersten Rücken des Fahnenköpfls erreicht haben, auf einen Pfad nach links ab (bald ein roter Punkt, dann gelb bezeichnet). Der Steig durch die Westflanke führt zuerst eben, dann fallend in einen seichten Graben. Über diesen in kleinen Serpentinen aufwärts, auf 1640 m in einer Latschengasse nach links (gelber Pfeil). Dann steil, aber nicht ausgesetzt zwischen Latschen und Kampfwald auf den Rücken der Vordernberger Mauern zum Grete-Klinger-Steig.

Insgesamt überwiegt im weiteren Wegverlauf Gehgelände, einige kurze Querungen und Aufschwünge sind versichert. Am **Lechnerkreuz** vorbei, wenig später unterhalb einer Erhebung im Grat, auf der ein Gipfelkreuz steht, weiter Richtung Nordwesten. Alternativ kann dieser Gipfel auch überschritten werden, indem wir uns durchgehend am Grat halten (Versicherungen). Von der letzten Erhebung der Vordernberger Mauern in einen ca. 1850 m hohen Sattel. Es folgt die Überschreitung des doppelgipfligen **Vordernberger Zinken** ❹. Nach dem neuerlichen Abstieg in eine Einsattelung in die Südwestflanke des Grüblzinken und weiter zum **Rottörl** ❺.

Hier rechts Richtung Präbichl (Wegweiser, Variante Reichensteinhütte geradeaus). Auf nach wie vor rot markiertem Weg in das vor uns liegende Kar hinab; eine weitere Abzweigung zum Eisenerzer Reichenstein bleibt links liegen. Im unteren Wegabschnitt durch Lärchenbestände und Buschwerk ins Grübl, kurz über eine Skipiste, schließlich auf einem Forstweg zum Gasthaus **Präbichlerhof** ❻. Nun auf einem Fahrweg leicht fallend zur **Präbichl-Passhöhe** ❼. Auf der Bundesstraße rechts in einigen Minuten zur Bushaltestelle **Passhöhe** am **Präbichl** ❽.

Hochtor, 2370 m, und Planspitze, 2117 m

Zwei-Tages-Tour im Herzen des Gesäuses

50

2 Tage | 17,1 km | ↗1980 m | ↘2270 m

TOP

Hochalpine Überschreitung der Hochtorgruppe

Mächtige, oft senkrechte Wände, stolze Felsgipfel, die den Talboden um bis zu 1800 Meter überragen, unberührte Wälder, naturbelassene oder renaturierte Bach- und Flussläufe, unberührtes Ödland – all dies macht den speziellen Reiz des Gesäuses aus. Dieses wilde Bergland, das jedes Bergsteigerherz höherschlagen lässt, verdankt seinen Namen dem Sausen und Brausen des Wildwassers im tief eingeschnittenen Durchbruchstal der Enns zwischen Admont und Hieflau. Seit 2002 ist ein großer Teil dieser Landschaft im Nationalpark Gesäuse zusammengefasst. Die hier vorgestellte Bergtour führt uns in die Hochtorgruppe und ist die anspruchsvollste Unternehmung in diesem Buch. Wir überschreiten das Hochtor, die höchste Erhebung des Gesäuses, und die benachbarte Planspitze. Die An- und Abstiege folgen klassischen Routen, die großteils bereits im späten 19. Jh. angelegt wurden. Quartier beziehen wir auf der gut geführten Hesshütte, die nach dem bedeutendsten Erschließer der Gesäuseberge benannt ist. Atemberaubend sind die Tiefblicke in die vor uns abbrechenden Nordwände der Hochtorgruppe und hinunter ins Ennstal. Aber auch die Fernsicht fesselt: Vom Hochtor sehen wir die Julischen Alpen, die Glocknergruppe, einen Teil der östlichen Zillertaler Alpen (mit der Reichenspitze), den Grimming, den Dachstein und etliche prominente Gipfel der Berchtesgadener Alpen.

Im Johnsbachtal.

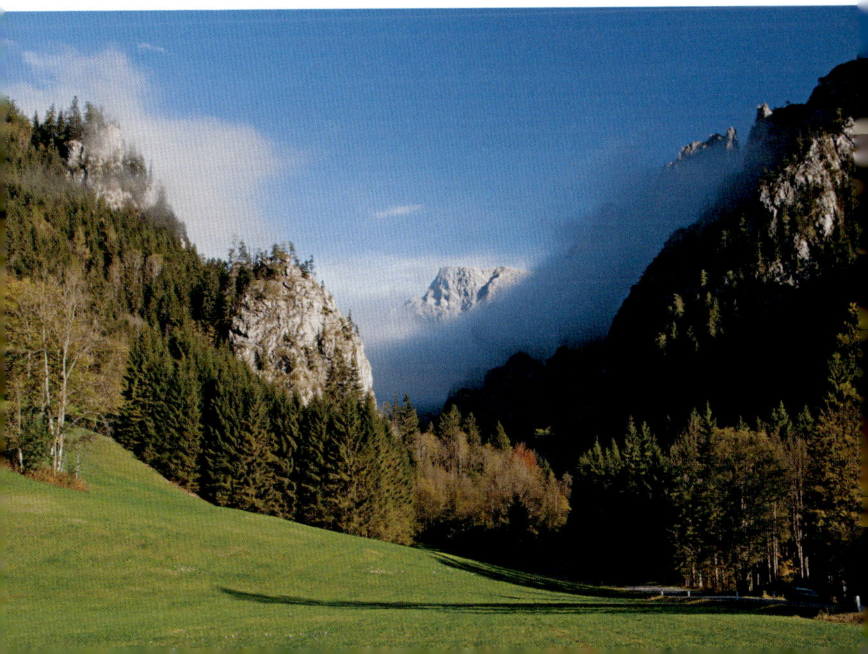

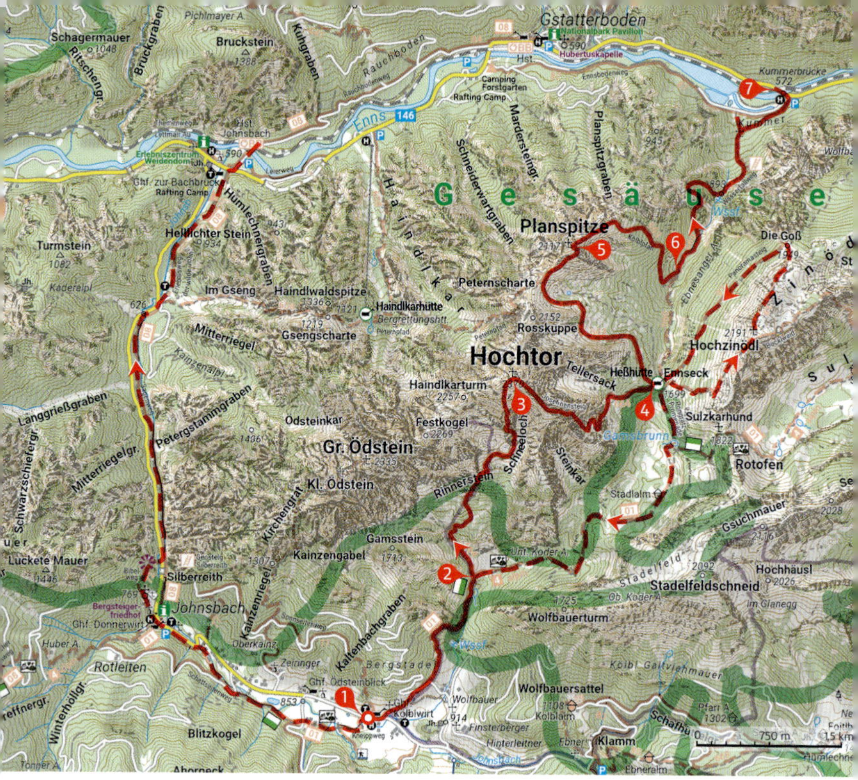

Ausgangspunkt: Sammeltaxi-Haltepunkt Johnsbach Kölblwirt, 865 m.
Anfahrt: Sa/So/Fei auf der Westbahnstrecke nach Amstetten, dann mit der Rudolfsbahn zum Bhf. Johnsbach, weiter mit dem Gesäuse-Sammeltaxi nach Johnsbach Kölblwirt (oder zu Fuß auf dem Sagenweg/Erlebnisweg »Der wilde John«, dann über die Schattseite, Gehzeit 2.15 Std. bis Kölblwirt). Mo–Fr auf der Südbahnstrecke nach Leoben, weiter mit der Ennstalbahn nach Liezen, von dort mit Bus 910 bis Gesäuse Bachbrücke/Weidendom, dann Sammeltaxi (oder zu Fuß). Außerdem auf der Westbahnstrecke nach Linz, von dort mit der Pyhrnbahn nach Ardning, weiter mit Bus 910 oder mit der Rudolfsbahn nach Kleinreifling oder Weißenbach-St. Gallen, weiter mit Bus 912, jeweils nach Bachbrücke/Weidendom, dann Sammeltaxi (oder zu Fuß). Eine Früh- bzw. Vormittagsverbindung. Dauer der Anfahrt: 2.50–4.15 Std.

Endpunkt: Bushaltestelle Gstatterboden Kummerbrücke (Haltestelle in Richtung Hieflau am westlichen Ende der Brücke), 572 m.
Rückfahrt: Sa/So/Fei mit Bus 912 nach Gstatterboden oder Hieflau, dann mit der Rudolfsbahn nach Amstetten, weiter auf der Westbahnstrecke. Mo–Fr, entsprechend den Anreiserouten, über Ardning und Linz bzw. über Liezen und Leoben bzw. über Weißenbach-St. Gallen und Amstetten. Mehrere Verbindungen bis am Abend. Dauer: 2.50–4.15 Std.
Anforderungen: Zwei längere, anstrengende Tagesetappen. Trittsicherheit und Schwindelfreiheit unabdingbar (versicherte, aber ausgesetzte Passagen im Abstieg, vor allem unterhalb der Planspitze und am Wasserfallweg). Kurze Kletterstellen I. Für den Abstieg von der Planspitze Richtung Kölblplan/Ebnesanger sowie für den Wasserfallweg (Klettersteig A/B) Klettersteigset und Helm sehr ratsam. Nur bei trocke-

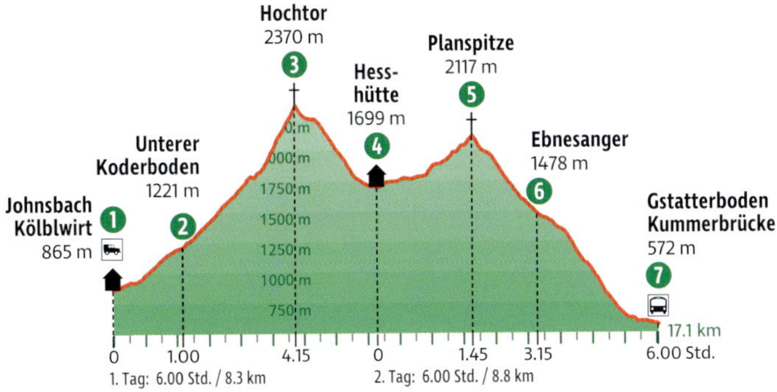

nem, sicherem Wetter und guter Sicht. Nach Regenfällen bzw. im Herbst kann der Abstieg über den Wasserfallweg erschwert sein (Laub, nasse Wurzeln).

Einkehr/Übernachtung: **Hesshütte**, Ende Mai–letztes Oktober-Wochenende, Tel. +43/664/430 80 60, diehesshuette.at; 43 B, 85 L.

Varianten: Weniger anspruchsvoll als der Abstieg von der Planspitze zur Kummerbrücke ist der **Abstieg** über die Hesshütte **nach Johnsbach** (weiter zu den Bahn- und Bushaltestellen im Ennstal mit dem Gesäuse-Sammeltaxi oder zu Fuß). – Leicht und lohnend: Von der Hesshütte auf das **Hochzinödl**, Aufstieg (1.15 Std.) auf direktem Weg, Abstieg über die Gass und den Panoramaweg (1 Std.). – Die Tour kann auch **in umgekehrter Richtung** durchgeführt werden. Dies erleichtert den Aufstieg, dafür ist der Schneelochpfeiler im Abstieg zu begehen (oder: Abstieg vom Hochtor zur Hesshütte und weiter nach Johnsbach).

Tipp: Anreise bereits am Nachmittag des Vortages. Übernachtung in Johnsbach beim Kölblwirt. In Gegenrichtung in Gstatterboden auf dem Zeltplatz Forstgarten (40 L und eine Ferienwohnung mit 5 B; geöffnet Mai–Okt., Tel. +43/664/825 23 23).

Die freundliche Hesshütte lädt zum Verweilen ein.

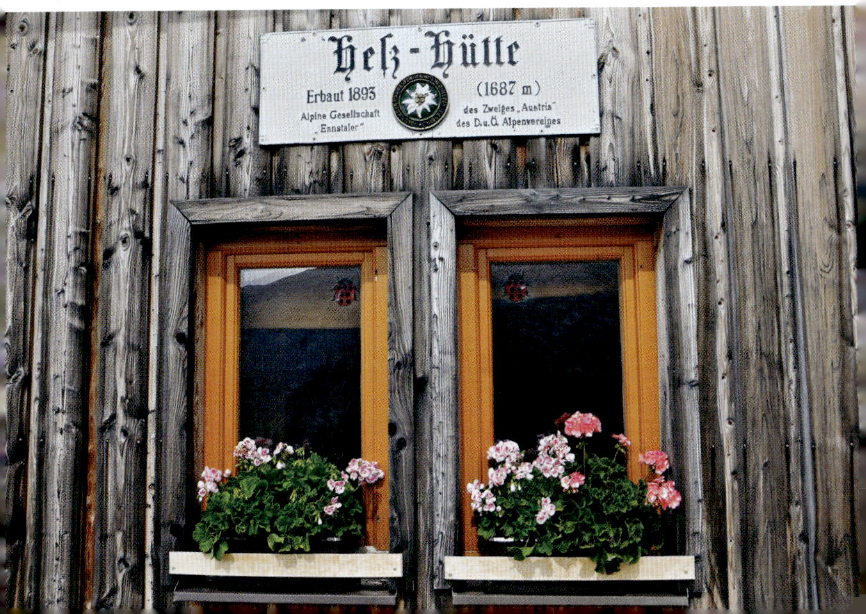

1. Tag:

Vom **Kölblwirt** ❶ auf der Johnsbacher Straße etwa 80 m taleinwärts zu einem Transformatortürmchen der Energie Steiermark. Hier links (rot markiert, Weg 601, Wegweiser) und auf einem Fahrweg durch eine Rechtskurve, neuerlich nach links Richtung »Hesshütte« und auf einem Fußweg entlang von Baumreihen aufwärts, dann auf eine Wiese hinaus. Kurz, ein wenig an Höhe verlierend, auf einem Güterweg, dann links auf einen Steig (Wegweiser, Durchschlupf). Über einen Bach und auf einer Wiese aufwärts in den Wald. Über einige Serpentinen, dann durch die bewaldete Flanke unterhalb der Mittermauer zum Unteren Koderboden (rechts Bach, letzter ergiebiger Wasserlauf am ersten Tag).

Im **Unteren Koderboden** ❷ bei einer Wegkreuzung leicht links auf Weg 664 weiter aufwärts (Wegweiser »Schneelochweg/Hochtor«; von rechts Einmündung des Abstiegsweges von der Hesshütte). Über ein buschbestandenes Kar Richtung Nordosten, bei einer Wegkreuzung rechts. Kurz durch den Wald, dann durch den Latschengürtel und weiter über Schotterhalden und Karrenfelder. Unter dem imposanten Schneekarturm weiter in nordöstlicher Richtung aufwärts. Am Rand einer Karstmulde kurz nach rechts absteigend. Dann in einem Linksbogen zum Fuß des **Schneelochpfeilers** (rechts davon das Schneeloch); dabei ist über eine etwa 2 m hohe tritt- und griffarme Felsstufe abzuklettern (kann rechts im Schutt umgangen werden). Aufstieg über den gebänderten Pfeiler, fast in Falllinie Richtung Hochtorgipfel hinauf, größtenteils Gehgelände, unterbrochen von kurzen, leichten Kletterstellen. Im mittleren Teil wird ein Riss über einen Klemmblock gequert. Weiter oben, ab etwa 2100 m, legt sich das Gelände etwas zurück. Nun durch die Hochtor-Südflanke weiter aufwärts zum Verbindungsgrat zwischen Hochtor und Ödstein und über den obersten Südwestgrat des Hochtors bzw. rechts davon in der obersten Flanke (kurze Kletterstelle I) zum Gipfel des **Hochtors** ❸.

Abstieg zur Hesshütte über den **Josefinensteig** (weiterhin Weg 664). Zuerst durch die Hochtor-Südflanke nach Südosten hinab, dann durch die Südwestflanke des Guglgrates. Über Bänder (kurze Seilsicherungen) in leichtem Auf und Ab durch die Flanke, schließlich über den Guglgrat in die östliche Bergflanke (2225 m). Nun über felsige Rinnen und Bänder – immer wieder auf gesicherten Passagen – Richtung Hesshütte hinunter. Ab 2050 m Höhe werden die versicherten Stellen seltener. Auf 1800 m Höhe endet das Felsgelände. Über eine Schotterhalde, dann über krummholzdurchsetzte Bergwiesen und kurze Latschengassen zur **Hesshütte** ❹.

2. Tag:

Am nächsten Tag von der **Hesshütte** ❹ auf ebenfalls rot markiertem Weg 663 über das Rosskar und das Seekar Richtung Planspitze. Eindrucksvolle Blicke zu Rossschweif, Dachl und Rosskuppe begleiten uns auf unserem Weg, der einige Fels- und Geröllpassagen aufweist, aber dennoch gut zu gehen ist. Auf etwa 1940 m mündet von links der von der Haindlkarhütte heraufführende Peternpfad ein. Hier geradeaus weiter aufwärts durch die grasige, von kleinen Felsbändern durchzogene Südflanke der **Planspitze** bis auf deren obersten Nordostrücken und von hier zum bereits nahen **Gipfel** ❺.

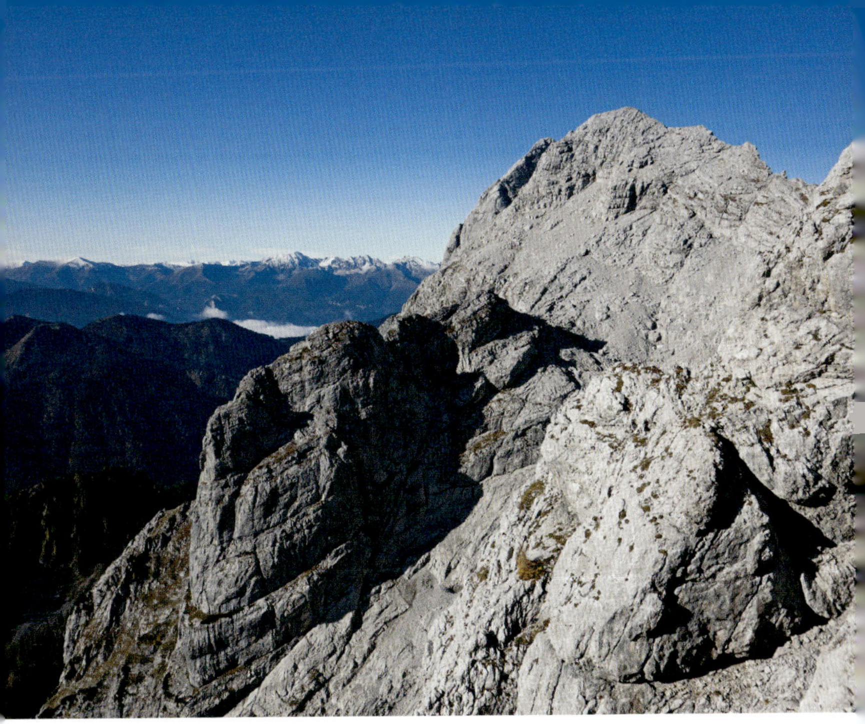

Hochalpine Felsszenerie: Großer Ödstein.

Abstieg (ebenfalls Weg 663, rot markiert) Richtung Kölblplan und Ebnesanger (auch: Ebersanger). Zuerst auf dem Nordostrücken der Planspitze abwärts, dann technisch zwar nicht sonderlich schwierig, aber ausgesetzt durch steiles Schrofengelände (mehrere versicherte Passagen) abwärts ins oberste **Sonntagskar**, nun über eine anfangs etwas heikle, dann deutlich leichtere Querung hinüber zu den Bergwiesen der **Kölblplan**. Über hochalpine Matten, durch Latschenfelder und Bergwald, weiter unten noch einmal durch Latschengebiet zur Wegkreuzung **Ebnesanger** ❻, wo von rechts der direkte Abstiegsweg von der Hesshütte einmündet.

Hier links (Wegweiser, Weg 660). Zuerst über den ehemaligen Almboden, dann durch Wald (Bach) hinunter zum Beginn der versicherten Stellen des **Wasserfallweges**, der über eine mächtige Steilstufe ins Ennstal hinunterführt. Auf Rampen, durch Rinnen und über Bänder – zum Teil recht ausgesetzt, eine Stelle auch abdrängend – auf Leitern und in den Fels gehauenen Stufen talwärts. Drahtseilversicherungen und Haltegriffe erleichtern den Abstieg. Über die **Emesruh** und die **Kanzel** erreichen wir wieder Gehgelände (weiter unten eine letzte Leiter). Unterhalb einer mächtigen Felswand zum Wasserfall, der namensgebend für den Steig war, und weiter durch das Kummer und den untersten Kummerwald – hier noch eine etwa 15-minütige, stellenweise recht wurzelige Querung mit einigen kurzen Gegensteigungen – zur **Kummerbrücke** ❼ und der dortigen Bushaltestelle (Richtung Hieflau am westlichen Ende der Brücke).

51 Großer Buchstein, 2224 m
Von Gstatterboden

2 Tage | 18,1 km | ↗ 1720 m | ↘ 1720 m

Südseitiger Anstieg auf einen Hauptgipfel des Gesäuses

Der Weg zum Buchsteinhaus gilt angesichts seiner angenehm trassierten Kehren, der intakten Natur und der ansprechenden Blicke auf die benachbarten Gesäuseberge als einer der schönsten Hüttenwege im Gesäuse. Das vor einigen Jahren neu errichtete Buchsteinhaus ist eine moderne und komfortable Berghütte, die seit 2022 mit dem österreichischen Umweltzeichen zertifiziert ist. Da der Gipfel des Großen Buchsteins mehr als 1600 Meter über das Ennstal aufragt, aber auch wegen des besonderen Erlebniswertes empfiehlt es sich, hier zu nächtigen. Denn dem bekannten Bergbuchautor Adolf Mokrejs ist voll und ganz beizupflichten, wenn er schreibt: »Besonders im Licht der Nachmittagssonne zählt der Logenblick auf Hochtor- und Reichensteingruppe zu den großartigsten Szenerien im östlichen Alpenraum.« Auf den Großen Buchstein führt kein leichter Weg. Klettersteigfreunde wählen für den Aufstieg den spektakulären Südwandband-Klettersteig (auch »Pfannl-Maischberger-Steig« genannt), der zwar technisch nur mäßig schwierig, jedoch sehr ausgesetzt durch die Südwand des Großen Buchsteins führt. Aber auch der Normalweg durch die Westschlucht weist Kletterstellen im ersten Schwierigkeitsgrad auf. Im Gipfelbereich erwartet uns ein eindrucksvolles Karst-Hochplateau. Die Fernsicht vom Großen Buchstein reicht bis zu Dachstein, Watzmann und Glocknergruppe im Westen, zum Triglav im Süden und zum Böhmerwald im Norden. Die tiefen Eindrücke, die wir von dieser alpinen Top-Tour mitnehmen, werden uns noch lange begleiten.

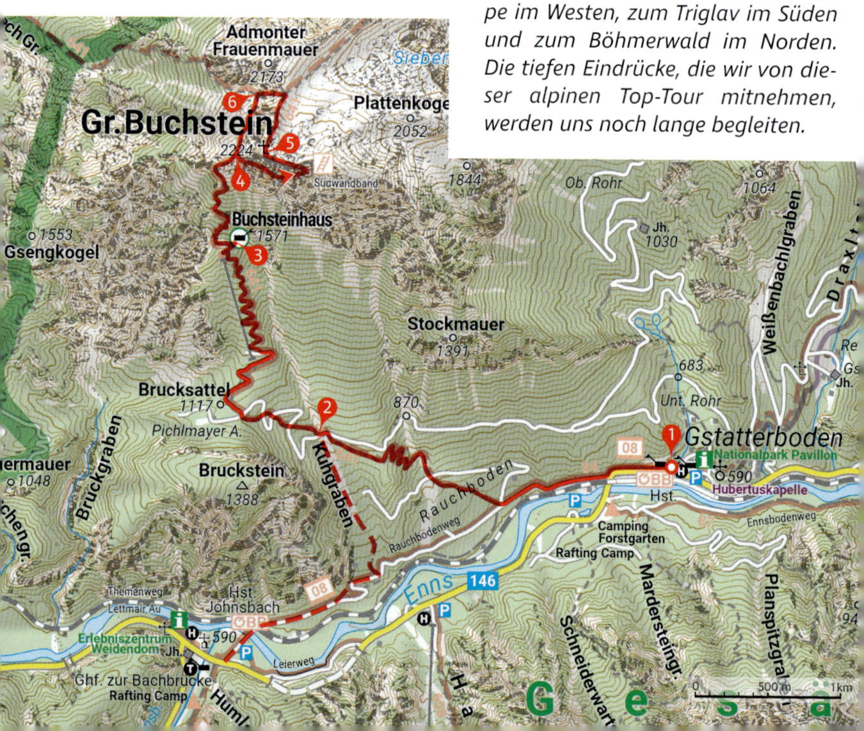

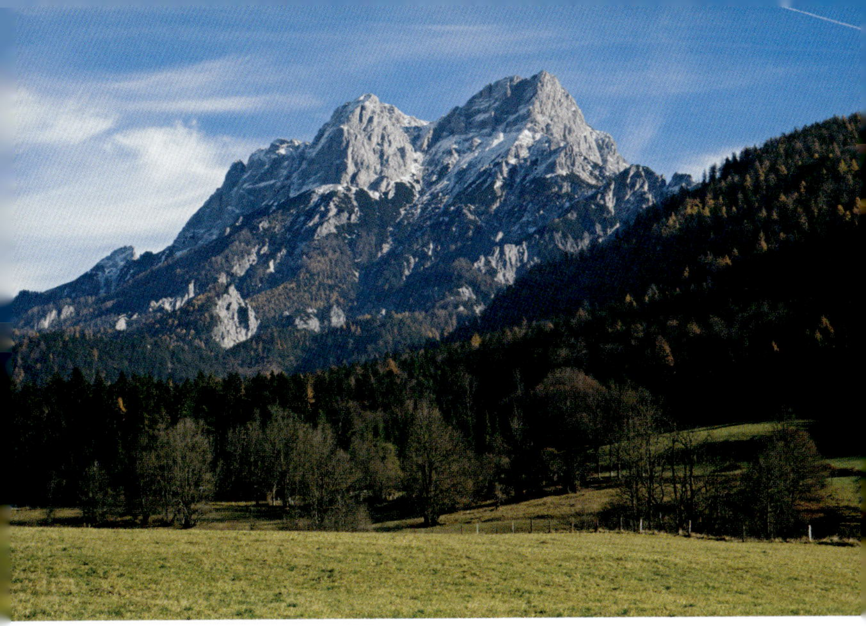

Großer Buchstein, vom Buchauer Sattel aus gesehen.

Ausgangs- und Endpunkt: Gstatterboden im Nationalpark, 577 m.
Anfahrt: Sa/So/Fei auf der Westbahnstrecke nach Amstetten, weiter mit der Rudolfsbahn; Mo–Fr auf der Südbahnstrecke nach Leoben, weiter mit der Ennstalbahn nach Liezen, von dort mit Bus 910; außerdem auf der Westbahnstrecke nach Linz, dann mit der Pyhrnbahn nach Ardning, weiter mit Bus 910 oder mit der Rudolfsbahn nach Kleinreifling oder Weißenbach-St. Gallen, weiter mit Bus 912. Eine Früh- bzw. Vormittagsverbindung. Dauer: 2.30–3.50 Std.
Rückfahrt: Auf den Anreiserouten. Mehrere Verbindungen bis am Abend. Dauer: 2.30–4.00 Std.
Anforderungen: Eine kürzere und eine längere Tagesetappe. Trittsicherheit, Schwindelfreiheit, alpine Erfahrung und gute Ausdauer unabdingbar. Normalweg: stellenweise versichert, Kletterstellen im ersten Schwierigkeitsgrad, Helm ratsam (Steinschlaggefahr). Südwandband-Klettersteig Schwierigkeitsstufe B, Klettersteigset und Helm erforderlich, Kletterfertigkeit nötig, nur bei trockenem und stabilem Wetter, an heißen Tagen angesichts der großteils südseitigen Ausrichtung nicht ratsam. Vorsicht am Beginn der Wandersaison bei Altschneeresten in der Westflanke!
Einkehr/Übernachtung: **Buchsteinhaus**, Mitte Mai–26.10. (je nach Schneelage), Tel. +43/6132/269 91 320, buchsteinhaus.naturfreunde.at; 50 L.
Varianten: **Aufstieg** wie Abstieg **über die Westschlucht** (Normalweg) statt über den Klettersteig. – **Abstieg** zur Bahnhaltestelle **Johnsbach** bzw. nach **Bachbrücke/Weidendom**: Auf 944 m Höhe vor dem Abweisdamm ❷ rechts und nun westlich (rechts) des Kühgrabens auf gut erkennbarem Steig (Steinmänner, alte blaue Markierungen) hinunter zum Rauchbodenweg, hier rechts. Auf einem blau markierten Steig, der bald links abzweigt, schneiden wir zwei Kehren des Rauchbodenweges ab und erreichen die Bahnhaltestelle Johnsbach. Zur Bushaltestelle auf einem Steg über die Enns, nun geradeaus, dann rechts (Wegweiser) zum Weidendom.
Tipp: Abstieg von der Westschlucht auch in die Buchau möglich, zu den Bushaltestellen Buchau Forsthaus oder Eisenzieher (jeweils Bus 910).

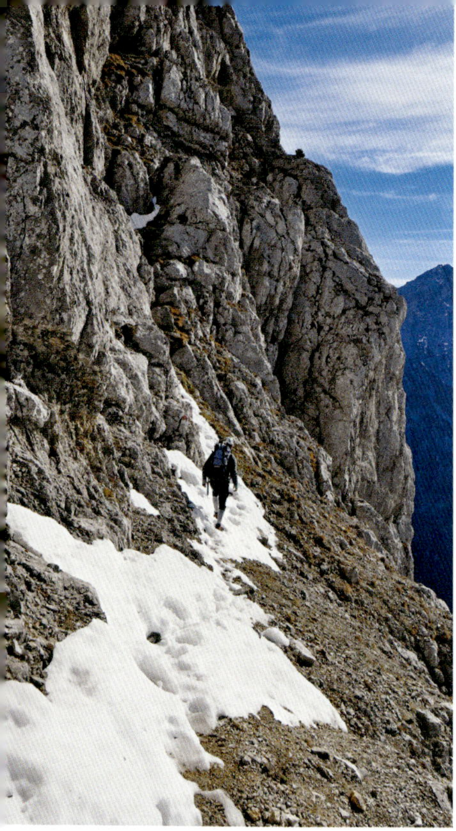

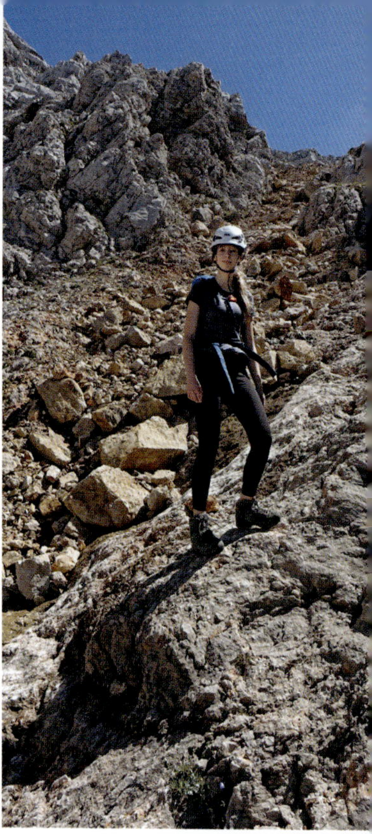

Foto links: Leichtere Passage am Südwandband-Klettersteig. – Rechts: Abstieg durch die Westschlucht.

1. Tag:

Vom Bahnhof **Gstatterboden im Nationalpark ①** neben der Gesäuse-Bundesstraße 350 m Richtung Admont. Wo sich die Straße nach links und über die Enns wendet, weiter geradeaus auf dem rot markierten Rauchbodenweg (Fahrweg, Wegweiser Richtung Großer Buchstein und Buchsteinhaus, Weg 608). Bei einer Wegkreuzung (zwei große Info-Tafeln) rechts auf einen Forstweg (Wegweiser, Weg 641), aber schon nach 30 m (Markierung) auf einen Steig, der in weiterer Folge den Rotgraben quert und eine Halbhöhle passiert. Über mehrere Serpentinen auf den Gerstriedl und nun durch eine bewaldete Flanke weiter aufwärts. Unmittelbar vor dem **Kühgraben ②** auf eine Forststraße.

Über den Graben (Abweisdamm) und dann, den Markierungen folgend, rechts in den Wald hinauf zum Brucksattel, mehrfach die Forststraße querend; zweimal folgen wir ihr auch kurz. Die Talstation der Materialseilbahn des Buchsteinhauses bleibt links liegen. Über etliche lang gezogene Kehren in moderater Steigung zum **Buchsteinhaus ③**.

2. Tag:

Am nächsten Morgen vom **Buchsteinhaus ③** auf einem rot markierten Steig (Weg 641) an der Bergstation der Materialseilbahn vorbei und in der Südflanke des Großen Buchsteins bergwärts, zuerst durch den mit Wiesen durchsetzten Latschengürtel, der bis etwa 1850 m Höhe reicht. Bei einem Felsturm wechselt der Steig in die Südwestflanke und erreicht schließlich über die Westgratschulter den Buchstein-Gipfelaufbau. Hier eine **Weggabelung ❹**: Der linke Weg quert in die Westflanke des Großen Buchsteins, um schließlich über die Schlucht die Hochfläche des Buchsteinmassivs zu erreichen. Dies ist der Normalweg, auf dem wir später absteigen werden. Für den Aufstieg empfiehlt sich dieser Weg für jene, die den Südwandband-Klettersteig nicht in Angriff nehmen wollen.

Klettersteiggeher hingegen zweigen hier rechts ab. Der Klettersteig führt großteils auf einem Band durch die Südwand des Großen Buchsteins – daher **»Südwandband-Klettersteig«** – und ist großteils stahlseilversichert, es gibt jedoch keine Bügel und Stifte. Über eine Rinne auf das anfangs plattige, später stellenweise auch riss- und rinnenartige Band. Im Mittelteil ein kurzer, steiler Abstieg, zwischendurch immer wieder auch Gehgelände. Einige schmale bzw. etwas abdrängende Stellen erfordern – wie auch einige Steilstufen – Klettergeschick und etwas Armkraft. Schließlich legt sich das Gelände zurück, und der Steig gewinnt die Hochfläche in einer Einsattelung zwischen dem Gipfel des Großen Buchsteins und den weiter östlich liegenden Drei Schneiden. Vom Ausstieg noch einige Minuten am Rand der Hochfläche zum nahen Gipfelkreuz des **Großen Buchsteins ❺**.

Der ebenfalls rot markierte Abstiegsweg verläuft zuerst Richtung Nordnordosten über felsiges, aber gut gestuftes, unschwieriges Gelände, dann über einen Rasenhang in den **Buchsteinsattel** (auch: Westschluchtsattel) hinunter. Direkt vor uns die Admonter Frauenmauer, die einen Abstecher lohnt. Aus dem Sattel nach links in die Westschlucht, auf einem steilen, abschnittsweise gerölligen Steig abwärts. Einige versicherte Passagen sowie kurze, mäßig ausgesetzte Kletterstellen über Schrofen und Plattenzonen im ersten Schwierigkeitsgrad.

Bei einer Wegkreuzung am unteren Ende der **Westschlucht ❻** links (in Richtung Buchsteinhaus) und nun zuerst ansteigend, dann eben unterhalb der Westwand durch die Buchstein-Westflanke, bis wir wieder auf den Anstiegsweg treffen. Diesem folgen wir nun über das **Buchsteinhaus ❸** hinunter nach **Gstatterboden ❶**.

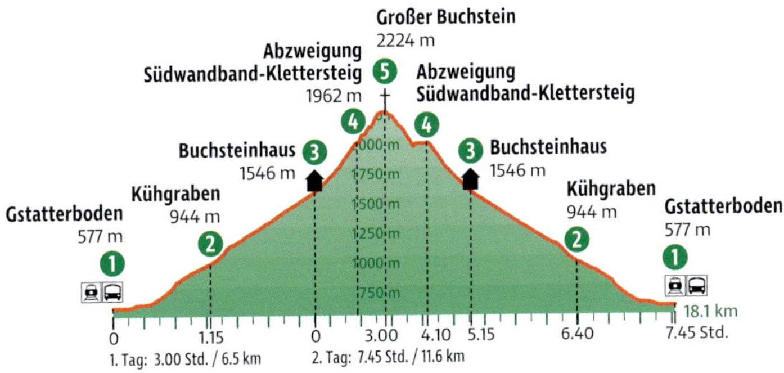

52 Hainburger Berge

Rundwanderung bei Hainburg an der Donau

6.00 Std. | 16,4 km | ↗800 m | ↘800 m

Braunsberg, Schlossberg und Hundsheimer Berg

Die Berge um Hainburg, die zu den Kleinen Karpaten gehören, überragen das Donautal nur um wenige Hundert Höhenmeter. Dennoch finden wir hier ein abwechslungsreiches Wandergebiet vor, das durch ein dichtes Wegenetz erschlossen ist. Im Nahbereich der Donau dominieren Aulandschaften, auf den Bergen pannonische Vegetation – Eichen-Hainbuchen-Wälder, Flaumeichen-Buschwald sowie Halbtrocken- und Trockenrasenflächen, auf denen vor allem im Frühling und im Sommer eine außergewöhnliche Vielfalt an Steppenblumen anzutreffen ist. Auch die Fauna ist überaus artenreich – so wurden hier weit über tausend Schmetterlingsarten nachgewiesen, mit Glück lassen sich Seeadler und Smaragdeidechsen beobachten. Vom Hundsheimer Berg, der höchsten Erhebung der Hainburger Berge, eröffnet sich ein tolles Panorama des östlichen Alpenrandes – vom Gschriebenstein über die Fischbacher Alpen bis zum Semmeringgebiet, von der Heukuppe über den Schneeberg bis zu Gippel und Göller. Von Braunsberg und Schlossberg beeindrucken hingegen vor allem die Blicke nach Hainburg und Bratislava. Dass wir hier in einer alten Kulturlandschaft unterwegs sind, wird nicht nur im historischen Ortskern von Hainburg greifbar, sondern auch auf der Heimoburg am Schlossberg und auf der Burgruine Röthelstein. Auf dem Braunsberg, der schon im dritten vorchristlichen Jahrtausend besiedelt war, wurde ein kleiner Teil des Keltenwalls rekonstruiert, der aus Erdwällen und einem Palisadenzaun mit Wachtürmen bestand.

Ausgangspunkt: Hainburg/Donau Personenbahnhof, 149 m.
Anfahrt: Mit der Schnellbahn S7 bzw. mit REX7; außerdem Busverbindungen. Ein bis drei Fahrten pro Stunde (Taktverkehr). Dauer: 0.55–1.10 Std.
Endpunkt: Bhf. Hainburg/Donau Kulturfabrik, 149 m.
Rückfahrt: Mit der Schnellbahn S7 bzw. mit REX7; außerdem Buskurse. Verbindungen bis am Abend, ein bis drei Fahrten pro Stunde (Taktverkehr). Dauer: wie Anfahrt.
Anforderungen: Leichte Wanderung. Bei Hochwasser ist der Weg am Donauufer möglicherweise nicht begehbar, steigen Sie in diesem Fall am besten von der Bahnhaltestelle Hainburg Ungartor auf den Braunsberg auf.
Einkehr: **Hundsheimer Hütte**, offener Unterstand, an Sonn- und Feiertagen bewartet. – Gasthöfe in **Hainburg**.
Varianten: Die drei Hainburger Berge lassen sich auch einzeln oder im Doppelpack ersteigen, Abstieg vom Schlossberg zum Personenbahnhof Hainburg/Donau, von hier auch Aufstieg zum Hundsheimer Berg.
Tipps: Von Hundsheim können wir auch zum Bhf. Bad Deutsch-Altenburg (S7 bzw. REX7), vom Pfaffenberg zur Haltestelle Hainburg/Donau Pfaffenbergweg (Bus 275 und 550) wandern und die Tour dort beenden. – Besuch der Ruinen der Römersiedlung Carnuntum und des Heidentors, von der Bahnhaltestelle Petronell-Carnuntum zu Fuß binnen 10–15 Min. erreichbar.

Tiefblick vom Hundsheimer Berg auf Hainburg an der Donau.

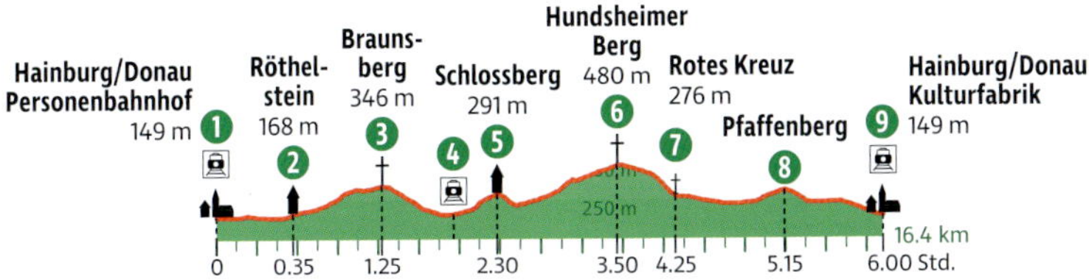

Vom Personenbahnhof **Hainburg/ Donau** ❶ über eine Stiege hinunter zur Donaulände und nach wenigen Metern unter dem Bahnkörper hindurch zur Donau. Am Ufer flussabwärts (Weg 907 bzw. 07, rot, auch blau-gelb markiert). Am Donaucafé und an der Stromaufsicht vorbei, durch zwei kurze Tunnels ins Augebiet. Links von unserem Steig befindet sich das Donauufer, rechts immer wieder die Felspartien der West- bzw. Nordwestflanke des Braunsbergs. Wir passieren den Platz, auf dem früher die Waldschenke stand, wenig später bei einer Weggabelung rechts haltend und auf einem Fahrweg leicht ansteigend zu der auf einem 30 m hohen Kalkfelsen thronenden **Ruine Röthelstein** ❷.

Von der Burg kurz nach links zur Maria-Lourdes-Grotte (Wegweiser), dort – einem kleinen Wegweiser Richtung »Braunsberg« folgend – scharf rechts. Nun über einen Waldsteig durch die Westflanke des Braunsbergs aufwärts, bald schon auf dem Güterweg, der direkt von der Burgruine heraufzieht. Wir überqueren die Braunsbergstraße nach links. Nun auf dem **Keltenweg** (auch Braunsbergrundweg) durch hohen Laubwald, später über Trockenrasenflächen aufwärts. Wir berühren noch einmal die Braunsbergstraße, halten uns aber gleich wieder rechts, in den Wald hinein, und erreichen die Gipfelwiese des Braunsberges. Kurz nähert sich unser Weg wieder der Straße, führt dann aber nach rechts zum Rand der Hochfläche (schöne

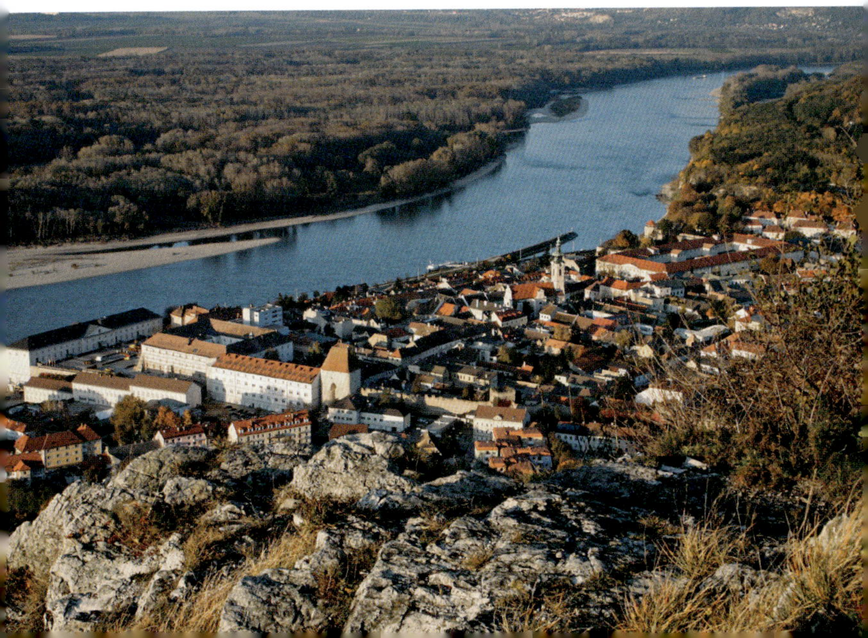

Aussicht; am Plateaurand rekonstruierter Teil einer keltischen Wallburg auf ihrem historischen Standplatz). Von dort zum höchsten Punkt des **Braunsbergs** ❸.

Etwa 100 m wieder zurück und nun nach links auf den Fußweg nach Hainburg (Wegweiser) hinunter. Über den rot markierten Steig in etlichen Kehren bis ins Ortsgebiet hinab. (Alternativ dazu eine Schleife nach Osten über den Keltenweg und den Braunsbergrundweg.) Über die Braunsbergsiedlung und die Krüklstraße (links Bahnhaltestelle Hainburg Ungartor) zum **Ungartor** ❹, dort nach links und »Am Stadtgraben« neben der Stadtmauer hinauf Richtung Schlossberg. In der bewaldeten Nordflanke des Schlossberges rechts (Wegweiser »Schlossberg – Ruine«) und über mehrere Kehren (immer wieder auch Steinstufen) weiter aufwärts. Bei zwei Verzweigungen jeweils links und so zur **Burgruine** ❺.

Nun zuerst auf dem Anstiegsweg abwärts, bei der ersten Verzweigung jedoch geradeaus durch ein Tor weiter zum Sportplatz Hainburg hinunter. Rechts haltend auf die gegenüberliegende Seite der Schlossbergstraße, links in den Sportweg und gleich darauf wieder links in die Hummelstraße. Wenig später rechts in die Schönwieserstraße. Bei der Waldgrenze nach rechts auf einen Karrenweg. Hier beginnt der durch den Hainburger Wald führende, nordseitige Anstieg auf den Hundsheimer Berg. Bei einer Verzweigung rechts, vorübergehend etwas an Höhe verlierend. Nach rechts zweigt ein Weg ins Ortsgebiet von Hainburg ab, wir aber gehen weiter geradeaus, wenig später bei einer Verzweigung links und nun in teils weit ausholenden Serpentinen durch lockeren Laubwald aufwärts, jetzt auf dem »Rundwanderweg Hundsheimer Berg«.

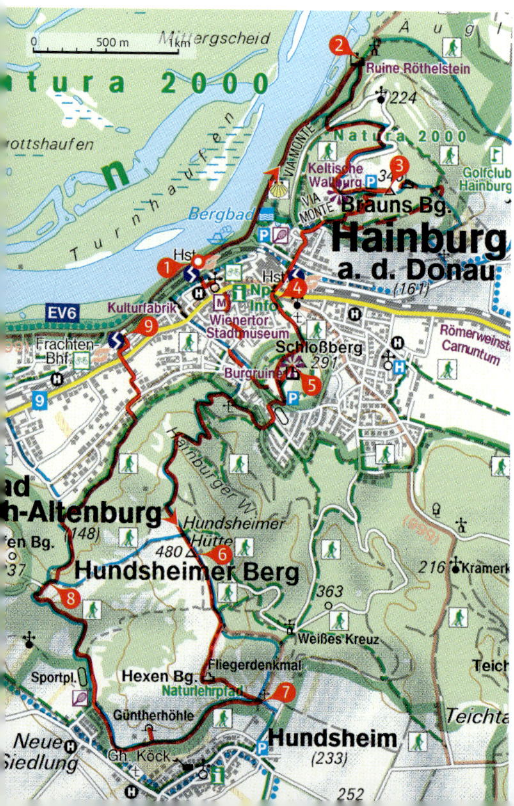

Bei einer kleinen Lichtung kurzer Abstecher nach Norden auf einem schmalen, aber gut erkennbaren Pfad auf eine Felsrippe mit besonders schönem Blick auf Hainburg.

Wieder auf unseren Anstiegsweg zurück und im weiteren Aufstieg über zwei Wiesen, dann neuerlich in den Wald. Mehrere alte Grenzsteine mit der Jahreszahl 1671. Bei einer Weggabelung rechts, bei der folgenden Kreuzung links (dreieckiger Grenzstein der seinerzeitigen Besitzungen von Schloss Hainburg, Stadt Hainburg und Hundsheim).

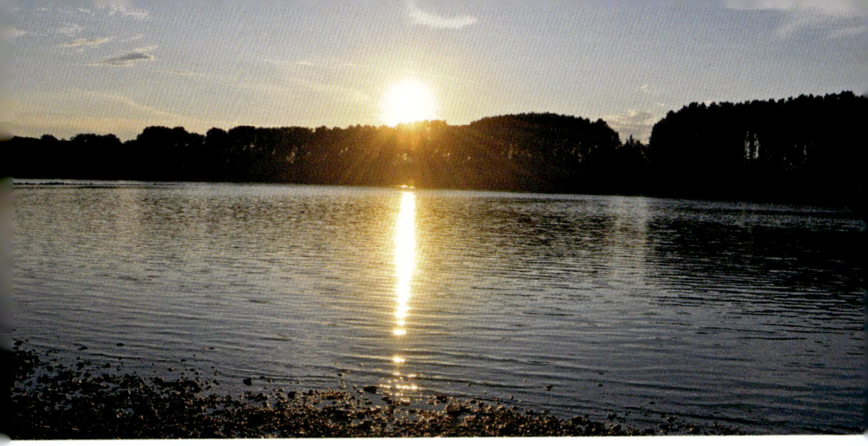

Donau bei Hainburg.

Bald darauf erreichen wir nahe der Hundsheimer Hütte die Gipfelwiese und wenig später den höchsten Punkt des **Hundsheimer Berges** ❻. Wir gehen geradeaus weiter und steigen in südöstlicher Richtung nach Hundsheim ab. Abzweigungen Richtung Große Klamm und Hainburg bleiben unbeachtet. Bald darauf verlassen wir den »Rundwanderweg Hundsheimer Berg« vorübergehend nach rechts. Auf dem Schafweg zum Fliegerdenkmal, einige Minuten später zum **Roten Kreuz** ❼ unter einigen Lindenbäumen. Hier bei einem Wegweiser mit sechs Pfeilen scharf rechts Richtung Güntherhöhle, nun wieder dem Rundwanderweg folgend. Auf einem Steig durch die unterste Südflanke des Hundsheimer Berges. Wald und Buschwerk wechseln hier mit aussichtsreichen Trockenrasenflächen. Kurzer Abstecher zur (nicht zugänglichen) **Güntherhöhle** möglich (rechts oberhalb des Steigs, Wegweiser).

Bei einer Verzweigung rechts. Wenig später stoßen wir auf die Straße »Am Berg«. Auf dieser durch Siedlungsgebiet zum Hundsheimer Sportplatz, an den Sportanlagen vorbei und halb rechts auf einem Karrenweg (Richtung Hainburg) weiter. Vor einer Wiese rechts und auf den **Pfaffenberg** hinauf. An einem Steinbruch (Zaun) vorbei, etwa 100 m danach bei einer **Kreuzung** ❽ halb links (Wegweiser) und auf einem Pfad, bald auf einem Karrenweg in den Wald hinunter. Hier rechts und auf einem Hohlweg durch Laubwald weiter bergab.

Hier links (Wegweiser nach Hainburg) und über einen spärlich blau und rot markierten Karrenweg, der bald zu einem Hohlweg wird, durch Laubwald hinab. Bei der Waldgrenze vor einem Schranken scharf nach rechts (Wegweiser »Schlossberg/Hainburg«) und nahe dem Waldrand auf einem Forstweg Richtung Osten. Bei einer Verzweigung geradeaus, nach 15 Gehminuten bei einer weiteren Abzweigung links und bald den Wald verlassend ins Siedlungsgebiet von Hainburg. Wir erreichen die Carnuntumstraße, hier rechts. Nach ca. 150 m links in die Severusgasse (Eisengeländer), die uns mit einem kurzen Rechtsschwenk zur Landstraße hinunterbringt. Über die Landstraße hinüber, durch die Owesnystraße, die sich nach rechts wendet, an der nächsten Kreuzung links in die Bahnstraße und zum Bahnhof **Hainburg/Donau Kulturfabrik** ❾.

53 Göttweig und Umgebung

Von Paudorf über Klein-Wien nach Furth

5.00 Std. | 14,1 km | ↗ 520 m | ↘ 550 m

Mammutbäume, Waxenberg und Stift Göttweig
Der Dunkelsteiner Wald zwischen Melk, St. Pölten und Mautern liegt zwar südlich der Donau, gehört aber geologisch zum Granit- und Gneishochland der Böhmischen Masse. Die hier vorgestellte Wanderung führt in die östlichen Ausläufer dieses Hügellandes, wo sich einige lohnende Wanderziele befinden. Drei davon sind in diesem Wandervorschlag miteinander verbunden. Zuerst besuchen wir die Mammutbäume auf dem Eichberg nahe Paudorf. Sodann steigen wir auf den benachbarten Waxenberg, von dem wir einen schönen Blick zum Stift Göttweig haben. Über Klein-Wien mit seiner sehenswerten Kirche St. Blasien wandern wir wieder nach Paudorf zurück und steigen von hier auf den Göttweiger Berg auf. Von der Felsklippe des Predigtstuhls blicken wir bei guter Fernsicht bis zu den niederösterreichisch-steirischen Hochalpen. Den abschließenden Höhepunkt unserer Wanderung bildet ein Besuch des 1083 gegründeten Benediktinerstiftes Göttweig, das zum UNESCO-Weltkulturerbe gehört. Umrunden Sie die mächtigen Außenmauern des Stiftes, besuchen Sie seinen Innenhof, die Stiftskirche und – wenn Sie Zeit haben – das Museum im Kaisertrakt. Genießen Sie von der nordseitigen Aussichtsterrasse den Blick ins Donautal und ins Waldviertel. Auch für das leibliche Wohl ist auf dieser Wanderung bestens gesorgt. Besonders empfehlenswert sind der Landgasthof Schickh in Klein-Wien und das Stiftsrestaurant Göttweig.

Göttweiger Berg: Predigtstuhl.

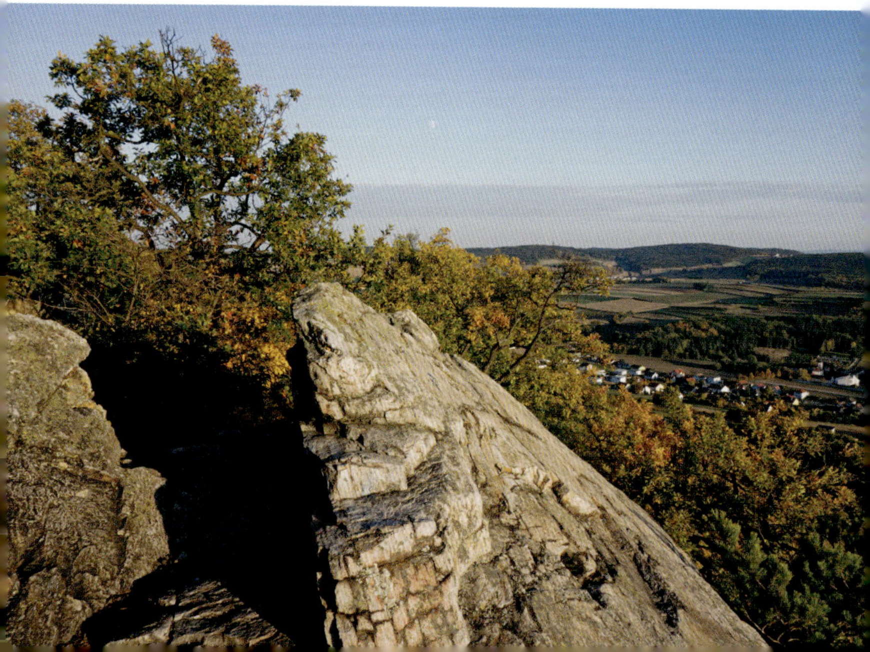

Ausgangspunkt: Bhf. Paudorf, 255 m.
Anfahrt: Auf der Westbahnstrecke nach St. Pölten oder mit der Franz-Josefs-Bahn nach Krems/Donau, weiter jeweils mit der Kremser-Kamptalbahn. In der Früh und am Vormittag zwei bzw. drei Fahrten pro Stunde (Taktverkehr). Dauer: 0.55–1.30 Stunden.
Endpunkt: Bhf. Furth-Göttweig, 225 m.
Rückfahrt: Mit der Kremser-Kamptalbahn nach St. Pölten oder nach Krems/Donau, weiter auf der Westbahnstrecke bzw. mit der Franz-Josefs-Bahn. Verbindungen bis am Abend, zwei Fahrten pro Stunde (Taktverkehr). Dauer: 1.00–1.25 Stunden.
Anforderungen: Einfache Wanderung. Gute Wege.
Einkehr/Übernachtung: **Restaurant Stift Göttweig**, Mitte März–Mitte Dez. 10–18 Uhr (Okt./Nov. Mo/Di Ruhetag), Christtag und Stephanitag 10–15 Uhr, stiftgoettweig.at/site/gastlichkeit/restaurant, Tel. +43/2732/855 81 225. – **Landgasthof Schickh** in Klein-Wien, Mi–Do Ruhetag, Tel. +43/2736/7218, schickh.at; Zimmer.
Tipps: Einzelne Teilabschnitte der Wanderung können separat begangen, aber auch in vielfältiger Weise kombiniert und variiert werden, zum Beispiel: Direkter Aufstieg vom Bhf. Paudorf auf den Göttweiger Berg über Bahnhofstraße, Wiesenweg, Kapellengasse und Hauptstraße zur Hauptroute; oder über Bahnhofstraße, Hauptstraße, Schwertfegergasse, Sonnwendhügel und Hirschleitenweg, dann über Wiesen und Weingärten zum Fuß des Göttweiger Berges, nun Richtung »St. Georg« auf den Berg. – Aufstieg von Klein-Wien (Bus 488, Mo–Fr) zum Stift Göttweig über den Sattel beim Hals oder den direkten Aufstiegsweg. – Aufstieg von Paudorf auf den Waxenberg: Bis zum Bruckweg wie unten. Nach dem letzten Haus (am Waldrand) rechts auf einen geschotterten, bald grasbestandenen Fahrweg, über eine Wiese, auf dem anschließenden Karrenweg, später Hohlweg bzw. links davon auf Steigspuren in die Südflanke des Waxenbergs (Eichenwald), nun auf einem alten Forstweg geradeaus weiter, schließlich in einem Bogen rechts hinauf zur Hauptroute. – Von Klein-Wien auch durch die Westflanke des Predigtstuhls auf Weg »F 5« zu einem Aussichtspunkt und weiter zur Hauptroute. – Besuch des Stiftes (Bus 488, Mo–Fr) und seines Museums (stiftgoettweig.at, Tel. +43/2732/855 81 0).

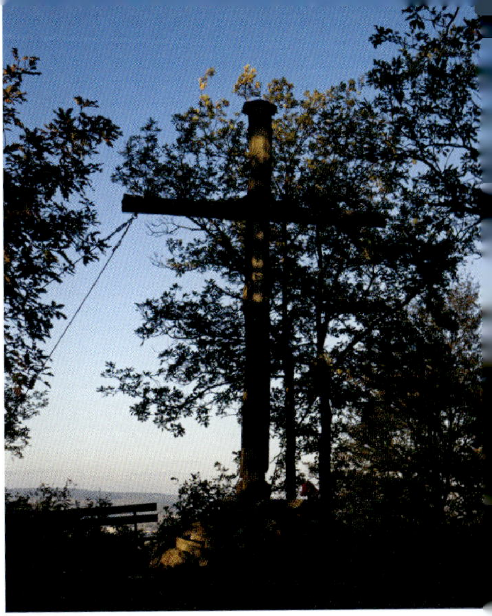

Am Waxenberg.

Vom Bahnhof **Paudorf** ❶ über die Bahnhofstraße an einem Sendemast vorbei zu einer Kreuzung (Bushaltestelle). Hier links (Untere Zellerstraße), aber schon vor der Bahntrasse rechts auf einen Güterweg, nun entlang der Bahnlinie. Nach links in den Bruckweg, über das Bahngleis und die Untere Zellerstraße. An den letzten Häusern von Paudorf vorbei auf asphaltiertem Fahrweg in den Wald (Schranken, Beginn eines mit Raupensymbol bezeichneten Waldlehrpfads). Bei der ersten Verzweigung im Wald links und sogleich wieder rechts auf eine Forststraße (Wegweiser). Nach etwa 20 Gehminuten bei einer Kreuzung nach links, an einem

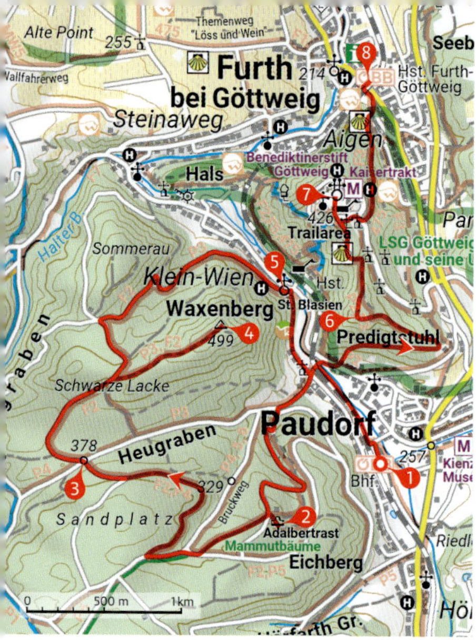

Pavillon vorbei zur **Adalbertrast ❷**, benannt nach dem Waldmeister des Stiftes Göttweig, der hier im Jahr 1880 die Samen etlicher Mammutbäume in die Erde legte. Nach dem Besuch der Adalbertrast auf demselben Weg zurück zu der Kreuzung, bei der wir kurz zuvor links abgebogen sind.

Wir überqueren die Forststraße leicht nach links und wandern auf einem begrünten Karrenweg südwestlicher Richtung weiter Richtung Waxenberg. Wir queren eine Forststraße nach links und wandern durch Nadelmischwald. Über eine weitere Forststraße hinüber und bis zum asphaltierten Bruckweg. Nach etwa 40 Schritten auf dem Bruckweg nach rechts (Wegweiser Richtung Waxenberg »F 2«) auf einen Forstweg, der in einer Rechtskehre auf die andere Grabenseite zieht und nun um den Sandplatz, ein mit Nadelbäumen bewachsenes Hochplateau, herumführt. Der Forstweg mündet in eine Forststraße ein, der wir nun, rechts haltend und etwas an Höhe verlierend, zu einer **Forststraßenkreuzung ❸** folgen. Hier leicht links haltend weiter (Wegweiser Richtung Waxenberg »F 2«). In einem großen Rechtsbogen zuerst eben, dann ansteigend auf den Westrücken des Waxenbergs. Dort, wo die Forststraße ihren Scheitelpunkt erreicht, nach rechts auf einen Forstweg. Bald mündet von rechts eine Forststraße ein. Auf dieser weiter bergwärts bis zu einer Verzweigung (Holzlagerplatz). Hier links, gleich aber wieder rechts auf einen Karrenweg, der zum Gipfel des **Waxenbergs ❹** hinaufführt (Kreuz, Buch).

Auf dem Karrenweg wieder zur Forststraße hinunter, die nach einem Rechtsbogen in gut 400 m Höhe in eine weitere Forststraße einmündet. Hier rechts, bei der nächsten Verzweigung links, bei zwei weiteren Weggabelungen jeweils rechts und so nach **Klein-Wien** hinunter. (Im Ort Bushaltestelle, die aber nur Mo–Fr bedient wird.) Über den Friedhof der **Kirche St. Blasien ❺** oder oberhalb davon zu einem Karrenweg Richtung Paudorf. Beim Bruckweg links, über die Bahntrasse und bald darauf rechts in die Hauptstraße von Paudorf.

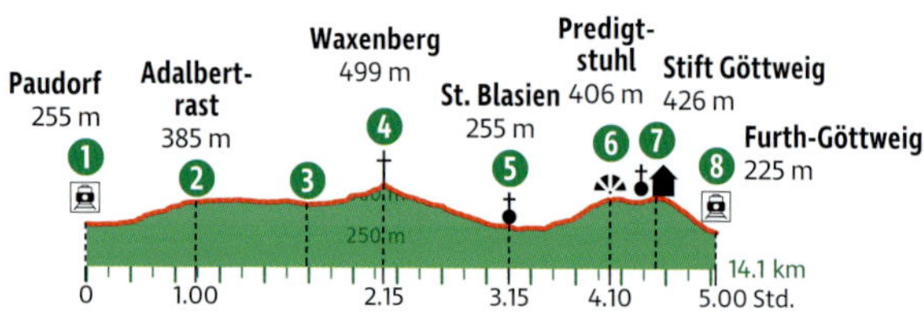

Nach ca. 150 m links auf einen rot markierten Weg (Wegweiser zum Stift Göttweig bzw. nach St. Georg). Durch schönen Laubwald auf den Südostrücken des Göttweiger Berges, zwischendurch auch auf einem Shared Trail (MTB-Strecke). Zuletzt kurz auf einer Forststraße zur Wegkreuzung Kirschleithen. Hier links, Richtung Predigtstuhl/Stift Göttweig. Auf einem Rücken leicht ansteigend, eine weitere MTB-Strecke querend, zur nächsten Wegkreuzung. Hier wieder links Richtung Predigtstuhl. (Bei dieser Kreuzung wahlweise auch halb rechts, Wegweiser »Stift Göttweig«, zu den Fundamenten der romanischen Kirche St. Georg und weiter zum Stift.) Auf der Hauptroute in südwestlicher Richtung zum nahen Aussichtspunkt **Predigtstuhl ❻**.

Der Weg wendet sich nun nach Westen, dreht aber bald darauf nach Norden (hier Abstecher über Steinstufen hinunter zu den Resten von Befestigungsanlagen aus dem Ersten Weltkrieg möglich). Nach etwa 150 m auf einem Karrenweg weiter. In einer Einsattelung nach links (Wegweiser »Stift Göttweig«) zu einem asphaltierten Fußweg (Holzkreuz). Hier entweder kurzer Abstecher nach rechts zum Friedhof des Stiftes oder gleich links zum bereits zwischen den Bäumen sichtbaren **Stift Göttweig ❼**.

Nach dem Besuch des Stiftes nach Furth hinab, der Steig beginnt südöstlich des Stiftes nahe einer Straßenkreuzung (Wegweiser). Kurz auf dem rot markierten Weg, bereits nach wenigen Metern aber links auf einen blau markierten Steig, der durch eine bewaldete Flanke bergab führt. An mehreren Wegkreuzungen geradeaus, zwei MTB-Trails querend, einen dritten berührend, hinunter Richtung Furth, schließlich – bereits am Rand des Siedlungsgebiets – bei einer Weggabelung oberhalb eines schönbrunnergelben Wohnhauses rechts über eine Stiege hinunter zum Villenweg, hier links. Kurz darauf neuerlich links, in die Obere Landstraße. Nach einigen Metern vor einer Unterführung rechts in eine Nebenstraße hinauf (Wegweiser »Bahnhof«) zum Bahnhof **Furth-Göttweig ❽**.

Stift Göttweig.

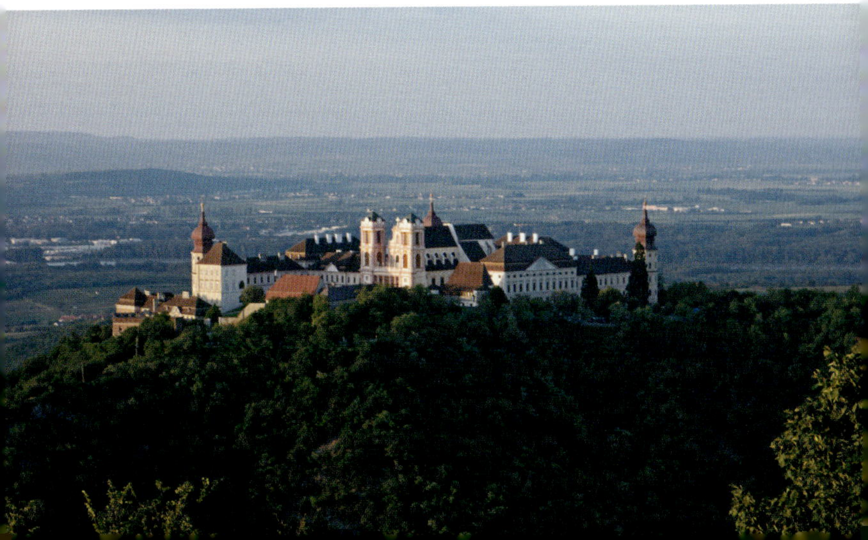

54 Beidseits der Donau: Seekopf und Dürnstein

Zwei Wandermodule mit Fähren-Überfahrt

TOP | 6.30 Std. | 13,0 km | ↗ 1010 m | ↘ 1010 m

Tourenschmankerl im Herzen der Wachau

Weit über die Grenzen Österreichs hinaus ist die Wachau als Natur- und Kulturlandschaft bekannt. Im Jahr 2000 wurde sie in die UNESCO-Welterbeliste aufgenommen. Aber auch als Wanderregion hat die Wachau in den letzten Jahren deutlich an Profil gewonnen. Unser Tourenvorschlag kombiniert zwei besonders attraktive Wachau-Wanderungen zu einer ganztägigen Unternehmung. Wir starten am Südufer der Donau. Über den Meurersteig steigen wir auf den Seekopf (Gipfelwarte), statten dann der Hirschwand, die als schmale Felsschneide aus dem Wald ragt, einen Besuch ab. Auf zwei Mini-Klettersteigen überschreiten wir diesen Gipfel. Nach einem abwechslungsreichen Abstieg ins Donautal wechseln wir mit Fähre und Bus auf das nördliche Donauufer nach Dürnstein hinüber. Von hier steigen wir zur malerischen Burgruine Dürnstein auf, wandern weiter, nahe am Dürnsteiner Grat entlang, hinauf zur Starhembergwarte, die den Aufstieg mit einer prächtigen Aussicht zu Schneeberg und Ötscher, aber auch bis zu den Haller Mauern lohnt. Nur wenige Gehminuten später lädt die Fesslhütte zur Einkehr ein. Bevor wir über den romantischen Vogelbergsteig wieder nach Dürnstein absteigen, machen wir einen Abstecher zur Kanzel mit besonders schönem Blick ins Donautal. In Dürnstein, dem touristischen Zentrum der Wachau, geht unsere Wanderung zu Ende. Am schönsten ist diese Tour zur Zeit der Marillenblüte im April.

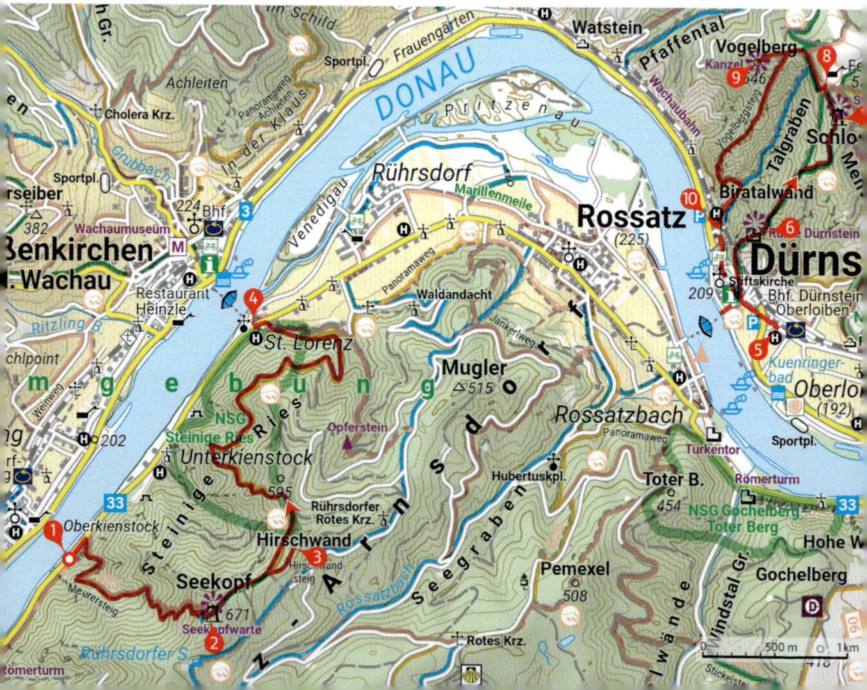

Ausgangspunkt: Bushaltestelle Oberkienstock Bundesstraße, 208 m.
Anfahrt: Mit der Franz-Josefs-Bahn nach Krems/Donau, weiter mit Bus 720; außerdem auf der Westbahnstrecke nach Melk, dann mit Bus 720. Zwei Frühverbindungen. Dauer: 1.40–2.00 Std.
Transfer: Rollfähre (Tel. +43/676/848 010 230) von St. Lorenz nach Weißenkirchen, April–Okt. täglich (Mo–Fr Mittagspause 11.45–13.30 Uhr); weiter mit Bus 715 von Weißenkirchen/Donau Fähre nach Dürnstein Parkplatz P2, Mo–Fr zwei Verbindungen pro Stunde, Sa/So/Fei Stundentakt. – Oder Bus 720 von St. Lorenz Bundesstraße nach Rossatzbach Bundesstraße, Mo–Fr teils stündlich, teils zweistündlich, Sa/So/Fei Zweistundentakt. Kurzer Fußweg zur Rollfähre nach Dürnstein (Tel. +43/676/318 74 73), April Sa/So/Fei, Mai–Okt. täglich, kurzer Fußweg in den Ort.
Endpunkt: Bushaltestelle Dürnstein Nord, 206 m.
Rückfahrt: Bus 715 nach Krems/Donau, weiter mit der Franz-Josefs-Bahn. Verbindungen bis am Abend, Stundentakt. Außerdem auch Mitte März–1.12. an Sa/So/Fei, 1.5.–1.11. täglich mit der Wachaubahn (Sondertarif) vom Bhf. Dürnstein-Oberloiben nach Krems (Fahrplan: wachaubahn.at). Dauer: 1.30–1.35 Std.
Anforderungen: Hirschwand: zwei kurze Klettersteige der Schwierigkeit A (Südwestgrat) bzw. A/B (Südostwand), Felshöhe 25–30 m. Anstieg über Südwestgrat auch für »berggängige« Kinder geeignet, Kinder im Gipfelbereich bzw. bei Begehung des Südostwand-Klettersteigs sichern. Ohne Südostwand-Steig ist diese Tour als »rot« einzustufen. Weniger klettergewandte Wanderer (und Kinder) steigen am besten über den leichteren Klettersteig auf und auch wieder ab. – Vogelbergsteig: Trittsicherheit.
Einkehr: **Fesslhütte**, Anf. April–Mitte Nov. täglich, im März und Mitte Nov.–Anf. Jän. Do–So geöffnet, Tel. +43/2732/412 77 und +43/676/431 61 76, fesslhuette.at; keine Nächtigung. – Heurige in **Dürnstein**.

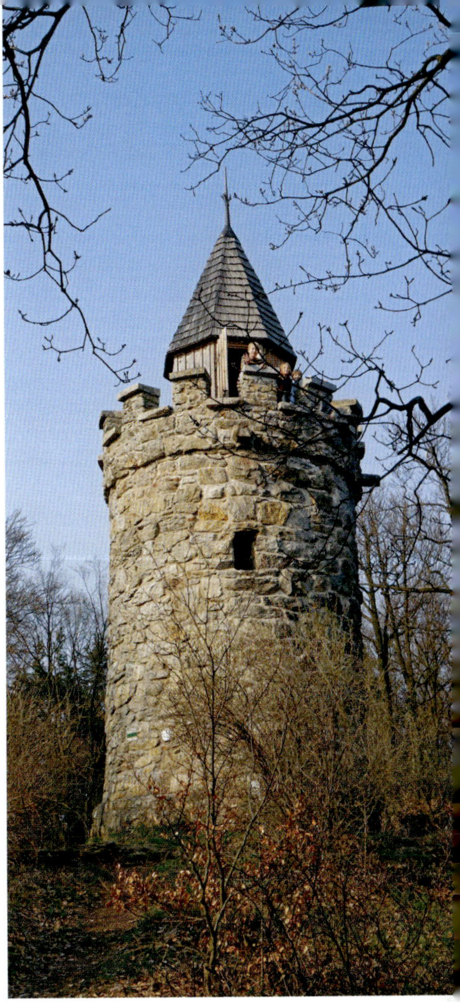

Starhembergwarte.

Varianten: Beide Tourenmodule können natürlich auch separat unternommen werden. – Am Ende der Tour von Dürnstein Nord **Spaziergang durch den Ort** und Rückfahrt von der Bushaltestelle Dürnstein Parkplatz P2.
Tipp: Regionalticket »Tageskarte Wachau« für alle Wachauer Buslinien zwischen Krems und Melk sowie die drei Wachauer Donaufähren (Erwachsene Euro 12, Kinder 6 Euro). Achtung, gilt nicht auf der Wachaubahn.

Von der Bushaltestelle **Oberkienstock Bundesstraße ❶** gute 100 m auf einem Fuß- und Fahrradweg donauabwärts und dann rechts auf den rot markierten Steig 653 (»Seekopf« und »St. Lorenz«) in einen Graben hinein. Nach einigen Minuten in die rechte Grabenflanke, aber bald wieder zurück in den Grabengrund. In Serpentinen in dem sich weitenden Talkessel aufwärts. Zuletzt noch kurz über den obersten Nordwestrücken des **Seekopfs ❷** auf seinen höchsten Punkt mit der 2020 neu errichteten Warte. Sehr schöne Aussicht.

Vom Gipfel auf grün bzw. blau markiertem Weg hinunter Richtung Fähre St. Lorenz–Weißenkirchen. Der Abstieg ist Teil des Welterbesteigs Wachau. Durch Wald und Gebüsch zu einer Kreuzung in einem Sattel hinab, hier etwas rechts haltend (blau markiert) und leicht ansteigend zum Fuß der Hirschwand, einer schmalen, das umliegende Waldland überragenden Felsmauer. Zwei kurze, mit Stahlseilen und Trittstiften gesicherte Klettersteige führen auf den höchsten Punkt und lassen sich zu einer Überschreitung kombinieren. Der Aufstieg erfolgt am besten über den südöstlichen, etwas anspruchsvolleren und auch ausgesetzteren Steig (A/B), der Abstieg – einfacher – nach Südwesten (A). Der Gipfelbereich der **Hirschwand ❸** bietet nur wenigen Wanderern Platz, allerdings hält sich auch der Andrang in der Regel in Grenzen: Überlaufen ist dieser Gipfel nicht.

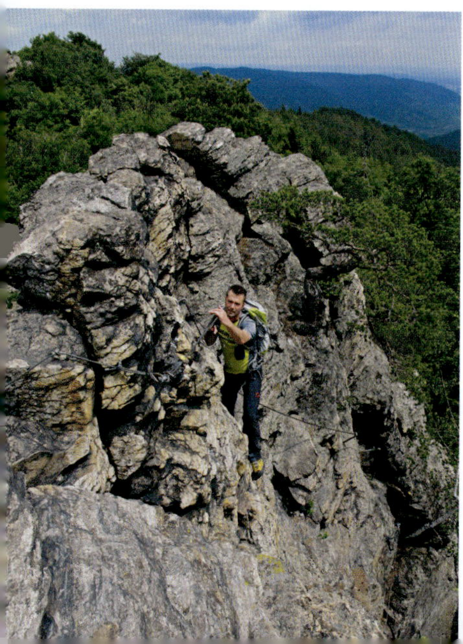

Nun wieder zur Wegkreuzung südwestlich der Hirschwand zurück, hier rechts auf den gelb markierten Steig Richtung Fähre St. Lorenz – Weißenkirchen. Anfangs nur leicht fallend, dann aber spürbarer talwärts, mehrere kurze Gegensteigungen. Immer wieder an teils recht bizarren Felstürmchen und -wänden vorbei – die **Steinige Ries** macht ihrem Namen alle Ehre. Schöne Mischwälder erhöhen den Reiz dieses Wegabschnittes. Im mittleren Teil neuerlich eine längere fast ebene Querung. Schließlich auf einem Karrenweg weiter. Noch einmal an einer Felswand vorbei, dann hinunter Richtung Donautal.

Wo sich der Karrenweg in einer Kehre nach rechts wendet, weiter geradeaus auf einen Waldsteig (Richtung St. Lorenz). Nochmals einige Höhenmeter aufwärts zum Mahnmal **Friedenskreuz** (Blick nach Weißenkirchen). Dann zieht der Weg endgültig talwärts und trifft schon bald nahe der alten Kirche von St. Lorenz auf die Bundesstraße am rechten Donauufer. Hier auch die Bushaltestelle **St. Lorenz Bundesstraße ❹**, einige Schritte unterhalb die **Rollfähre St. Lorenz–Weißenkirchen**.

Je nach Verbindung nun zuerst mit der Fähre und dann auf der Nord-

Am anspruchsvolleren Ast des Hirschwand-Klettersteigs.

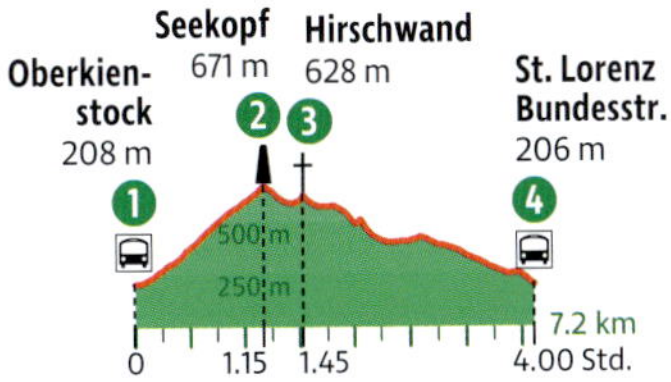

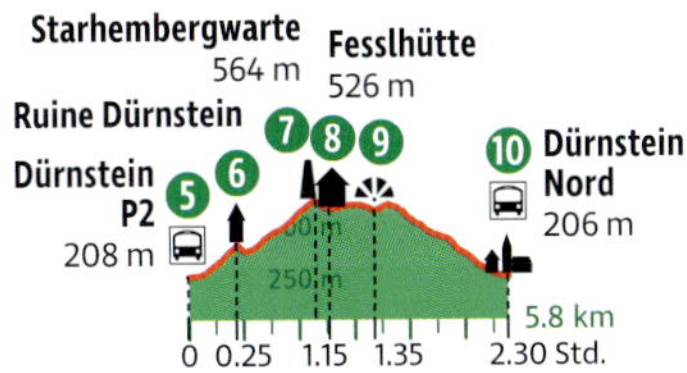

seite der Donau weiter mit dem Bus – oder zuerst per Bus am Donau-Südufer entlang und dann mit der **Dürnsteiner Donaufähre** – zum Ausgangspunkt des zweiten Wachauer Wandermoduls am östlichen Ortsende von Dürnstein, das ebenfalls Teil des Welterbesteigs ist.

Von der Bushaltestelle **Dürnstein Parkplatz P2** ❺ durch eine Unterführung unter der Bundesstraße hindurch und nun in Richtung des Zentrums von Dürnstein. (Hierher auch in 2 Min. vom Anlegeplatz der Dürnsteiner Rollfähre.) Durch das Kremser Tor in den alten Ortskern, nach etwa 30 m rechts hinauf auf einen Kopfsteinpflasterweg (Eselsteig, Wegweiser). Mittelsteil – bald auch über Stufen – zur **Burgruine Dürnstein** ❻. Im Bereich der Befestigungsanlagen erreichen wir eine Wegkreuzung. Von hier kleiner Abstecher zum oberen Teil der Ruine. Danach auf einem grün markierten Steig weiter Richtung Fesslhütte/Starhembergwarte. An Felstürmen und -mauern (»Dürnsteiner Grat«) vorbei zu einer Weggabelung auf etwa 435 m, unmittelbar nach einem kleinen Absatz. Links geht es direkt zur Fesslhütte. Wir aber folgen dem rechten Weg (im Sommer 2023 kein Wegweiser) zur 1895 errichteten **Starhembergwarte** ❼. Ein Besuch der Warte ist lohnend. Von der Warte in wenigen Minuten (nach wie vor grün) zur **Fesslhütte** ❽ hinunter.

Ab der Hütte den roten Markierungen Richtung Vogelbergsteig/Dürnstein folgend. Zuerst kurz ansteigend, dann weitgehend eben auf einem gut angelegten Steig zum Nordostrücken des Vogelbergs, auf den wir bei einer Wegkreuzung nach links einschwenken (Wegweiser). Nach einigen Minuten bei einer Weggabelung weiter auf dem Rücken Richtung Kanzel, nun (spärlich) violett markiert, kurz auch in der östlichen Flanke des Rückens zur **Dürnsteiner Kanzel** ❾. Hier bricht der Rücken abrupt ins Donautal ab (Wachauer Grat); vom kleinen Felsplateau am Rande der Geländekante schöner Blick zur tief unten fließenden Donau und zum Dunkelsteiner Wald.

Zurück zur Wegkreuzung, nun wieder auf dem rot markierten Weg, der mit einigen Kehren nach Osten in die schütter bewaldete Flanke des **Vogelbergs** hinunterführt. Kurz auf einem Bergrücken, aber bald wieder unterhalb markanter Felstürme durch die hier vorübergehend sehr steile und baumlose Flanke. Der Steig ist an dieser Stelle drahtseilversichert (technisch unschwierig, aber ein wenig ausgesetzt). Schon bald wieder durch bewaldetes Gebiet abwärts. Vor der steil ins Donautal abfallenden Biratalwand links und in etlichen Kehren in den Talgraben. Nun talauswärts ins Siedlungsgebiet von Dürnstein. Über die Trasse der Wachaubahn und wenig später bei einer Unterführung rechts zur Bundesstraße und zur nahen Bushaltestelle **Dürnstein Nord** ❿.

55 Unterwegs im Nationalpark Thayatal

Hardegg und Umgebung

2.30 Std. | 7,3 km | ↗ 200 m | ↘ 330 m

Naturerlebnis im österreichisch-tschechischen Grenzgebiet

Das Thayatal zwischen Vranov (Frain) und Znojmo (Znaim) ist eine der letzten weitgehend unberührten Tallandschaften Zentraleuropas. Ein grenzüberschreitendes Schutzgebiet, das aus dem Nationalpark Thayatal und dem Národní park Podyjí besteht, bewahrt diesen Naturschatz. Eine große Artenvielfalt zeichnet dieses Gebiet aus – die europäische Wildkatze, die lange als ausgestorben galt, lebt hier, ebenso wie Schwarzstörche, Edelkrebse und Smaragdeidechsen, aber auch fast 1000 Schmetterlingsarten. Am Südufer der Thaya, in deren Mitte die Staatsgrenze verläuft, liegt Hardegg, die kleinste Stadt Österreichs, mit ihrer imposanten Burg. Seit 2023 gibt es beim Einsiedlerfelsen, etwa 1,5 km flussabwärts von Hardegg, eine Fußgängerbrücke über die Thaya. So lassen sich grenzüberschreitende Wanderungen in dieser Region nun noch leichter unternehmen.

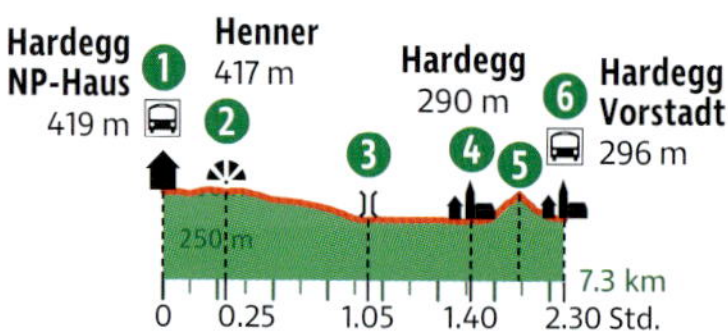

Ausgangspunkt: Bushaltestelle Hardegg Nationalparkhaus, 419 m.
Anfahrt: Mit der Nordwestbahn nach Retz, weiter mit Bus 875 oder 876. Mo–Fr und So/Fei eine Früh- bzw. Vormittagsverbindung, Sa zwei Fahrten. Dauer: 1.25–1.40 Std.
Endpunkt: Bushaltestelle Hardegg Vorstadt, 296 m (oder Hardegg Burg, 315 m).
Rückfahrt: Bus 875 nach Retz, weiter mit der Nordwestbahn. Mo–Fr drei Verbindungen am Nachmittag bzw. am frühen Abend, Sa/So/Fei zwei Fahrten. Dauer: 1.30–1.45 Std.
Anforderungen: Einfache Wanderung auf guten Wegen.
Einkehr: Café im **Nationalparkhaus**. – **Gasthaus Thayabrücke**. – **Gasthof Hammerschmiede** am Ende der Tour.
Varianten: Auch in die **Gegenrichtung** gut möglich. – **Ohne Maxplateau-Überschreitung:** Vom Gasthaus Thayabrücke auf dem Mühlweg zur Bushaltestelle Hardegg Burg hinauf (etwa 40 Min. kürzer). – Abstecher auf tschechischer Seite von der Hardegger Thayabrücke auf die **Hardegger Warte/Hardeggská vyhlídka** mit sehr schönem Blick nach Hardegg (ca. 1 Std. länger). – Ebenfalls lohnend: Start in **Merkersdorf** (Bus 875 und 876), über die Feste Kaja und Überstieg zur Hauptroute (ca. 1.10 Std. länger).
Hinweis: Reisepass oder Personalausweis mitführen, da man die Grenze nach Tschechien quert.

Start bei der Bushaltestelle **Hardegg Nationalparkhaus** ❶, Ausstellung, Wildkatzengehege, Café, Shop. Auf Weg 6 (Hennerweg) über die Landesstraße in den Wald hinein und zum Aussichtspunkt **Henner** ❷. Auf demselben Weg wandern wir ca. 200 m zurück, dann nach links (Wegweiser) und bald wieder links auf den Wildkatzenweg (Weg 2). Durch den Wald zu einer Kreuzung, hier links (nun Weg 1). Nach ca. 100 m rechts, nun wieder auf Weg 2, an zwei Aussichtspunkten vorbei, zu einem etwas breiteren Weg hinunter, in den wir nach links einbiegen.

Bald am Rand einer Wiese entlang und durch eine Linkskurve zum Einsiedlerfelsen (Rastplatz). Auf der **Einsiedlerbrücke ❸** über die Thaya. Auf der tschechischen Seite flussaufwärts, an einem Bunker aus der Zwischenkriegszeit vorbei, zur Hardegger Thayabrücke, Infopunkt des Národní park Podyjí. Von hier auf einem Sträßlein, dann auf einem Wanderweg Abstecher zur Hardegger Warte möglich.

Auf der Brücke über die Thaya, am Gasthaus Thayabrücke vorbei. Durch **Hardegg ❹** ans nordwestliche Ortsende. Hier halten wir uns links und wandern auf dem Christbaumweg durch Wald auf das **Maxplateau ❺** hinauf.

Abstieg Richtung Südosten auf einem Wanderweg, Abstecher zum Reginafelsen lohnend. Unterhalb des Felsens in die Hardegger Vorstadt. Der Beschilderung folgend zur Bushaltestelle **Hardegg Vorstadt ❻**, unweit vom Gasthof Hammerschmiede, oder – kurz ansteigend – zur Haltestelle **Hardegg Burg**, mit feinem Blick zu Burg und Uhrturm.

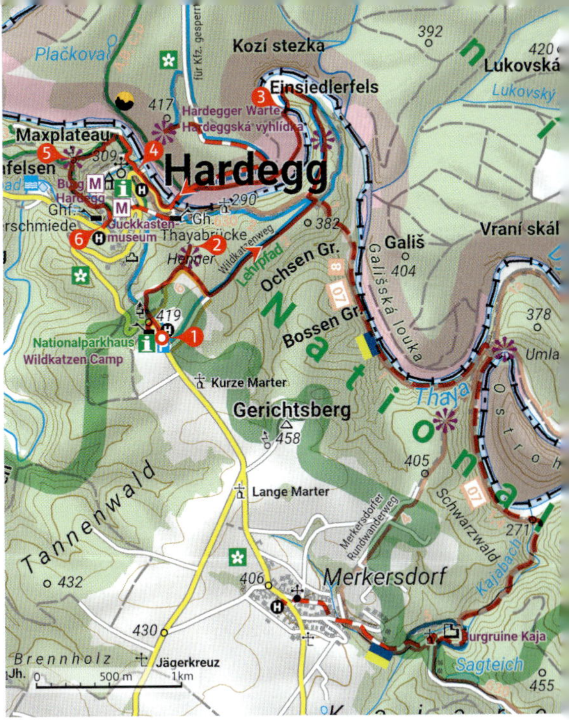

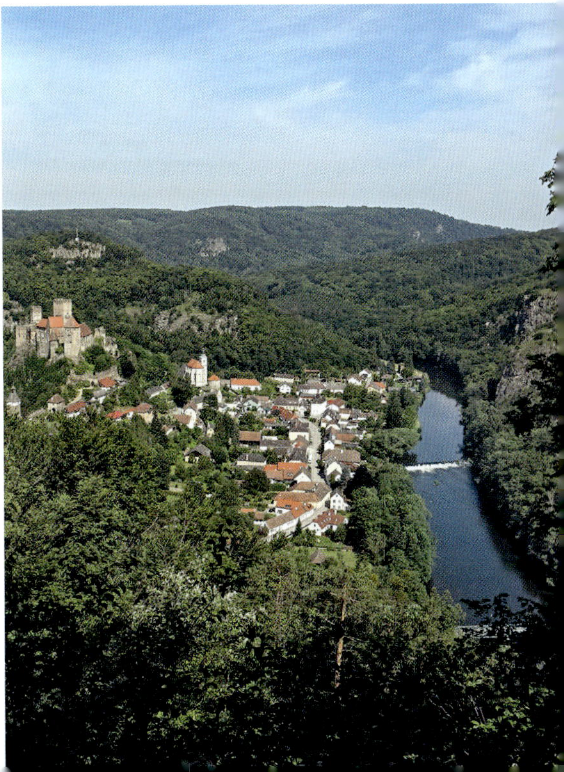

Blick vom Henner nach Hardegg.

Stichwortverzeichnis

Impressum

Umschlagbild: Gesäusebahn, im Hintergrund die Hochtorgruppe.
Bild im Innentitel: Im sommerlichen Hochschwab unweit der Androthalm.
Bild beim Vorwort: Zwischenabstieg ins Steinbachtal – am Weg aufs Hocheck.
Bild beim Inhaltsverzeichnis: Spätherbst am Rennfeld, im Hintergrund die östlichen Eisenerzer Alpen und der Hochschwab.
Bild auf den Seiten 28/29: Blick vom Grete-Klinger-Steig in den westlichen Hochschwab.

Alle Fotos vom Autor, ausgenommen die Bilder auf den Seiten 22, 66, 67, 68, 71, 76, 78, 88, 92, 102, 114, 169, 229 (Wolfgang Apolin); 21, 96, 97, 100, 238 (Robert Rosenkranz); 30, 116, 204 (Leopold Pollak); 168 (ÖAV Edelweiss).

Der Autor: Peter Backé, geboren 1960, verbringt seit seiner Kindheit einen großen Teil seiner Freizeit in den Bergen. Besonders oft ist er in den Wiener Hausbergen unterwegs, gerne aber auch in den Südalpen; zumeist reist er mit Bahn und Bus an. Neben dem vorliegenden Wanderbuch hat er zwei weitere Bücher – »Mit Bahn und Bus zum Berg/Österreich: Die 75 schönsten Wandertouren« (Freytag & Berndt) und »Bike&Hike Oberösterreich Steiermark« (Kral Verlag) – sowie zahlreiche Artikel in Alpin-Zeitschriften verfasst.

Kartografie: 55 Wanderkarten im Maßstab 1:50.000 und 1:75.000
sowie Übersichtskarten im Maßstab 1:850.000 und 1:2.050.000

Werk-Nr.: 3091

3., vollständig neu bearbeitete Auflage 2024

ISBN 978-3-7633-3397-4

MIX
Papier | Fördert gute Waldnutzung
FSC® C147178
www.fsc.org

Wir freuen uns über jeden Korrekturhinweis zu diesem Wanderbuch!
Bitte per E-Mail an: **leserzuschrift@rother.de**

ROTHER BERGVERLAG · Keltenring 17 · D-82041 Oberhaching
Tel. +49 89 608669-0 · rother.de